公務員試験

過去問攻略Vテキスト⑲

TAC公務員講座 編

社会科学

TAC出版
TAC PUBLISHING Group

●—— はしがき

本シリーズのねらい——「過去問」の徹底分析による効率的な学習を可能にする

合格したければ「過去問」にあたれ。

あたりまえに思えるこの言葉の、ほんとうの意味を理解している人は、じつは少ないのかもしれません。過去問は、なんとなく目を通して安心してしまうものではなく、徹底的に分析されなくてはならないのです。とにかく数多くの問題にあたり、自力で解答していくうちに、ある分野は繰り返し出題され、ある分野はほとんど出題されないことに気づくはずです。ここまできて初めて、「過去問」にあたれ、という言葉が自分のものにできたといえるのではないでしょうか。

頻出分野が把握できたなら、もう合格への道筋の半分まで到達したといっても過言ではありません。時間を効率よく使ってどの分野からマスターしていくのか、計画と戦略が立てられるはずです。

とはいえ、教養試験も含めると20以上の科目を学習する必要がある公務員試験では、過去問にあたれといっても時間が足りない、というのが実状ではないでしょうか。

そこでTAC公務員講座では、みなさんに代わり全力を挙げて、「過去問」を徹底分析し、この『過去問攻略Vテキスト』シリーズにまとめあげました。

網羅的で平板な解説を避け、不必要な分野は思いきって削り、重要な論点に絞って厳選収録しています。また、図表を使ってわかりやすく整理されていますので、初学者でも知識のインプット・アウトプットが容易にできるはずです。

『過去問攻略Vテキスト』の一冊一冊には、“無駄なく勉強してぜったい合格してほしい”という、講師・スタッフの思いが込められています。公務員試験は長く孤独な戦いではありません。本書を通して、みなさんと私たちは合格への道を一緒に歩んでいくことができるのです。そのことを忘れないでください。そして、必ずや合格できることを心から信じています。

2019年8月　TAC公務員講座

●—— 第３版（大改訂版） はしがき

長年、資格の学校TACの公務員対策講座で採用されてきた『過去問攻略Vテキスト』シリーズが、このたび大幅改訂されることになりました。

◆より、過去問攻略に特化

資格の学校TACの公務員講座チームが過去問を徹底分析。合格に必要な「標準的な問題」を解けるようにするための知識を過不足なく掲載しています。

『過去問攻略Vテキスト』に沿って学習することで、「やりすぎる」ことも「足りない」こともなく、必要かつ充分な公務員試験対策を進められます。

合格するために得点すべき問題は、このテキスト１冊で対策できます。

◆より、わかりやすく

執筆は資格の学校TACの公務員講座チームで、受験生指導に当たってきた講師陣が担当。受験生と接してきた講師が執筆するからこそ、どこをかみ砕いて説明すべきかがわかります。

読んでわかりやすいこと、講義で使いやすいことの両面を意識した原稿づくりにこだわりました。

◆より、使いやすく

- 本文デザインを全面的に刷新しました。
- 「過去問Exercise」などのアウトプット要素も備え、知識の定着と確認を往復しながら学習できます。
- TAC公務員講座の講義カリキュラムと連動。最適な順序でのインプットができます。

ともすれば20科目以上を学習しなければならない公務員試験においては、効率よく試験対策のできるインプット教材が不可欠です。『過去問攻略Vテキスト』は、上記のとおりそのニーズに応えるべく編まれています。

本書を活用して皆さんが公務員試験に合格することを祈念しております。

2023年２月　TAC公務員講座

●——〈社会科学〉はしがき

本書は、地方上級·国家一般職レベルの大卒公務員試験の合格に向けて、過去問（過去に出題された問題）を徹底的に分析して作成されています。

過去問の分析を通じてわかることは、特定の分野から繰り返し出題されていることです。そこで、試験対策としては頻出箇所を優先的に学習する必要があります。

1．公務員試験の社会科学の出題内容

公務員試験の教養択一試験（国家系の公務員試験では基礎能力試験）の出題内容は高等学校の教科におおむね対応し、専門択一試験は大学の専門科目に対応しています。社会科学は教養択一試験で出題されており、その出題内容はおおむね高等学校の「現代社会」に対応します。

社会科学の出題分野は、法律分野・政治分野・経済分野・社会分野に大別され、法律分野は専門科目の憲法など、政治分野は専門科目の政治学・行政学・国際関係、経済分野は専門科目のミクロ経済学・マクロ経済学・財政学・経営学、社会分野は専門科目の社会政策とおおむね対応します。

2．社会科学の学習法

上述の通り、社会科学の出題内容は専門科目と重複しているため、対応する専門科目を学習済みの場合はその知識でほとんど代替できます。ただし、ごく一部ですが重複していない内容もあるため、本書を一通り確認することをお勧めいたします。

また、社会科学の枠での出題ではあるものの、時事的な知識が問われることも多いです。したがって、本書と合わせて時事対策の書籍も読んで関連づけて学習することをお勧めいたします。

なお、試験によっては、専門科目をある程度学習しなければ正解できない問題が社会科学の枠で出題されることがありますが、その一問を得点するために専門科目を学習するのは、学習効率が非常に悪いです。専門科目が出題されない試験種を志望する方は、専門知識を必要とせず暗記に頼った学習で解ける問題で点を稼ぎにいくのが効率的です。

3．本書の使い方

公務員試験にあたり重要なことは、「本番の試験」で問題が解けることにあり、そのためには知識を整理して頭にインプットしておく必要があります。それぞれの項目に設けられている重要度ランクを参考にして、優先順位をつけて学習してください。そして、各節末にある重要事項一問一答、過去問チェックでインプットした知識を確認し、過去問 Exercise で公務員試験のレベルを体感してください。

2023 年 2 月　TAC 公務員講座

本書の使い方

本書は、本試験の広範な出題範囲からポイントを絞り込み、理解しやすいよう構成、解説した基本テキストです。以下は、本書の効果的な使い方ガイダンスです。

本文

●アウトライン
その節のアウトラインを示しています。これから学習する内容が、全体の中でどのような位置づけになるのか、留意しておくべきことがどのようなことなのか、あらかじめ把握したうえで読み進めていきましょう。

●項目ごとの重要度
節全体の重要度とは別に、見出し項目ごとの重要度も示しています。

国家一般職★☆☆／国家専門職★★☆／裁判所★★☆／東京都Ⅰ類★★☆／地方上級★★☆／特別区Ⅰ類★★☆

2 各国の政治制度

本節では、議院内閣制と大統領制、各国の政治制度を扱います。議院内閣制の母国としての英国、大統領制の典型例としての米国の制度については特にくわしく覚えておきましょう。

1 政治の概念

1 議院内閣制と大統領制の比較 ★★★

(1) 概　要

現代の政府のあり方は、行政府と立法府の関係を基準として、**議院内閣制**(議会制ともいう)と**大統領制**の２つに分類される。また、この両者の特徴を併せ持つ体制として、**半大統領制**も存在する。

(2) 本人・代理人モデルによる比較

議院内閣制と大統領制の違いは、**本人・代理人モデル**(プリンシパル・エージェント・モデル)によって説明することができる。

① 議院内閣制

議院内閣制では、まず有権者を「本人」、議会を「代理人」とする関係が形成されている。また、議会は有権者の「代理人」というだけでなく、首相(内閣)を選出するという点では「本人」としての役割も果たしている。

つまり、議院内閣制とは、有権者→議会→首相(内閣)というように本人・代理人の系統が一本で形成されている仕組みである(**一元代表制**)。

② 大統領制

これに対して、大統領制は、全国の有権者という「本人」から選出される大統領という「代理人」と、各地方の選挙区の有権者から選出される議員という「代理人」の２つが存在している。

つまり、大統領制とは有権者→大統領及び有権者→議会という本人・代理人の系

192　第２章　政治

●受験先ごとの重要度

2009～2022年度の出題において、この節の内容の出題がどの程度あったかを示していますので、学習にメリハリをつけるための目安として利用してください。

★★★：3問以上出題/★★：2問出題/★：1問出題/★なし：出題なし

●「第3章　経済」重要度のつけ方

・全体としても出題数が少ないので受験先ごととはしていません。

・社会科学経済分野の出題問題の中で、時事、専門知識を必要とするもの（専門科目の学習が必要となるもの）、また、専門知識があっても容易に正解できないものを除いた上で、出題頻度から、

★★★（15％以上25％未満の出題）/★★（10％以上15％未満の出題）/★（10％未満の出題）

としています。社会科学全体ではなく、経済分野（時事などを除く）を全体として算出しており、最高頻度でも22％となっています。

第2章 政治

統が二本で形成されている仕組みである（二元代表制）。

【議院内閣制と大統領制の比較】

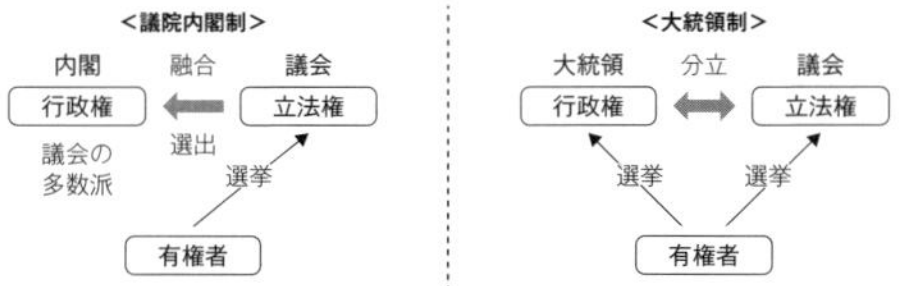

2 議院内閣制の基本的な仕組み ★★★

(1) 概　要

先述のように、議院内閣制は本人・代理人の系統が一本であり、代理人が複数存在していないため、立法府と行政府の対立は生じにくい。

つまり、立法府と行政府の間で「権力の融合」をした体制となっている。

(2) 主な採用国

議院内閣制は、日本はもちろん英国などの西ヨーロッパ諸国の多くで採用されている。また、インド、タイ、オーストラリア、ニュージーランドなどアジア・オセアニア地域も議院内閣制が比較的多く用いられている。

(3) 特　徴

① 首相・内閣（行政府の首長）は議会（立法府）によって選出される

行政府の首長である首相と内閣は議会により選出される。つまり、国民により直接選出されるのではなく、立法府により間接的に選出される。

② 首相と内閣は議会に責任を負う

首相及び内閣は議会によって選出されるため、その地位は議会の信任に依存している。したがって、議会の信任を失った場合には、不信任投票により退陣を迫られる。

③ 内閣の合議制

内閣における首相の地位はさまざまなタイプがあるが、常に集団的に政策決定を

2　各国の政治制度　193

（※図はいずれもサンプルです）

●図・表

抽象的な概念を理解しやすくするための図解や、関連し合う事項を区別しやすくするための表を適宜設けています。

重要事項一問一答

節の最後に、学習内容を復習できる一問一答を設けています。

重要事項 一問一答

01 立法権と行政権の分立を重視しているのは、議院内閣制と大統領制のどちらか?
大統領制

02 英国の首相は、上院と下院のどちらから選出されるか?
下院

03 米国の連邦議会において、州の代表と位置付けられるのは上院と下院のどちらか?
上院

04 ドイツの政治制度は、議院内閣制か大統領制か?
議院内閣制

05 フランスの大統領に下院の解散権はあるかないか?
ある

06 中国の国家元首である国家主席はどのように選出されるか?
全国人民代表大会により選出される

過去問チェック

実際の試験での出題を、選択肢の記述ごとに分解して掲載したものです。本文の学習内容を正しく理解できているかを確認するのに利用してください。※「第3章 経済」は全体の出題数が少ないので設けておりません。

過去問チェック

第2章 政治

01 選挙制度には、一つの選挙区から２名以上を選出する大選挙区制と一つの選挙区から１名を選出する小選挙区制がある。一般に、前者は死票が少ないため、安定した政権や二大政党制を生み出しやすく、後者は死票が多いため、政局が不安定になりやすい。**国家専門職2019**

× 大選挙区制と小選挙区制の特徴が逆になっている。一般に、大選挙区制は政局が不安定になりやすく、小選挙区制は安定した政権や二大政党制を生み出しやすいとされる。

02 小選挙区制は、一選挙区から一人の議員を選出する制度であり、有権者の意思が反映されやすいが、少数派の政党に有利で死票が少なく、多党制になりやすいため、政権が不安定になるおそれがあるとされている。**東京都Ⅰ類2012**

× これは、比例代表制などの特徴である。小選挙区制は１選挙区から１人の議員を選出する制度であるため、多数派の支持を受けた候補者のみが当選するという多数代表制の仕組みであって、死票が多くなり、少数派の政党には不利である。さらに、小選挙区制は二大政党になりやすいので政権は安定しやすいといわれる。

03 比例代表制における議席配分は、各党の得票数を整数で割り、商の大きい方から議席を与えるドント式が衆議院議員選挙にのみ採用されている。**特別区Ⅰ類2011**

× ドント式は衆議院のみならず、参議院の議席配分方式としても採用されている。

04 衆議院では、平成６年の公職選挙法の改正により、小選挙区制と比例代表制を合わせた小選挙区比例代表並立制が導入されたが、議員定数の不均衡の是正を考慮し、小選挙区制の定数よりも比例代表制の定数を多くし、また、比例代表は都道府県ごとに選挙区が定められた。**国家専門職2014**

× 平成６(1994)年に衆議院で導入された小選挙区比例代表並立制の定数は小選挙区300、比例区200でスタートし、その後、累次の改正により定数は削減しているものの、一貫して小選挙区制で

過去問Exercise

節の終わりに、実際の過去問にチャレンジしてみましょう。
解説は選択肢(記述)ごとに詳しく掲載していますので、正解できたかどうかだけでなく、正しい基準で判断できたかどうかも意識しながら取り組むようにしましょう。

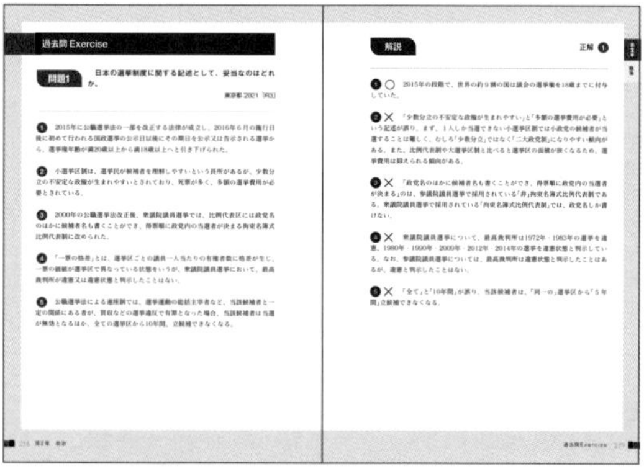

CONTENTS

第4章 社 会

第1章

法律

本章では法律分野について学習します。法学で法律を理解するための基礎を作ったうえで、憲法や他の法律を学習していきましょう。試験で多く出題されるテーマは法学、憲法になりますが、特に憲法は、多くの試験種で毎年出題される分野であり、全体的に学習する必要があります。

国家一般職★☆☆／国家専門職★☆☆／裁判所★★★／東京都Ⅰ類★☆☆／地方上級☆☆☆／特別区Ⅰ類★★★

1 法学

本節では、法を理解するうえでの基礎事項を学習します。特に、「法の分類」と「法の解釈」については、用語の意味を正確に理解することを意識しましょう。

1 法とは

1 ルール ★☆☆

人は、社会の中で共存している。そのため、他人とのトラブル(衝突・紛争)は避けられない。そこで、**トラブル回避**のために、人の行動を規制するルールが必要であり、その一つが法である。

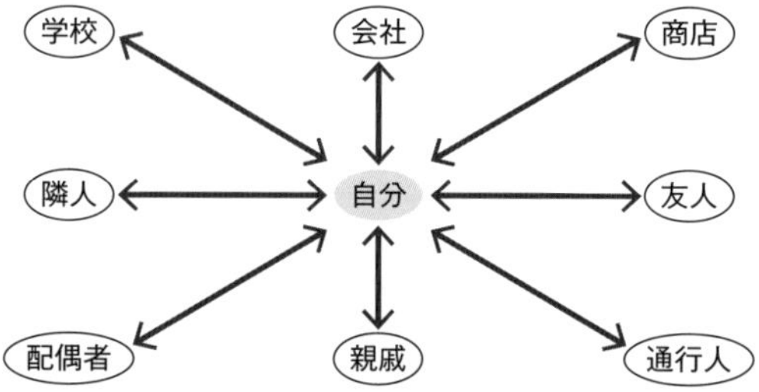

2 ルールと法の違い ★☆☆

法以外の社会のルールは、守らなくても**公権力による強制**は生じない。例えば、「待ち合わせの時間に遅れない」や「人に道を尋ねられたら教えてあげる」といったルールは法ではなく道徳によるものであり、道徳を守らないからといって、公権力によって強制を受けるわけではない。

これに対して、法は、公権力による強制が発生しうるものである。例えば、「お金を借りたら返さなければならない」や「他人の物を盗んではいけない」といった規範は法であり、法を守らないと、公権力によって財産の差押えを受けたり、処罰されたりする。

2 法の分類

1 成文法（制定法）と不文法 ★★★

法は、成文法と不文法に分類されるが、以下の各項目は、**法源《ほうげん》**として表記されることもある。

法源とは、**法の根源又は存在形式**のことをいう。裁判官が法を解釈し適用する際に規範として用いられる。

（1）成文法（制定法）

成文法（制定法）とは、日本国憲法、法律等のように、**文章の形で表現された法**である。

① 日本国憲法

日本国憲法とは、日本国民が制定した**国家の基本法**であり、日本国内における**最高法規**である。

② 条約

条約とは、**国家間の文書による合意**をいう。国会の承認を受け**公布**されると、国内法としての効力を持つ。

③ 法律

法律とは、国会が制定する**国民の権利義務に関する一般的な法規**である。民法、刑法等がこれに当たる。

④ 命令

命令とは、国の**行政機関が制定する法規**である。命令の中でも、内閣が制定するものは、特に「政令」と呼ばれ、命令の中では最上位の法となる（本章4節3項6「内閣の権能と責任」参照）。

⑤ 規則

規則とは、**両議院**（衆議院及び参議院）並びに**最高裁判所が制定する法規**である。衆議院規則・参議院規則、最高裁判所規則がある。

⑥ 条例

条例とは、**地方公共団体が制定する法規**をいう。地方議会の制定する条例のほかに、地方公共団体の長・委員会が制定する規則がある。

(2) 不文法

不文法とは、**文章の形で表現されていない法**である。

裁判においては、成文法だけでは事件を解決できない場合、補充的に不文法を用いて判決を下すことがある(成文法だけで解決できるならば不文法は用いられない)。不文法には、慣習法、判例法、条理がある。

① 慣習法

慣習法とは、人々が一定の行動を繰り返すうちに、人々の間に定着し、いつしかそれが**法と認められる状態になったもの**をいう。

法の適用に関する通則法３条は、「公の秩序又は善良の風俗に反しない慣習は、法令の規定により認められたもの又は法令に規定されていない事項に関するものに限り、法律と同一の効力を有する。」と規定しており、慣習法も成文法を補充する形で法的効力が認められている。

② 判例法

判例法とは、同一内容の判決が繰り返され、その内容が**法として承認されたもの**をいう。

(ア) 判決と判例

判例とは、広く裁判例のことをいうが、厳密には、判決(本節❸項【2】(3)「裁判の種類」参照)の中に含まれている法準則であって、後の裁判の基準として適用される(先例としての役割を果たす)ものを指す。この法準則は、文章でその内容が表現されているわけではないので、判例は成文法に含まれない。

(イ) 判例の拘束力

判例に法源性を認めるかどうかについては、先例拘束性の原則が憲法上も法律上も認められていないので、判例は**法的な拘束力**は持たない(通説)。ただし、法的安定性の観点からは同種の事例には同一の結論を与えることが望ましく、またそのように扱われており、判例は**事実上の拘束力**を持ち(通説)、事実上法源として扱われている。

なお、わが国では、上級審の判決における判断が、その事件に限り下級審を拘束する(裁判所法４条)。

③ 条理

条理とは、一般に物事の**道理、事物の本性**をいう。

2 自然法と実定法 ★★★

(1) 自然法

自然法とは、どの時代でも、どの場所でも**普遍的に妥当する法**のことをいう。

(2) 実定法

実定法とは、**人がつくり出した法**であり、すべての成文法と、不文法のうちの慣習法と判例法がこれに当たる。

3 公法・私法・社会法 ★★★

(1) 公法

公法とは、**国家と国民間**や**国家の規律**等、**国家がらみの法律関係に適用**される法である。憲法、刑法、行政法のほか、刑事訴訟法や民事訴訟法のような裁判に関する法も公法に属する。

(2) 私法

私法とは、**私人間の法律関係に適用される法**である。具体的には、民法、商法等である。私法は、私人間の自由な経済活動を尊重するため、私人の意思を最大限尊重している。

(3) 社会法

社会法とは、社会的・経済的弱者を保護するために、私法のルールを一部修正する等、**国家が積極的に介入することを認める法**である。具体的には、生活保護法や労働基準法、借地借家法等がこれに当たる。

所有権の絶対性や契約自由の原則等を基本理念とする近代市民法の発展により生じた社会的・経済的弱者を保護するため、市民法を修正して、社会的な問題を解決するために制定される。

【公法・私法・社会法】

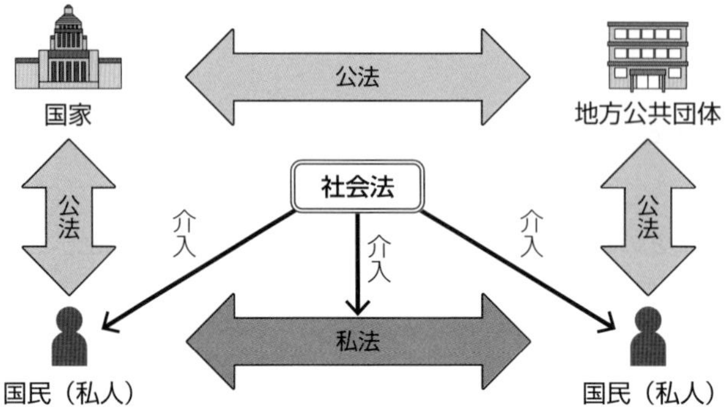

4 実体法と手続法 ★★★

(1) 実体法

実体法とは、**権利・義務の発生・変更・消滅等について定めた**法である。すなわち、いかなる場合に権利・義務が発生し、その内容はどのようなものか等について定めた法である。民法や刑法などがこれに当たる。

(2) 手続法

手続法とは、実体法で定める**権利義務関係を実現する方法について定めた**法である。民事訴訟法や刑事訴訟法などがこれに当たる。

5 一般法と特別法 ★★★

(1) 一般法

一般法とは、**広く一般的に適用される**法をいう。例えば、民法は、私人間の権利義務関係を定めた法律として、広く一般的に適用される。したがって、**民法は私法の一般法**と呼ばれる。

(2) 特別法

特別法とは、**人、地域、事項などについて限定的に適用される**法をいう。例えば、商法は商取引という特定の事項で適用される法律である。また、借地借家法は、借地[1]及び借家[2]という特定の契約関係について適用される法律である。

（3）一般法と特別法の関係

一般法の内容と特別法の内容が矛盾する場合、**特別法が優先的に適用**される。例えば、民法の内容と借地借家法の内容が矛盾する場合、特別法である借地借家法が一般法である民法に優先して適用される。

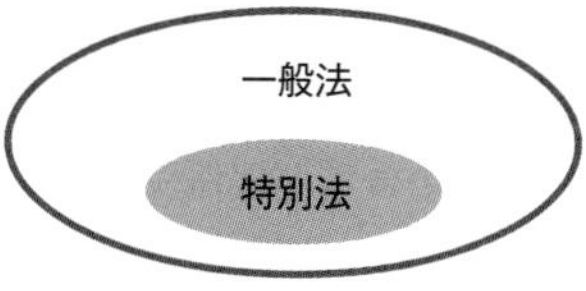

もっとも、一般法と特別法の区別は絶対的なものではない。例えば、商取引で発生した貸金債務について、約束手形や小切手を発行した場合、商法のさらなる特別法として手形法や小切手法が優先的に適用される。

6 国内法と国際法 ★★☆

（1）国内法

国内法とは、**日本国内で通用する法**をいう。日本国憲法や多くの制定法がこれに当たる。

（2）国際法

国際法とは、**国際関係を規律する法**である。国家間の関係を規律する**条約**や、不文法として国際社会に広く通用する**国際慣習法**（例えば、公海の航行権）などがこれに当たる。

7 強行法規と任意法規 ★★☆

（1）強行法規（強行規定）

強行法規とは、公の秩序に関する規定で、**当事者の意思にかかわらず適用される**法をいう。例えば、民法90条は、「公の秩序又は善良の風俗に反する法律行為は、無効とする。」としているが、この規定により、殺人の成功報酬として1000万円を支払う契約は、無効となる。物権法・家族法の規定に強行法規が多い。

---

1 **借地**とは、建物の所有を目的として土地を有償で借りることである。

2 **借家**とは、建物を有償で借りることである。マンションやアパートの一室を有償で借りることも借家に含まれる。

(2) 任意法規（任意規定）

任意法規とは、公の秩序に関しない規定で、**当事者間に合意がない場合に初めて適用される法**である。したがって、当事者が任意法規と異なる合意をした場合は適用されない。例えば、民法614条により、建物の賃料は、毎月末に支払うことになっているが、本規定は任意規定なので、家賃は前月末日までとする合意がある場合、その合意が民法614条に優先する。

8 法の形式的効力その他 ★★☆

(1) 法の形式的効力の優劣

法の種類だけを原因とする上下関係では、下位の法は、上位の法に逆らえない。

[上位] ←――――――――――――――→ [下位]

憲法　条約　法律　命令　規則　条例

(2) 後法優先の原則

後法優先の原則とは、同一の種類の法の間では、**後から制定された「後法」が、先に制定された「前法」に優先して適用される**とする原則をいう（「後法は前法を破る」）。

その趣旨は、同一の事柄に関して矛盾する規定が制定されているときは、後法を優先することが立法者の意図に沿うからである。

(3) 法律不遡及の原則

法律不遡及の原則とは、法律は、**法律の施行時以前の関係に、遡って適用することができない**とする原則をいう。

その趣旨は、法律の遡及適用により、法律関係が混乱し社会生活が不安定なものとなることを防止するためである。

なお、法律上の規定がある場合には、法律の遡及適用が認められることがある。

3 法と裁判

1 裁判 ★☆☆

(1) 裁判の意義

裁判とは、社会で生じた紛争を解決・調整するために、第三者が下す**拘束力のある判断**をいう。日本国憲法の下では、司法権として、裁判所が訴訟その他の事件に関して、裁判を行っている。

(2) 裁判の進行

[設例] Bが自動車を運転中に、交差点を横断中のAに衝突し、全治1か月の重傷を負わせた。Aが原告となり、Bを被告として損害賠償を求める訴え(民事訴訟)を起こした。

❶事実認定	法的評価の対象となる事実を認定する Bに過失があるのか否か、Aに損害が発生しているのか否か等を証拠により認定する
❷法源を探す	不法行為法(民法709条以下)
❸法の解釈・適用	認定された事実に法を解釈・適用する
❹判決	**認容**判決(被告は原告に500万円を支払え)、又は、 **棄却**判決(原告の請求を棄却する)
❺強制執行	認容判決が確定したものの、Bが500万円を支払わない場合、執行裁判所がAの請求権を強制的に実現する

2 三審制 ★★★

(1) 裁判所の種類

裁判所は、憲法上、**最高裁判所**と**下級裁判所**に分けられる(憲法76条1項)。

① 最高裁判所

5名の最高裁判所裁判官で構成される3つの**小法廷**と、15名の最高裁判所裁判官全員で構成される**大法廷**がある。違憲判断をするとき、過去にした最高裁判所の判例を変更するとき等には、大法廷で裁判をしなければならない(裁判所法10条)。

② 下級裁判所

下級裁判所は、裁判所法の規定により、**高等裁判所**、**地方裁判所**、**家庭裁判所**、**簡易裁判所**の4種が設けられている。

【裁判所の種類】

名称	特徴
高等裁判所	地方裁判所若しくは家庭裁判所の判決又は簡易裁判所の刑事の判決に対する控訴等について裁判をすることができる。下級裁判所の最上位
地方裁判所	他の裁判所が第一審専属管轄権を有する特別なものを除いて、第一審事件のすべてを裁判することができる
家庭裁判所	夫婦関係や親子関係などの紛争について話し合う調停と、これらの紛争に関する訴訟や審判を行い、また、非行のある少年の事件について審判を行う。調停や審判は非公開である
簡易裁判所	民事事件については、訴訟の目的となる物の価額が140万円を超えない請求事件について、また刑事事件については、罰金以下の刑に当たる罪及び窃盗、横領などの比較的軽い罪の訴訟事件等について、第一審の裁判権を有する

(2) 審級制

当事者が望めば、原則として3回まで反復審理を受けられる(**三審制**)。第一審の判決に対して不服のある当事者が上訴することを**控訴**という。そして、第二審の判決に対して不服のある者が上訴することを**上告**という。また、第二審を飛び越して直接最高裁判所に上訴することもできる(**跳躍上告**－刑事訴訟、**飛躍(飛越)上告**－民事訴訟)。

【三審制】

第一審 ―[控訴]→ 第二審 ―[上告]→ 第三審

判決に対して2週間以内に上訴がなければ、その判決は**確定**する。ただし、上告審(通常は最高裁)の場合、判決と同時に確定する。

(3) 裁判の種類

裁判所が行う裁判の種類には、以下のようなものがある。

判決	訴えや請求に対する判断など重要な事項についての裁判所の判断
決定	訴訟手続上の付随的事項についての裁判所の判断

※ 命令は、訴訟手続上の付随的事項についての裁判官(裁判長)の判断である。決定又は命令に対する不服申立てのことを抗告という。

4 法の解釈

法は、さまざまな事例に平等に適用されなければならないという性質から、文言が抽象的にならざるを得ない。そこで、法を適用する際には、**条文の文言の意味を解き明かして確定する作業**が必要となる。これが**法の解釈**である。

1 文理解釈 ★★★

文理解釈とは、法の文言の意味を、**通常使われている意味に忠実に解釈する**ことをいう。例えば、「車の通行禁止」という文言を、通常使われている意味に解釈して、自動車の通行を禁止すると解釈する。

2 論理解釈 ★★★

論理解釈とは、法の趣旨・目的や法体系から、**法の文言を論理的に解釈する**ことをいう。

その趣旨は、文理解釈では不都合な結論となる場合に、妥当な結論を導くためである。

主な論理解釈としては、以下の４つが挙げられる。

(1) 拡張解釈（拡大解釈）

拡張解釈（拡大解釈）とは、文言の意味を、**通常使われている意味より広く解釈する**ことをいう。例えば、「車の通行禁止」という文言を、その趣旨が騒音防止にあるとして、自動車だけでなくオートバイの通行も禁止すると解釈する。

(2) 縮小解釈

縮小解釈とは、文言の意味を、**通常使われている意味より狭く解釈する**ことをいう。例えば、「車の通行禁止」という文言を、その趣旨が雪道の事故防止にあるとして、スタッドレスタイヤを装着していない車のみ通行を禁止すると解釈する。

(3) 類推解釈

類推解釈とは、文言に含まれない事項に対し、**文言に書かれている事項と似ていることを理由に法文の示す効果を認める**ことをいう。例えば、「車の通行禁止」という文言を、その趣旨が歩行者の円滑安全な歩行確保にあるとして、自転車の通行も禁止すると解釈する。

なお、刑罰法規の類推解釈については、本章5節「その他の法律」で扱う。

(4) 反対解釈

反対解釈とは、文言に含まれない事項につき、**法文が示す効果と反対の効果を生じさせる**ことをいう。例えば、「車の通行禁止」とあるときに、自転車は車ではないので通行可能と解釈する。

3 その他の解釈 ★☆☆

名称	意義
目的論的解釈	法規や制度のめざす目的に従って解釈する
勿論解釈	文言に含まれない事項に対し、文言に書かれている事項と同じ趣旨のものであることが条理上当然だと解されることを理由に、法文の示す効果を認める。類推解釈の一類型ともいわれる
変更解釈（補正解釈）	法に規定された文言が明らかに立法上の誤りと考えられる場合に、その文言の字句を変更して、もとの文言の意味とは別の意味に解釈する

5 法の歴史

1 大陸法と英米法 ★☆☆

歴史的に、法体系は大陸法と英米法に分けられる。

	大陸法	英米法
沿革	ローマ法の特色を受け継いだ法体系	イギリス法を受け継いだ法体系
特徴	成文法が中心	判例法を中心とした不文法が中心
採用国	ドイツ・フランス	イギリス・アメリカ

日本は、明治時代にドイツやフランスから学者を招いて法を編纂したので、大陸法の影響を強く受けており、成文法中心主義である。しかし、戦後はアメリカを中心としたGHQ（連合国軍最高司令官総司令部）が法制度改革を行ったことからアメリカ法の影響も受け、判例も強い効力を持つとされている。

2 法治主義と法の支配 ★★★

(1) 法治主義

法治主義とは、国政が**議会の定めた法律によって運営**されなければならないという考え方であり、大陸法系の国々で採用されてきた。

【法治主義】

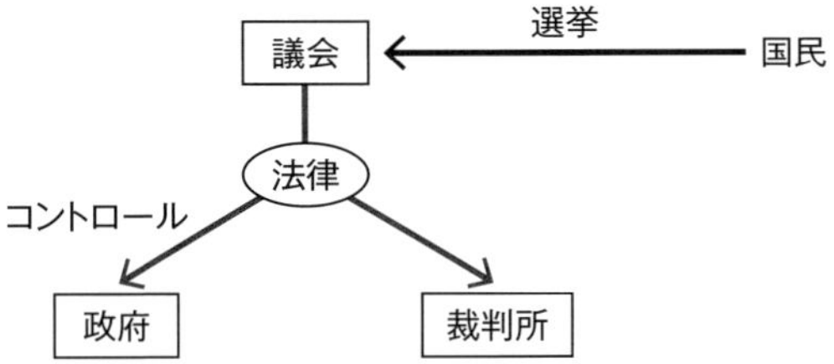

法治主義の「法」とは、議会の制定した法(法律)であればよく、内容を問わない。したがって、議会に影響力を及ぼすのが難しい者(少数派)の人権を侵害する危険があるという弱点を抱えている。

(2) 法の支配

法の支配とは、国家権力の恣意的な(勝手気ままな)支配を排除し、**国家権力を正しい法(正義の法)によって拘束**することで**個人の人権を保障**するという考え方である。英米法の根幹となる原理である。

【法の支配】

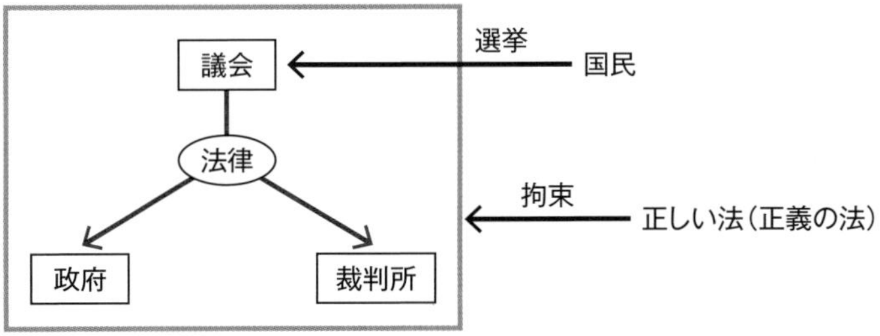

法の支配の「法」とは、内容的に正しい法であることが求められる。そのうえで、あらゆる公権力はこの正しい法の支配を受けるということになる。

（3）日本国憲法と法の支配

日本国憲法は、法の支配を採用している。なぜなら、①日本国憲法は、第３章で**基本的人権を厚く保障**しており、内容的に正しい法といえる。また、②憲法を国の最高法規として、議会が制定する法律といえども憲法に反することができないとし（憲法98条１項、**最高法規性**）、③刑事手続における刑事法の内容の公正、手続の適正を要求し（憲法31条、**適正手続**）、④法律や行政処分などが憲法に違反しないか裁判所が審査する態勢を整えているからである（憲法81条、**違憲審査権**）。

【法治主義と法の支配】

	法治主義	法の支配
法体系	大陸法	英米法
「法」の意味	議会制定法（法律）	正しい法（憲法）
「法」の内容	不問	内容が適正
適用例	戦前のドイツ※・日本	英・米・戦後の日本

※ 戦後のドイツは、法の支配とほぼ同じ意味を持つとされる実質的法治主義を採用している。

重要事項 一問一答

01 成文法（制定法）の種類は（6つ）？

①日本国憲法、②条約、③法律、④命令、⑤規則、⑥条例

02 不文法の種類は（3つ）？

①慣習法、②判例法、③条理

03 自然法とは？

どの時代でも、どの場所でも普遍的に妥当する法のこと。

04 実定法とは？

人がつくり出した法のこと。

05 公法とは？

国家と国民間や国家の規律等、国家がらみの法律関係に適用される法のこと。

06 私法とは？

私人間の法律関係に適用される法のこと。

07 実体法とは？

権利・義務の発生・変更・消滅等について定めた法のこと。

08 手続法とは？

実体法で定める権利義務関係を実現する方法について定めた法のこと。

09 一般法と特別法の関係は？

一般法の内容と特別法の内容が矛盾する場合、特別法が優先的に適用される。

10 下級裁判所の種類は（4つ）？

①高等裁判所、②地方裁判所、③家庭裁判所、④簡易裁判所

11 主な論理解釈は（4つ）？

①拡張解釈（拡大解釈）、②縮小解釈、③類推解釈、④反対解釈

12 法治主義とは？　その「法」の特徴は？

国政が議会の定めた法律によって運営されなければならないという考え方のこと。「法」とは、議会の制定した法であればよく、内容を問わない。

13 法の支配とは？　その「法」の特徴は？

国家権力の恣意的な支配を排除し、国家権力を正しい法（正義の法）によって拘束することで個人の人権を保障するという考え方のこと。「法」とは、内容的に正しい法であることが必要となる。

過去問チェック

01 成文法は、文字で書き表され、文書の形式を備えた法のことであり、不文法は、成文法以外の法のことをいい、判決のなかから形成された法である判例法は成文法に含まれる。特別区Ⅰ類2016

×「成文法に含まれる」が誤り。

02 制定法には、法律のほか政令や省令も含まれるが、最高裁判所規則や議院規則は、内部の規律に関する定めであるので制定法に含まれず、法源とならない。特別区Ⅰ類2004

×「制定法に含まれず、法源とならない」が誤り。

03 慣習は、国民の間に一定の生活関係における権利義務が当該慣習によって定められるとする意識が定着している場合にはいわゆる慣習法として規範性を有する場合があるが、国の唯一の立法機関である国会による制定手続を経ていない以上、法律と同一の効力が認められることはない。国家一般職2003

×「法律と同一の効力が認められることはない」が誤り。

04 判例は、英米法系に属さないわが国では事実上の拘束力しか有しないため、下級裁判所は最高裁判所の判例と異なる判断をすることができる。裁判所2005改題

◯

05 自然法は、人間の社会であれば普遍的に成り立つとされる法のことであり、慣習が法に変化した慣習法は自然法に含まれる。特別区Ⅰ類2016

×「自然法に含まれる」が誤り。

06 現行法を公法と私法とに区別すると、憲法、刑法、刑事訴訟法は公法であり、民法、民事訴訟法、商法は私法である。特別区Ⅰ類2014

×「民事訴訟法」が誤り。

07 社会法は、経済的に弱い立場の人々を保護するための法のことであり、生活保護法や刑法は社会法に含まれる。特別区Ⅰ類2016

×「や刑法」が誤り。

08 実体法は、権利義務を実現させる手続きを定める法のことであり、民事訴訟法や刑事訴訟法は実体法に含まれる。特別区Ⅰ類2016

×「実体法は」「実体法に含まれる」が誤り。

09 一般法と特別法との区別は絶対的なものであるから、特別法である商法は、手形法、小切手法と競合する場合でも優先して適用される。特別区Ⅰ類2009

×「絶対的なもの」「優先して適用される」が誤り。

10 同一の法形式相互間では、「前法」が「後法」に優先して適用されるのが原則である。裁判所2018

× 全体が誤り。

11 地方裁判所は、下級裁判所のうち最上位にある裁判所で、三審制において第二審裁判所である。国家専門職2010改題

× 全体が誤り。

12 裁判は三審制を原則としており、第一審の判決を不服として上訴することを上告、第二審の判決を不服として上訴することを控訴という。国民の権利保障を慎重に行うため、第二審を飛び越して直接最高裁判所に上訴することは認められていない。国家専門職2015

×「上告」「控訴」「認められていない」が誤り。

13 文理解釈とは、法文の字句にとらわれることなく、法典全体の組織や論理的

関連等を考慮して論理的に法規の意味を解釈するものである。特別区Ⅰ類2008

×「文理解釈とは」が誤り。

14 拡張解釈とは、類似の二つの事柄のうち、一方についてだけ規定があり、他方には明文の規定がない場合に、その規定と同じ趣旨の規定が他方にもあるものと考えて解釈することをいい、刑罰法規においては拡張解釈は許されない。特別区Ⅰ類2012

×「拡張解釈とは」「拡張解釈は許されない」が誤り。

15 縮小解釈とは、法文の用語が明白に誤用されていて、その解釈の結果が、その法の趣旨に反する場合、その限度において法文の字句を変更して、法の趣旨に合うように解釈することをいう。特別区Ⅰ類2012

×「縮小解釈とは」が誤り。

16 法の支配とは、恣意的な支配を排除して権力を法によって拘束し、国民の権利を擁護しようとする考え方である。特別区Ⅰ類2017改題

○

17 法の支配における「法」とは、歴史的に人権の観念と固く結び付くものであるが、そこにおける「法」とは、現代においては法の内容とは関係なく、議会の制定する形式的な法を意味し、議会で正当な手続に従って制定された法であれば、その内容も合理的であると解釈されている。国家一般職2021

×「現代においては法の内容とは関係なく、議会の制定する形式的な法を意味し、議会で正当な手続に従って制定された法であれば、その内容も合理的であると解釈されている」が誤り。

過去問 Exercise

問題1　成文法と不文法に関する次のA ~ Dの記述の正誤の組合せとして最も妥当なものはどれか。

裁判所 2019［R1］

A　文章でその内容が表現された法を成文法といい、判決は記録されて書面として残されるから、判例は成文法である。

B　衆議院規則、参議院規則、最高裁判所規則などは、手続や内部規律についてのルールを定めたものであるから、成文法には含まれない。

C　文章の形式をとらないが法源として認められるものを不文法といい、人々の生活の中で自然発生的にできたルールである慣習法は不文法の代表的な例である。

D　国際法の代表例である条約は、国家間の文書による合意であり、法源としては成文法に分類される。

	A	B	C	D
❶	正	正	誤	誤
❷	正	誤	正	誤
❸	正	誤	誤	正
❹	誤	正	誤	正
❺	誤	誤	正	正

解説

正解 ❺

A ✕　「判例は成文法である」という部分が誤っている。成文法は、その内容が文章によって表現されている法である。そして、判決は判決書という形で文章によって表現されているが、判例は不文法である。判例とは、判決の中に含まれている法準則であって、後の裁判の基準として適用される(先例としての役割を果たす)ものを指す。この法準則は、文章でその内容が表現されているわけではないので、判例は成文法に含まれない。そして、同じような趣旨の判例が繰り返されて確立したものになると、不文法としての判例法が成立する余地があるが、わが国の判例が判例法として法源となるかについては争いがある。

B ✕　「成文法には含まれない」という部分が誤っている。衆議院規則、参議院規則、最高裁判所規則は、手続や内部規律のルールであるが、いずれも文章でその内容が表現されているので、成文法に含まれる。

C ◯　通説により正しい。不文法とは、成文法以外の形で存在する法であり、文章の形式をとらないが法源として認められるものである。そして、慣習法は、人々の生活の中で自然発生的にできたルール(法的確信を伴うもの)であって、不文法の代表例であると解されている。

D ◯　通説により正しい。条約は、国家間の文書による合意であって、その内容が文章で表現されているから、成文法に含まれる。

以上より、A－誤、B－誤、C－正、D－正であり、正解は❺となる。

国家一般職★★★／国家専門職★★★／裁判所★★★／東京都Ⅰ類★★★／地方上級★★★／特別区Ⅰ類★★★

2 日本国憲法の基本原理

日本国憲法の基本原理を、戦前の大日本帝国憲法と比較しながら整理しましょう。

1 大日本帝国憲法から日本国憲法へ

1 大日本帝国憲法（明治憲法）下の政治機構 ★★★

明治維新後、政府は、西欧諸国をモデルとしつつ、国内の自由民権運動に対処する必要に迫られた。そこで、1889年、君主権力の強い**ドイツ帝国のプロイセン憲法**を模範として**大日本帝国憲法（明治憲法）**が公布された。そして、大日本帝国憲法時代の政治機構は下図のようになっている。

【大日本帝国憲法時代の政治機構】

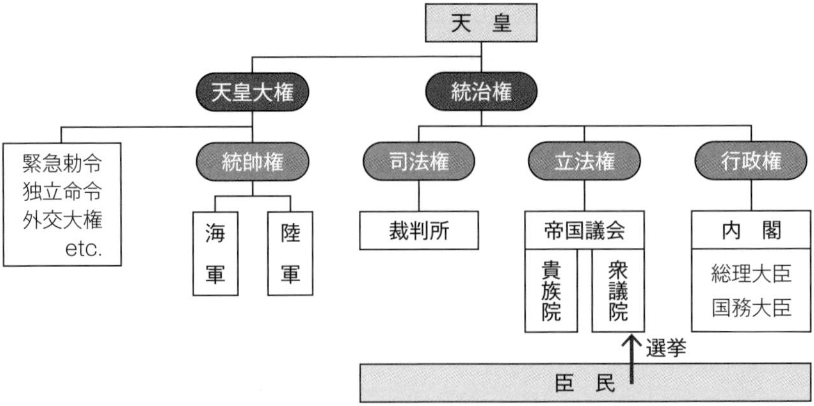

2 大日本帝国憲法の特徴 ★★★

（1）欽定憲法

大日本帝国憲法は、**天皇という君主が制定した憲法**なので**欽定憲法**である。

(2) 天皇の地位

① 主権者

大日本帝国は万世一系の天皇が統治するとして、主権者として規定されていた。

② 統治権の総攬者《そうらんしゃ》[1]

天皇は統治権の総攬者であり、帝国議会の協賛をもって立法権を行使し、国務大臣の輔弼《ほひつ》(サポート)を受けて行政権を行使し、天皇の名において裁判所が司法権を行使する。

③ 天皇大権（大権事項）

天皇は、天皇大権として議会や内閣も関与できない陸海軍の統帥権、緊急勅令の発動権、独立命令(法律の根拠なく定める命令)の発動権のみならず、宣戦・講和・条約締結の権限(外交大権)なども有していた。

(3) 帝国議会

国民の選挙によらない皇族議員、華族議員及び勅任議員によって構成される貴族院と、公選議員で構成される衆議院の二院制であり、両院は対等である。

(4) 内閣

内閣及び内閣総理大臣は存在していたが、憲法に規定された機関ではなかった。国務大臣は、単独でその所管事項について天皇を輔弼し、天皇に対して責任を負うものとされていた。内閣総理大臣は、他の国務大臣の任免権を有せず、内閣の中では同輩中の首席にすぎず、他の国務大臣と法的に同格であった。

(5) 裁判所

民事事件及び刑事事件のみを扱い、行政事件は司法府とは別の行政裁判所の管轄であった。また、司法大臣が実質上の裁判官の人事権を有するなど、司法権の独立の保障が不十分であり、違憲審査権も有していなかった。

(6) 国民（臣民）の権利

日本国民は天皇の臣民という位置づけであった。臣民の権利は天皇が恩恵的に与えるものとされ、臣民の権利は法律の範囲内において保障されるにとどまった(法律の留保)。

---

1 総攬者とは、全てを掌握する者のことをいう。

【大日本帝国憲法下における権利の保障】

平等権		公務就任権の平等に限り、保障あり
参政権		公務就任権に限り、保障あり
精神的自由	思想・良心の自由	保障なし
	信教の自由	保障あり ※法律の留保すらなく、命令での制限も可能
	学問の自由	保障なし
	表現の自由	保障あり
	集会・結社の自由	保障あり
経済的自由	財産権	保障あり
社会権	生存権	保障なし
	教育を受ける権利	保障なし
受益権	裁判を受ける権利	保障あり
	請願権	保障あり

3 日本国憲法の成立

★★★

1945年、日本はポツダム宣言の受諾により連合国に降伏した。**日本国憲法**は、連合国の占領下において、以下の経緯により成立した(1946年11月3日公布、1947年5月3日施行)。

【日本国憲法の成立】

1946年2月	連合国軍最高司令官マッカーサーから大日本帝国憲法を自由主義化する必要がある旨の示唆を受け、憲法問題調査委員会(委員長：松本国務大臣)が憲法草案(**松本案**)を作成し、連合国総司令部(GHQ)に提出した。松本案が保守的であったため、GHQが独自の憲法草案(**マッカーサー草案**)を作成し、日本政府に提出した。マッカーサー草案に基づき、日本政府が**政府案**を作成した
1946年4月	新選挙法(男女普通選挙制)による第22回衆議院議員総選挙の施行
1946年6月	第90回**帝国議会**において、政府案が審議された
1946年10月	国民主権の表現の明確化、憲法9条の文言の修正、生存権の規定の追加など若干の修正を経て可決される(**大日本帝国憲法の改正という形**で、日本国憲法が成立)

2 日本国憲法の特徴

1 日本国憲法の基本原理 ★★★

日本国憲法は、国家主義が招いた戦争の惨禍を受けて、国民一人一人が個人として最大限尊重されるべきであるとの理念を謳っている(**個人の尊厳の確保**：憲法13条前段)。この**個人の尊厳を守ることが、日本国憲法の究極の目的**である。

個人の尊厳を守るため、日本国憲法は３つの基本原理(**基本的人権の尊重、国民主権、平和主義**)を採用しており、憲法前文において明確に宣言されている。

なお、憲法前文においては、第１段で平和と自由の確保・**代表民主制**・**国民主権**、第２段で**平和主義**、第３段で**国際協調主義**を規定している。

(1) 基本的人権の尊重

基本的人権とは、**人であれば誰もが当然に持っている権利**をいう。

日本国憲法は、国民の基本的人権を保障し、それが永久不可侵であると規定した(前文第１段、11条、97条)。

(2) 国民主権

国民主権とは、**国の政治のあり方を決める最終的な権限**(**主権**)**が国民にあるとする原理**をいう。

［原則］ **間接民主制**(国民が国会議員などの代表者を通じて、間接的に政治に関わる方法)**を採用**している(前文第１段、43条１項)。

［理由］ ① **少数派も含めた国民の人権保障**のためには、議論を経たうえで妥協するために、議会制度が必要である。

② 直接民主制は国民の意思が反映されやすいが、**多数決の濫用による人権侵害の危険**があり、また、議論が困難となる。

［例外］ **直接民主制**(国民投票などで国民が直接政治に関わる方法)**を採用**している。例)①**憲法改正国民投票**(96条１項)、②最高裁判所裁判官の国民審査(79条２項、３項)、③地方自治特別法の住民投票(95条)

(3) 平和主義

戦争は最大の人権侵害行為なので、**戦争の放棄**の規定を定めた(前文第２段、９条)。

ここでいう「戦争」とは**侵略戦争**のことをいい、**自衛戦争は含まない**とするのが政府の見解である。侵略戦争の放棄は、ドイツや韓国の憲法などにも見られる。

2 憲法の構造（人権と統治の関係） ★☆☆

憲法は、人権規定（人権保障に関する規定）と統治規定（統治機構に関する規定）で構成されている。統治機構は人権保障という目的を確保するための手段にすぎない（**目的・手段の関係**）。

その趣旨は、憲法の究極目的である**個人の尊厳を確保**するためには、国民の**基本的人権が保障**されなければならないが、歴史的に国民の人権を侵害してきたのは、主に国家権力である。そこで、人権が侵害されないように、**憲法で統治の仕組みまで決めておく必要**があるためである。

3 憲法と法律との違い ★☆☆

憲法と法律はどちらも法であるが、**制定者（法をつくる者）と名宛人（法を守らされる者）が逆になる**点が大きな違いである。

憲法は、国民が国家（その担い手である公務員）に守らせる法である。これに対して、法律は、国家が自ら守り、あるいは国民に守らせる法である。

【憲法と法律の違い】

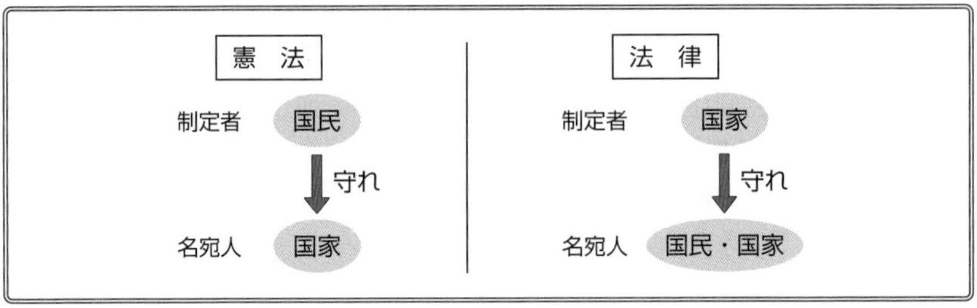

ただし、憲法には、国民の義務を定めた規定（納税の義務、勤労の義務、教育を受けさせる義務）も存在する。

4 憲法の最高法規性 ★★☆

憲法の最高法規性とは、①憲法が**国の最高法規**であり、憲法に反する法律、命令等はその効力を有しないこと（98条１項、**形式的最高法規性**）と、②憲法が、国家権力から不可侵なものとして国民に保障される基本的人権を内容としていることから、最高法規としての内容を有していること（97条、**実質的最高法規性**）を意味する。

その趣旨は、憲法が、主権者である国民によって制定された、人権保障を内容とする法であるから、**公権力**(立法権、行政権、司法権、地方公共団体)**は、すべて憲法に従う必要があるためである。**

【憲法の最高法規性】

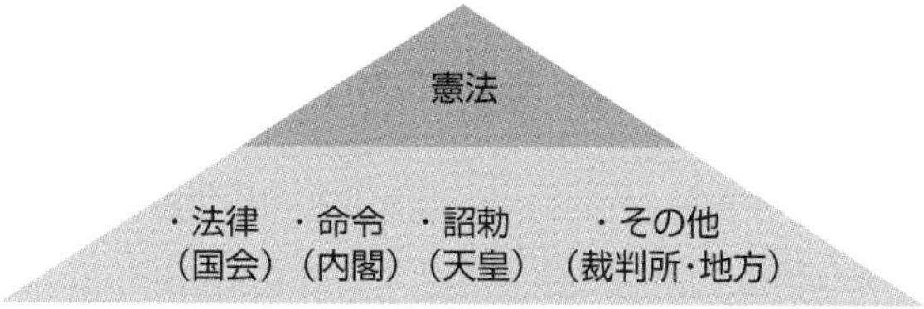

※ 法律・命令等にも形式的効力の優劣がある。

5 違憲審査制度 ★★☆

違憲審査制度とは、**国家の活動が憲法に違反していないかを裁判所が事後的に審査**し、憲法に違反した国家の活動を**無効**とする制度をいう(81条)。

その趣旨は、憲法が公権力を拘束していても、実際に権力を行使するのは人間(公務員)であり、過ちを犯す危険があるため、憲法に違反する国家活動を無効とすることで**憲法の最高法規性を確保**するためである。

【違憲審査制度】

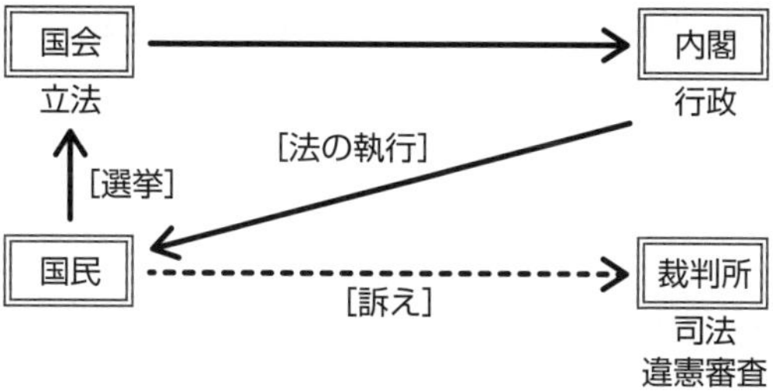

3 日本国憲法における天皇制

1 象徴天皇制 ★★★

(1) 象徴

天皇は、**日本国の象徴**であり**日本国民統合の象徴**であって、この地位は、**主権の**

存する**日本国民**の総意に基く(１条)。

その趣旨は、天皇は、大日本帝国憲法下では**主権者**であったが(詳細は本節❶「大日本帝国憲法から日本国憲法へ」参照)、日本国憲法では**国民主権**が採用された結果、**象徴**(シンボル)としての役割を果たすことを明示したことにある。

(2) 天皇の権能《けんのう》の限界

天皇は、この憲法の定める**国事に関する行為**(**国事行為**[2])のみを行い、**国政に関する権能を有しない**(４条１項)。

その趣旨は、天皇が象徴としての地位にふさわしい国事行為だけを担当することとして、政治的権力を持たないようにしたことにある。

2 国事行為 ★★★

(1) 総説

① 国事行為を行うための要件

天皇が国事行為を行うには、**内閣の助言と承認が必要**となる。

その趣旨は、天皇の国事行為を厳格な規律の下に置いたことにある。

② 国事行為の責任

天皇が行う国事行為の**責任は内閣が負う**(内閣の**自己責任**)。天皇は責任を負わない(天皇の無答責)。

その理由としては、**内閣**が助言と承認により**実質的に決定**しているからである。

③ 国事行為の委任

天皇は、法律の定めるところにより、その国事に関する行為を委任することができる(４条２項)。

その趣旨は、天皇の海外旅行や一時的な入院等により、国事行為を行えないときに備え臨時的に代行させることができるとしたことにある。

④ 摂政《せっしょう》による国事行為

摂政[3]は、天皇の名で、国事行為を行い、国政に関する権能を有しない(５条)。

その趣旨は、天皇が自ら国事行為を行えない場合に、天皇の名で国事行為を行う

---

2 **国事行為**とは、**天皇が**、内閣の助言と承認のもとで、**国家の機関**として行う形式的・儀礼的行為である。

3 **摂政**は、①天皇が成年に達しないとき、又は、②天皇が重患又は重大な事故により国事行為を自らすることができないときに、皇室会議を経て置かれる。

国家機関の設置を認めたことにある。

（2）国事行為の内容

国事行為は、６条に規定されたものと７条に規定されたものがある。

種類	内容
6条の国事行為	①内閣総理大臣の任命（国会の指名に基づく） ②最高裁判所の長たる裁判官の任命（内閣の指名に基づく）
7条の国事行為	①憲法改正、法律、政令及び条約の公布 ②国会の召集 ③衆議院の解散 ④国会議員の総選挙の施行の公示 ⑤国務大臣等の任免並びに全権委任状及び大使及び公使の信任状の認証 ⑥恩赦（大赦、特赦、減刑、刑の執行の免除及び復権）の認証 ⑦栄典の授与 ⑧批准書等の外交文書の認証 ⑨外国の大使及び公使の接受 ⑩儀式を行う

重要事項 一問一答

01 大日本帝国憲法における天皇の地位は？

主権者であり、統治権の総攬者である。

02 大日本帝国憲法下における権利の保障の特徴は？

法律の認める範囲内で保障されるにすぎないという法律の留保があった。

03 日本国憲法の基本原理は（3つ）？

①基本的人権の尊重、②国民主権、③平和主義

04 日本国憲法における国民主権の方法は？

原則は間接民主制であるが、例外として直接民主制を採用している。

05 日本国憲法における天皇の地位は？

日本国の象徴であり、日本国民の統合の象徴である。

06 天皇の権能は？

日本国憲法に定める国事行為のみを行い、国政に関する権能を有しない。

07 天皇が任命する国家機関は（2つ）？

①内閣総理大臣、②最高裁判所の長たる裁判官

過去問チェック

01 大日本帝国憲法では、天皇は統治権を総攬《そうらん》することが規定され、陸海軍の統《とう》帥《すい》権、緊急勅令、独立命令という天皇大権が認められていたが、条約の締結は天皇大権として認められていなかった。**特別区Ⅰ類2017**

×「条約の締結は天皇大権として認められていなかった」が誤り。

02 大日本帝国憲法では、帝国議会は天皇の立法権を輔弼《ほひつ》する機関であり、内閣は天皇に協賛して行政権を行使し、裁判所は天皇の名において司法権を行うものとされた。**特別区Ⅰ類2006**

×「を輔弼」「内閣は天皇に協賛して行政権を行使し」が誤り。

03 明治憲法下では、司法裁判所の裁判は民事裁判と刑事裁判に限られ、行政裁判は別に設置された枢密院で行われた。**特別区Ⅰ類2003**

×「枢密院で行われた」が誤り。

04 大日本帝国憲法は、社会権を確立したドイツのワイマール憲法をモデルとし、社会権の一つである生存権を保障していたが、日本国憲法は、生存権のほかに労働基本権や教育を受ける権利といった社会権についても保障している。**国家専門職2017**

×「社会権を確立したドイツのワイマール憲法をモデルとし、社会権の一つである生存権を保障していたが」が誤り。

05 日本国憲法は、三権分立、基本的人権の尊重、平和主義の３つを基本原理としており、これらの原理が明確に宣言されているのが憲法前文である。**警視庁Ⅰ類2021**

×「三権分立」が誤り。

06 天皇の国事に関するすべての行為には、内閣の助言と承認を必要とし、その責任は天皇が負う。**東京消防庁2015**

×「天皇が負う」が誤り。

07 国会を召集すること、衆議院を解散すること、および国会議員の総選挙の施行を公示することは、天皇の国事行為の１つである。**東京消防庁2015**

○

過去問 Exercise

問題1 大日本帝国憲法又は日本国憲法に関する記述として、妥当なのはどれか。

特別区Ⅰ類 2012［H24］

❶ 大日本帝国憲法では、天皇は、司法を除く立法、行政にわたる統治権を総攬《そうらん》し、陸海軍を指揮命令する統帥《とうすい》権を持っていたが、日本国憲法では、天皇の地位は、日本国の象徴であり日本国民統合の象徴となった。

❷ 大日本帝国憲法では、国民の権利は、天皇が臣下の民に与えた権利として保障されていたが、法律の留保がついていた。

❸ 大日本帝国憲法では、帝国議会は天皇の立法権を輔弼《ほひつ》する機関であり、各国務大臣は天皇に協賛して行政権を行使するものとされていた。

❹ 日本国憲法は、連合国軍総司令部（GHQ）が日本政府に示したマッカーサー草案をもとにして日本政府が作成したものであるが、帝国議会の審議を経ておらず、大日本帝国憲法の改正手続きにより制定されたものではない。

❺ 日本国憲法は、改正することができる軟性憲法であり、その改正には、各議院の総議員の３分の２以上の賛成で、国会がこれを発議し、さらに国民投票で、過半数の賛成を必要とする。

解説

正解 ❷

❶ ✕　「司法を除く」という部分が妥当でない。大日本帝国憲法では、天皇が統治権を総攬する地位にあると規定していた(大日本帝国憲法４条)ことから、三権分立が採用されていたものの、究極的には、立法、行政、司法の全てが天皇に帰属するものと位置付けていた。司法に関しては、裁判所が天皇の名において司法権を行使すると規定されていた(大日本帝国憲法57条１項)。しかし、日本国憲法(憲法)では、天皇を日本国の象徴、日本国民統合の象徴と位置付けている(憲法１条)。

❷ ◯　条文により妥当である。大日本帝国憲法では、国民の権利が「臣民ノ権利」と規定され、天皇が臣下に与える権利として、法律の認める範囲でのみ認めるという法律の留保が付いていた。

❸ ✕　「を輔弼」「に協賛」という部分が妥当でない。大日本帝国憲法の下では、帝国議会は天皇に協賛して立法権を行使する機関であり(大日本帝国憲法５条)、他方、各国務大臣は天皇を輔弼(天皇の権限行使に対して助言すること)して行政権を行使する機関である(大日本帝国憲法55条１項)と位置付けられていた。

❹ ✕　「帝国議会の審議を経ておらず、大日本帝国憲法の改正手続きにより制定されたものではない」という部分が妥当でない。日本国憲法は、帝国議会の審議を経て、大日本帝国憲法73条の改正手続により制定されたものである。

❺ ✕　「軟性憲法」という部分が妥当でない。日本国憲法(憲法)の改正は、各議院の総議員の３分の２以上の賛成で、国会がこれを発議し、国民投票において過半数の賛成により承認されることを必要とする(憲法96条１項)。したがって、我が国の憲法は、改正をするのに法律の制定よりも厳格な手続を要求しているので「硬性憲法」である。なお、軟性憲法とは、改正をするのに法律の制定と同じ手続でよいとする憲法のことをいう。

国家一般職★★★／国家専門職★★★／裁判所★★★／東京都Ⅰ類★★★／地方上級★★★／特別区Ⅰ類★★★

3 人権（日本国憲法）

本節では人権の性質や分類を捉えたうえで、それらが日本国憲法によってどのように定められているかをまとめていきましょう。

1 人権総論

1 人権の性質 ★★★

人権には、①人種や性別に関わりなく**誰もが享有できる性質（普遍性）**、②**公権力によっても侵害されない性質（不可侵性）**、③国家から恩恵として与えられるものではなく**人間であることにより当然に有する性質（固有性、前国家性）**がある。

2 人権の分類 ★★★

（1）総則的権利

総則的権利とは、**法の基本原則といえる権利**をいう。**幸福追求権**（13条）や**平等権**（14条）がこれに当たる。

（2）自由権

自由権とは、個人の自由な意思決定と活動に対して、**公権力の介入・干渉の排除**（不作為）を求める権利である（**国家からの自由**）。**精神的自由、経済的自由、人身の自由**の３つに分類される。

君主の権力を制限し、国民の自由を守るという近代**立憲主義**[1]において中核となった人権である。

① 精神的自由

精神的自由とは、**精神活動の自由**を保障する人権である。信教の自由（20条）や表現の自由（21条）などがこれに当たる。

---

1 **立憲主義**とは、憲法は、公権力を制限し、国民の権利・自由を守ることを目的とするものであるという考え方をいい、このような内容の憲法を、**立憲的意味の憲法**という。

② 経済的自由

経済的自由とは、**経済活動の自由**を保障する人権である。職業選択の自由(22条1項)や財産権(29条)などがこれに当たる。

③ 人身の自由

人身の自由とは、**公権力によって、身体の拘束を受けない自由**であり、不当に逮捕されない権利(33条)などがこれに当たる。

(3) 社会権

社会権とは、失業者や貧困者などの社会的・経済的弱者が、**人たるに値する生活ができるよう、**積極的な活動(作為)を**国家に請求する**権利(**国家による自由**)である。生存権(25条)や労働基本権(28条)などがこれに当たる。

(4) 受益権 (国務請求権)

受益権(**国務請求権**)とは、**人権を確保するため**の権利であり、裁判を受ける権利(32条)などがこれに当たる。

例えば、人権を侵害された者は、裁判所に救済を求めることができて初めて、人権を確保することができる。

(5) 参政権

参政権とは、国民が**政治に参加**する権利(**国家への自由**)である。民主主義のあらわれである。選挙権(15条)と被選挙権がこれに当たる。

【人権の分類】

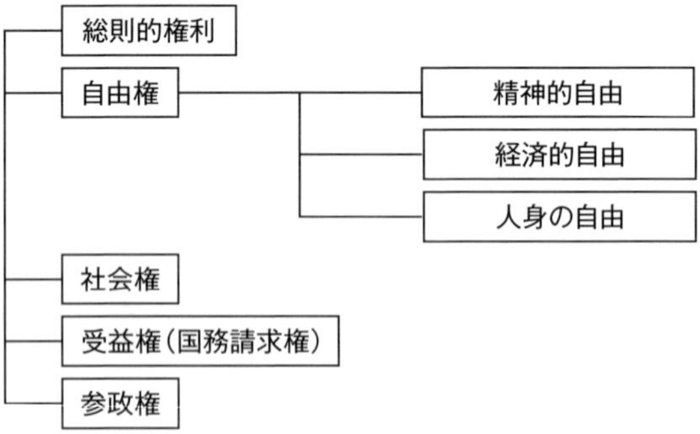

3 人権の限界 ★★★

基本的人権は公権力によって侵害されないという不可侵性を有するが、これは**無制約に保障されるということではなく、公共の福祉**(12条、13条後段等)**の範囲で人権が制限**されることがある。

人々が自己の人権を無限に追求すると、他者の人権と衝突してしまうため、このような**人権の衝突を調整する必要**がある。

例えば、職業選択の自由や財産権は公共の福祉による制限が**明記されている**(22条1項、29条2項)。また、表現の自由は憲法で保障された人権であるが、他人の名誉権を侵害する表現行為は、名誉毀損罪として**刑事処罰の対象となる**。

【人権の限界】

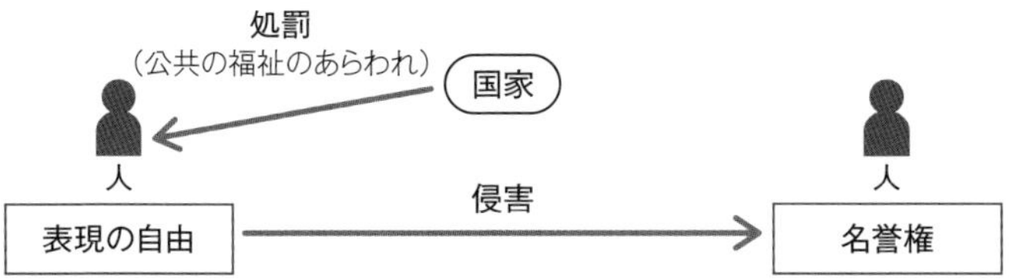

4 人権の享有主体 ★★★

(1) 外国人

外国人とは、**日本国籍を有しない者**をいう。

論点　外国人に人権享有主体性があるのか

〈結論〉　**外国人も人権の享有主体となる**が、日本国民と同様に人権が保障されるわけではなく、**権利の性質上、日本国民のみを対象とするものを除いて保障される**(判例)。

〈理由〉　人権は人であれば当然に認められる権利であり(**人権の前国家性**)、憲法はわが国が国際社会の一員として他国と協調すべきことを要請している(**国際協調主義**、98条2項等)。

① 参政権

(ア) 国政(衆議院議員・参議院議員)選挙権

外国人に**国政**選挙権は、**憲法上保障されない**(判例)。

なぜなら、国民主権原理から日本国民のみに認められた権利であるからである。

(イ) 地方 (都道府県・市町村の長、地方議会議員) 選挙権

外国人に**地方**選挙権は、**憲法上保障されない**(判例)。

しかし、**定住外国人**(**永住者等**)に対して、**法律によって**、地方公共団体の長、その議会の議員等に対する**選挙権を付与**することは、**憲法上禁止されていない**(判例)。

なぜなら、住民の日常生活に密接な関連を有する公共的事務は、その地方の住民の意思に基づいてその区域の地方公共団体が処理するものであるからである。

[補足]　現行の法律では、外国人の地方参政権を認める規定はない。

② 社会権 (生存権等)

外国人に**社会権**は、**憲法上保障されない**。

なぜなら、社会権は、権利の性質上、各人の所属する国によって保障されるべき権利だからである。

判例　塩見訴訟――社会保障制度における外国人の処遇

〈事案〉　障害福祉年金を申請したが、日本国籍がないことを理由に受給資格が認められなかった。

〈要約〉　社会保障上の施策において在留外国人をどのように処遇するかについては、特別の条約のない限り、政治的判断により決定することができ、**限られた財源**の中で、福祉的給付 (社会保障給付) を行うに当たり、**自国民を在留外国人より優先的に扱うことも許される**。

③ 自由権

(ア) 入国・在留・再入国・出国の自由

外国人に、入国・在留・再入国・出国の自由が保障されるかは以下のとおりである。

自由	保障の有無
入国	保障されない (理由)国際慣習法上、その国の裁量に属する事項である
在留	保障されない (理由)在留は、入国の継続にすぎない
再入国	保障されない (理由)入国の自由と同様である
出国	保障される (理由)権利の性質上、22条2項(外国移住)によって保障される

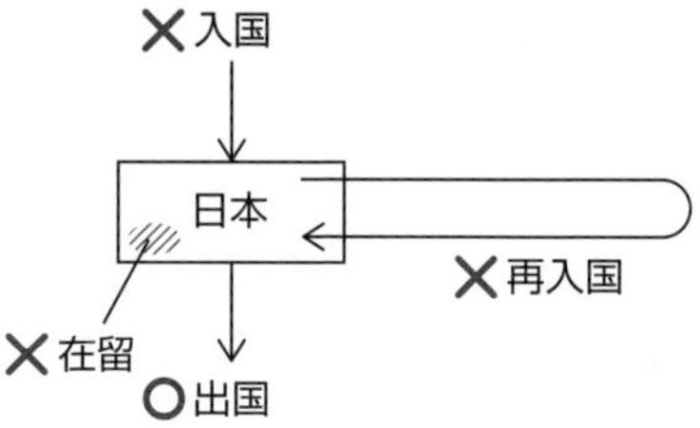

（イ）政治活動の自由（精神的自由）

表現の自由の一内容である政治活動の自由は、権利の性質上、**外国人にも保障される**。もっとも、政治活動の自由は参政権的な機能を有するから、国民の参政権の行使の観点から制約を受ける。

判例　マクリーン事件——外国人の政治活動の自由

〈事案〉　米国籍のマクリーン氏は、在留期間の更新を申請したが、日本在留中に行った日米安保条約反対、ベトナム戦争反対等の政治活動を理由として、在留期間の更新を認められなかった。

〈判旨〉　政治活動の自由については、**わが国の政治的意思決定またはその実施に影響を及ぼす活動等**外国人の地位に照らしこれを認めることが**相当でないと解されるものを除き**、わが国に在留する外国人にも**保障が及ぶ**。

（ウ）指紋の押捺を強制されない自由

指紋は、プライバシーに含まれる事項であるが、判例は、**みだりに指紋の押捺を強制されない自由の保障**は、13条により保障され、わが国に在留する**外国人にも等しく及ぶ**、としつつ、外国人に対する**指紋押捺制度**（当時）**は13条に違反しない**と判断している。

（2）法人

法人とは、**自然人以外で法により権利義務の主体となりうる地位**（権利能力）**を与えられた存在**をいう。例えば、会社や大学などである。

論点　法人に人権享有主体性があるのか

〈結論〉　法人も人権の主体となるが、自然人と同様にすべての人権が保障されるわけではなく、**権利の性質上可能な限り保障**されるにすぎない（判例）。
〈理由〉　法人は重要な社会的活動を行っており、現代社会に不可欠な存在である。

法人に、いかなる人権が保障されるかは、人権の性質や、法人の性質・目的により異なる。例えば、精神的自由のうち、結社の自由(21条1項)、宗教法人による信教の自由(20条)などは、権利の性質上法人にも保障されると解されている。

判例　八幡製鉄政治献金事件——会社による政治資金の寄付の自由

〈事案〉　八幡製鉄株式会社（当時）の代表取締役Yは、同社名で政党に対し政治資金を寄付したところ、寄付に反対する株主Xは、寄付金相当額を会社に支払うよう求めて提訴した。

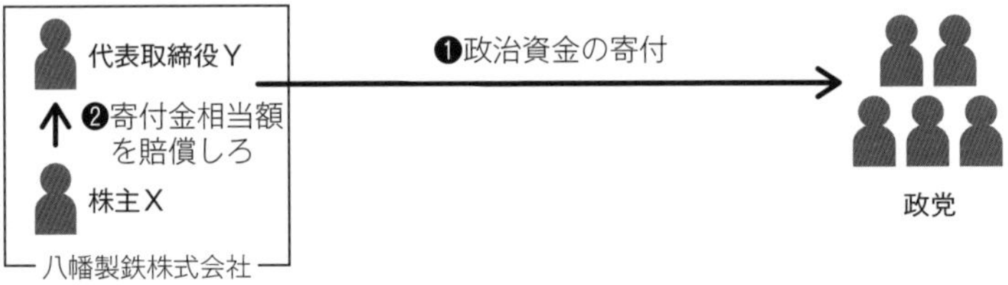

〈要点〉　会社は、国や政党の特定の政策を支持、推進しまたは反対するなどの**政治的行為をなす自由を有する**。政治資金の寄付はその自由の一環である。
（理由）会社が国民と同様に国税等の負担をしている。

5　被収容者（旧：在監者）・公務員の人権　★★★

公権力と**特別な法律関係の下**にある被収容者[2]及び公務員は、**一般国民とは異なった人権制約**に服することがある。

（1）被収容者の人権

被収容者の人権については、未決拘禁者の**閲読の自由**と受刑者の**信書の発受の自由**が問題となる。判例は、監獄内の規律や秩序の維持上放置することのできない程

2　被収容者（旧:在監者）とは、刑事施設（刑務所や拘置所など）に収容されている者をいい、刑が確定していない嫌疑段階（裁判で係争中）の**未決拘禁者**と、刑が確定し服役している**受刑者**に分かれる。

度の障害が生じる相当の蓋然性があるときは、未決拘禁者の閲読の自由や受刑者の信書の発受の自由を制限することができるとしている。

（2）公務員の人権

公務員の人権については、公務員の政治活動の制限と公務員の争議行為の制限が問題となる。

判例　猿払事件――国家公務員の政治活動の全面的禁止

〈事案〉　郵便局員（当時は国家公務員）が、**休日に政党の選挙用ポスターの掲示**などをしたため、国家公務員法違反で起訴された。

〈要点〉　国家公務員の政治活動を全面的に禁止する国家公務員法の規定は、**憲法21条に違反しない**（合憲）。

〈補足〉　判例は、①規制**目的**が正当か、②規制目的と**手段**との間の合理的な関連性があるか、③禁止によって得られる利益と失われる利益との**均衡**がとれているかを審査基準として違憲審査をした。

判例　全農林警職法事件――国家公務員の争議行為及びあおり行為の禁止

〈要点〉　国家公務員（非現業の国家公務員）の**争議行為**[3]**及びそのあおり行為等を禁止**する国家公務員法の規定は**憲法28条に違反しない**（合憲）。

〈補足〉　判例は、国家公務員の従事する職務には公共性がある一方、法律によりその主要な勤務条件が定められ、身分が保障されているほか、適切な代償措置が講じられていることを理由として挙げている。

6　私人間の人権保障　★★★

（1）私人による人権侵害からの救済

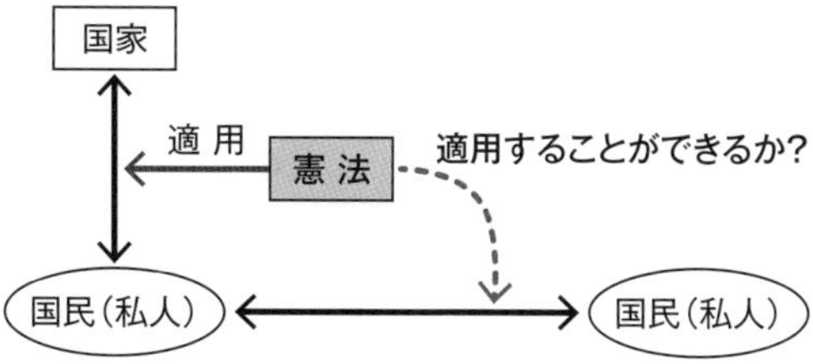

憲法は、歴史的に人々の人権を脅かしてきた公権力を規制することを主要な目的としていることから、憲法の人権規定は、**公権力と私人の間で適用される**ものである（憲法

3　**争議行為**とは、労働者による待遇改善要求の圧力行為をいう。ストライキ（労働者たちが示し合わせて労務を行わないこと）がその典型例である。

は公法)。しかし、現代では、公権力だけではなく、**強大な私人＝社会的権力(労働関係における雇い主など)による人権侵害の危険性**があるため、私人間においても人権規定を適用して人権侵害に対する救済の必要がある。

論点　私人間効力(私人間への憲法の適用方法)

〈結論〉　私人間のトラブルは憲法に違反するかどうか（合憲・違憲）ではなく、**私法に違反するかどうか（適法・違法）の問題として解決**される。もっとも、**私法（民法90条、709条等）の解釈に憲法の人権規定の趣旨を取り込み、私法を通して間接的に憲法を適用する**（判例、間接適用説）。

〈理由〉　憲法の直接適用を認めることは、公権力に対抗するという人権の本来の性質を希釈化させるおそれがあり、また、私的自治の原則を害することとなるため（＝直接適用説への批判）、**個人の人権保障と人権の本来の性質の維持・私的自治の要請との調和を図る**必要がある。

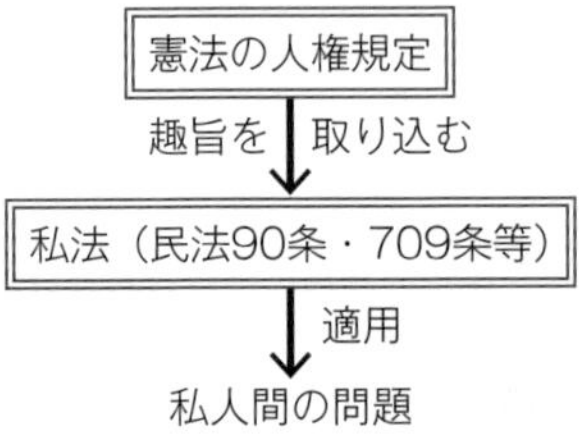

(2) 私人間効力に関連する最高裁判例

私人間における人権保障に関連する判例として、三菱樹脂事件と日産自動車事件がある。

判例　三菱樹脂事件

〈事案〉　元学生Ｘが Y 会社に採用されたが、試用期間中に、**学生運動歴**（政治活動をしていた事実）が発覚したので、Y 会社は、**本採用を拒否**した。

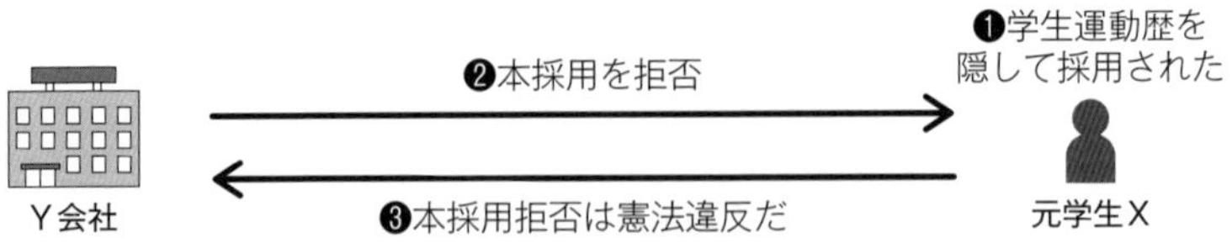

〈要約〉　企業者は、経済活動の一環としてする**契約締結の自由を有する**から、企業者が**特定の思想、信条**を有する者をそれを理由として雇い入れることを拒んでも、**当然に違法とすることはできない**。

判例　**日産自動車事件**

〈事案〉　定年年齢を男子60歳、女子55歳とする就業規則の定め（女子の早期定年制）に基づき、会社から退職を命じる予告を受けた女性が、就業規則の定めが**憲法14条に違反し無効**であるとして訴えを提起した。

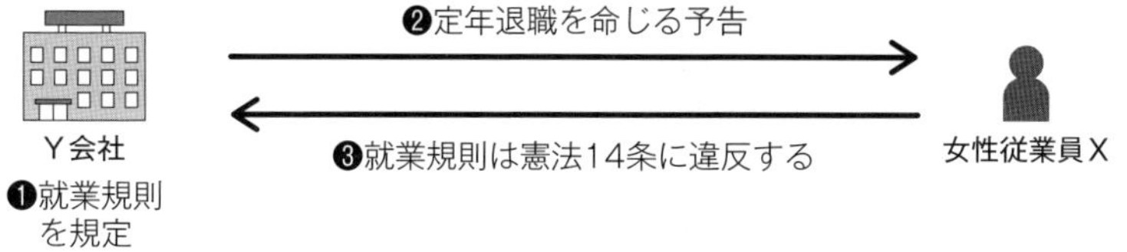

〈要約〉　会社の企業経営上の観点から定年年齢において女子を差別しなければならない**合理的理由は認められない**。したがって、会社の就業規則中、女子の定年年齢を男子より低く定めた部分は、**専ら女子であることのみを理由として差別**したことに帰着するものであり、性別のみによる不合理な差別を定めたものとして**民法90条の規定により無効**である。

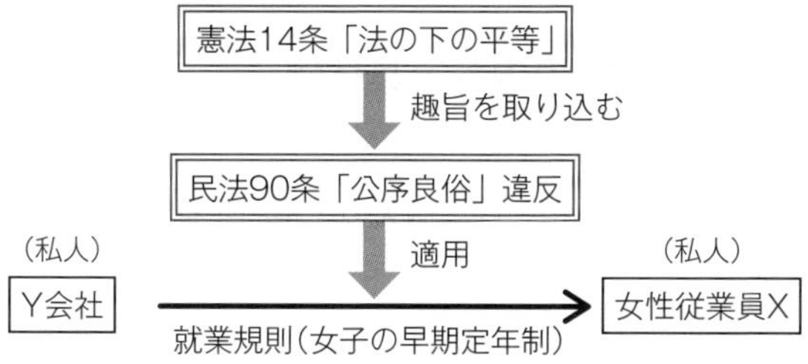

❷ 幸福追求権（13条後段）

第13条【個人の尊厳、幸福追求権、公共の福祉】

　すべて国民は、個人として尊重される。**生命、自由及び幸福追求に対する国民の権利**については、**公共の福祉に反しない限り**、立法その他の国政の上で、**最大の尊重**を必要とする。

1 意義・趣旨 ★★★

幸福追求権とは、**生命、自由及び幸福追求に対する国民の権利**をいう。

その趣旨は、名誉やプライバシーなど、**憲法制定時以後の社会の変化**に伴い、**既存の人権規定では保障しきれない新たな権利・自由(新しい人権)**について、本条を根拠規定として保障することにある。

【幸福追求権の保障】

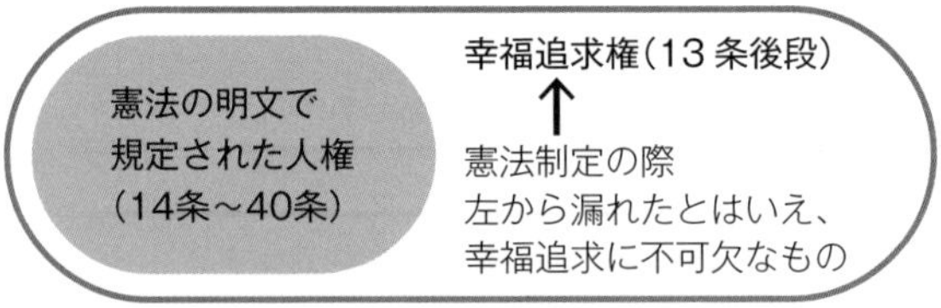

2 幸福追求権の法的性格 ★★★

13条後段は、新しい人権の根拠となる**一般的**[4]**かつ包括的**[5]**な権利**であり、裁判上の救済を受けることができる**具体的な権利**[6]であると解されている。

3 幸福追求権の保障の内容・具体例 ★★★

(1) 13条で保障される人権

13条で保障される新しい人権とは、**個人の人格的生存に不可欠な権利**をいう(通説、**人格的利益説**)。

その理由としては、あらゆる生活領域に関する行為(散歩、髪型、飲酒など)の自由と考えると(**一般的行為自由説**)、**人権のインフレ化**を招くおそれがあり、また、新しい人権を認めるにあたって、**裁判所の恣意的判断を許す**おそれもあるからである。

---

4 **一般的**とは、14条から40条の個別の人権規定を特別法と理解した場合にその対比として13条が一般法の関係にあるということである。

5 **包括的**とは、13条が多様な権利や自由を含みうるということである。

6 **具体的な権利**とは、憲法の規定だけを根拠として裁判所に権利の実現を求めることができる権利のことをいう。具体的には、「憲法○○条に違反しています。△△をお願いします。」と提訴できる権利である。

(2) 新しい人権の具体例

① 肖像権

肖像権とは、**承諾なしにみだりに容貌・姿態を撮影されない自由**をいう。

判例　京都府学連事件

〈事案〉　警察官が、デモの許可条件に違反したことの証拠保全としてデモ隊の承諾なく行った写真撮影の合憲性が問題となった。

〈要約〉　肖像権と明言はしていないが、**承諾なしにみだりに容貌・姿態を撮影されない自由の存在を認めた**。ただし、本件の写真撮影は、証拠保全の必要性などから**13条に違反しない（合憲）**とした。

② プライバシー権

プライバシー権とは、**自己に関する情報を自らコントロールする権利**と解されている（通説、**情報プライバシー権**）。

判例　前科照会事件

〈事案〉　弁護士会からの照会に対して、区役所が弁護士に住民の前科をすべて回答したことの是非が問題となった。

〈要約〉　人の名誉・信用にかかわる事柄である**前科をみだりに公開されないことは、法律上の保護に値する利益**であるとし、**漫然と回答**した区役所の行為を**違法**とした。

判例　ノンフィクション「逆転」事件

〈事案〉　ノンフィクション作品の中で、有罪判決を受けて服役をした者Aの実名が使われていたため、Aが慰謝料の支払いを求めて提訴した。

〈要約〉　有罪判決を受けて服役をした者は、**みだりに前科等にかかわる事実を公表されないことにつき、法的保護に値する利益**を有する。そして、**前科等にかかわる事実を公表されない法的利益が、これを公表する理由に優越するとき**は、その公表によって被った精神的苦痛の賠償を求めることができる。

判例　「石に泳ぐ魚」事件――モデル小説と名誉・プライバシー侵害

〈事案〉　小説「石に泳ぐ魚」の登場人物のモデルとされた女性Ｚが、自らの承諾なしに私的な事柄を小説に記述され、**名誉・プライバシー等を侵害**されたとして、作家Ｘ及び出版社Ｙに対して、小説の出版の差止め及び慰謝料の支払いを求める訴えを提起した。

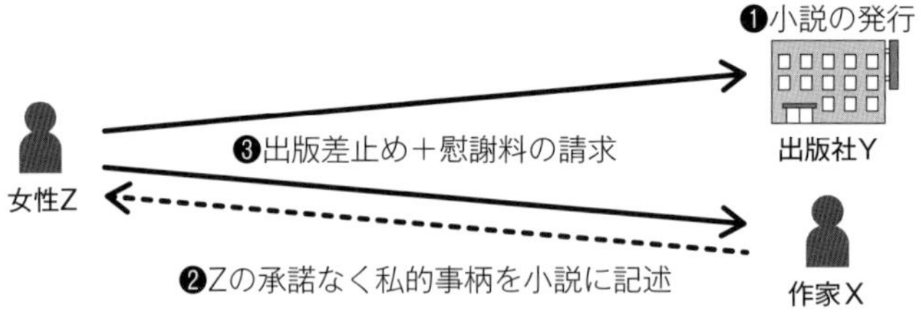

〈要約〉　公的立場にないＺの**名誉、プライバシー、名誉感情が侵害されており**、小説の出版により女性に**重大で回復困難な損害を被らせるおそれがある**として、小説の**出版の差止め及び慰謝料（損害賠償）の支払い**を認めた。

③ 名誉権

名誉権とは、**人の社会的評価に関する権利**をいう。判例は、「人格権としての個人の名誉の保護」という表現で名誉権が人権であることを認めている。

④ 環境権

環境権とは、**健康で快適な生活を維持する条件としてよい環境を享受し、これを支配する権利**と解されている。

判例は、環境権が憲法上の人権かどうかについて判断していない。関連する判例については、本節❼項[1]「生存権」で扱う。

⑤ 自己決定権

自己決定権とは、個人の**人格的生存にかかわる重要な私的事項**について**公権力の介入・干渉なしに各自が、自律的に決定できる自由**をいう（判例は、この点について正面から認めていない）。

判例　エホバの証人輸血拒否事件――宗教上の信念を理由とする輸血拒否

〈事案〉　宗教上の理由（輸血禁止の戒律）から、患者Ｘが**無輸血による手術を求めた**にもかかわらず、医師Ｙが、輸血する場合があることをＸに告知せず、手術中にＸの救命のために輸血を行った。そこで、Ｘは、Ｙに対して、精神的苦痛を理由とする損害賠償を求める訴えを提起した。

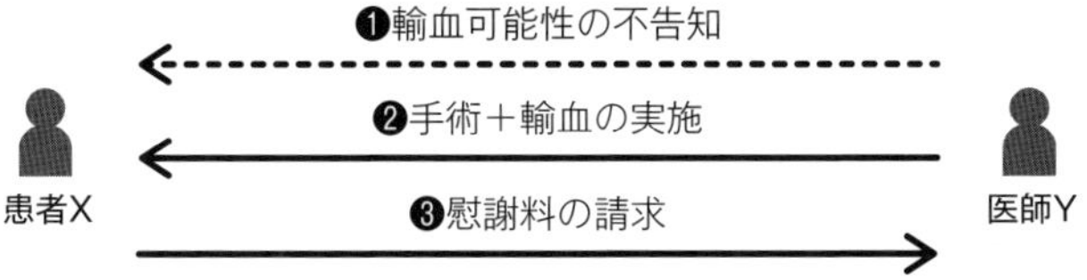

〈要約〉　患者が、輸血を受けることは自己の宗教上の信念に反するとして、輸血を伴う医療行為を拒否するとの明確な意思を有している場合、このような**意思決定をする権利**は、**人格権の一内容として尊重**されなければならない。

したがって、Ｙが、手術の際に輸血を必要とする事態が生ずる可能性があることをＸに告げないまま手術を施行し、当該事態が生じたとして輸血をしたことは、Ｘの**人格権を侵害**しており、Ｙは、Ｘが被った**精神的苦痛を慰謝すべき責任を負う**。

3 平等権（14条）

1 総説 ★★★

第14条【法の下の平等、貴族制度の廃止、栄典に伴う特権の禁止】
① すべて国民は、**法の下に平等**であつて、人種、信条、性別、社会的身分又は門地により、政治的、経済的又は社会的関係において、**差別されない**。
② 華族その他の貴族の制度は、これを認めない。
③ 栄誉、勲章その他の栄典の授与は、いかなる**特権も伴はない**。栄典の授与は、現にこれを有し、又は将来これを受ける者の**一代に限り**、**その効力を有する**。

（1）基本原則

大日本帝国憲法においては、公務就任資格の限度で平等が認められるに過ぎなかったが(同憲法19条)、日本国憲法では14条１項において**法の下の平等の基本原則**を定めた。また、本条以外にも、**普通選挙の保障**(15条３項、44条)、**夫婦の同等と両性の本質的平等**(24条)、**教育の機会均等**(26条１項)などの規定を設け、**平等原則の徹底**を図っている。

［補足］　近代国家成立当初においては、自由と平等が最大の理念であり、この時代の平等とは、**形式的平等（機会の平等）**を意味した。しかし、資本主義の発展に伴い形式的平等がさまざまな社会的矛盾をもたらしたことから、現代では、**実質的平等（条件又は結果の平等）をも考慮する**ものとされている。

（2）「法の下に」平等の意義

「**法の下に**」とは、成立した法律を**行政府や司法府が平等に適用すること（法適用の平等）**のみならず、**立法府が法律をつくる段階で法内容を平等にすること（法内容の平等）**をも意味する。

その理由は、法の内容が不平等であれば、いくら平等に適用しても不平等な結果しか生じないからである。

（3）法の下に「平等」の意義

「**平等**」とは、差別を一切認めない絶対的平等ではなく、各人の差異に着目し、差異に応じた**合理的差別を許容する相対的平等**を意味する。

その理由は、個人の差を無視して一律に扱うのはかえって不平等だからである。

（4）14条1項後段列挙事由

差別禁止事項である14条1項後段の列挙事由（人種、信条、性別等）は、単なる**例示にすぎず、それらに限定する趣旨ではない**。例えば、出身地、年齢、学歴などによる差別も、合理性を欠くならば許されない。

2　平等権に関する判例　★★★

（1）尊属殺重罰規定違憲判決

判例　尊属殺重罰規定違憲判決

〈事案〉　尊属殺人罪の法定刑が普通殺人罪と比べて重い刑を定めていたことから、憲法14条1項に違反しないかが争われた。

〈要点〉　尊属に対する尊重・報恩という旧刑法200条の尊属殺の**立法目的には合理性がある**。しかし、尊属殺の法定刑を死刑または無期懲役刑に限っている点において、刑法199条の普通殺の法定刑（事件当時は死刑または無期もしくは3年以上の懲役）に比べて**著しく不合理な差別的取扱い**をしているから、**立法目的達成手段として不合理**であり、旧刑法200条は憲法14条1項に違反して**無効**である（**違憲**）。

(2) 議員定数不均衡

議員定数不均衡とは、当選者１人当たりの有権者数が選挙区により差があり、当選結果への１票の影響力(投票価値)に差が生じていることである。

【議員定数不均衡】

	A選挙区	B選挙区
有権者	1万人	10万人
当選者数	1人	1人
投票価値	B選挙区の10倍	A選挙区の1/10

判例　衆議院議員定数不均衡訴訟

〈事案〉　議員1人当たりの選挙人数の比が最大1対4.99の公職選挙法の定数配分規定が8年間是正されないまま行われた衆議院議員総選挙について、憲法14条1項に反し無効であるかが争われた。

〈要約〉　憲法14条1項に定める法の下の平等は、選挙権に関しては、国民はすべて政治的価値において平等であるべきであることを求めるものであり、**各選挙人の投票の価値の平等**もまた、**憲法の要求するところ**である。

そして、①**較差**が一般的に合理性を有するとは到底考えられない程度に達しており（違憲状態）、②**合理的期間内に是正**が行われないときには、議員定数配分規定は、憲法違反となる。

とすると、①較差が約1対5、②8年間是正なしにより、本件議員定数配分規定は、選挙当時、憲法の選挙権の平等の要求に違反し、**違憲**と断ぜられるべきものであったというべきである。

もっとも、行政事件訴訟法31条の**事情判決**[7]**の法理**にしたがい、本件選挙は憲法に違反する議員定数配分規定に基づいて行われた点において**違法である旨を判示**するにとどめ、**選挙自体はこれを無効としない**。

判例の投票価値の較差の数字的基準について、衆議院議員総選挙の場合、概ね２：１を超えると違憲状態とされている。いわゆる**一人別枠方式**(各都道府県に１議席ずつ配分し、残りの議席を人口に比例して配分する)が採用された平成21年８月30日施行の衆議院議員総選挙の最大較差2.304倍(最大判平23.3.23)、一人別枠方式廃止後の平成26年12月14日施行の衆議院議員総選挙の最大較差2.129倍(最大判平27.11.25)では、**違憲状態**であると判断している(選挙自体は有効)。

7　**事情判決**とは、原告の主張が認められ、本来ならば裁判所により請求認容判決（勝訴判決）がなされるはずであるが、公共の福祉の見地から、原告の請求を棄却する判決（敗訴判決）である。

(3) 非嫡出子の法定相続分差別

判例 非嫡出子相続分規定事件

〈事案〉 旧民法900条4号ただし書前段の規定のうち、**嫡出でない子**(非嫡出子又は婚外子)**の法定相続分を嫡出子の法定相続分の2分の1とする部分**(以下、「本件規定」という)が憲法14条1項に違反し無効であるかが争われた。

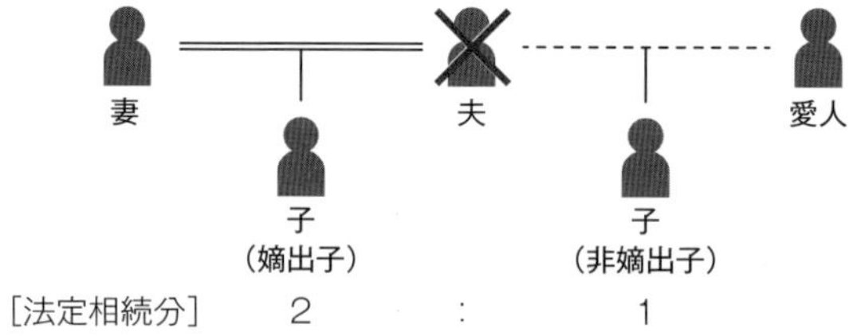

〈要約〉 子を個人として尊重し、その権利を保護すべきであるという考えが確立されている現状の下では、本件規定の合理的根拠は失われており、少なくとも平成13年7月当時において**憲法14条1項に違反していた**(本件規定は無効)。この判決を受けて、国会は本件規定を改正している(嫡出子と非嫡出子の法定相続分が平等の割合になった)。

(4) 国籍法3条1項違憲判決

判例 国籍法3条1項違憲判決

〈事案〉 父のみが日本国民の場合を前提に、**出生後に父から認知された**(**生後認知**)**場合**は、**父母が婚姻**して嫡出子の身分を取得(準正)したときに限り日本国籍を取得すると定める旧国籍法3条1項が憲法14条1項に違反しないかが争われた。

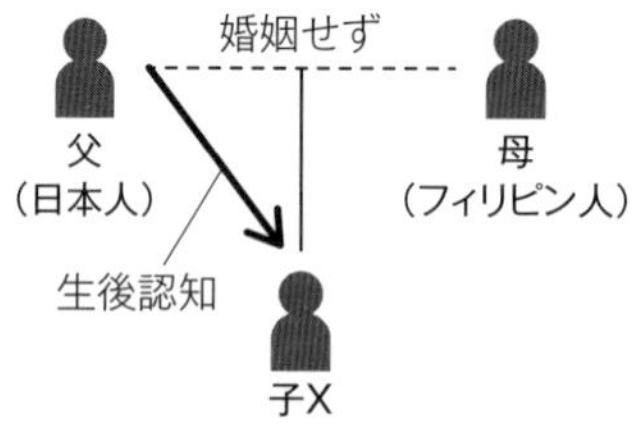

〈要約〉 旧国籍法3条1項の立法当初に認められた立法目的との合理的関連性は、社会的環境の変化等によって**現在は失われているから14条1項に違反する**(**違憲**)。そして、本判決は、父の生後認知と国籍取得届をもって、子が日本国籍を取得することを認めた。

(5) 夫婦同氏

判例　夫婦同氏規定の合憲性

〈事案〉　「夫婦は、婚姻の際に定めるところに従い、夫又は妻の氏を称する。」と定める民法750条が、事実上女性が改氏を強制されるという不利益を負わせる効果を有するとして、憲法14条1項等に違反するかが問題となった。

〈要約〉　民法750条は、夫婦が夫又は妻の氏を称するものとしており、夫婦がいずれの氏を称するかを夫婦となろうとする者の間の**協議に委ねている**。

また、我が国において、夫婦となろうとする者の間の個々の協議の結果として夫の氏を選択する夫婦が圧倒的多数を占めることが認められるとしても、それが、**民法750条の在り方自体から生じた結果であるということはできない**から、民法750条は憲法14条1項に**違反するものではない**（**合憲**）。

(6) 社会的給付関係

社会保障給付について争われた判例として、堀木訴訟(本節❼項「社会権」参照)、塩見訴訟(本節❶項[4]「人権の享有主体」参照)がある。

(7) 地域的差異

判例　東京都売春防止条例事件――条例による罰則と地域的差異

〈事案〉　売春の取締りに関する罰則を条例で定めることは、そのような条例のない他の地域と異なる取扱いを受けることになるため、憲法14条1項に違反しないかが争われた。

〈要約〉　憲法が各地方公共団体の条例制定権を認める以上、地域によって差別（異なる取扱い）を生ずることは当然に予期されることであるから、**かかる差別は憲法みずから容認するところ**であると解すべきである。したがって、地方公共団体が売春の取締について各別に条例を制定する結果、その取扱に差別を生ずることがあっても、所論のように地域差の故をもって**違憲ということはできない**（**合憲**）。

4 精神的自由

1 思想良心の自由（19条） ★★★

第19条【思想・良心の自由】
思想及び良心の自由は、これを侵してはならない。

（1）意義

思想・良心の自由は、個人の**人格形成の核心をなす内心の活動を保障**するものである（**信条説**）。したがって、単なる事実の知・不知や、事物に関する是非・弁別の判断は、「思想及び良心」に含まれない。

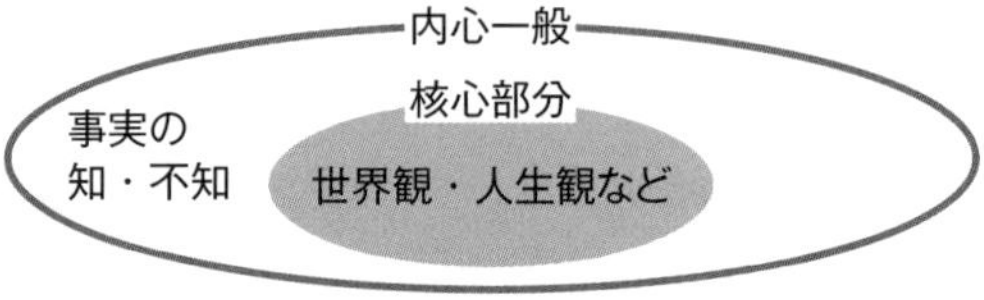

【思想・良心の意義】

判例　謝罪広告事件

〈事案〉　名誉毀損の発言をした者が、裁判所から、「右放送及び記事は真相に相違しており、貴下の名誉を傷つけ御迷惑をおかけいたしました。ここに陳謝の意を表します。」という内容の謝罪広告を命じられた。
〈要約〉　新聞紙に謝罪広告の掲載を命ずる判決は、その広告の内容が**単に事態の真相を告白し陳謝の意を表明するに止まる程度のもの**にあっては、**憲法19条に反しない（合憲）**。

（2）保障内容

内心の問題である限り、他者の人権と衝突するおそれがないことから、**公共の福祉による制約を受けず**、いかなる思想（民主主義を否定する思想など）も**絶対的な保障**を受ける。

① 特定の思想の強制、思想に基づく不利益の禁止

公権力による特定の**思想の強制を禁止**するだけでなく、特定の思想を持つ者に対して、**思想に基づく不利益を課す**ことも、思想・良心の自由の侵害となる。

② 沈黙の自由

自己がいかなる思想を抱いているのかについて、公権力から**表明することを強制されない自由（沈黙の自由）**も保障される。

③ 私人間における思想・良心の自由

私人間において思想・良心の自由の侵害が問題となった判例として**三菱樹脂事件**がある（本節❶項[6]「私人間の人権保障」参照）。

[2] 信教の自由（20条） ★★☆

第20条【信教の自由】
① 信教の自由は、何人に対してもこれを保障する。…（略）…。
② 何人も、宗教上の行為、祝典、儀式又は行事に参加することを強制されない。

（1）意義

信教の自由とは、特定の**宗教を信じる自由**、又は、一般に**宗教を信じない自由**をいう（20条1項前段）。

国家神道が事実上の国教とされていた大日本帝国憲法下においても、**信教の自由は保障されていたが**、「安寧秩序を妨げず、臣民の義務に反しない限り」という法律の留保すら伴わない形の**非常に不十分な保障**であった。

（2）保障内容

信教の自由の保障内容には、**内心における信仰の自由**、**宗教的行為の自由**、**宗教的結社の自由**の３つがある。

① 内心における信仰の自由

内心における信仰の自由とは、宗教を**信仰し又は信仰しない**こと、信仰する宗教を**選択し又は変更することについての自由**をいう。

信仰の自由は、内心の問題であるからその保障は**絶対的**であり、国家による強制は許されない。

② 宗教的行為の自由

宗教的行為の自由とは、**信仰の告白としてなされる行為**（礼拝、祈祷、宗教的儀式・行事、布教等）**を行い又は行わない自由**をいう。20条２項は、この行わない自由を具体的に規定している。

宗教的行為の自由は、**外部的行為を伴う**ものであるから、公共の安全等や他の者の基本的な権利自由の保護のために**必要な制約に服する**。

③ 宗教的結社の自由

宗教的結社の自由とは、宗教団体を**結成し又は結成しない自由**、及び宗教団体に**加入し又は加入しない自由**をいう。

宗教的結社の自由も、宗教的行為の自由と同様の理由から、公共の安全等や他の者の基本的な権利自由の保護のために**必要な制約に服する**。

(3) 信教の自由の保障の限界に関する判例

判例 **加持祈祷事件——宗教行為と傷害致死罪**

〈事案〉 僧侶Xが精神障害者Yの治療として**宗教行為である加持祈祷**を行ったが、その際、Yに対して線香であぶる、殴るなどの暴行を加えたところYが死亡したため、Xは傷害致死罪で処罰された。

〈要約〉 加持祈祷が宗教行為としてなされたものであったとしても、それが他人の生命、身体等に危害を及ぼす**違法な有形力の行使に当たる**ものであり、これにより被害者が死亡した以上、**信教の自由の保障の限界を逸脱したもの**であるから、Xの行為を傷害致死罪で処罰したことは、**憲法20条1項に反しない（合憲）**。

判例 **宗教法人オウム真理教解散命令事件**

〈事案〉 裁判所がオウム教団に対して、宗教法人法の規定に基づく解散命令を出したので、オウム教団が本件解散命令は信者の信教の自由を侵害するとして争った。

〈要約〉 本件解散命令によってオウム教団やその信者らが行う宗教上の行為の支障は、解散命令に伴う**間接的で事実上のものであるにとどまる**ので、本件解散命令は、必要でやむを得ない法的規制であり、**憲法20条1項に反しない（合憲）**。

(4) 政教分離

第20条【信教の自由】

① …（略）…。いかなる宗教団体も、国から特権を受け、又は政治上の権力を行使してはならない。

③ 国及びその機関は、宗教教育その他いかなる宗教的活動もしてはならない。

第89条【公金支出の禁止】

公金その他の公の財産は、宗教上の組織若しくは団体の使用、便益若しくは維持のため、又は公の支配に属しない慈善、教育若しくは博愛の事業に対し、これを支出し、又はその利用に供してはならない。

① 意義

政教分離とは、**公権力(国家・公共団体)の非宗教性ないし宗教的中立性**をいう。

② 法的性格

政教分離原則は、公権力と宗教の分離を制度として保障し、**間接的に信教の自由の保障を確保する制度的保障**[8]である(判例、制度的保障説)。したがって、政教分離に反する公権力の行為に対して、法律に特別の規定がない限り訴訟を提起することができない。

③ 政治面での規律

政治面での規律として、**宗教団体への特権付与を禁止**するとともに、**宗教団体による政治上の権力行使を禁止**し、**公権力による宗教的活動を禁止**している(20条1項後段、3項)。

論点　政教分離原則を厳格に解するべきか――分離の程度

〈結論〉　公権力が禁じられている「**宗教的活動**」とは、宗教とのかかわり合いを持つすべての行為を指すものではなく、その**かかわり合いが相当な限度を超えるものに限られる**(判例、相当分離説)。
例えば、特定宗教と関係のある私立学校に対して一般の私立学校と同様の助成金を交付することや、国立大学、公立学校において学術目的で宗教を講義・研究することは禁止されない。
〈理由〉　公権力と宗教の完全な分離を実現することは、現実的に不可能であり、かえって社会生活の各方面に不合理な事態を生じさせる。

論点　政教分離違反の判断基準――目的効果基準

〈結論〉　公権力の行為について、①その**目的が宗教的意義**をもち、**かつ**、②その**効果が宗教に対する援助、助長、促進または圧迫、干渉等**になる場合に、禁止される宗教的活動に当たる(判例)。
〈理由〉　社会生活上における公権力と宗教とのかかわり合いの問題なので、公権力の行為の外形的側面のみにとらわれることなく、諸般の事情を考慮し、社会通念に従って、客観的に判断しなければならない。

8　**制度的保障**とは、基本的人権には属さないが、**一定の制度**(客観的制度)**を保障**することによって、**間接的に特定の人権の保障をより強固にする**保障のあり方をいう。

④ 財政面での規律

財政面での規律として、**公の財産**を宗教上の組織・団体のために**支出・利用に供することを禁止**している(89条前段)。

(5) 政教分離が問題となった判例

判例　津地鎮祭事件

〈事案〉　三重県津市で市体育館の起工式を神式（地鎮祭）で行い、その費用として市が神主に対して、公金から謝礼を支払ったことが政教分離原則に反するかが問題となった。

〈要点〉　地鎮祭は、宗教との関わりを持つものであることは否定できない。しかし、その**目的**は工事の無事安全を願い、社会の一般的慣習に従った儀礼を行うというもっぱら世俗的なものであり宗教的意義はなく、その**効果**も、神道を援助、助長、促進しまたはほかの宗教に圧迫、干渉を加えるものではないので、憲法20条3項の禁止する**「宗教的活動」といえない**（**合憲**）。

判例　愛媛玉串料訴訟

〈事案〉　愛媛県が、靖国神社又は護国神社の挙行する例大祭等へ数回にわたり玉串料等を奉納するため公金を支出したことが、政教分離原則に反するかが問題となった。

〈要点〉　玉串料等の奉納は、宗教的意義が希薄化し、慣習化した社会的儀礼にすぎないとはいえず（=宗教的意義あり）、また、一般人に対して、県が当該特定の宗教団体を特別に支援しており、それらの宗教団体が他の宗教団体とは異なる特別のものであるとの印象を与え、特定の宗教の関心を呼び起こすものである（=特定の宗教を援助、助長した）。

よって、県が靖国神社に対して玉串料等を奉納したことは、その**目的**が宗教的意義を持つことを免れず、その**効果**が特定の宗教に対する援助、助長、促進になるといえるので、憲法20条3項の禁止する**宗教的活動に当たる**（**違憲**）。

3　学問の自由（23条）　★★★

(1) 総説

第23条【学問の自由】

学問の自由は、これを保障する。

① 意義

学問の自由とは、**学問的活動について、公権力の干渉・介入を受けない自由**をいう。

② 学問の自由の内容

学問の自由の内容は、１)真理を探求するための研究活動である**学問研究の自由**、２)研究結果を発表する自由である**研究発表の自由**、３)研究者がその成果を学生に授ける自由である**教授の自由**である。

（2）大学の自治

① 意義

大学の自治とは、**大学の組織、運営に外部からの干渉を許さない**とすることをいう。

学問の自由の主な担い手は大学であることから、**大学における学問の自由を保障するために**、伝統的に大学の自治が認められるとされており、そのため、大学の自治は23条により保障されると解されている。

② 大学の自治の内容

大学の自治には**人事の自治**が含まれる他、**大学の施設管理の自治**や、**学生の管理の自治**もある程度認められるものと解されている(判例)。

4 表現の自由（21条１項） ★★★

第21条【表現の自由、検閲の禁止、通信の秘密】
① 集会、結社及び言論、出版その他一切の表現の自由は、これを保障する。

（1）総説

① 意義

表現の自由とは、**人の内心における精神作用**を、方法のいかんを問わず、**外部に公表する精神活動の自由**をいう。

② 表現の自由の価値

表現の自由には、１)個人が言論活動をとおして自己の人格を発展させるという個人的な価値(**自己実現の価値**)と、２)言論活動によって国民自身が民主主義を維持・運営するという社会的な価値(**自己統治の価値**)がある。そのため、表現の自由は、憲法が規定する**人権の中で優越的地位を有する**といわれる。

(2) 表現の自由の内容

表現の自由を実質的に保障する観点から、以下のような種々の派生的権利が認められている。

① 知る権利

(ア) 総説

知る権利とは、**情報を受領することができる権利**である。表現の自由はコミュニケーションをする自由であって、本来、情報の受け手の存在を前提にしているから、知る権利は21条1項により保障される(通説)。

現代社会ではマス・メディアの発達により、社会生活における情報の価値がさらに増大し、また、積極国家化に伴う政府保有の情報量も増大している。そのため、**表現の自由を一般国民の側から再構成し、国民の受け手の自由を「知る権利」と捉える**ことが必要となった。

【知る権利】

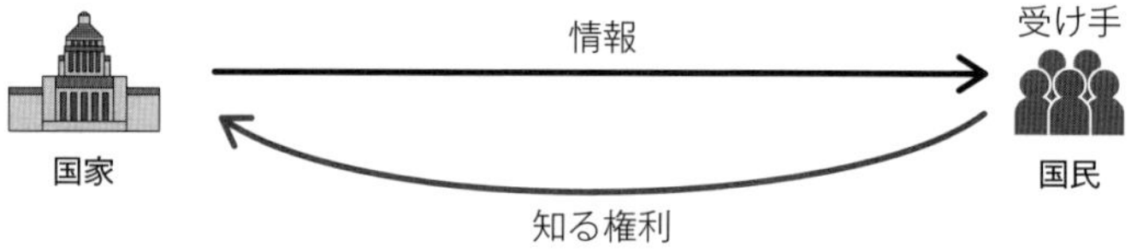

(イ) 知る権利の複合的性質

「知る権利」には、①情報の受領について国家から干渉を受けない権利(自由権的側面)のほか、②政府等が保有する情報の公開を要求する権利(社会権的側面)も含まれると考えられている。ただし、**情報公開請求**については、**具体的な立法**(情報公開法など)**がなされることで初めて具体的な請求が可能になる**にとどまると解されている。

② アクセス権

アクセス権とは、**マス・メディアに対して自己の意見の発表の場の提供を求める権利**をいう。

【アクセス権】

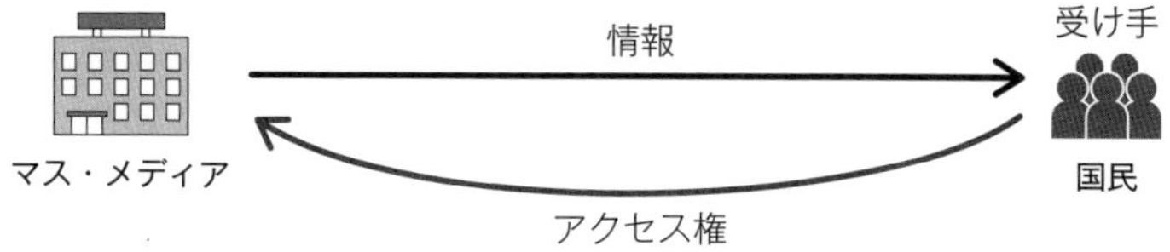

具体例として、意見広告や反論文の掲載、紙面や番組への参加が挙げられるが、判例は、マス・メディア側に**不法行為が成立する場合は別**として、私人間に21条を根拠とする反論文掲載請求権は生じないとしている。

③ 報道の自由

(ア) 意義

報道の自由とは、テレビや新聞のニュース報道など、**客観的な事実を知らせる自由**である。

(イ) 憲法上の保障の有無

報道の自由を保障する憲法の明文規定はないが、判例は、報道が**国民の知る権利に奉仕する**ことを理由に、報道の自由も表現の自由を規定した**21条1項により保障**されるとする。

判例　博多駅テレビフィルム提出命令事件

〈事案〉　刑事裁判において、裁判所がテレビ局に対し、ある事件の状況を撮影したフィルムの提出命令を発したため、テレビ局は、報道の自由、取材の自由を侵害するとして、この提出命令を争った。

〈要約〉　思想の表明の自由とならんで、**事実の報道の自由**は、表現の自由を規定した**憲法21条の保障のもとにある**。また、このような報道機関の報道が正しい内容をもつためには、**報道のための取材の自由**も、憲法21条の精神に照らし、**十分尊重に値する**ものといわなければならない。

しかし、取材の自由といっても、何らの制約を受けないものではなく、例えば**公正な裁判の実現**というような憲法上の要請があるときは、**ある程度の制約を受ける**ことがある。

本件フィルムは、被疑者らの罪責の有無を判定するために必須であるのに対し、本件フィルムは放映のために準備されたもので、報道機関の不利益は将来の取材の自由が妨げられるおそれにとどまるから、**本件提出命令は憲法21条に違反しない**（合憲）。

④ 取材の自由

(ア) 意義

取材の自由とは、事実を報道するために**報道機関が情報を収集する自由**のことをいう。報道は「取材→編集→発表」という一連の行為により成立するため、事実の正確な報道の前提として十分な取材が必要となる。

(イ) 憲法上の保障の有無

報道の自由とは異なり、取材の自由について上記判例(博多駅テレビフィルム提出命令事件)は、**十分尊重に値する**とするにとどめており、**憲法上保障されるとまではしていない**。

(ウ) 取材源の秘匿

取材の自由を十分尊重するためには、**取材を行った記者**が、どこから情報を取得したのかという**取材源を秘匿する自由**が認められなければならないが、判例は、**刑事裁判**(刑事事件)では**証言拒絶は認められない**としている。

INPUT	OUTPUT
・知る権利 →憲法上保障される(通説)	・表現の自由…**意見の発表** →憲法の明文で保障
・取材の自由…報道資料の収集 →**尊重される**(判例)	・報道の自由…**事実の発表** →憲法上**保障される**(判例)

【表現の自由の内容】

(3) 事前抑制の原則的禁止(事前抑制禁止の理論)

① 意義

事前抑制とは、**表現行為がなされる前**の段階で、**公権力**が何らかの方法でその**表現行為を抑制**することをいう。公権力が国民に対して、**表現行為を事前に抑制**することは、**原則として禁止**される。

その理由としては、①思想の自由市場の確保の要請から、さらには、②事後規制に比べて公権力による規制が広範になりやすく表現行為に対する萎縮的効果が大きいからである。

② 思想の自由市場論

思想の自由市場論とは、表現行為については、思想の自由市場に登場して、他人の耳目に触れることによって、批判を含めたあらゆる評価を受け、より真実に近いものが生き残っていくという考え方である。

③ 裁判所による事前差止め

判例は、裁判所による表現行為の事前差止めを一定の要件下で**合憲**とする。なお、モデル小説の出版差止めが争われた「『石に泳ぐ魚』事件」については、本節❷項[3](2)②「プライバシー権」を参照のこと。

判例　北方ジャーナル事件――裁判所による出版差止めの可否

〈事案〉　出版社Bが、知事立候補予定者Aの人格及び私生活を脚色した月刊誌を出版しようとしたため、Aは、裁判所に当該月刊誌の出版の事前差止めを求める仮処分申請をし、これが認められた。

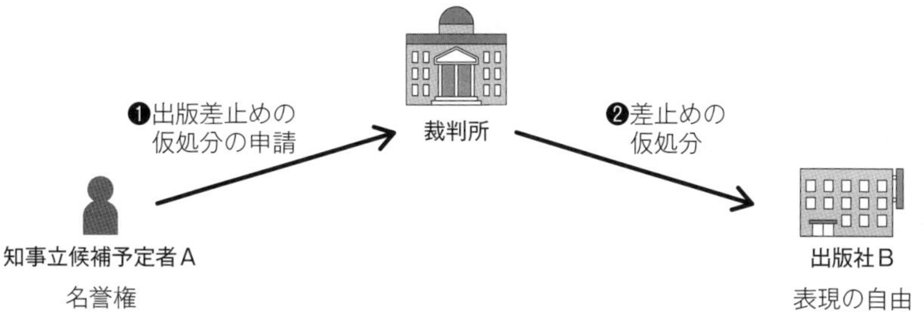

〈要約〉　（検閲該当性について）仮処分による事前差止めは、**個別的な私人間の紛争について、司法裁判所により発せられる**ものであって、「**検閲**」には当たらない。

（21条1項違反について）検閲に該当しないとしても、表現行為に対する事前抑制は、表現の自由を保障し検閲を禁止する憲法21条の趣旨に照らし、**厳格かつ明確な要件のもとにおいてのみ許容される**。

(4) 検閲の禁止（21条2項前段）

第21条【検閲の禁止】
② 検閲は、これをしてはならない。…（略）…。

① 意義

「**検閲**」とは、**行政権が主体**となって、思想内容等の**表現物**の全部または一部の**発表の禁止を目的**として、対象とされる一定の表現物につき**網羅的一般的**に、**発表前にその内容を審査**したうえで、不適当と認めるものの**発表を禁止**することをいう（判例）。

判例の立場からは、裁判所が名誉権やプライバシー権の保護のために表現物の事前差止めをすることは、裁判所が「行政権」に当たらない以上、「検閲」とはなり得ない（上記判例「北方ジャーナル事件」を参照）。

② 絶対禁止

判例は、検閲は**絶対禁止**であって**一切例外を認めない**とする。もっとも、判例の採る「検閲」の概念はかなり狭く、「検閲に該当するため違憲である」**とした最高裁の判例は一例もない**。

【事前抑制の禁止と検閲の禁止の比較】

	事前抑制の禁止	検閲の禁止
根拠	21条1項	21条2項
主体	**公権力全般**	**行政権のみ**
例外の有無	**例外あり**	**例外なし（絶対禁止）**

③ 検閲の禁止に関連する判例

判例　税関検査訴訟――税関検査は検閲に該当するか

〈事案〉　税関より輸入禁制品に該当する旨の通知を受けた者が、税関検査が検閲に該当するとして争った。

〈要約〉　税関検査により輸入が禁止される表現物は、一般に、**国外においては既に発表済みのもの**であって、その輸入を禁止することが事前に発表そのものを一切禁止するというものではないことなどを総合して考察すると、**税関検査は、憲法21条2項にいう「検閲」に当たらない**ものというべきである。

判例　第一次教科書訴訟（家永訴訟）――教科書検定は検閲に該当するか

〈事案〉　検定不合格処分を受けた教科書の執筆者が、教科書検定が検閲に該当するとして争った。

〈要約〉　教科書検定において不合格とされた図書であっても、一般図書としての発行を何ら妨げるものではなく、**発表禁止目的や発表前の審査などの特質がない**から、教科書検定は**検閲に当たらない**。

(5) 表現の自由の限界

表現の自由も、外部的行為を伴う以上、「**公共の福祉**」による一定の制約に服する。したがって、表現の場所・方法や表現内容などについて罰則をもって禁止される場合もある。

表現の時・場所・方法の規制の典型例として、**電柱などへのビラ貼りの禁止**がある。判例は、ビラ貼り禁止の程度にとどまる規制は、公共の福祉のための必要かつ合理的な制限であるから、憲法違反ではないとしている。

なお、公務員の政治活動の制限については、本節❶項5(2)「公務員の人権」を参照のこと。

(6) 集会・結社の自由、通信の秘密

第21条【表現の自由】
① 集会、結社及び言論、出版その他一切の表現の自由は、これを保障する。

① 集会の自由

(ア) 意義

集会の自由とは、**多数人が共同目的のために一時的に集団を形成して活動する自由**をいう。表現の一形態として、21条1項により明文上保障されている。

(イ) 集会の自由と集団行動の自由

集会の自由に類するものとして、集団行進やデモ行進(集団示威活動)などの場所の移動を伴う表現活動をする自由である、**集団行動の自由**がある。集団行動の自由は明文上保障されていないが、「集会の自由」又は「その他一切の表現の自由」に含まれるとして、**21条1項により保障**されていると考えられている。

(ウ) 集会の自由の限界

集会や集団行動は、多数が一つの場所に集まる表現活動であり、他者の権利・利益と衝突する場面が多いから、**公共の福祉による制約に服する**。

② 結社の自由

(ア) 意義

結社の自由とは、**多数人が、共同の目的のために、継続的に結合する自由**をいい、団体の**結成**・**不結成**又は団体への**加入**・**不加入**について、公権力による干渉を受けない。結社の具体例として、政党や労働組合などがある。

(イ) 結社の自由の限界

結社は多数人が結合する表現活動であり、他者の権利・利益と衝突する場面が多いから、**公共の福祉による制約に服する**。したがって、弁護士会などのように、法律上、特定の職業において団体への加入を強制することも許され得る。

③ 通信の秘密（21条２項後段）

第21条【通信の秘密】
② …（略）…。通信の秘密は、これを侵してはならない。

（ア）意義

通信の秘密とは、信書・電話・電子メールなどの**一切の方法による通信の内容**を秘密とすること、及び**通信の存在自体に関する事柄**を知られずに、秘密のうちに通信を行うことを保障するものである。

（イ）通信の秘密の保障の限界

通信の秘密も公共の福祉による制約に服するため、裁判所や捜査機関による郵便物の押収や、捜査機関による犯罪捜査のための通信傍受などが法律上認められている。

5 経済的自由

1 職業選択の自由（22条１項） ★★★

（1）総説

第22条【職業選択の自由】
① 何人も、公共の福祉に反しない限り、居住、移転及び**職業選択の自由**を有する。

① 意義

職業選択の自由とは、**自己の従事する職業を決定する自由**をいう。

② 営業の自由

選択した職業を遂行できなければ選択した意味がないことから、職業選択の自由には、**選択した職業を遂行する自由**（**営業の自由**）をも含む（判例）。

なお、国家公務員法および地方公務員法の規定により、公務員は原則として副業が禁止されている。

（2）限界

22条１項は、職業選択の自由を「公共の福祉に反しない限り」保障するとしている。ここにいう「公共の福祉」とは、社会生活における安全保障や秩序維持のための**消極的な内在的制約**と、経済の調和的発展を確保するための**積極的な政策的制約**という２つの意味をもつ。

① 内在的制約（消極目的規制）

内在的制約（消極目的規制）とは、**国民の生命・健康に対する危険を防止**するための規制をいう。

（例）飲食店営業の許可（生命・健康被害防止）、医師の免許（生命・健康被害防止）

② 政策的制約（積極目的規制）

政策的制約（積極目的規制）とは、社会福祉国家的理想に基づいて、**経済の調和のとれた発展を確保**し、また、**社会的弱者を保護**するための規制をいう。

（例）小売市場の許可制（経済的弱者の保護を目的）

社会福祉国家を実現するための政策的制約を受けるという点は、職業選択の自由に限らず、居住・移転の自由や財産権などの経済的自由について妥当する。

（3）合憲性判定基準

① 二重の基準（二重の基準論）

二重の基準（**二重の基準論**）とは、精神的自由を規制する国家行為については、経済的自由を規制する国家行為よりも、厳しい違憲審査基準によって合憲性を審査しなければならないとする考え方のことをいう。

二重の基準論によれば、経済的自由を規制する法律に対する合憲性判定基準は、合理性が認められるかどうか（**合理性の基準**）という比較的緩やかなものとなる。

② 目的二分論（規制目的二分論）

目的二分論（**規制目的二分論**）とは、消極目的規制であるか積極目的規制であるかという、**規制の目的に応じて、合理性の基準を2つに分けて用いる**考え方をいう。

（ア）消極目的規制　→　厳格な合理性の基準

国民の生命・健康に対する危険を防止するための規制（消極目的規制、内在的制約）は、**厳格な合理性の基準**（より緩やかな規制手段で立法目的を達成することができれば違憲とする）により判断される。

消極目的規制については、裁判所も十分に審査が可能だからである。

（イ）積極目的規制　→　明白性の原則の基準

社会的弱者を保護するなど経済の調和のとれた発展を確保するための規制（積極目的規制、政策的制約）は、**明白性の原則の基準**（当該規制措置が**著しく不合理であることが明白な場合に限り違憲とする**）により判断される。

積極目的規制は、社会経済政策問題である以上、立法府や行政府の裁量を尊重すべきだからである。

【合憲性判定基準】

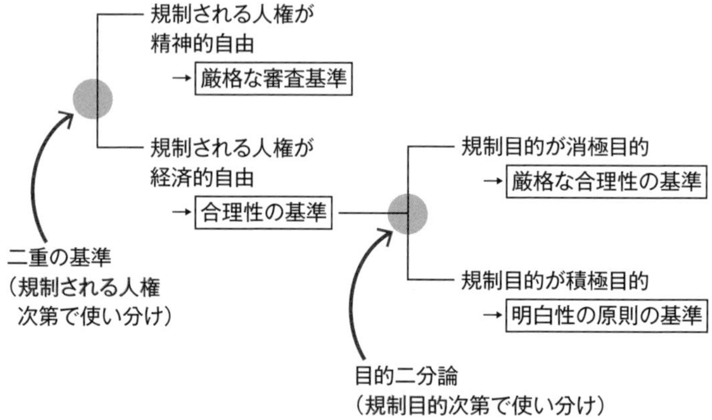

判例　薬事法距離制限事件判決――消極目的規制とされた事案

〈事案〉　既存薬局の付近で、新規の薬局開設を認めないという距離制限規定（適正配置規制）は、新規参入業者の職業選択の自由を侵害しないかが争われた。

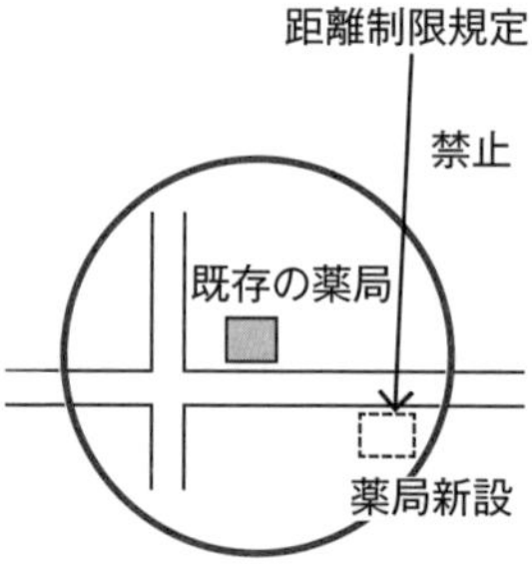

〈要約〉　適正配置規制は、主として国民の生命及び健康に対する危険の防止という**消極的、警察的目的のための規制措置**であり、あくまでも**不良医薬品の供給の防止のための手段**であるといえる。

適正配置規制の必要性と合理性を裏付ける理由として、競争の激化―経営の不安定―法規違反という因果関係に立つ不良医薬品の供給の危険が指摘されているが、これは、単なる観念上の想定にすぎず、確実な根拠に基づく合理的な判断とは認めがたい。さらに、**行政上の監督体制の強化等の手段によって不良医薬品の供給の危険の防止をすることが可能**であることから、**必要かつ合理的な規制を定めたものとはいえない**から、適正配置規制は**憲法22条1項に反し無効**である（**違憲**）。

判例　小売市場事件――積極目的規制とされた事案

〈事案〉　小売市場の許可規制のうち、既存小売市場の付近で、新規の小売市場の開設を認めないという距離制限規定が、新規参入業者の職業選択の自由を侵害しないかが争われた。

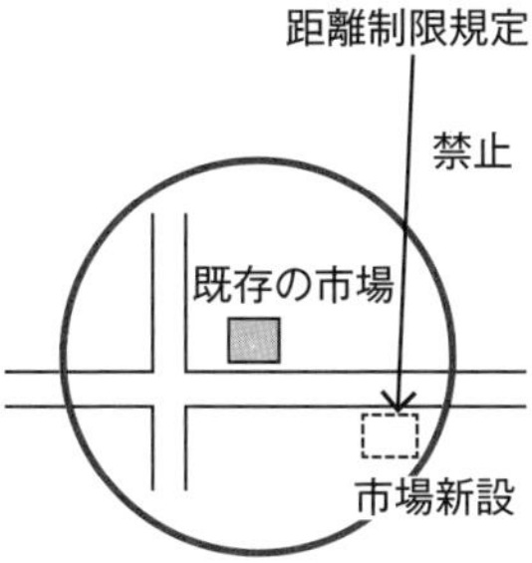

〈要約〉　小売市場の許可規制の目的は、小売商相互間の過当競争による共倒れを防止し、経済的基盤の弱い小売商を保護するという**積極目的**である。

そして、小売市場の許可規制は、その規制手段・態様において、**著しく不合理であることが明白とはいえない**から、**憲法22条1項に違反しない**（合憲）。

2 居住・移転の自由、外国移住の自由、国籍離脱の自由（22条）★★★

第22条【居住・移転の自由、外国移住の自由、国籍離脱の自由】
① 何人も、公共の福祉に反しない限り、**居住**、**移転**及び職業選択の自由を有する。
② 何人も、**外国に移住**し、又は**国籍を離脱**する自由を侵されない。

（1）居住・移転の自由（22条1項）

① 意義

居住・移転の自由とは、個人が自己の**住所**、**居所を自由に決定**し、またはこれを**変更する自由**をいう。

② 性格

経済的自由の性格だけでなく、精神的自由・人身の自由の性格を併せ持つ**複合的性格**を有する。

(2) 外国移住の自由（22条２項）

① 意義

外国移住の自由とは、個人が**外国に住居を移す自由**をいう。外国への一時旅行である**海外渡航の自由**(**外国旅行の自由**)を含む(判例・通説)。

② 旅券法の制限

外国旅行をするには、旅券(パスポート)発給が必要となるが、旅券法は、「著しくかつ直接に日本国の利益又は公安を害する行為を行う虞《おそれ》があると認めるに足りる相当の理由がある者」には、旅券を発行しないと規定している。判例は、旅券法の当該規定は、**公共の福祉のために合理的な制限を定めたもの**といえるため、無効のものであるということはできないとしている。

③ 外国人と外国移住の自由

外国人には本条により出国の自由は保障されるが、再入国を前提とする海外渡航の自由(外国旅行の自由)は保障されない(本節❶項【4】「人権の享有主体」参照)。

(3) 国籍離脱の自由（22条２項）

日本国民は日本国籍を離脱する自由が保障される。しかし、**無国籍になる自由までは保障されない**。国籍法は、外国籍の取得を日本国籍離脱の要件としている。

【3】財産権（29条） ★★★

第29条【財産権】
① 財産権は、これを侵してはならない。

(1) 財産権の保障（29条１項）

① 意義

29条１項は、財産権を**不可侵の権利として保障**している。

大日本帝国憲法においては、日本臣民はその所有権を侵されないとしていたが、日本国憲法においては、財産権として**財産的価値を有するすべての権利**(物権、債権、無体財産権等)が保障の対象となる。

② 保障の意味

29条１項は、**個人が有する具体的財産権**のみならず、**私有財産制度をも保障**する(判例・通説)。

（2）限界（29条２項）

第29条【財産権】
② 財産権の内容は、**公共の福祉に適合するやうに、法律**でこれを定める。

29条２項は、**公共の福祉**に適合するように、**法律**で**財産権の内容を決定**することを規定して、財産権が法律によって一般的に制約されるものであることを明示している。

財産権は条例で制約することができるかについては、本章4節5項3「条例」で扱う。

判例　奈良県ため池条例事件――条例による財産権の制約

〈事案〉 奈良県は、条例でため池（農業用水確保のために作られた人工池）の堤とう（土手）部分での耕作等を禁止し、違反者を処罰していた。

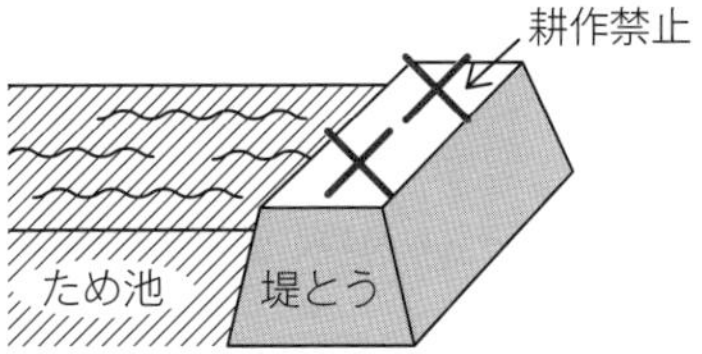

〈要点〉 ため池の堤とう部分での耕作等の禁止は、**災害を未然に防止するという社会生活上のやむを得ない制約**であるから、条例をもって禁止、処罰しても、**憲法や法律に違反しない**（合憲）。
さらに、憲法29条3項の**損失補償は必要としない**。

（3）補償（29条３項）

第29条【財産権】
③ 私有財産は、**正当な補償の下**に、これを**公共のために用ひる**ことができる。

１）個人の財産権は、２）公共のために必要があるときは、３）収用（取り上げ）又は制限をすることができるが、その場合には、４）正当な補償をすることが必要となる。

例えば、２）ダム建設のため、１）建設予定地を所有する住民に、４）補償金を払って立ち退かせて、３）収用することができる。

6 人身の自由

1 奴隷的拘束及び苦役からの自由 ★☆☆

第18条【奴隷的拘束及び苦役からの自由】
何人も、いかなる奴隷的拘束も受けない。又、犯罪に因る処罰の場合を除いては、その意に反する苦役に服させられない。

本条は、**奴隷的拘束**を絶対的に禁止するとともに、犯罪による処罰の場合を除いた**意に反する苦役**を禁止している。

その趣旨は、人間としての尊厳に反するような自由の拘束を根絶することにある。

2 適正手続[9]の保障（31条） ★★☆

第31条【法定の手続の保障】
何人も、**法律の定める手続**によらなければ、その生命若しくは自由を奪はれ、又はその他の刑罰を科せられない。

(1) 意義

法定の手続の保障とは、**刑罰を科すには法律の定める手続を必要とする**ことをいう。

その趣旨は、国家による**刑罰権行使を適正なものとする**ことで、国民の人身の自由を守るためである。

(2) 31条の保障範囲

文言上は**手続の法定**のみ求められているかのように読めるが、人身の自由の保障の観点から、**手続の適正、実体[10]の法定、実体の適正**まで同条で求められている（通説）。なお、実体の法定との関係で**罰則の制定を条例に委任することができる**とした判例があるが、詳細は本章4節5項3「条例」で扱う。

---

9 **手続**とは、**権利義務を実現させる手順**を指す。例えば、国の処罰権・犯人の処罰に服する義務を実現させる手順について定める手続法が刑事訴訟法である。

10 **実体**とは、**権利義務の発生・変更・消滅**を指す。例えば、国が犯人を処罰する権利と、犯人が国の処罰に服する義務について定める実体法が刑法である。

【31条の保障範囲（通説）】

	法定	適正
手続	❶31条	→❷○（解釈）
実体	↓❸○（解釈）	→❹○（解釈）

① 手続の法定（表❶）

手続の法定とは、**刑罰を科す手続**（刑事手続）が**法律で定められなければならない**ことをいう。

② 手続の適正（表❷）

手続の適正とは、法律で定められた**手続が合理的**でなければならないことをいう。手続の適正には、**告知・聴聞を受ける権利**が含まれる（判例）。

告知・聴聞を受ける権利とは、刑罰を科すときは、当事者に対して、**あらかじめその内容を告知**するとともに、**弁解と防御をする機会を与えなければならない**とするものである。

③ 実体の法定（表❸）

実体の法定とは、**実体が法律で定められなければならない**ことをいう。実体の法定には、**罪刑法定主義**が含まれる（詳細は本章5節2項4「罪刑法定主義」で扱う）。

罪刑法定主義とは、どのような行為が**犯罪**となり、犯罪とされる行為に対してどのような**刑罰**を科するのかを、**あらかじめ法律で定めておかなければならない**、というものである。犯罪と刑罰を明記することによって、**国民の活動の自由を保障**するとともに、**国家権力からの国民の生命、身体、財産を守る**ことを目的としている。

④ 実体の適正（表❹）

実体の適正とは、法律で定められた**実体が合理的**でなければならないことをいう。実体の適正には、①**明確性の原則**（詳細は本章5節2項4「罪刑法定主義」で扱う）と②**罪刑の均衡**[11]が含まれる。

---

11 **罪刑の均衡**とは、犯罪行為に対して科される刑罰について、均衡がとれていなければならないとする原則である。

3 刑事手続上の権利保障 ★★★

【刑事手続の流れ】

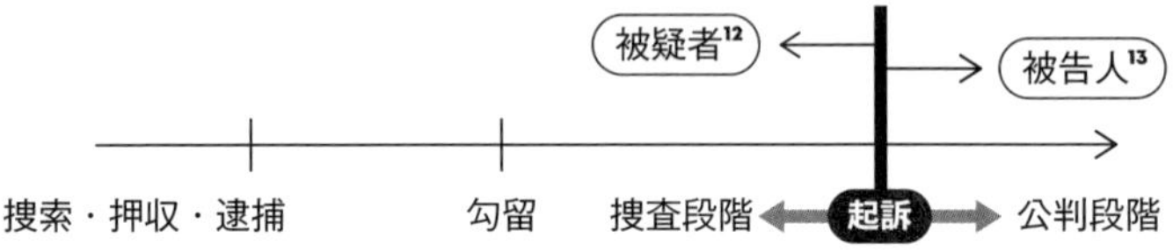

憲法は、刑罰権が濫用されないよう、刑事手続上の各段階に応じてさまざまな人権を保障している。

(1) 捜査段階

① 不当に逮捕されない権利(33条)

> **第33条【逮捕の要件】**
> 何人も、**現行犯として逮捕される場合を除いて**は、権限を有する**司法官憲**が発し、且つ**理由となつてゐる犯罪を明示する令状**によらなければ、逮捕されない。

憲法上、現行犯逮捕の場合を除き、**司法官憲**(=本条では**裁判官**)**の発する令状**がなければ逮捕されない(**令状主義**)。

令状主義は、司法官憲による事前判断により、**恣意的な人身の自由の侵害を阻止**し、逮捕理由の明示を通じて、**被疑者の防御権を保護**することを趣旨とする。

【令状主義】

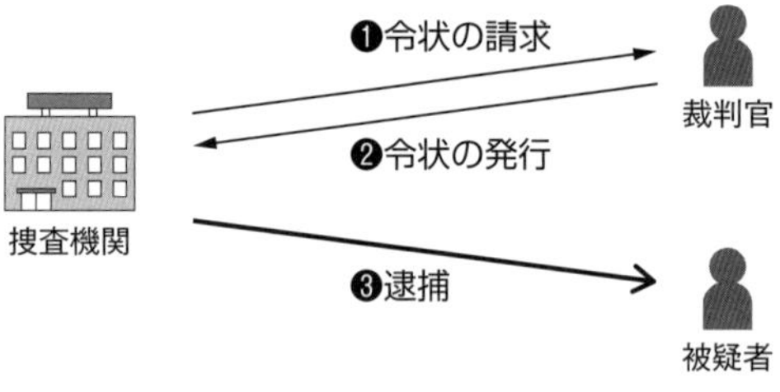

[原則] 令状によらなければ、逮捕されない。

---

12 **被疑者**とは、**公訴提起**(**起訴**)**前**における犯罪の疑いのある者(通称では容疑者)をいう。

13 **被告人**とは、**公訴提起**された被疑者のことをいう。

［例外］①　**現行犯逮捕**[14]は、犯罪の嫌疑が明白であることから誤認逮捕のおそれがなく、誰でも（一般人でも）、**令状なしに行える。**

②　**法律上の制度**として、一定の重罪を犯したと疑うに足りる十分な理由がある場合で、裁判官の令状を求める時間的余裕がない場合、逮捕後の令状発布を条件に、令状なしでの逮捕（**緊急逮捕**）がある。

② 抑留・拘禁に対する保障（34条）

	抑留[15]	拘禁[16]
抑留・拘禁理由の告知 弁護人依頼権の保障	何人も、**理由**を直ちに告げられ、 直ちに**弁護人に依頼する権利**を与へられなければ、 **抑留**又は**拘禁**されない（34条前段）	
拘禁理由の開示		何人も、正当な理由がなければ、**拘禁されず**、要求があれば、その理由は、直ちに本人及びその弁護人の出席する**公開の法廷で示されなければ**ならない（34条後段）

③ 住居等の不可侵（35条）

第35条【住居等の不可侵】

①　何人も、その住居、書類及び所持品について、**侵入、捜索及び押収を受けることのない権利**は、**第33条の場合を除いては**、正当な理由に基いて発せられ、且つ捜索する場所及び押収する物を明示する**令状がなければ、侵されない。**

②　捜索又は押収は、権限を有する**司法官憲**が発する**各別の令状**により、これを行ふ。

［原則］　住居等の侵入、証拠物の捜索・押収は、**司法官憲**（＝本条では**裁判官**）の**発する令状**によらなければならない（**令状主義**）。

その趣旨は、国民のプライバシーや財産権を不当な侵害から保護するためである。

［例外］　**逮捕**（33条の令状逮捕のほか、**現行犯逮捕・緊急逮捕も含む**）**とともに行う捜索・押収は、捜索・押収令状がなくても行える。**逮捕の目的を達成するために、逮捕の現場に存在している可能性が高い証拠品の捜索・押収を認める必要があるからである。

14　**現行犯逮捕**とは、現行犯人（現に罪を行い又は現に罪を行い終わった者）を逮捕することである。

15　**抑留**とは、一時的な身体の拘束（逮捕後の留置）のことを指す。

16　**拘禁**とは、継続的な身体の拘束（勾留）のことを指す。

（2）公判（審理）段階

① 公平・迅速・公開裁判を受ける権利（37条１項）

> **第37条【刑事被告人の権利】**
> ①　すべて刑事事件においては、被告人は、**公平な裁判所**の**迅速な公開裁判**を受ける権利を有する。

刑事裁判について、被告人に対して、**公平な裁判所**の**迅速な公開裁判**を受ける権利を保障している。

刑事裁判は刑の執行の根拠となるため、公平でなければならない。また、公判審理は、被告人にとって大きな負担となるため、その遅延による身柄拘束等の不利益を回避するべきである。

② 証人審問権（37条２項前段）

> **第37条【刑事被告人の権利】**
> ②　刑事被告人は、**すべての証人に対して審問する機会**を充分に与へられ、…（略）…

証人審問権とは、被告人が、**すべての証人に対し**、**審問**（事情などを問いただす）**を行う権利**のことをいう。

証人審問に関し、同一構内の別の場所に証人を在席させ、映像と音声の送受信により相手の状態を相互に認識しながら通話することができる方法（ビデオリンク方式）によることが法律上認められている。

③ 証人喚問権（37条２項後段）

> **第37条【刑事被告人の権利】**
> ②…（略）…、又、**公費**で自己のために**強制的手続により証人を求める権利**を有する。

証人喚問権とは、被告人が、自己に有利な証人（例えば、アリバイ証人）を**公費**（**国の費用**）で**強制的に召喚**（**呼び出し**）**することを要求する権利**のことをいう。

④ 弁護人依頼権（37条３項）

> **第37条【弁護人依頼権・国選弁護人】**
> ③　刑事被告人は、いかなる場合にも、資格を有する弁護人を依頼することができる。被告人が自らこれを依頼することができないときは、国でこれを附する。

(ア) 弁護人依頼権

3項前段は、**被告人(刑事被告人)**に対して**弁護人依頼権**を保障している。

被疑者	被告人
抑留・拘禁された被疑者に弁護人依頼権の保障(34条前段)	刑事被告人に弁護人依頼権の保障(37条3項)

(イ) 国選弁護人

3項後段は、資力不足などのために弁護人を依頼することができない**被告人が国の費用で弁護人を選任してもらうことができる権利**を保障している。国(裁判所)が被告人に付けた弁護人のことを**国選弁護人**という。弁護人依頼権と異なり、国選弁護人の依頼権の保障は、**被疑者にはなく**、被告人にしかない。

⑤ 自己負罪拒否特権(黙秘権)(38条1項)

第38条【自己に不利益な供述】
① 何人も、自己に不利益な供述を強要されない。

自己負罪拒否特権(黙秘権)とは、**自己の刑事責任に関する不利益な事実の供述**を強要されないことを保障し、供述を拒否した者に対して、供述拒否を理由に処罰その他法律上の不利益を与えることを禁止することを意味している。

⑥ 自白法則(38条2項)

第38条【自白法則】
② **強制**、**拷問**若しくは**脅迫**による自白又は**不当に長く抑留若しくは拘禁**された後の自白は、これを**証拠とすることができない。**

自白法則とは、強制・拷問・脅迫による自白や、不当に長く抑留・拘禁された後になされた自白について、**任意性のない自白として証拠能力を否定する法則**をいう。

その趣旨は、任意性を欠く自白は虚偽の内容を含むことが多く、誤判のおそれがあることに加え、自白強要(黙秘権侵害)のおそれもあるため、これを防止することにある。

⑦ 補強法則（38条３項）

第38条【補強法則】
③　何人も、自己に不利益な唯一の証拠が本人の自白である場合には、有罪とされ、又は刑罰を科せられない。

補強法則（補強証拠の法則）とは、たとえ**任意性のある自白であっても、これを補強する別の証拠（補強証拠）がない限り、その自白を有罪の証拠とすることができない**ことをいう。

本人の自白　＋　補強証拠　＝　有罪判決

その趣旨は、罪のない者が処罰される危険を排除し、自白偏重と自白強要の弊害を防止し、もって人権保障を図ることにある。

（３）判決段階

第39条【遡及処罰の禁止、一事不再理、二重処罰の禁止】
何人も、実行の時に適法であつた行為又は既に無罪とされた行為については、刑事上の責任を問はれない。又、同一の犯罪について、重ねて刑事上の責任を問はれない。

① 遡及処罰の禁止（事後法の禁止）（39条前段前半）

遡及処罰の禁止（事後法の禁止）とは、**実行の時に適法であった行為については、刑事上の責任を問われない**ことをいう（39条前段前半）。詳細は本章5節2項4「罪刑法定主義」で扱う。

その趣旨は、事後的な法律による処罰を許すことによって、国民の予測に反した刑事上の不利益を受けないようにするためである。

実行時（行為時）に適法とされていた行為が、**後に法改正により違法となったとしても**、その行為について遡及して**処罰されることはない**。また、事後法によって被告人を**実行時の法定刑より重く処罰することも禁止**される。

② 一事不再理（39条前段後半）

一事不再理とは、**既に無罪とされた行為については、刑事上の責任を問われない**ことをいう。

その趣旨は、**同じ事件について、被告人が罪の有無に関する裁判を受ける危険にさらされるのは１回限り**とすべきとすることで（**二重の危険の禁止**）、被告人の法的地位の安定と犯罪処罰の必要性の調和を図るためである。

(ア) 無罪確定後の再審手続

無罪判決が確定して審理が終了した場合には、同一の事件について、後に有罪となる証拠が発見されたときでも**再度審理をすることはできない**。

(イ) 検察官の上訴と一事不再理

下級審において無罪判決が出た場合に、検察官が控訴・上告することは、**判決が確定するまでが一つの危険といえる**ので、一事不再理に反さず、許される。

③ 二重処罰の禁止(39条後段)

二重処罰の禁止とは、何人も、**同一の犯罪について、重ねて刑事上の責任を問われない**ことをいう。

その趣旨は、同じ犯罪に対して刑罰を繰り返して科するべきものではなく、刑罰を科するのは1回限りとすべきだからである。

(4) 刑の執行段階

第36条【拷問及び残虐な刑罰の禁止】
公務員による**拷問及び残虐な刑罰**は、**絶対にこれを禁ずる**。

現行法における絞首刑は、「残虐な刑罰」に当たらない(判例)。

7 社会権

1 生存権(25条) ★★★

(1) 総説

第25条【生存権、国の社会的使命】
① すべて国民は、**健康で文化的な最低限度の生活を営む権利を有する**。
② 国は、すべての生活部面について、社会福祉、社会保障及び公衆衛生の向上及び増進に努めなければならない。

① 生存権の意義

生存権とは、**健康で文化的な最低限度の生活を営む権利**をいう。25条は、国民は、誰でも人間的な生活を送ることができることを、権利として宣言している。

生存権は、国家による実現を必要とする社会権の1つである。これは、**ドイツのワイマール憲法**において初めて規定されたものであり、日本国憲法でもこれをモデルとして保障した。それゆえ、大日本帝国憲法では保障されていなかった。

② 国の社会的使命と具体化立法

25条２項の規定に基づいて、生活保護法、児童福祉法、老人福祉法、国民健康保険法などが制定されている。

(2) 法的性格

生存権の法的性格について、学説上では以下のような争いがある。

判例の立場については、**プログラム規定説であるとする評価**と、**抽象的権利説であるとする評価**に分かれている。

① プログラム規定説

25条は、**国民の生存を確保すべき政治的・道義的目標を国に課した**にとどまり、個々の国民に対して具体的権利を保障したものではない、とする説である。

② 抽象的権利説（通説）

生存権は、法的権利であるが、国会が生存権を具体化する**法律**を作らないと、25条に基づき直接その違憲性を裁判上で争うことはできず、生存権を具体化する**法律**ができて初めて、憲法と法律が一体となって裁判上争うことができる具体的な権利となる、とする説である。

③ 具体的権利説

生存権は、法的権利であるが、これを具体化する法律がなくても、その立法不作為[17]の違憲確認訴訟を提起する限りにおいて、25条に基づいて直接その違憲性を裁判上で争うことができる**具体的な権利**である、とする説である。

判例　朝日訴訟――生存権の法的性格と厚生大臣の行政裁量

〈事案〉　生活保護を受給していたＡが、❶実兄から仕送りを受けるようになったことを契機に、❷福祉事務所から生活扶助を打ち切られたので、その取消しを求めて訴えを提起した。

17　**立法不作為**とは、国会が特定の法律の制定・改廃を行わないことをいう。また、**違憲確認訴訟**とは、違憲であることの確認を求める訴訟をいう。

〈要点〉　憲法25条1項は、すべて国民が健康で文化的な最低限度の生活を営みうるように国政を運営すべきことを**国の責務として宣言**したにとどまり、直接個々の国**民に対して具体的権利を付与したものではない。**

そして、健康で文化的な最低限度の生活なるものは、**抽象的な相対的概念**であるから、何が健康で文化的な最低限度の生活であるかの認定判断は、**厚生大臣（当時）の合目的的な裁量**に委ねられている。

判例　堀木訴訟——併給禁止規定（併給調整条項）の合憲性

〈事案〉　❶障害福祉年金を受けていたAは、さらに児童扶養手当を請求したところ、❷児童扶養手当は年金との併給禁止規定により不可となった。そこで、Aは、併給禁止規定が憲法25条に違反すると主張して訴えを提起した。

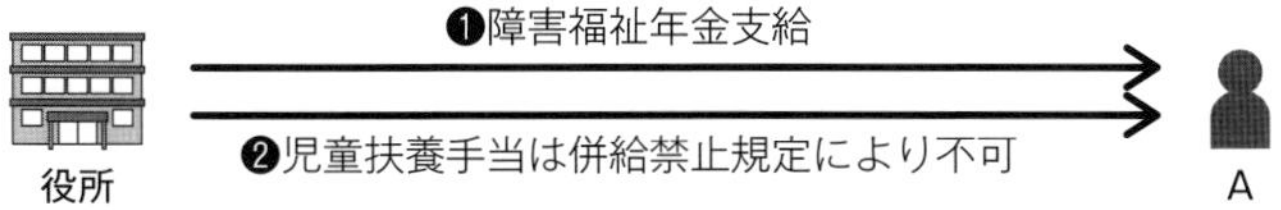

〈要点〉　健康で文化的な最低限度の生活なるものは、きわめて**抽象的・相対的な概念**であるから、憲法25条の規定の趣旨にこたえて具体的にどのような立法措置を講ずるかの選択決定は、**立法府の広い裁量にゆだねられ**ている。

したがって、**立法府の裁量が著しく合理性を欠き**明らかに**裁量の逸脱・濫用**と見ざるをえないような場合を除き、裁判所が審査判断するのに適しない事柄である。そして、併給禁止規定については、立法府に明らかに裁量の逸脱・濫用があったとまではいえない。

（3）環境権

公害、環境問題の深刻化にともない、**良好な環境を享受する自由（環境権）**が求められるに至った。そこで同自由は、健康で文化的な最低限度の生活を営む**権利の内容に含まれる**とする見解が現れ、環境権の根拠は25条の生存権に求められるに至った。もっとも、環境権を憲法上の人権として認めた最高裁の判例はない。

判例　大阪空港公害訴訟

〈事案〉　❶航空機の離発着により騒音被害を受けた国営空港Xの周辺住民が、国（当時の運輸大臣）に対して、人格権又は環境権に基づき、❷夜間飛行の差止め、❸過去の損害賠償請求、❹将来の損害賠償請求を求める訴えを提起した。

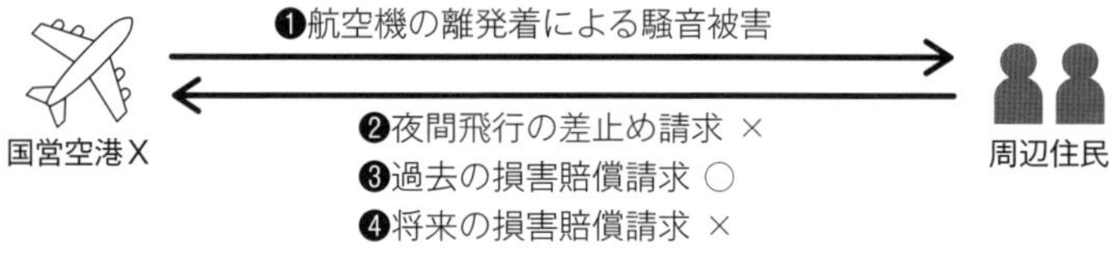

〈要点〉　最高裁判所は、❸については認めたが、❷❹については認めなかった。また、**環境権については言及しなかった。**

判例　国立マンション事件

〈事案〉　❶東京都国立市で建設された建物（高層マンション）について、❷周辺住民が、建設業者に対して、良好な景観を妨げる高層部分の撤去（部分撤去）を求める訴えを提起した。地方裁判所は、独特の景観利益が法的保護に値するとして、建物の部分撤去を命じた。しかし、高等裁判所が建物の部分撤去を認めなかったので、周辺住民が上告した。

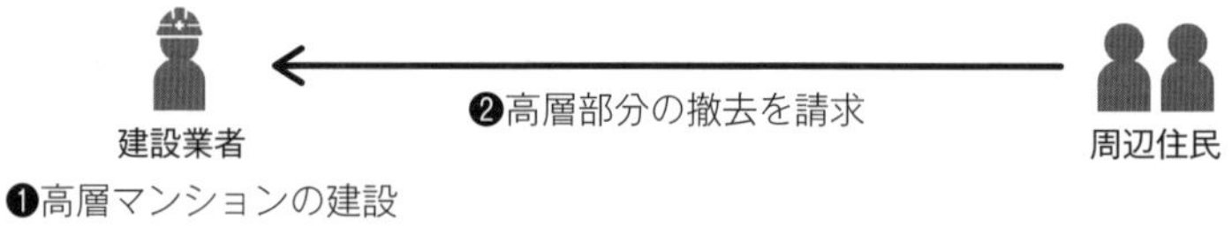

〈要点〉　良好な景観に近接する地域内に居住する者が有するその**景観の恵沢を享受する利益（景観利益）は、法律上保護に値する**が、建物は住民の景観利益を違法に侵害するものではないとして、建物の部分撤去を認めなかった。

2　教育を受ける権利（26条）　★★★

（1）意義

第26条【教育を受ける権利】

①　すべて国民は、法律の定めるところにより、その**能力に応じて、ひとしく教育を受ける権利**を有する。

教育を受ける権利とは、国民が、自らの**能力に応じて**、**等しく教育を受ける**ことができる権利をいう。

教育には費用がかかる。にもかかわらず、すべて国民の自己負担とすると、資力により格差が生じてしまう。そこで、公教育を実現し、国民の学ぶ機会の平等を図るべく、教育を受ける権利が保障された。

(2) 保障内容

①「能力に応じて」「ひとしく」

「能力に応じて」とは、**教育を受ける能力に応じて**という意味である。

「ひとしく」とは、**差別なく**という意味である。

そこで、各人の適性や能力の違いに応じて異なった内容の教育をすることは許される。

② 学習権

教育を受ける権利は、国民各自の**学習権**を保障したものと考えられている。特に、子どもは、その学習要求を充足するための教育を自己に施すことを大人一般に対して要求する権利(**子どもの学習権**)を有する(判例)。

③ 教育権の所在

国民に教育を施す側の権限である教育内容決定権(教育権)はどこにあるか。大学では、大学の自治の観点から、大学にある。問題は、普通教育機関(小学～高校)である。判例は、教師・親・国に分属するとしている。

【判例(旭川学力テスト事件判決)による教育内容決定権の主体と内容】

主体	決定権の内容
教師	普通教育は、教師と子どもとの直接の人格的接触を通じ、その個性に応じて行われなければならないことから、普通教育の教師にも**一定の範囲における教授の自由が保障される**(完全な教授の自由を認めることは許されない)。
親	親は、子どもの将来に対して最も深い関心をもち、かつ、配慮をすべき立場にある者として、**家庭教育等学外における教育や学校選択の自由**を有する。
国	上記以外の領域においては、国が、国政の一部として、広く適切な教育政策を樹立・実施すべく、**必要かつ相当と認められる範囲において、教育内容について決定**する権能を有する。

(3) 教育を受けさせる義務（義務教育：２項）

第26条【教育を受けさせる義務、義務教育の無償】
② すべて国民は、法律の定めるところにより、その保護する子女に**普通教育を受けさせる義務**を負ふ。**義務教育**は、これを**無償**とする。

① 教育を受けさせる義務

教育を受けさせる義務とは、**保護者**が、その保護する子どもに普通教育を受けさせる義務のことをいう。これは教育を受ける権利の実質化のために、成長途上にある子どもに普通教育を受けさせる**国民（保護者）の義務**を定めたものである。

② 義務教育の無償

26条２項はこの義務教育を無償とする。もっとも、判例は、憲法が保障する無償の範囲は、**授業料に限る**としている。

3 勤労の権利（27条）

★★★

第27条【勤労の権利及び義務、勤労条件の基準、児童酷使の禁止】
① すべて国民は、勤労の権利を有し、義務を負ふ。
② 賃金、就業時間、休息その他の勤労条件に関する基準は、法律でこれを定める。
③ 児童は、これを酷使してはならない。

(1) 勤労の権利及び義務

27条１項は、国民に**勤労の権利**があるとともに、**勤労の義務**があることを規定した。勤労の権利は、主に国によりその実現を図る社会権としての性格があることから、社会権の一種と位置付けられている。

(2) 勤労条件の基準

27条２項は、勤労に関する基準は、法律（憲法ではない）で定めることと規定した。これは労使間において経済的弱者である勤労者に不利な条件で契約が成立することを防ぐためである。労働基準法、最低賃金法、労働安全衛生法等がある。

なお、公務員についても同条の保障は及ぶが、公務員には別途国家公務員法・地方公務員法が適用されるため、国家公務員法・地方公務員法と労働基準法とが抵触する場合には、国家公務員法・地方公務員法が優先的に適用される。

（3）児童酷使の禁止

27条3項は、児童について酷使することを禁止している。

4 労働基本権（28条） ★★★

第28条【勤労者の労働基本権】
勤労者の団結する権利及び団体交渉その他の団体行動をする権利は、これを保障する。

（1）意義

28条は、勤労者の勤労の権利とは別に、**労働基本権（団結権・団体交渉権・団体行動権）**を保障した。労働基本権は、「**労働三権**」とも呼ばれる。

その趣旨は、使用者との関係で弱い立場にある労働者を団結し、使用者と対等な立場に立たせることで、人間的な生活を保障しようとするものである。

【労働基本権】

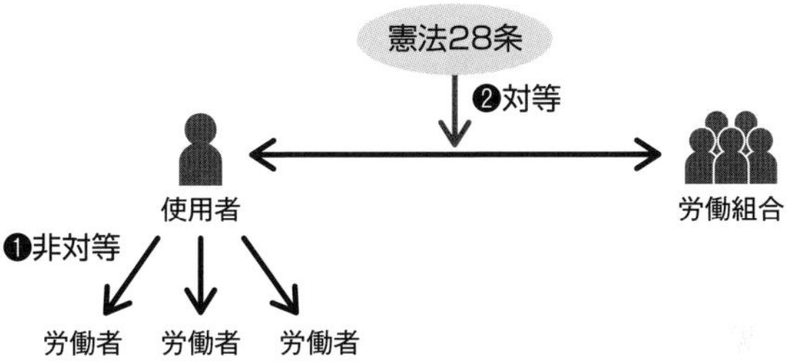

「勤労者」とは、労働組合法上の「労働者」のことを指し、職業の種類を問わず、**賃金、給料**その他これに準ずる**収入によって生活する者**のことである。**公務員**や現に職業をもたない失業者も勤労者に含まれる。

（2）法的性格

① 刑事上の免責

労働基本権は、正当な争議行為に対して、**国は刑罰その他の不利益を課してはならない**という自由権としての性格を有する（**刑事免責**）。

② 民事上の免責

正当な争議行為を行った場合、**使用者に対して損害賠償責任などの民事上の責任**

を負わない(民事免責)。その意味で、この権利は直接私人間に適用される権利である。

③ 社会権

国に対し、労働基本権を保障する措置を要求することができる(社会権としての性格)。

(3) 保障内容

① 団結権

団結権とは、労働条件の維持改善のため、**労働組合を結成する権利**である。

［補足］「ユニオン・ショップ協定」とは、入社後一定期間内に労働組合に加入しない労働者や、労働組合の組合員たる資格を失った労働者を、使用者が解雇する義務を負うとする使用者・労働組合間の合意である。ユニオン・ショップ協定により、労働者は労働組合への加入を事実上強制されるが、労働組合の組織の拡大強化を図ろうとする制度であることから、一定の範囲で、団結しない自由の侵害とならないと解されている。

② 団体交渉権

団体交渉権とは、労働組合が組合員の労働条件の維持改善のため、**使用者と交渉する権利**をいう。そのような交渉の結果、**労働組合と使用者間で締結**されるものが**労働協約**である。労働協約が効力を発すると、労働組合法の規定により、同協約に違反する労働契約は修正を受ける。

③ 団体行動権（争議権）

団体行動権とは、労働組合が労働者の労働条件の維持改善のため、使用者に対して**ストライキなどの争議行為を行う権利**をいう。

④ 労働三法

労働三権を保障するために、**労働三法**(労働基準法、労働組合法、労働関係調整法)が制定されている。

⑤ 公務員の労働基本権

公務員の労働基本権の制限については、本節❶項5〉(2)「公務員の人権」を参照のこと。

8 受益権（国務請求権）

1 裁判を受ける権利（32条） ★★★

第32条【裁判を受ける権利】
何人も、裁判所において**裁判を受ける権利**を奪はれない。

裁判を受ける権利とは、**民事事件・刑事事件・行政事件**のすべての事件について、**裁判所において裁判**を受けることができる権利をいう。

この点で、行政機関に対して不服を申し立てて、救済を求めることは32条の保障の範囲外となる。

2 国家賠償請求権（17条） ★★★

第17条【国及び公共団体の賠償責任】
何人も、**公務員の不法行為**により、**損害を受けた**ときは、**法律**の定めるところにより、**国又は公共団体に、その賠償を求めることができる。**

国家賠償請求権とは、**公務員の違法な行為**によって**損害**を受けた者が、**国又は公共団体**に対し、その損害を金銭によって補塡するよう請求する権利をいう。

この請求はあくまで**国又は公共団体に対するもの**であり、公務員個人は被害者に対して責任を負うことはない。

大日本帝国憲法では、公務員の不法行為について国家の責任を否定していた。

3 請願権（16条） ★★★

第16条【請願権】
何人も、損害の救済、公務員の罷免、法律、命令又は規則の制定、廃止又は改正その他の事項に関し、**平穏に請願する権利**を有し、何人も、かかる**請願をしたためにいかなる差別待遇も受けない。**

請願権とは、国や地方公共団体に対して、**平穏に**、**要望を述べる**ことができる権利である。

(1) 請願の主体

請願権は外国人や未成年者を含め、誰でも行使することができる。

(2) 請願の内容

請願の内容には制限がない。天皇に対する請願も可能である。

(3) 請願権行使の効果

請願をした者は、そのためにいかなる差別待遇も受けない。

請願を受けた機関は、**請願を受理し誠実に処理する義務を負う**が、請願の内容を審理・判定したり、実現したりする義務はない。

4 刑事補償請求権（40条）

★★★

第40条【刑事補償】

何人も、**抑留又は拘禁された後、無罪の裁判を受けた**ときは、**法律**の定めるところにより、**国にその補償を求めることができる。**

刑事補償請求権とは、逮捕・勾留や、懲役等の自由刑の執行によって**身柄を拘束された後**に、**無罪の裁判**を受けた者が、国に対し金銭による補償を請求する権利をいう。

大日本帝国憲法には、保障規定がなかった。

9 参政権

1 総説

★★★

第15条【公務員の選定罷免権】

① 公務員を**選定**し、及びこれを**罷免**することは、**国民固有の権利**である。

(1) 参政権

参政権とは、国民が主権者として、直接又は代表者を通じて**国の政治に参加する権利**をいう。

【参政権】

- 参政権
  - 狭義の参政権
    - 選挙権(15条1項)、被選挙権(解釈)
    - 国民(住民)投票権(79条2項、95条、96条1項)
  - 広義の参政権——公務就任権(公務員の職に就く権利)

(2) 選挙権

15条1項は、直接的には選挙権を保障するものである。**選挙権**とは、選挙人として**選挙に参加することができる地位又は資格**をいう。これは、国民に対し、主権者として、両議院の議員の選挙において投票をすることによって国の政治に参加することができる権利を保障するものである(判例)。

2 選挙権の内容 ☆☆☆

選挙権の内容・選挙制度に関しては、第2章❸節❶項「選挙制度の分類」で扱う。

3 被選挙権(立候補の自由) ★☆☆

被選挙権については明文の規定はないが、**選挙権の自由な行使と表裏の関係**に立つことから、**15条1項により保障**されるものと解されている(判例)。

4 公務就任権 ★☆☆

公務就任権とは、**公務員になる能力・資格**のことをいう。

公務就任権については明文の規定はないが、広義の参政権に含まれることから、15条1項から導かれるものと解されている。

⑩ 国民の義務

第30条【納税の義務】

国民は、法律の定めるところにより、納税の義務を負ふ。

日本国憲法では、国民の義務として、①教育を受けさせる義務(26条2項、本節❼項[2](3)「教育を受けさせる義務」参照)、②勤労の義務(27条1項、本節❼項[3](1)「勤労の権利及び義務」参照)、③納税の義務(30条)の3つを規定する。

重要事項 一問一答

01 人権の分類は（5項目）？

①総則的権利、②自由権、③社会権、④受益権(国務請求権)、⑤参政権

02 人権は、いかなる範囲で制約されるのか？

公共の福祉の範囲で制約される。

03 外国人に人権享有主体性があるのか？　どのような人権が保障されるのか？

外国人も人権享有主体となるが、権利の性質上、日本国民のみを対象とするものを除いて保障される。

04 法人に人権享有主体性があるのか？　どのような人権が保障されるのか？

法人も人権享有主体となるが、権利の性質上可能な限り保障される。

05 間接適用説とは？

私人間のトラブルについて、私法に違反するかどうかの問題として取り扱うが、私法(民法90条、709条等)の解釈に憲法の人権規定の趣旨を取り込み、私法を通して間接的に憲法を適用する立場のこと。

06 幸福追求権（13条後段）の保障の意味は？

既存の人権規定では保障しきれない新しい人権の根拠となる。

07 「法の下に」平等（14条）の意味は？

法適用の平等のみならず法内容の平等をも意味する。

08 法の下に「平等」（14条）の意義は？

合理的差別を許容する相対的平等を意味する。

09 思想·良心の自由は、公共の福祉による制約を受けるのか？

公共の福祉による制約を受けず、絶対的に保障される。

10 信教の自由の保障内容は（3つ）？

①内心における信仰の自由、②宗教的行為の自由、③宗教的結社の自由

11 公権力が禁止される宗教的活動とは？

宗教とのかかわりあいを持つすべての行為を指すものではなく、そのかかわり合いが相当な限度を超えるものに限られる。

12 学問の自由の内容は（3つ）？

①学問研究の自由、②研究発表の自由、③教授の自由

13 報道の自由や取材の自由は21条によって保障されるのか？

報道の自由は21条によって保障されるが、取材の自由は21条の精神に照らし十分尊重されるにとどまる。

14 検閲の主体は？　検閲禁止に例外があるのか？

行政権が主体となる。検閲禁止には例外がなく、絶対禁止である。

15 職業選択の自由に営業の自由が含まれるのか？

職業選択の自由には営業の自由が含まれる。

16 目的二分論（規制目的二分論）とは？

規制の目的に応じて、合理性の基準を２つに分けて用いる考え方をいう。

17 財産権の保障（29条1項）の意味は？

個人が有する具体的財産権のみならず、私有財産制度をも保障することを意味する。

18 令状主義とは？

逮捕や捜索・押収などに裁判官の発行する令状を要求することで、被疑者の人身の自由や財産権・プライバシー権を保護する考え方をいう。

19 弁護人依頼権は誰に対して保障されているのか？

①抑留・拘禁された被疑者、②刑事被告人

20 25条1項に規定する生存権は、個々の国民に対して具体的権利を付与したものか？

25条１項は国の責務を宣言したにとどまり、個々の国民に対して具体的権利を付与したものではない。

21 教育を受ける権利の「その能力に応じて」「ひとしく」教育を受けるとは？

教育を受ける能力に応じて、差別なくという意味なので、各人の適性や能力の違いに応じて異なった内容の教育をすることは許される。

22 労働三権とは？

①団結権、②団体交渉権、③団体行動権

23 労働三法とは？

①労働基準法、②労働組合法、③労働関係調整法

過去問チェック

01 基本的人権は侵すことのできない永久の権利であり、中でも表現の自由は、公権力によって侵されないということを意味するのみならず、たとえ公共の福祉を理由とする場合であっても、制約を受けない。国家一般職2003

×「たとえ公共の福祉を理由とする場合であっても、制約を受けない」が誤り。

02 基本的人権は、人種・性・身分などの区別に関係なく、人間であるというただそれだけで当然に享有できる権利であり、在留外国人も社会保障を受ける権利を有するから、社会保障給付について、在留外国人は日本人と同等に扱われなければならない。国家一般職2003

×「在留外国人も社会保障を受ける権利を有するから、社会保障給付について、在留外国人は日本人と同等に扱われなければならない」が誤り。

03 政治活動の自由は外国人にも保障されており、たとえ国の政治的意思決定に影響を及ぼす活動であっても、その保障は及ぶ。**東京都Ⅰ類2019**

×「その保障は及ぶ」が誤り。

04 在留外国人には、みだりに指紋の押捺を強制されない自由が保障されておらず、国家機関が正当な理由もなく指紋の押捺を強制しても、憲法には反しない。**東京都Ⅰ類2019**

× 全体が誤り。

05 基本的人権は性質上自然人のみが享有することができ、法人は基本的人権を享有しないから、法人が政治献金を行うなどの政治的行為をなすことは認められない。**国家一般職2003**

× 全体が誤り。

06 基本的人権には政治活動の自由が含まれ、一国民である国家公務員も政治活動の自由を有するから、勤務時間外の国家公務員の政治活動を制限することは、憲法上許されない。**国家一般職2003**

×「勤務時間外の国家公務員の政治活動を制限することは、憲法上許されない」が誤り。

07 判例は、公務員の地位の特殊性と職務の公共性、公務員の争議行為は議会制民主主義に背馳し、国会の議決権を侵すおそれがあること、人事院を始め整備された代償措置の存在、などを理由に、現行の非現業国家公務員に対する争議行為の禁止規定について、合憲としている。**国家専門職1999**

○

08 最高裁判所は、企業が、特定の思想、信条を有する者をそのことを理由として雇用を拒むことは、法の下の平等に反するため違法であるとした。**東京都Ⅰ類2011**

×「法の下の平等に反するため違法であるとした」が誤り。

09 憲法は、全て国民は法の下に平等であって、人種、信条、年齢、社会的身分又は門地により、政治的、経済的又は社会的関係において差別されないと定めている。一方、男女の体力的な差に配慮して異なる取扱いをすることはむしろ合理的であることから、男女で異なる定年年齢を企業が就業規則で定めることには合理的な理由があり、憲法には反しない。**国家一般職2017**

×「年齢」「男女で異なる定年年齢を企業が就業規則で定めることには合理的な理由があり、憲法には反しない」が誤り。

10 基本的人権は、人間であることにより当然に有するとされる権利であるから、憲法に列挙されていなくても、幸福追求権という包括的基本権を根拠として、例えば人が自分の肖像をみだりに他人に撮られたり使用されたりしない権利である肖像権が認められる。**国家一般職2003**

○

11 プライバシーの権利は、マス・メディアの報道によって名誉を傷つけられた者が、自己の意見の発表の場を提供することを要求する権利であり、意見広告や反論記事の掲載が考えられる。**特別区Ⅰ類2016**

×「プライバシーの権利は」が誤り。

12 小説『石に泳ぐ魚』の登場人物のモデルとされた女性が、承諾なしに私的な事柄を記述されたとして出版の差止め等を求めた訴訟で、最高裁判所は、小説の公表が女性の名誉やプライバシーを侵害し、その出版により女性が重大かつ回復困難な損失を受けるおそれがあるとし、出版の差止めと損害賠償を認めた。**国家専門系2011**

○

13 エホバの証人輸血拒否事件では、宗教上の信念を理由とする輸血拒否は人格権の一内容として尊重すべきだが、他に救命手段がない場合は、医師が患者の同意を得ずに輸血を行ったとしても、人格権の侵害には当たらないとした。**東京都Ⅰ類2012**

×「人格権の侵害には当たらないとした」が誤り。

14 最高裁判所は、尊属殺重罰規定について、尊属殺の法定刑を死刑又は無期懲役刑に限っていることが、立法目的達成手段として不合理であり、法の下の平等に反するため違憲であるとした。**東京都Ⅰ類2011**

○

15 最高裁判所は、2013年に、婚外子の法定相続分を嫡出子の半分とする民法の規定を違憲と判断し、これを受けて国会は同規定を改正した。**特別区Ⅰ類2020**

○

16 憲法の定める平等原則は原則として日本国民に適用されるものであり、日本国籍の取得には、本人と我が国社会との密接な結び付きが求められることから、国籍は、日本国民である父と日本国民でない母の間に生まれ、生後認知を受けた非嫡出子については、その父母の婚姻が成立し嫡出子となった場合に限って日本国籍の取得を認めている。**国家専門職2012**

×「憲法の定める平等原則は原則として日本国民に適用されるものであり」「その父母の婚姻が成立し嫡出子となった場合に限って日本国籍の取得を認めている」が誤り。

17 日本国憲法は、法の下の平等の原則を定め、人種、性別、能力等による差別の禁止や、家庭生活における両性の平等を定めており、最高裁判所は、夫婦別姓を認めない民法の規定を違憲であると判示した。**国家専門職2018**

×「能力」「夫婦別姓を認めない民法の規定を違憲であると判示した」が誤り。

18 地域による区別は許されないため、ある行為について条例で取り締まった自治体とそうしなかった自治体がある場合、その地域的差異は法の下の平等に反する。**警視庁Ⅰ類2010**

×「地域による区別は許されないため」「その地域的差異は法の下の平等に反する」が誤り。

19 三重県津市の体育館建設の際、市が神式の地鎮祭を行い、その費用を市から支出したことに対し、最高裁判所は、「地方自治体が宗教に関わり合いを持つことになるため、政教分離原則に違反する」との憲法違反の判断を下した。**警視庁Ⅰ類2019**

×「政教分離原則に違反する』との憲法違反の判断を下した」が誤り。

20 愛媛県知事が靖国神社などへ玉串料などの名目で公金を支出したことに対し、最高裁判所は、「玉串料の宗教的意義は明白で、その県支出は政教分離原則に違反する」との憲法違反の判断を下した。**警視庁Ⅰ類2019**

○

21 取材の自由は報道の自由とともに十分尊重に値するものであるから、報道機関の撮影した取材フイルムは刑事裁判の証拠としてであっても、その提出を求めることはできない。**警視庁Ⅰ類2015**

×「報道の自由とともに」「その提出を求めることはできない」が誤り。

22 裁判所が仮処分によって人の名誉を侵害するおそれのある出版物の配布を事

前に差止めすることは検閲には当たらず、例外的に許される場合がある。**警視庁Ⅰ類2015**

○

23 日本国憲法は、表現の自由を健康で文化的な最低限度の生活を営むために侵すことのできない権利として保障し、検閲を例外なく禁止しており、最高裁判所は、家永訴訟で、教科書検定は検閲に当たるため違憲であると判示した。**国家専門職2018**

×「表現の自由を健康で文化的な最低限度の生活を営むために侵すことのできない権利として保障し」「教科書検定は検閲に当たるため違憲であると判示した」が誤り。

24 薬局設置の距離制限を定めた薬事法をめぐる訴訟において、最高裁判所は、職業選択の自由も合理的な制限を受けるとして、薬局設置の距離制限は憲法違反ではないと判示した。**警視庁Ⅰ類2012**

×「薬局設置の距離制限は憲法違反ではないと判示した」が誤り。

25 判例は、災害を未然に防止するため、条例で補償なしに財産権の行使を制限しても、憲法及び法律に違反しないとした。**東京消防庁2005**

○

26 被疑者は、理由となる犯罪を明示した令状がなければ逮捕されない。ただし、現行犯については、公訴権をもつ検察官に限って令状なしに逮捕することができる。この場合、検察官は被疑者に対し、裁判を受ける権利を有することをただちに告げなければならない。**国家一般職2008**

×「公訴権をもつ検察官に限って令状なしに逮捕することができる」「検察官は被疑者に対し、裁判を受ける権利を有することをただちに告げなければならない」が誤り。

27 被告人に不利益な唯一の証拠が本人の自白である場合、その自白が被告人自ら自主的に行ったものであれば、有罪とすることができる。**東京都Ⅰ類2011**

×「その自白が被告人自ら自主的に行ったものであれば、有罪とすることができる」が誤り。

28 憲法25条1項は、すべての国民に生存権を保障しているが、これは直接個々の国民に対して具体的な権利を付与したものであると最高裁判所は判示している。**東京消防庁2010**

×「これは直接個々の国民に対して具体的な権利を付与したものであると最高裁判所は判示している」が誤り。

(29) 朝日訴訟事件判決では、児童福祉手当法が児童扶養手当と障害福祉年金の併給を禁止していることは、身体障害者や母子に対する諸施策や生活保護制度の存在などに照らして合理的理由があり、立法府の裁量の範囲内であるとした。**東京都Ⅰ類2016**

╳「朝日訴訟事件判決では」が誤り。

(30) 大阪空港公害訴訟では、航空機の夜間飛行の差し止め請求は不適法として認めなかったが、環境権を理由として過去及び将来の損害に対する賠償請求は認めた。**東京都Ⅰ類2012**

╳「環境権を理由として」「及び将来」が誤り。

(31) 東京都国立市に建設された高層マンションをめぐり、周辺住民が良好な景観を妨げる高層部分の撤去等を求めた訴訟で、下級審は、本件建物は住民の景観利益を違法に侵害するものではないとして請求を退けたが、最高裁判所は、独特の景観利益は法的な保護に値するとして、建物の部分撤去を命じた。**国家専門職2011**

╳「下級審は」「最高裁判所は」が誤り。

(32) 教育を受ける権利を保障するため、憲法は、全て国民はその能力や環境に応じて等しく教育を受ける権利を有することや、その保護する子女に普通教育を受けさせる義務を負うことを定めている。また、憲法は、後期中等教育を修了するまでの間、授業料や教科書等に係る費用を無償とすると定めている。**国家一般職2017**

╳「や環境」「後期中等教育を修了するまでの間、授業料や教科書等に係る費用を無償とすると定めている」が誤り。

過去問 Exercise

問題1 憲法に定める生存権に関する記述として、妥当なのはどれか。

東京都Ⅰ類 2016［H28］

1 生存権は、精神、身体及び経済活動の自由とともに、国家権力による束縛や社会的身分から個人が自由に行動する権利を保障する自由権に含まれる。

2 生存権は、20世紀に制定されたワイマール憲法で初めて規定され、ワイマール憲法では、経済的自由を制限することなく生存権の基本的な考え方を示した。

3 食糧管理法違反事件判決では、憲法第25条により個々の国民は、国家に対し具体的、現実的な権利を有するものではなく、社会的立法及び社会的施設の創造拡充に従って個々の国民の具体的、現実的な生活権が設定充実されるとした。

4 朝日訴訟事件判決では、児童福祉手当法が児童扶養手当と障害福祉年金の併給を禁止していることは、身体障害者や母子に対する諸施策や生活保護制度の存在などに照らして合理的理由があり、立法府の裁量の範囲内であるとした。

5 堀木訴訟事件判決では、憲法第25条は、全ての国民が健康で文化的な最低限度の生活を営みうるように国政を運営すべきことを国の責務として宣言したにとどまらず、個々の国民に対して具体的権利を付与したものであるとした。

解説

正解 ❸

❶ × 全体が妥当でない。生存権は、福祉国家の理念に基づき、国家が、国民に対して「健康で文化的な最低限度の生活を営む権利」(憲法25条1項)を保障するものであり、国家に対して一定の行為(積極的な配慮)を要求する社会権の一つである。

❷ × 「経済的自由を制限することなく生存権の基本的な考え方を示した」という部分が妥当でない。生存権が初めて規定されたのは、1919年(大正8年)に制定されたワイマール憲法においてである。生存権に関しては、経済生活の秩序が、すべての者に対し、人間に値する生存(生活)を保障する目的をもつ、正義の諸原則に適合するものでなければならないことを規定していた(ワイマール憲法151条)。この規定は、生存権を保障するにあたって、経済的自由の制限を認めるものであったといえる。また、所有権は義務を伴い、所有権の行使は、同時に公共の福祉に役立つべきであることも規定していた(ワイマール憲法153条)。

❸ ○ 判例により妥当である。食糧管理法違反事件判決は、戦後の食糧難の折、食糧の需給は食糧管理法により厳しく制限されていたところ、許可なく食糧を自宅に持ち帰ろうとした者が、食糧管理法違反で起訴された事件に関するものである。判例は、本記述のように述べて、個々の国民が憲法25条により具体的、現実的な権利を有するものではないとしている(最大判昭23.9.29)。

❹ × 「朝日訴訟事件判決では」という部分が妥当でない。本記述の内容は、堀木訴訟事件判決(最大判昭57.7.7)に関するものであり、朝日訴訟事件判決の内容ではない。

❺ × 「国の責務として宣言したにとどまらず、個々の国民に対して具体的権利を付与したものであるとした」という部分が妥当でない。堀木訴訟事件判決(最大判昭57.7.7)では、憲法25条1項の規定は、福祉国家の理念に基づき、すべての国民が健康で文化的な最低限度の生活を営みうるよう国政を運営すべきことを国の責務として宣言したものであるとしている。また、朝日訴訟事件判決(最大判昭42.5.24)では、憲法25条は、全ての国民が健康で文化的な最低限度の生活を営み得るように国政を運営すべきことを国の責務として宣言したにとどまり、直接個々の国民に対して具体的権利を賦与したものではないとしている。

国家一般職★★★／国家専門職★★★／裁判所★★★／東京都Ⅰ類★★★／地方上級★★★／特別区Ⅰ類★★★

4 統治（日本国憲法）

国会・内閣・裁判所による権力分立の仕組みを理解しましょう。各々の国家機関の構成・権限・手続等に関する条文理解が中心となるので、権力分立の考え方を基礎にして知識を整理しましょう。

1 統治総論

1 統治機構の位置付け ★☆☆

国民の人権を侵害するのは、主に国民から権力の行使を委ねられた国や地方公共団体といった公権力である。

そこで、人権保障を徹底するには人権条項を定めるだけでは不十分であり、権力が濫用されないような国や地方公共団体の統治のシステムをも憲法で決めておく必要がある。

それが統治機構条項である。

2 権力分立の原理 ★☆☆

（1）権力分立の意義

権力分立とは、国家権力の作用をその性質に応じて**区別・分離**し、それを異なる機関に帰属させ、**相互に抑制と均衡を保たせる制度**である。

（2）権力分立の趣旨

権力を１か所に集中させた効率的な政治より、あえて権力を分散させ、相互に抑制と均衡を保たせることで、**権力の集中による濫用を防止**し、国民の自由を守るのがこの仕組みである。つまり、権力分立は**自由主義的制度**といえる。

（3）権力分立の内容

憲法が採用している権力分立は、国家権力を立法権、行政権、司法権に分割する三権分立である。

【憲法が採用している権力分立の内容】

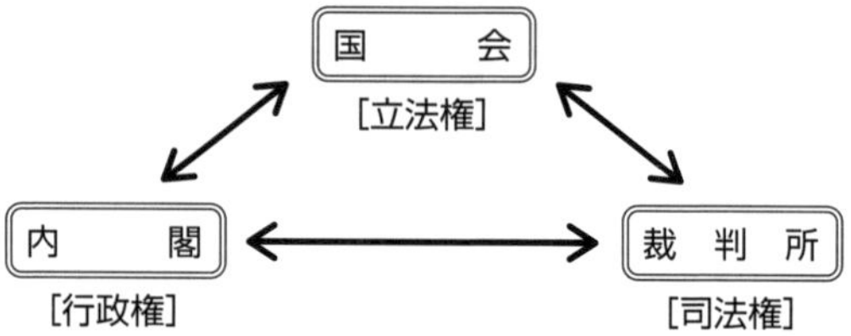

国会と内閣	国会→内閣	内閣総理大臣の指名、内閣不信任決議
	内閣→国会	国会に対する内閣の連帯責任、衆議院の解散
内閣と裁判所	内閣→裁判所	最高裁判所長官の指名、長官以外の最高裁判所裁判官の任命、下級裁判所裁判官の任命
	裁判所→内閣	違憲審査権
国会と裁判所	国会→裁判所	法律によって裁判所の構成を定める、弾劾裁判
	裁判所→国会	違憲審査権

2 国会

1 国会の地位 ★★☆

国会は3つの地位を有している。すなわち、①国会の構成員である国会議員を国民が選挙で選ぶことから、**国民の代表機関**である。したがって、民主国家においては、②国会は**国権の最高機関**に位置付けられる。また、日本は法治国家なので、③法律は、国会だけが作ることができる(**唯一の立法機関**)。

(1) 全国民の代表(43条1項)

第43条【両議院の組織・代表】
① 両議院は、**全国民を代表する**選挙された議員でこれを組織する。

全国民の代表とは、国会議員は、特定の地域・団体のためではなく、全国民のために活動すべきということである。

したがって、国会議員は**選挙民の意思に法的に拘束されない**(**自由委任**)と考えられている(政治的代表)(通説)。

【全国民の代表】

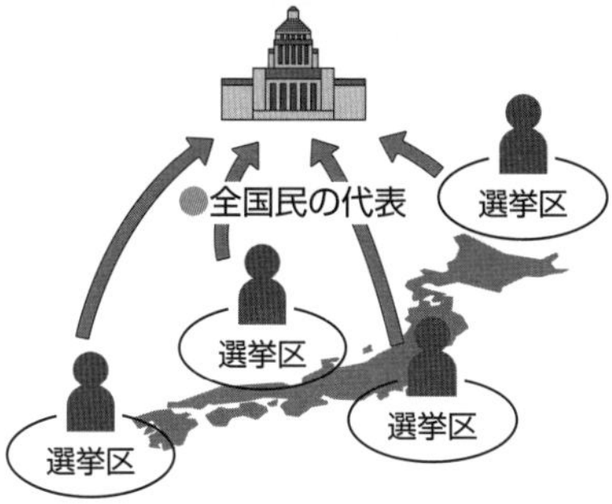

（2）国権の最高機関

第41条【国会の地位・立法権】
国会は、国権の最高機関であつて、国の唯一の立法機関である。

論点　国権の最高機関とは、国会が内閣や裁判所よりも上位の機関であることを意味するのか

〈A 説〉　**政治的美称説（通説）**
「最高機関」と規定されているものの、それは政治的美称にすぎず、国会は内閣や裁判所と対等であり、他の国家機関に優越するわけではない。

〈B 説〉　**統括機関説**
「最高機関」と規定されている以上、国会は内閣や裁判所に優越し、他の国家機関を統括する。

（3）唯一の立法機関

① 国会中心立法の原則

国会中心立法の原則とは、**国会が立法権を独占**し、他の機関は原則として立法することができないという原則である。

【国会中心立法の原則の例外】
①議院の規則制定権（58条2項）
②最高裁判所の規則制定権（77条1項）
③地方公共団体の条例制定権（94条）（例外かどうか争いあり）
④委任立法（委任命令）（解釈）（例外かどうか争いあり）

論点　委任立法は国会中心立法の原則に違反しないか

〈結論〉　違反しない（通説）。もっとも、**法律により個別的・具体的な委任**をすることが必要である。白紙委任は許されない。
〈理由〉　①　福祉国家では法内容の専門技術性が要請される。
　　　　　②　73条6号（内閣の政令制定権）は委任立法の存在を前提としている。

【委任立法】

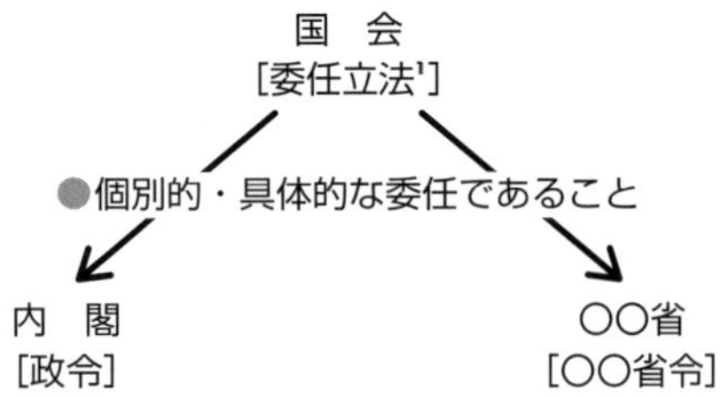

② 国会単独立法の原則

国会単独立法の原則とは、**国会が立法過程を独占**し、他の機関は原則として関与できないという原則である。

【国会単独立法の原則】

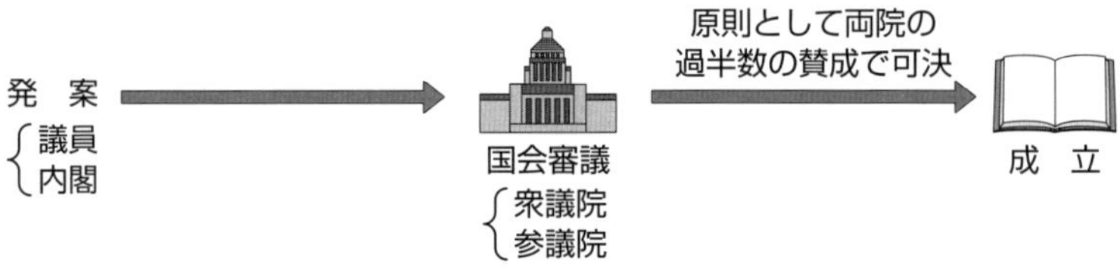

【国会単独立法の原則の例外】
①地方（自治）特別法に対する住民投票（95条）
②内閣の法律案提出権（解釈）（例外かどうか争いあり）

1　**委任立法**とは、法律の委任に基づき、**国会以外の機関が法律で定めるべき事項について立法**することである。そして、法律の委任に基づいて制定された命令を**委任命令**という。

論点 **内閣の法律案提出権（内閣法5条）は、国会単独立法の原則に違反しないか**

〈結論〉 違反しない（通説）。国会単独立法の原則の例外とはいえない（通説）。
〈理由〉 法律案の提出は、立法の準備段階であり、また国会がその法律案を修正・否決することも自由である。

2 二院制 ★★★

（1）両議院の構成

二院制とは、国会が二つの議院（**衆議院及び参議院**）によって構成され（42条）、各院がそれぞれ独立して意思決定を行う制度をいう。

その趣旨は、**慎重に審議**することや**民意の多角的反映**（任期が異なる、解散の有無など）を図る点にある。

【二院制】

	任期	解散	被選挙人資格	定数
衆議院	4年	あり	25歳以上	465人
参議院	6年	なし	30歳以上	248人

（2）両議院の活動

① 同時活動の原則

［原則］ 両議院は、**同時に召集**され、かつ**同時に閉会**する。衆議院が解散されたときは、参議院は同時に閉会となる（54条２項）。

［例外］ **参議院の緊急集会**（54条２項但書）。

② 独立活動の原則

［原則］ 両議院は、それぞれ**独立して議事を行い**、**議決**する。

［例外］ **両議院の協議会（両院協議会）**

（3）衆議院の優越

国会の意思は、二院制を採用したことから、両議院の意思の合致（衆議院で可決、参議院でも可決）により成立するが、両議院の意思が合致しないときに国政が停滞しかねない（決められない政治）。そこで、憲法は、任期が短く解散があるため民意をより反映されやすい衆議院の意思を、一定事項につき、参議院より優越させている（衆議院の優越）。

① 権限の有無に関する優越（衆議院のみが権限を有する）

(ア) 予算先議権（60条1項）

予算は先に衆議院に提出しなければならない。×法律・条約・指名

(イ) 内閣不信任決議権（69条）

内閣が衆議院を解散するか、総辞職しなければならなくなる法的効果をもつ**内閣不信任決議（内閣不信任決議案の可決**又は**内閣信任決議案の否決**）は、衆議院だけがすることができる。

参議院も内閣不信任決議（実際には**内閣総理大臣に対する問責決議**）ができるが、法的効果は生じない。

② 議決の効力に関する優越

憲法上、両院で決議内容に差が生じた場合に衆議院の議決が参議院の議決に優先しうる例として、**①法律案の議決、②予算の議決、③条約締結の承認、④内閣総理大臣の指名**が挙げられる。

【議決の効力に関する優越】

衆議院	参議院	結　果
①**法律案**の議決（可決）	**異なる議決（否決）** ＊1 両院協議会は任意で開催できる	衆議院で出席議員の3分の2以上で再可決 ⇒ 法律成立
	60日以内に議決しない	否決したものとみなせる
②**予算**の議決 ③**条約締結**の承認	**異なる議決 ＋ 両院協議会で不一致（否決）**	衆議院の議決が国会の議決となる ＊2 衆議院の再可決は不要
	30日以内に議決しない	
④**内閣総理大臣**の指名	**異なる議決 ＋ 両院協議会で不一致（別人を指名）**	衆議院の議決が国会の議決となる ＊2 衆議院の再可決は不要
	10日以内に議決しない	

＊1　①法律案の議決について、両院協議会の開催が任意的とされるのは、衆議院で再可決が必要なため、衆議院の優越の程度が弱められているからである。

＊2　②予算の議決、③条約締結の承認、④内閣総理大臣の指名について、**両議院の協議会（両院協議会）が必要的**とされるのは、参議院の議決を無視して衆議院の議決が国会の議決となるからである（優越の程度が強い）。

＊　**憲法改正の発議**には、そもそも衆議院の優越の制度がない。

3 国会の活動 ★★★

(1) 国会の召集と閉会

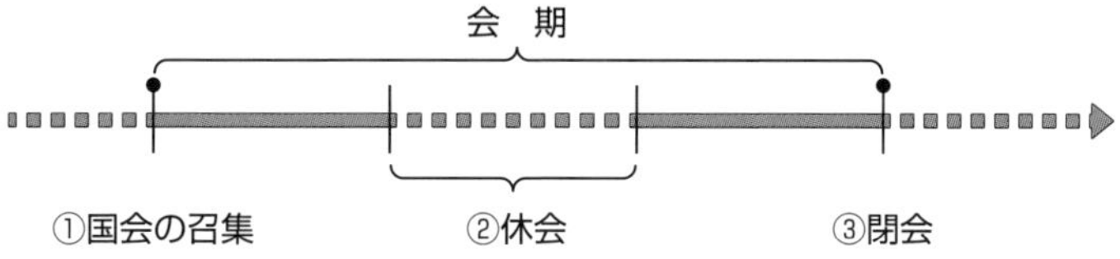

① 召集

国会の**開会**のことを国会の**召集**という。内閣の「助言と承認」に基づき、**天皇が召集**する。

② 閉会

国会は、**会期の終了**または**衆議院の解散**により**閉会**となる。

(2) 国会の会期

① 会期

会期とは、**国会が活動能力を有する期間**のことをいう。国会の会期は、常会、臨時会、特別会の３種類がある。

【国会の会期の種類】

種類	開かれる場合	会期等
常会	**毎年1回**必ず開かれる。**毎年1月中**に召集するのを常例とする	会期は**150日間** 会期の延長は**1回**だけ
臨時会	①　**内閣が召集を決定**した場合 ②　いずれかの議院の**総議員の4分の1以上の要求**があった場合（内閣は召集を決定しなければならない） ③　**任期満了**による衆議院議員の**総選挙の日から30日以内** ④　参議院議員の**通常選挙の日から30日**以内	会期は両議院の議決で決める 会期の延長は**2回**まで
特別会	**解散**の日から**40日**以内に衆議院議員の**総選挙**を行い、その選挙の日から**30日**以内。常会と併せて召集が可能	同上

※ 会期は、両議院一致の議決で、これを延長することができる。ただし、両議院の議決が一致しないとき、又は参議院が議決しないときは、**衆議院の議決**したところによる（国会法13条）。

② 会期不継続の原則

会期不継続の原則とは、国会の効率的運営のため、**会期中に議決されなかった議案は、次の国会に継続されない**という原則である。これにより、会期中に議決されなかった議案は、会期末で**廃案**となる。憲法に規定はなく、国会法(68条)による原則である。

③ 一事不再議の原則

一事不再議の原則とは、**一度審議した議案は、同一会期において再度提出することができない**とする原則である。憲法、国会法に規定はない。この原則の例外が、衆議院における法律案の再可決である(59条2項)。

(3) 国会の審議

① 定足数

定足数とは、会議体が審議・議決するために**必要な最低限の出席者数**をいう。

両議院の審議における定足数は、**総議員の3分の1**である(56条1項)。「総議員」とは、法定の議員数である。

② 議決要件等

【議決要件等と議決等の種類】

	議決要件等	議決等の種類
原則	**出席議員の過半数**で決する (可否同数のときは、議長が決する)	憲法に特別の定のある場合を除いた残りの議事
例外	**出席議員の2/3**以上の多数で議決	・議員の**資格争訟**の裁判で議員の議席を失わせる議決 ・両議院の会議で**秘密会**の開催 ・懲罰により議員を**除名**する議決 ・**衆議院による法律案の再可決**
	各議院の**総議員の2/3**以上の多数で議決	憲法改正の発議
その他	いずれかの議院の総議員の1/4以上の**要求**	臨時会召集の要求
	出席議員の1/5以上の**要求**	各議院の表決を会議録に記載

③ 委員会と本会議

(ア) 常任委員会と特別委員会

本会議を能率的に運営するために、両議院に**委員会制度**が設けられている。

委員会には常設の17の**常任委員会**と各院において特に必要があると認めた案件

等を審査するために随時設けられる**特別委員会**がある。

委員会は、一般的関心及び目的を有する重要な案件について、利害関係者や学識経験者等から意見を聞くために**公聴会**を**開くことができる**(国会法51条1項)。もっとも、**総予算及び重要な歳入法案**については、**公聴会を開かなければならない**(国会法51条2項)。

(イ) 委員会中心主義

国会は討論の場といわれるが、各院での法律案等の実質的な審議は委員会で行われている(**委員会中心主義**)。その結果、本会議の審議は形骸化し、本会議は主に採決の場となっているのが現状である。

④ 公開の原則

(ア) 本会議 (57条)

[原則] 国民による監視監督を可能にするため、**本会議は公開**される。

[例外] **出席議員の3分の2以上の議決で秘密会**を開くことができる。

会議の記録は、秘密会の記録で特に秘密を要すると認められるもの以外は、公表・頒布される。

出席議員の5分の1以上の要求があれば、**各議員の表決**は会議録に記録される。

(イ) 委員会 (国会法52条)

[原則] 委員会は議員の他、傍聴を許さない。

[例外] 報道関係者その他の者で委員長の許可を得た者は傍聴できる。

(ウ) 両議院の協議会 (国会法97条)

両院協議会は妥協の場であり、傍聴は許されない。

4 参議院の緊急集会 ★★★

(1) 意義と趣旨

緊急集会とは、**衆議院が解散されている間**、**国に緊急の必要があるときは**、**内閣が求める**ことによって**参議院が緊急に集会をする**ことをいう(54条2項)。

参議院は衆議院の解散と同時に閉会となるが、この閉会中に国会の議決を要する緊急の問題が発生したときに、**参議院が国会の権能を暫定的に代行する制度**が参議院の緊急集会である。両院同時活動の原則の例外である。

(2) 要件・手続

① 緊急集会が開かれる場合

緊急集会は、衆議院が解散されている間、国に緊急の必要がある場合に開かれる。

→×衆議院の任期満了の場合に開かれる。

② 要求権者

内閣が緊急集会を求める。

→×天皇が召集する。×参議院・参議院議員、内閣総理大臣が要求する。

③ 審議事項

緊急集会は、**内閣総理大臣から示された案件について審議**し、議決する。議員は、内閣総理大臣から示された案件に関連のあるものに限り、議案を発議することができる（国会法101条）。

緊急集会はそもそも緊急に処理しなければならない問題に対処するために開かれるものであるから、**憲法改正の発議**や**内閣総理大臣の指名**はできないと解されている。

（3）事後措置

緊急集会でとられた措置は、臨時のものなので、**次の国会（特別会）開会後10日以内に衆議院の同意がない場合には、「その効力を失う」**（54条３項）。これは、**将来に向かって効力を失う**という意味である（将来効）。

【緊急集会の事後措置】

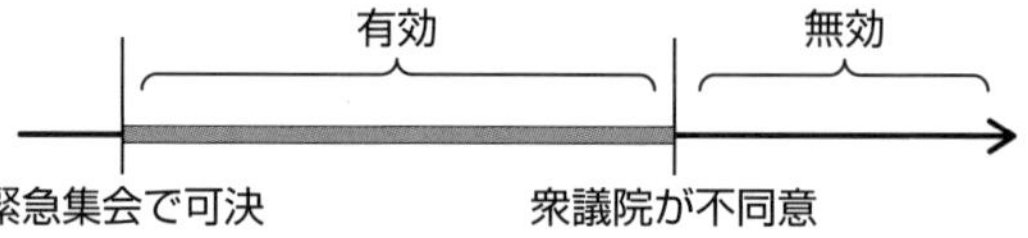

（4）緊急集会中の議員の特権

後述の国会議員の有する**不逮捕特権**及び**免責特権**は、緊急集会であっても有するものと解されている（不逮捕特権につき、国会法100条参照）。

5 国会の権能 ★★★

国会の権能(権限)は、原則として両議院の一致により行使する。これに対し、議院の権能は、各議院が単独で行使することができる。

【国会の権能と議院の権能】

国会の権能	議院の権能
1 法律の制定 2 条約締結の承認 3 財政の監督 4 予算の議決 5 内閣総理大臣の指名 6 弾劾裁判所の設置 7 憲法改正の発議	1 議院の自律権 (1) 組織に関する自律権 ① 議員の資格争訟の裁判 ② 役員の選任権 ③ 議員の逮捕の許諾・釈放要求権 (2) 運営に関する自律権 ① 議院規則制定権 ② 議員懲罰権 2 国政調査権

(1) 法律の制定 (59条)

法律案は、原則として**両議院で可決したときに法律**となる。ただし、例外として、衆議院による再可決により成立する場合もある(衆議院の優越)。

国会議員は、立法府の構成員であり**当然に発案権**を持っているが、お土産法案(選挙区へのアピール法案)の弊害を防止するため、国会法(56条1項)は、議員の発案権を以下のように制限した。

【議員の発案権】

	法律案を提出する場合	予算を伴う法律案を提出する場合
衆議院	議員20人以上の賛成	議員50人以上の賛成
参議院	議員10人以上の賛成	議員20人以上の賛成

なお、内閣法の規定(5条)により、内閣も法律案を提出することができる。

(2) 条約締結の承認 (73条3号但書)

① 条約の意義

条約とは**文書による国家間の合意**である。

② 条約の締結と承認

条約の締結は、内閣の権能であるが、原則として事前に、時宜(場合)によっては事後に、国会の承認を経ることを必要とする(73条6号)。

その趣旨は、条約は国家の運命や国民生活に与える影響が大きいので、国民の代表機関である国会の承認を必要としたことにある。

(3) 財政の監督

① 財政民主主義(83条)

国の財政を処理する権限は、国会の議決に基づいて行使しなければならない(財政民主主義)。財政の最終的負担者は国民である以上、国民を代表する国会によるコントロールが必要だからである。

【財政の監督の全体像】

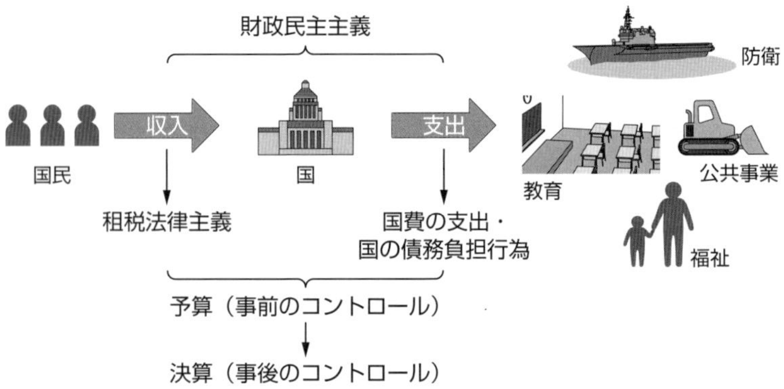

② 租税法律主義(84条)

租税法律主義とは、新たに租税(税金)を課し、または現行の租税を変更するには、法律または法律の定める条件によることを必要とする考え方である。

その趣旨は、財政民主主義を財政収入面から具体化したもので、近代憲法の「代表なければ課税なし」の思想に基づくものである。

租税法律主義の内容として、課税要件(納税義務者、課税標準等)と徴税の手続(税の賦課・徴収手続)を全て法律で定めなければならない(判例)。

③ 国費の支出の制限等(85条、89条)

(ア) 国費の支出・国の債務負担

国費の支出(国が現金を支出する行為)や国が債務を負担するには、国会の議決が必要である(85条)。このことは、財政民主主義を支出面から具体化したものである。

(イ) 公金支出の禁止

公金は、**宗教上の組織・団体の使用・便益・維持のために支出・利用してはならない**(89条前段)。さらに、公費の濫用を防止するため、**公の支配に属しない慈善、教育、博愛の事業に支出・利用してはならない**(89条後段)。

その趣旨は、前段は政教分離原則を財政面で保障することにある。後段は公費の濫用を防止することにある(趣旨に争いあり)。

④ 予備費（87条）

予見し難い予算の不足に充てるため、**国会の議決に基づいて予備費を設ける**ことができる。**内閣は、自らの責任で予備費を支出**することができるが、**事後に国会の承諾を得なければならない**(87条)。

予備費とは、予見し難い予算の不足に充てるため、国会の議決に基づいて設けられる**使途が定められていない財源**である。

⑤ 決算・財政状況の報告（90条、91条）

(ア) 決算

国の収入支出の**決算**は、すべて**毎年会計検査院**[2]**がこれを検査**し、**内閣は**、次の**年度に、その検査報告とともに、これを国会に提出**しなければならない。

その趣旨は、現実の収入収支が予算に沿って行われたかどうかを検討し、予算執行者である内閣の責任を明らかにすることにある。

(イ) 財政状況報告

内閣は、**国会と国民**に対し、定期に、少なくとも**毎年1回**、**国の財政状況について報告**しなければならない。

(4) 予算の議決（86条、60条）

① 予算の意義

予算とは、**一会計年度(4/1 ～翌年3/31)における国の財政行為の準則**をいう。その専門技術性から、**内閣が毎会計年度の予算を作成し、国会に提出**する。そして、財政に対する民主的コントロールのため、**予算の審議・議決権は国会**にある。国会に予算の作成・提出権はない。また、予算は先に衆議院に提出しなければならない。

---

2 **会計検査院**とは、国会や裁判所に属さず、内閣からも独立した憲法上の機関として、国や法律が定める機関の会計を検査し、会計経理が正しく行われるように監督することを職責とする機関である。

② 予算の種類

種類	内容
予算（本予算）	一会計年度における国の財政行為の準則のこと。有効期間は当該会計年度のみである
暫定予算	会計年度開始時までに予算が成立しない場合など、必要に応じて、内閣が作成・提出するもの。前年度の本予算の執行はできない

（5）内閣総理大臣の指名（67条）

詳細は本節❸項2「内閣の組織」で扱う。

（6）弾劾裁判所の設置（64条）

① 弾劾裁判所の意義

弾劾裁判所とは、**一定の事由に該当する裁判官を罷免するための裁判**（公の弾劾）を行う裁判所である。国会は、この**弾劾裁判所を設置する権限**がある。

② 罷免の訴追

両議院から選出される国会議員で構成される**裁判官訴追委員会の訴追**によって、弾劾裁判所による弾劾裁判が始まる。

③ 弾劾裁判所の裁判員

弾劾裁判を担当するのは、**両議院から7名ずつ計14名の国会議員で構成される裁判員**である。したがって、罷免の裁判自体は国会の権限ではなく、弾劾裁判所の権限である。

（7）憲法改正の発議（96条）

詳細は本節❻項2「憲法改正の手続」で扱う。

6 議院の権能 ★★★

（1）議院の自律権

議院の自律権とは、**各議院の自主性を尊重**するため、両議院が各々、他の国家機関や他の議院から干渉を受けることなく、内部組織および運営等に関し自主的に決定できる権能をいう。

【議院の自律権】

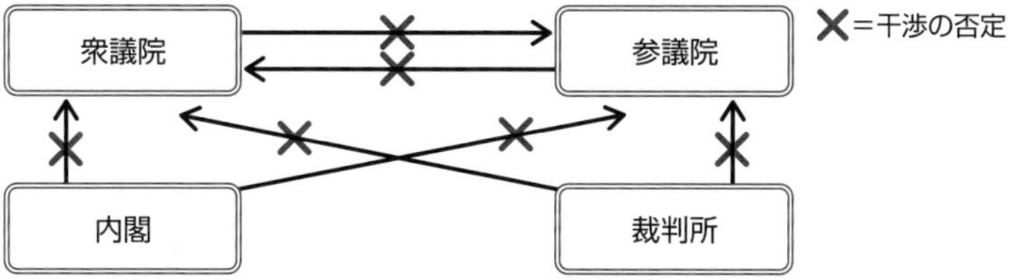

① 組織に関する自律権

（ア）議員の資格争訟の裁判（55条）

議員の資格争訟の裁判とは、国会議員の**議員資格**（被選挙権を有している、兼職が禁止されている職種に就いていない等）**の有無についての争い**を、その所属**議院が裁判**（判断）することをいう。

資格がないとして議員の**議席を失わせる**には、**出席議員の3分の2以上の多数**による議決が必要である。

資格争訟の裁判により資格を失うとされた議員は、これに不服があっても、**司法裁判所に救済を求めることはできない**。

（イ）役員の選任権（58条1項）

各議院は議長その他の役員を選任する。

（ウ）議員の逮捕の許諾及び釈放要求権（50条）

不逮捕特権の例外としての議員の逮捕の許諾、および会期前に逮捕されていた議員の会期中の釈放要求権を有する（詳細はこのあと7（1）不逮捕特権で扱う）。

② 運営に関する自律権

（ア）議院規則制定権（58条2項）

各議院は、**①会議その他の手続**、**②内部の規律に関する規則**を定めることができる（**議院規則制定権**）。国会中心立法の原則の例外に当たる。

（イ）議員懲罰権（58条2項）

各議院は、**院内の秩序を乱した議員を、懲罰**することができる(**議員懲罰権**)。

「院内」とは、議事堂内に限らず、議事の円滑な運営を乱すといえる限り、議場の外も含まれると解されている。

「秩序を乱した」とは、議事の運営に関するもので、正当な理由なく会議に出席しない、暴力行為、暴言を吐くなどの行為である。

議員を**除名**するためには、**出席議員の3分の2以上の多数による議決**が必要である。

懲罰の種類を問わず、司法裁判所の審査権は及ばないと解されている(通説)。

(2) 国政調査権 (62条)

① 意義

国政調査権とは、**両議院が各々国政に関する調査**を行い、**証人の出頭・証言・記録の提出を求める権限**をいう。これは、議院がその権能(立法権、行政監督権など)を適切に行使するために必要な**情報収集手段**である。

② 法的性質

論点　国政調査権の法的性質

〈結論〉　議院がその権能を有効・適切に行使するための**補助的権能**である(通説・補助的権能説)。

国会の権能、とくに立法権は広範な事項に及んでいるので、国政に関連しない純粋に私的な事項を除き、**国政調査権の及ぶ範囲は国政のほぼ全般にわたる**。

〈理由〉　41条の「国権の最高機関」を政治的美称と捉える。

③ 国政調査権の方法

憲法の規定上は**両議院**の権限とされているが、その調査の全部又は一部をそれぞれの**常任委員会又は特別委員会に付託して行わせる**ことができる。

④ 国政調査権の手段

国政調査権の行使に当たっては、**証人の出頭及び証言並びに記録の提出を要求**することができるが、強制力を有する捜索・押収などの刑事手続上の強制力は認められない。もっとも、国政調査権の実効性を確保するため、正当な理由なく調査に応じない者や、虚偽の証言をした者は、刑事処罰の対象となる(議院における証人の宣誓及び証言等に関する法律6条、7条参照)。

⑤ 範囲と限界

国政調査権は補助的権能であるから、調査の目的は立法、予算審議、行政監督など、**議院の憲法上の権能を実効的に行使するためのもの**でなければならない。そして、調査の対象と方法にも、権力分立と人権の原理からの制約がある。

(ア) 行政権との関係

行政権との関係では、**議院内閣制**のもと、行政監督はもともと国会の権能であるから、**広く調査が及び**合法性(適法性)のみならず妥当性についても調査の対象となる。ただし、**公務員の職務上の秘密**に関する事項を害する調査はできない。

また、行政権の中でも**検察事務**は、裁判と密接に関連する(**準司法的作用**)。したがって、**起訴・不起訴について、検察権の行使に政治圧力を加えることが目的と考えられる調査**や、捜査の続行に重大な支障をきたす方法による調査は許されない。

(イ) 司法権との関係

司法権との関係では、裁判の公正確保のための**司法権の独立**の要請から制約を受ける。したがって、**裁判に事実上重大な影響を及ぼす調査は許されない**。例えば、**裁判官の訴訟指揮や裁判内容の当否の調査**等は、たとえ判決確定後であっても、他の類似の事件に影響するので許されない。

これに対して、**立法・行政監督目的など議院本来の権能を行使するための調査**であれば、裁判との**並行調査も許される**。

(ウ) 基本的人権との関係

調査対象者の基本的人権(黙秘権、思想良心の自由等)を侵害する調査も許されない。例えば、思想の露顕を求めるような質問については、証人は証言を拒絶することができる。

7 国会議員の特権 ★★★

(1) 不逮捕特権(身柄の自由:50条)

第50条【議員の不逮捕特権】
両議院の議員は、**法律の定める場合を除いては**、国会の**会期中逮捕**されず、会期前に逮捕された議員は、その**議院の要求**があれば、**会期中これを釈放**しなければならない。

50条は、国会議員の**不逮捕特権**を規定している。その趣旨は、**議員の身体の自由**の保障と**議院の審議権**の確保にある。

【議員の不逮捕特権】

原則	両議院の議員は、国会の会期中は逮捕されない
憲法上の例外	法律の定める場合には、国会の会期中でも逮捕される
法律の定める場合 **(国会法33条、34条)**	以下のいずれかの場合には、国会の会期中でも逮捕される ①　院外における現行犯罪の場合 ②　その(所属)議院の許諾がある場合

① 会期中

「会期中」とは、常会、臨時会、特別会の会期中に加え、参議院の**緊急集会**中も含まれる。**閉会中**の委員会の継続審議は含まれない。

② 逮捕

「逮捕」とは、広く**公権力による身体の拘束**を指すから、刑事訴訟法上の逮捕、勾引、勾留をはじめ、警察官職務執行法による保護措置[3]（3条)などの行政措置も含まれる。訴追(刑事裁判にかける)することは可能である。

③ 議院の要求による釈放

議院の要求があれば、国会の会期中は、会期前に逮捕された議員を釈放しなければならない。

(2) 免責特権 (言動の自由：51条)

第51条【議員の発言·表決の免責】
両議院の議員は、議院で行つた演説、討論又は表決について、院外で責任を問はれない。

51条は、国会議員の**免責特権**を規定している。

その趣旨は、議員の**議院における自由な発言·表決を保障**することで、議院の権能を確保することにある。

① 免責特権の主体

この特権は、**国会議員の特権**であり、**国務大臣**や**地方議会議員**には及ばない。たとえ国会議員が国務大臣と兼務していても、国務大臣としての発言については免責されない。

3　保護措置とは、例えば、泥酔者を派出所·警察署等で休憩·介護することである。

②「議院で行った演説、討論、表決」

「議院で行った演説・討論・表決」とは、国会議員が議院の活動として、その**職務上行った行為**である。したがって、院内での活動に限られることはなく、地方公聴会のような院外での活動であっても、職務上行った行為は、免責の対象となる。

なお、私語、ヤジ、暴力行為などは含まれない。

③ 免責の内容

この特権により免責されるのは、**一般人であれば負うべき法的責任**である。

免責される責任	免責されない責任
・民事上の損害賠償責任 ・刑事上の名誉毀損罪等による処罰 ・行政上の懲戒処分	・懲罰（院内の責任） ・政党による除名処分等（政治的責任）

（3）歳費受領権（経済面での自由：49条）

議員は、国庫から**相当額の歳費を受ける**ことができる。ただし、裁判官と異なり、在任中減額されないことまでの保障はない。

3 内閣

1 行政権の帰属 ★★★

日本国憲法においては、**行政権は内閣に属する**と規定し（65条）、内閣が**行政権の主体**であることが明記された。

2 内閣の組織 ★★★

（1）内閣の組織、文民規定

内閣は、**首長たる内閣総理大臣**と**その他の国務大臣**で組織する（66条1項）。合議体の**行政機関**である。

① 人数

内閣の構成員は、**内閣総理大臣1人**と、**国務大臣14人以内**（特別の必要があれば**17人以内**）である。

② 文民統制

軍隊に対する民主的コントロール(文民統制)という見地から、**内閣総理大臣とその他の国務大臣は、すべて文民**でなければならない(66条2項)。

③ 議院内閣制からの制約

国務大臣の**過半数**は、**国会議員**の中から選ばれなければならない(68条1項但書)。

(2) 内閣総理大臣

① 国会の指名と天皇の任命

内閣総理大臣は、**国会議員の中から国会の議決で指名**し(67条1項)、**天皇が任命**する(6条1項)。

指名について、**議決の効力に衆議院の優越**が認められるが、衆議院が先議することは求められていない(67条2項)。この指名は、**他のすべての案件に先だって**行われる(67条1項)。

② 内閣総理大臣に求められる資格

内閣総理大臣は、その資格として**国会議員**であること(67条1項)、**文民**であること(66条2項)が求められる。

(3) 国務大臣

① 国務大臣の任命(68条1項)

国務大臣の**任命**は**内閣総理大臣**が行う。また、国務大臣の任命に際しては、その**過半数**は**国会議員**の中から選ばれなければならない。

【内閣総理大臣と国務大臣の任命等】

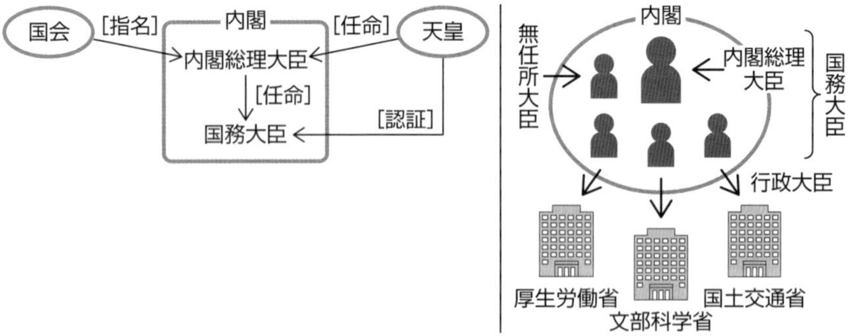

② 国務大臣の役割

各国務大臣は、**内閣の構成員**として内閣を支える役割と、**主任の大臣**（外務大臣、厚生労働大臣など）として行政事務を分担管理する役割とを兼務する。しかし、前者の役割に特化した大臣（**無任所大臣**）の設置も可能である。

3 議院内閣制 ★★★

議院内閣制とは、議会（立法）と政府（行政）が**一応分離**し、**政府が議会に対して責任を負う**もの（**責任を追及されるもの**）をいう。

議院内閣制に対して、アメリカなどの**大統領制**は、議会と政府がそれぞれ**完全に分離**しており、政府が議会に対して責任を負うことはない。

【議院内閣制】

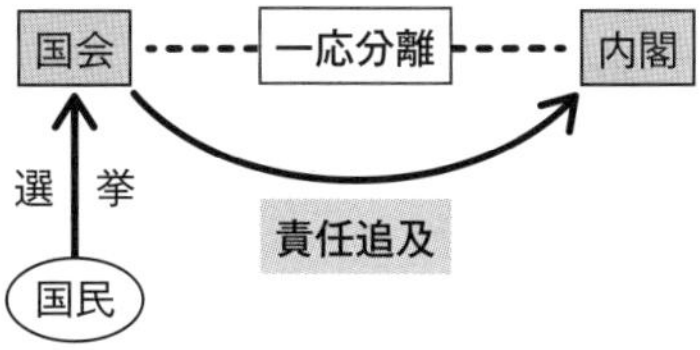

【大統領制】

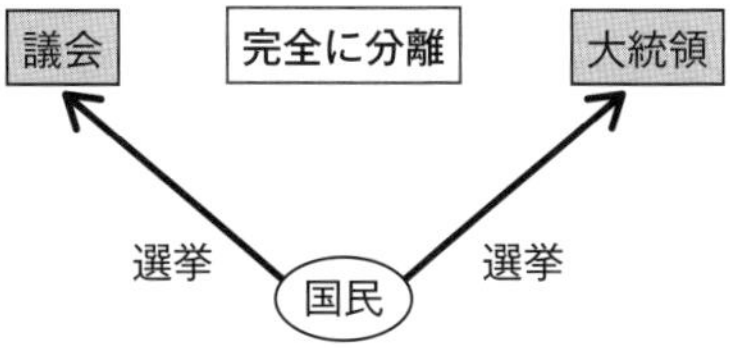

憲法が議院内閣制を採用していることは、以下の条文に表れている。

【議院内閣制の憲法上の表れ】

- 内閣は行政権の行使について、国会に対し、連帯して責任を負う（66条3項）。
- 内閣総理大臣は、国会議員の中から国会の議決で選ばれる（67条1項）。
- 国務大臣の過半数は国会議員でなければならない（68条1項但書）。
- 衆議院で内閣不信任決議案が可決（又は内閣信任決議案が否決）された場合、内閣は衆議院を解散させるか、総辞職しなければならない（69条）。
- 内閣総理大臣と国務大臣は、国会への出席の権利と義務がある（63条）。

4 衆議院の解散 ★★★

（1）意義

衆議院の解散とは、衆議院議員の**任期満了前**に、その**全員の議員としての身分を失わせる行為**をいう。

その趣旨は、①衆議院の内閣不信任決議への対抗手段（**自由主義的な側面**）と、②解散後の総選挙を通じて民意を問う（**民主主義的な側面**）点にある。

(2) 衆議院を解散すべき場合

衆議院が**内閣不信任の決議案を可決**し、または**内閣信任の決議案を否決**した場合、内閣は、**10日以内に衆議院を解散する**か、**解散せずに総辞職をする**か、**いずれかを選択しなければならない**(69条)。このように、内閣に二者択一を迫る法的効果が生じる不信任決議案の可決(または信任決議案の否決)は、これが**衆議院において行われた場合だけ**である。

したがって、参議院で内閣総理大臣の問責決議があっても、内閣は、衆議院を解散する必要はなく(参議院には解散の制度がない)、総辞職をする必要もない。参議院の問責決議には、法的にはいかなる効果も生じない。

内閣が衆議院を解散すると、**40日以内に総選挙**が行われ、**選挙日から30日以内に国会(特別会)**が召集され、そのときに内閣は総辞職する。

【衆議院の解散】

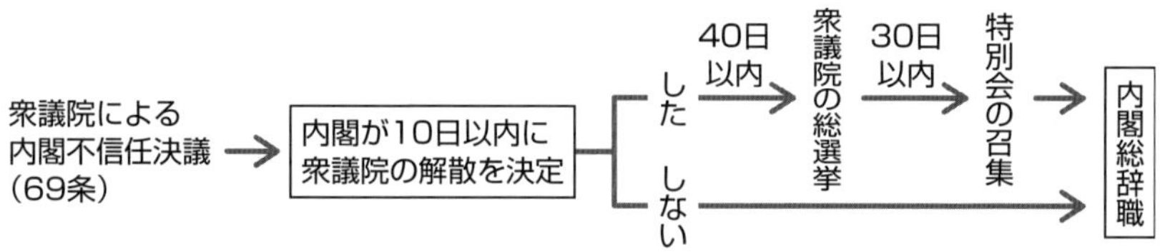

(3) 解散権の所在と根拠

第7条【天皇の国事行為】
天皇は、内閣の助言と承認により、国民のために、左の国事に関する行為を行ふ。
三　衆議院を解散すること。

第69条【内閣不信任決議の効果】
内閣は、衆議院で不信任の決議案を可決し、又は信任の決議案を否決したときは、10日以内に衆議院が解散されない限り、総辞職をしなければならない。

憲法上、衆議院の解散権の所在(どの機関が決定するのか)については明示されていない。

論点　衆議院の解散権の所在とその根拠

〈A説〉　7条3号説（通説）
憲法7条3号を根拠として、**天皇への助言と承認を通じて、内閣が実質的な解散権を有すると解する。**

［理由］　本来的には政治的権能である議会の解散権が、天皇の国事行為として形式的・儀礼的行為となるのは、内閣の助言と承認のもとに行われるからである。
〈B説〉　69条限定説
憲法69条を根拠として、内閣不信任決議が可決された場合、又は内閣信任決議案が否決された場合に限り、内閣は衆議院を解散することができる。
［批判］　政党内閣制の下では内閣不信任決議等の成立は稀であり、解散権が著しく制限される。

（4）解散事由

7条3号説は、**衆議院の解散は69条の場合（内閣不信任決議案が可決された等の場合）に限定されない**とする。総選挙を通じて民意を問う機会を確保するため、解散権を行使できる場合を限定すべきではないからである。

もっとも、党利党略などのための解散は許されず、選挙の際に直接の争点とならなかった重大問題が生じた場合等、国民の意思を問う必要がある場合に限られると解している（通説）。

5 内閣総理大臣の権能 ★★★

大日本帝国憲法下では、内閣総理大臣は内閣の中では**同輩中の首席**（法的にはほかの国務大臣と対等）にすぎなかった。これに対して日本国憲法は、**内閣の一体性を確保し、首長たる地位を有する内閣総理大臣**の権限を強化するため、以下のような権限を与えている。

（1）国務大臣の任免権（68条）

内閣総理大臣は、国務大臣を**任命**し、**任意に罷免**することができる。国務大臣の**任免は内閣総理大臣の専権**であり（天皇の認証は必要）、**閣議にかけて決定する必要はない**（認証については閣議が必要）。

その趣旨は、内閣の首長として、内閣の一体性を確保できるようにすることにある。

【国務大臣の任免権】

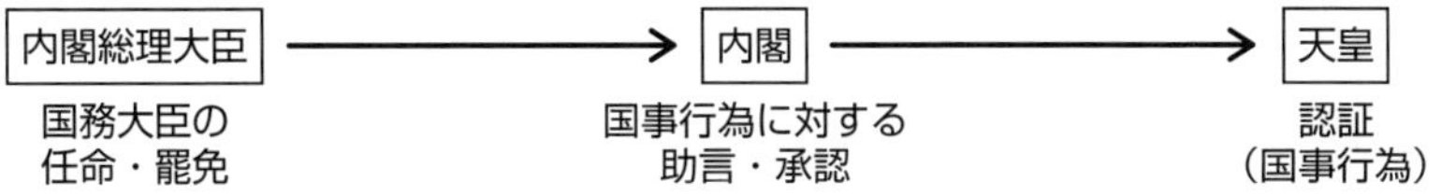

(2) 内閣の代表権（72条）

① 議案提出権

内閣総理大臣は、**内閣を代表して、議案を国会に提出**する権限(**議案提出権**)を有する。ここでの「議案」には、条約・予算のほか法律案が**含まれる**。

② 行政各部の指揮監督権

内閣総理大臣は、**内閣を代表して、行政各部を指揮監督**する権能(**行政各部の指揮監督権**)を有する。

③ 一般国務・外交関係の国会への報告

内閣総理大臣は、**内閣を代表して、一般国務及び外交関係**について**国会に報告**する。

(3) 国務大臣の訴追に対する同意権（75条）

国務大臣は、国会の会期中であるか否かを問わず、その**在任中**は、**内閣総理大臣の同意がなければ訴追されない**。ただし、これがため、訴追の権利は、害されない。その趣旨は、内閣の活動が阻害されることを防ぐことにある。

「訴追の権利は、害されない」とは、**公訴時効の進行が停止**し、国務大臣を**退職するとともに訴追可能となる**、という意味である。

【国務大臣の訴追の制約】

(4) 法律・政令への連署（74条）

法律及び政令には、すべて**主任の大臣の署名**と**内閣総理大臣の連署**が必要である。署名・連署は義務的で拒否することはできないが、署名・連署が欠けていても法律・政令の効力に影響はない。その趣旨は、法律及び政令の**執行**(政令の場合は制定も)**責任**を明らかにすることにある。

(5) その他

自衛隊に対する防衛出動や治安出動の命令など、法律により内閣総理大臣の権能とされるものがある。

6 内閣の権能と責任 ★★★

(1) 行政機関としての内閣の固有の権能 (73条)

① 法律の誠実な執行と国務の総理 (1号)

内閣は、**法律を誠実に執行**し、**国務を総理**する権能を有する。その趣旨として、法律の執行は、内閣の最も基本的な権能であり、国民を代表する国会が制定した法律を、内閣が誠実に執行することを義務付けた。

② 外交関係の処理・条約の締結 (2号、3号)

内閣は、**外交関係を処理**する権能を有する。外交関係とは、外交関係に関するすべての事務を含む。

内閣は、**条約を締結**する権能を有する。もっとも、**事前あるいは事後に国会の承認を経ることが必要**となる(本節❷項5(2)「条約締結の承認」参照)。

③ 官吏《かんり》に関する事務の掌理《しょうり》 (4号)

内閣は、法律の定める基準に従い、**官吏に関する事務を掌理**する。**官吏**とは、国の行政機関に勤務する国家公務員(行政部の国家公務員)を指し、国会議員や裁判所職員、地方公務員等は含まれない。

④ 予算作成権 (5号)

内閣は、**予算を作成して国会に提出する**権能を有する。もっとも、**予算の成立**には**国会の議決**を要する(本節❷項5(3)「財政の監督」参照)。

⑤ 政令制定権 (6号)

(ア) 政令の制定

内閣は、**憲法及び法律の規定を実施**するために、**政令を制定する**権能を有する(73条6号本文)。**行政機関が制定する法規範**を**命令**といい、その中で、内閣が制定するものを**政令**、各省大臣が制定するものを**省令**という。その趣旨は、**専門技術的な事項**に関する立法の必要性があることから、内閣に政令制定権を与えることにある。

【命令】

命令	執行命令	・法律を執行するための細目的事項について制定する
	委任命令	・法律の委任を受けた事項について制定する ・制定する内容は国民の権利義務にかかわる事項である

論点　政令を制定する際には、どの程度の委任を必要とするのか

〈結論〉　**執行命令は抽象的な委任（一般的な授権）で足りるが、委任命令は個別的具体的な委任が必要**となる（通説）。

〈理由〉　委任命令の場合には、白紙委任では、国会中心立法の原則に反することになるから、委任の範囲の限定が必要となる。

(イ) 政令と罰則

政令には、特にその**法律の委任がある場合**を除いては、**罰則を設ける**ことができない(73条6号但書)。

【政令と罰則】

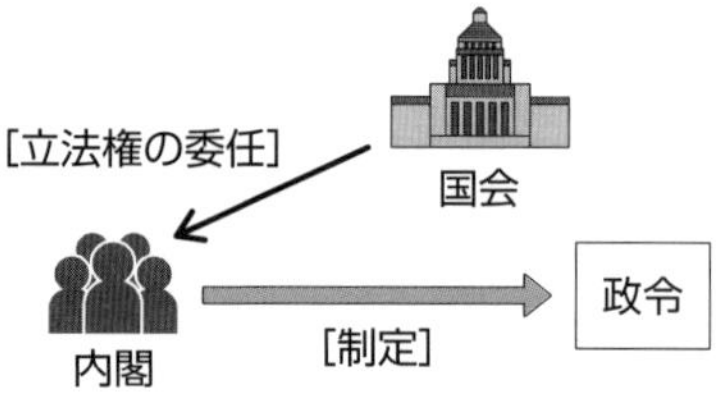

⑥ 恩赦の決定（7号）

内閣は、**恩赦**[4]（大赦、特赦、減刑、刑の執行の免除および復権）の**決定をする**権能を有する。恩赦の**認証**は**天皇の国事行為**である。恩赦の決定・執行に際して国会の承認は不要である。

4　**恩赦**とは、訴訟法上の正規の手続によらないで、公訴権を消滅させ、又は刑罰権の全部若しくは一部を消滅させる作用のことをいう。

(2) 他の機関との関係における内閣の権能

内閣は、他の機関との関係において、以下のような権能を有する。

天皇	天皇の国事行為への助言と承認（本章❷節❸項[2]「国事行為」参照）
国会	臨時会召集の決定（本節❷項[3]「国会の活動」参照） 衆議院の解散の決定（本節❸項[4]「衆議院の解散」参照） 参議院の緊急集会の求め（本節❷項[4]「参議院の緊急集会」参照）
裁判所	最高裁判所長官の指名権（本節❹項[3]「裁判所の組織と構成」参照） 最高裁判所長官以外の裁判官の任命権（同上参照）

(3) 内閣の意思決定の方法

① 閣議

内閣は、**内閣総理大臣が主宰**する**閣議**によって、**意思決定**を行う（内閣法４条１項）。閣議は、内閣法によって規定されており、憲法上の制度ではない。

② 閣議での意思決定の方法

定足数や表決等の議事に関しては、大日本帝国憲法時代からの**慣例による**（憲法にも内閣法にも明文根拠は全くない）。具体的には、①閣議の**議事は秘密（非公開）**とされる、②**議決は全員一致**による、③閣議と異なる意見をもつ国務大臣は、それを**外部に表明することは許されない**ことなどは、慣例によるものである。

なお、③の場合、これに反する国務大臣は自ら辞職するほかない。

(4) 憲法上の内閣の責任

① 国会に対する連帯責任

内閣は、行政権の行使について、**国会に対して連帯責任を負う**（66条３項）。この責任の法的性格は、責任の原因・内容が明らかにされていないことから、**政治的責任**と解されている。

② 単独の責任・個別的責任

66条３項は「内閣」が「国会」に対して連帯責任を負うとしているが、**各国務大臣の単独の責任**を追及することも妨げられず、また、**各議院が個別的に**内閣に対して責任を追及することを排除する趣旨ではない。

7 内閣の総辞職 ★★★

(1) 総辞職が義務付けられる場合

内閣の総辞職が義務付けられる場合として、以下の3つが規定されている。

【内閣総辞職が義務付けられる場合】

① 衆議院の内閣不信任決議案が可決され、又は内閣信任決議案が否決された場合において、**10日以内に衆議院が解散されない**とき(69条)

② 内閣総理大臣が欠けたとき(70条前段)
(例) **死亡**、辞職、**国会議員の地位を失った**(除名又は資格喪失)

③ 衆議院議員総選挙の後に初めて国会の召集があったとき(70条後段)

(2) 総辞職後の内閣

内閣は、総辞職後も行政の空白をつくらないよう、**新たに内閣総理大臣が任命されるまで**引き続き職務を行う(71条)。

4 裁判所

1 司法権(76条1項) ★★★

(1) 司法権の意義

司法権とは、**具体的争訟(法律上の争訟)**につき、**法を適用して解決する国家作用**をいう。具体的事件を扱うという点で立法権とは異なり、紛争の事後的解決を本質とする点で行政権と異なる。

【法律上の争訟(事件性の要件)に該当するための要件】

❶具体的事件性	**当事者間の具体的な権利義務又は法律関係の存否に関する争い(具体的事件)**であること →具体的事件性がないと、裁判所の審査権が及ばない
❷終局的解決可能性	**法を適用することにより終局的に解決することができるもの**であること →終局的解決可能性がないと、裁判所の審査権が及ばない

① 具体的事件性がない場合

判例　警察予備隊違憲訴訟

〈**事案**〉　国会議員Ａが、警察予備隊（自衛隊の前身）は戦力の不保持を定めた憲法9条に違反すると主張して、警察予備隊の設置・維持に関する国の一切の行為が無効であることの確認を求める訴えを提起した。

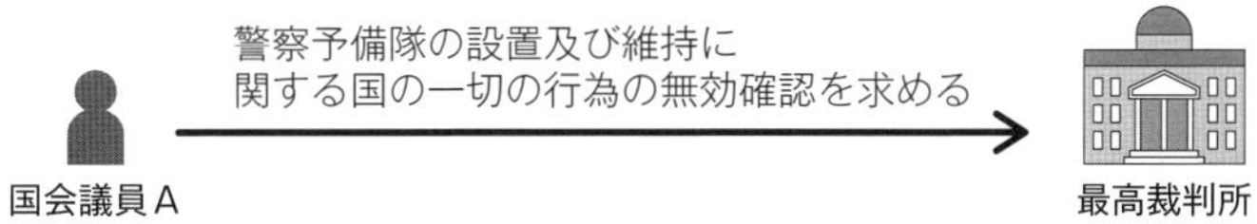

〈**要約**〉　裁判所は、**具体的な争訟事件が提起されないのに**、将来を予想して、憲法及びその他の法律命令等の解釈に対し存在する疑義論争に関し、**抽象的な判断を下す権限を行い得るものではない**。

② 終局的解決可能性がない場合

判例　板まんだら事件

〈**事案**〉　宗教団体Ｓの元会員Ａが、❶宗教施設の建立のために寄付をしたが、❷そこに安置すべき本尊（板まんだら）が偽物であるとして、❸Ｓに対し、寄付金の返還を求める訴えを提起した。

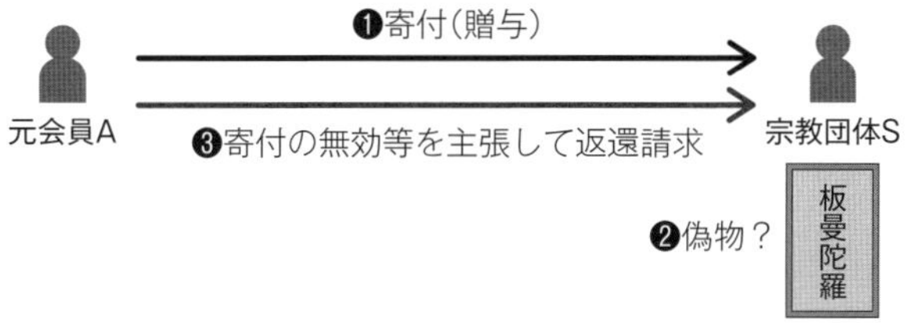

〈**要約**〉　本件訴訟は、ＳとＡとの間での寄付金の争いであり、具体的な権利義務ないし法律関係に関する紛争である（具体的事件性あり）。

しかし、信仰の対象の価値又は宗教上の教義に関する判断（本尊の真偽の判断）が、**本件訴訟の帰趨を左右する必要不可欠**のものと認められ、また、本件訴訟の争点や当事者の主張立証も当該判断に関するものが**その核心**となっている。

したがって、本件訴訟は、その**実質において法令の適用による終局的な解決の不可能なもの**であって（終局的解決可能性なし）、**法律上の争訟にあたらない**。

(2) 司法権の範囲

大日本帝国憲法下では、**民事事件と刑事事件は通常裁判所(司法権)が担当**し、**行政事件**は、通常裁判所とは別機関の**行政裁判所(行政権)が担当**していた。しかし、行政権が自ら裁判を行うというのでは、裁判の中立性を保つことができない。

そこで、現憲法下では、**民事事件・刑事事件**のみならず、**行政事件**も**最高裁判所を頂点とする通常裁判所が担当**している。

【司法権の範囲】

大日本帝国憲法	民事事件・刑事事件
日本国憲法	民事事件・刑事事件・行政事件

(3) 司法権の限界

司法権の限界とは、**法律上の争訟には該当するが、事柄の性質上、裁判所が審査することが適切ではないと考えられる場合**のことをいう。憲法が明文で裁判所以外の機関に裁判権限を認めているとされる**明文上の限界**と、憲法に規定はないが性質上司法審査に適さないとされる**解釈上の限界**に分かれる。

【司法権の意義と限界の関係】

法律上の争訟に当たるか 【司法権の意義】
- 当たらない(裁判不可)
- 当たる ⇒ 裁判に適しているか 【司法権の限界】
  - 適する(裁判可)
  - 適さない ⇒ 根拠は憲法の条文にあるか
    - ある(明文上の限界)
    - ない(解釈上の限界)

① 明文上の限界

1)**議員の資格争訟の裁判**(所属議院による裁判)と、2)**裁判官に対する弾劾裁判**(国会が設置する弾劾裁判所による裁判)がある。それぞれの機関の判断を尊重すべきだからである。

② 解釈上の限界

解釈上の限界には、議院の自律権に属する行為、自由裁量行為、統治行為、団体の内部事項に関する行為(部分社会の法理)がある。

(ア) 議院の自律権に属する行為

議院の自律権とは、国会の各議院が、議事手続、議員の懲罰などの**内部事項**について、**他の機関に干渉されず自主的に決定することができる権能**をいう。

議院の自主性を尊重するため、裁判所は、法律の制定の議事手続に関する事実を審理して、その有効無効を判断すべきではないとした判例がある(警察法改正無効事件)。

(イ) 自由裁量行為

自由裁量行為とは、**政治部門**(国会、内閣の行政機関)の**自由裁量に委ねられている行為**をいう。生存権実現のための立法(国会の自由裁量行為、堀木訴訟参照)、生活保護の受給条件の決定(厚生大臣の自由裁量行為、朝日訴訟参照)はこれに当たる。

自由裁量行為については、**裁量権の範囲を逸脱・濫用**した場合を除き、裁判所の審査権は及ばない。

(ウ) 統治行為

統治行為とは、**直接国家統治の基本に関する高度に政治性のある国家行為**のことをいう。**衆議院の解散**や**日米安全保障条約**は統治行為に当たる(判例)。

衆議院の解散について、訴訟の前提問題としても、**裁判所の審査権の外**にあるとした判例がある(苫米地事件)。

日米安全保障条約について、**一見極めて明白に違憲無効であると認められない限りは、裁判所の審査権の範囲外**であるとした判例がある(砂川事件)。

(エ) 団体の内部事項に関する行為 (部分社会の法理)

団体の内部事項に関する行為とは、**自律的な法規範を有する団体**(**部分社会**)**で生じた純粋な内部事項の紛争**(内部紛争)に対して、裁判所の審査権を**及ぼすべきではない**という考え方をいう。

単位認定行為のような大学の内部の紛争については、一般市民法秩序と直接の関係を有することを肯認するに足りる**特殊な事情のない限り、司法審査の対象とならない**(判例)。

2 司法権の独立 ★★★

司法権の独立とは、**裁判に対する諸々の圧力や干渉を排除すること**をいう。司法権の独立には、①**司法権が立法権・行政権から独立**していること(**司法府の独立**)と、②**裁判官が裁判をするに際して独立して職権を行使**すること(**裁判官の職権行使の独立**)、という2つの意味がある。

公正な裁判を実現するためには、裁判所が国会・内閣などのほかの機関からの圧力を受けないことが必要である(司法府の独立)。また、裁判を担当する個々の裁判官も、他の国家機関からはもちろん、**裁判所内部からの圧力をも受けない**ことが必要なためである(裁判官の職権行使の独立)。

【司法権の独立】

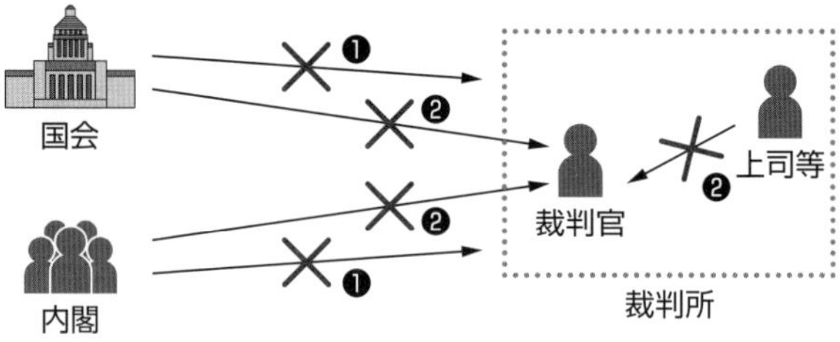

❶司法府の独立　❷裁判官の職権の独立

［大津事件］
大津事件とは、訪日中のロシア皇太子が、滋賀県の大津で、警官 A に刺され重傷を負った事件である。政府は、ロシアへの配慮から A を死刑にするよう大審院（現在の最高裁判所）に働きかけたが、大審院はこれに抵抗し、A を無期刑とする判決を下した。大日本帝国憲法下で司法権の独立が脅かされた実例である。

(1) 裁判官の職権行使の独立(76条3項)

裁判官の職権行使の独立とは、**全ての裁判官が、自らの良心に従い独立して職権を行使し、憲法及び法律にのみ拘束されること**をいう。

①「良心」の意味

「良心」とは、**裁判官としての客観的良心**(裁判官としての職業倫理)を意味する。裁判官個人の主観的良心(思想・良心の自由における良心)ではない。

②「独立して」の意味

「独立して」とは、裁判するに際して、**裁判官が外部**(**司法府内の上司なども含む**)**から指示・命令を受けない**ことを意味する。また、裁判官が外部から事実上重大な影響を受けないことも含まれる。

③「法律」の意味

法律（国会が制定する法規範）だけでなく、政令、府省令、条例、慣習法などのあらゆる法規範が**含まれる**。

（2）裁判官の身分保障

第78条【罷免事由の制限、行政機関による懲戒処分の禁止】

裁判官は、**裁判**により、**心身の故障**のために**職務を執ることができない**と**決定**された場合を除いては、**公の弾劾**によらなければ**罷免されない**。裁判官の**懲戒処分**は、**行政機関**がこれを行ふことはできない。

上記（1）の裁判官の職権行使の独立を確保するため、裁判官に対する下記のような身分保障制度がある。

① 懲戒処分の主体の限定（78条後段）

行政機関（明文はないが**立法機関**も含む）が裁判官の**懲戒処分**[5]**を行うことは禁止**される。したがって、裁判官に対する懲戒処分は、裁判所内部での**分限裁判**[6]でしか科すことができない。また、裁判官に対する懲戒処分は**戒告**・**過料**のみとなっている。

② 裁判官の罷免事由の限定

（ア）裁判官の罷免事由（78条前段）

裁判官は下記以外の事由で罷免されることはない。

【裁判官の罷免事由の限定】

① 回復困難な**心身の故障**のため職務執行不能と裁判される**分限裁判**

② **公の弾劾**（国会が設置する**弾劾裁判所**による裁判。罷免事由は、職務上の義務違反、職務怠慢、非行のいずれか）

③ **最高裁判所裁判官**に対しては（上記①、②のほか）**国民審査**

（イ）最高裁判所裁判官の国民審査（79条２項）

国民審査とは、**国民が直接投票**することで**最高裁判所の裁判官を解職**する制度（リコール制）である（判例）。最高裁判所裁判官は、**任命後初めて**行われる**衆議院議員総選挙**で国民審査に付され、その後**10年を経過後**に初めて行われる**衆議院議員**

---

5 **懲戒処分**とは、組織内の紀律維持のために義務違反者に科す制裁である。裁判官の**懲戒処分**に、**罷免は含まれない**。

6 **分限裁判**とは、裁判官の**懲戒**と**罷免**を決定するために開かれる裁判である。

総選挙で、さらに審査に付される。

国民審査は、投票用紙に記載された裁判官の氏名の上に、罷免を可とする者には×と記入し、罷免を可としない者には無記入で、投票する方式である。そして、投票者の過半数が罷免を可とした場合に、その裁判官は罷免される(79条3項)。なお、今まで国民審査によって罷免された裁判官は存在しない(2022年現在)。

③ 裁判官の報酬

裁判官は、**定期に相当額の報酬**を受ける。さらに、この報酬は、**在任中減額できない旨、憲法で明記**されている(79条6項、80条2項)。

3 裁判所の組織と構成 ★★★

(1) 裁判所の組織

76条1項は、裁判所は**最高裁判所**と**下級裁判所**で構成され、**下級裁判所の設置については法律事項**である旨を規定している。これを受けた裁判所法(2条1項)は、**高等裁判所、地方裁判所、家庭裁判所、簡易裁判所**の4つが下級裁判所であると規定している。

【裁判官の任命手続・任期・定年の比較】

<table>
<tr><th>裁判官</th><th>任命手続</th><th>任期</th><th>定年</th></tr>
<tr><td>最高裁判所の裁判官</td><td>長官(1名)
→内閣の指名に基づき天皇が任命
長官以外の裁判官(14名)
→内閣が任命し天皇が認証</td><td>なし</td><td rowspan="2">定年で退官する</td></tr>
<tr><td>下級裁判所の裁判官</td><td>最高裁判所の指名した者の名簿によって内閣が任命</td><td>10年
再任可能</td></tr>
</table>

※ 再任は任命・指名権者の自由裁量であり、再任されないこともある。

(2) 特別裁判所の設置禁止 (76条2項前段)

特別裁判所とは、特定の身分、事件などに関して、最高裁判所を頂点とする**通常裁判所の系列の外に独立して設置される裁判所**をいい、憲法は特別裁判所の設置を**禁止している**。かつて大日本帝国憲法下で存在していた**皇室裁判所**や**行政裁判所**がこれに当たる。その趣旨は、このような特別裁判所は、憲法が公平な司法権の裁判所で裁判を受ける権利を保障していることと反するためである。

① 憲法が認める特別裁判所

資格争訟裁判と**弾劾裁判所**は、**例外として憲法が明文をもって認めている特別裁判所**である。したがって、これらの裁判は終審であり、その裁判に不服があっても、**通常裁判所に上訴することはできない**と一般に解されている。

② 家庭裁判所

家事事件や少年事件の審判を扱う**家庭裁判所**のように特別の人又は事件を扱う裁判所は、**通常裁判所の系列に属している限り**、**特別裁判所には該当しない**(判例)。

(3) 行政機関による終審裁判の禁止(76条2項後段)

行政機関は終審として**裁判をすることができない**。

もっとも、専門技術的な紛争については、行政機関の判断が有益な場合があるため、**行政機関も前審としてならば裁判をすることが可能**である。例えば、海難事故における国土交通省の海難審判所による審判などがある。

(4) 最高裁判所の規則制定権(77条)

最高裁判所の規則制定権とは、**①訴訟に関する手続**、**②弁護士**、**③裁判所の内部規律**、**④司法事務処理**に関する事項について、最高裁判所が**独自に規則を制定することができる権限**をいう。最高裁判所が立法権を行使するものであり、**国会中心立法の例外に当たる**。その趣旨は、裁判所の自律性を確保するとともに、専門的判断を重視するためにある。

裁判所規則で定めるべき事項は、**法律でも定めることができる**(判例)が、両者で矛盾した場合は、国民の意思が反映されている**法律が優先する**(通説)。

また、最高裁判所は、下級裁判所に関する規則を定める権限を、**下級裁判所に委任**することができる(77条3項)。

4 裁判の公開(82条) ★★★

裁判の公開とは、裁判の**対審**[7]や**判決**[8]**が公開された法廷において行われる**ことをいう。その趣旨は、裁判を一般に公開して**公正・中立な裁判を実現**するとともに、裁判に対する**国民の信頼を確保**するためにある。

---

7 **対審**とは、当事者が裁判官の面前で口頭による主張を行う手続をいう。

8 **判決**とは、裁判所がその判断を当事者に言い渡す手続をいう。

［原則］　裁判の対審及び判決は、公開法廷でこれを行う（公開）。

［例外］　**裁判官全員の一致**で、**公の秩序又は善良の風俗を害するおそれがあると判断**した場合は、**対審のみ非公開**とすることができる（**判決は常に公開**しなければならない）。この場合は、対審を公開すると国民の利益が害されるからである。

［さらに例外］　政治犯罪、出版に関する犯罪、憲法第３章で保障する国民の権利が問題となっている事件は、裁判公開の形骸化を防ぐため、**対審も常に公開**しなければならない。

判例　**レペタ訴訟――法廷でのメモ採取**

〈事案〉　アメリカ人弁護士が、裁判傍聴の際、メモ採取の許可を裁判所に求めたが、裁判所はこれを拒否した。

〈要約〉　裁判の公開は制度的保障であり、憲法82条1項の規定は、国民に**傍聴の権利を認めているわけではない**し、**法廷でメモを取る権利を保障しているわけでもない**。しかし、法廷で傍聴人がメモを取ることは、その見聞する裁判を認識記憶するためにされるものである限り、**憲法21条1項の精神に照らし尊重に値し、故なく妨げられてはならない。**

5　違憲審査制度（81条）　★★★

第81条【法令審査権と最高裁判所】

最高裁判所は、一切の法律、命令、規則又は処分が憲法に適合するかしないかを決定する権限を有する**終審裁判所**である。

（1）意義

違憲審査制度とは、**裁判所が法律、命令、規則、処分などの国家行為の憲法適合性を審査し、憲法に反する（違憲）と判断したものを無効とする制度**である。その趣旨は、憲法の**最高法規性**（98条1項）を担保し、**国民の憲法上の権利の保障及び憲法規範の一般的保障**（憲法秩序の維持）を行うためである。また、権力分立の観点から**立法府・行政府の統制・監視**を行うことにある。

①主体

81条は、最高裁判所が違憲審査の「**終審裁判所**」（最終判断をする裁判所）と規定していることから、違憲審査の主体は、最高裁判所のみならず**下級裁判所も含まれる**（判例）。

② 対象

(ア) 裁判、条例

81条は、違憲審査の対象を「一切の法律、命令、規則又は処分」と規定しているが、**裁判や条例も違憲審査の対象に含まれる**(通説)。

(イ) 条約

通説は、憲法が条約より優位にあるとして、**条約も違憲審査の対象となる**とする。判例は、日米安全保障条約に関して、違憲審査の可能性を認めているが、**条約一般が違憲審査の対象となるか否かの判断は示していない**。

(2) 法的性質

違憲審査制には、ヨーロッパ大陸の一部で採用されている**抽象的違憲審査制**と、アメリカで採用されている**付随的違憲審査制**がある。

【抽象的違憲審査制と付随的違憲審査制】

	抽象的違憲審査制 (ヨーロッパ大陸型)	付随的違憲審査制 (アメリカ型)
意義	**特別に設置された憲法裁判所**(憲法判断を行うために設置を認められた裁判所)が、**具体的事件を離れて一般的・抽象的**に法令の違憲審査を行う	**通常裁判所**が、具体的な争訟を裁判する際に、その前提として**具体的事件を解決するのに必要な限度**において、適用する法令の違憲審査を行う
要件	法律上の争訟は**不要**	法律上の争訟が**必要**

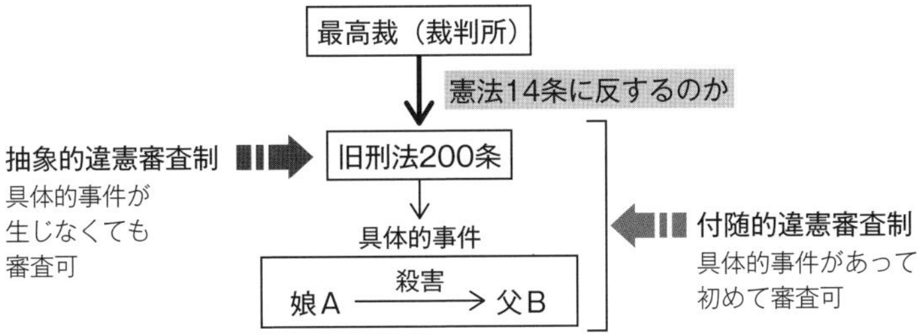

日本国憲法は、付随的違憲審査制を採用している(判例・通説)。その根拠としては、①違憲審査制がアメリカの判例法理の影響を受けて設けられた、②81条が「第6章　司法」の章にあることから、違憲審査権は司法権の作用(具体的事件を法の適用によって解決する国家作用)に付随するものとして設けられたといえることなどが挙げられる。

判例　警察予備隊違憲訴訟（事案は本節❹項1（1）①「具体的事件性がない場合」参照）

〈要約〉　最高裁判所は法律命令等に関し違憲審査権を有するが、この権限は**司法権の範囲内において行使される**ものであり、**具体的事件を離れて抽象的に法律命令等の合憲性を判断する権限を有するものではない。**

（3）違憲判決の方法、効力

① 方法

違憲判決の方法として、争われた**法令それ自体を違憲であると判断**する方法である**法令違憲判決**と、法令自体を違憲とはせず、**当該事件における法令の具体的な適用を違憲であると判断**する方法である**適用違憲判決**が挙げられる。

② 効力

法令違憲判決の場合、その効力がどの程度の範囲にまで及ぶのかについて、**個別的効力説**（通説）と**一般的効力説**の対立がある。

論点　法令違憲判決の効力

〈A説〉　**個別的効力説（通説）**

①　違憲と判断された法令は、**当該事件、当事者との関係においてのみ無効**となる（社会一般では引き続き有効）。

②　違憲とされた法令を一般的に無効とするには、制定機関（法律の場合は国会）による**廃止の手続が必要**となる。

［批判］　同じ法令が、当該事件以外の事件については違憲無効でないことになって、法的安定性・予見性を著しく欠き、**不公平を生じさせる。**

［反論］　法令違憲判決が出された場合に、①国会は速やかにその法律を改廃する措置を取り、②内閣（行政）はその法律の執行を控える措置を取ることを**憲法が期待している。**

〈B説〉　**一般的効力説**

①　**社会一般にとって無効**となる。

②　制定機関による**廃止の手続を経ずに、法令の効力は失われる。**

［批判］　違憲とされた法令を一般的に無効とするのは**消極的立法作用**であり、**国会が唯一の立法機関であること**（41条）**に違反**する。

※ これまで違憲判決が出た法律については、行政はその執行を控え、国会が自主的に当該法律を改廃してきた。

6 裁判員制度 ★★★

裁判員制度は、**18歳以上の国民(衆議院議員の選挙権を有する者)**の中から無作為抽出を経て選任された裁判員が、**裁判官とともに刑事裁判を行う制度**である。民事事件や行政事件では**実施されない**。司法に対する**国民の理解増進**とその**信頼向上を目的**として、2009年に施行された「裁判員の参加する刑事裁判に関する法律」に基づき開始された。

裁判員制度は陪審制度とは異なる。**陪審制度**とは、**被告人の有罪又は無罪の判断**を国民から選ばれた**陪審員のみで行い**、**法解釈と量刑を職業裁判官**のみで行う制度である。大正12年の陪審法により陪審手続が導入されたものの、あまり活用されないので、昭和18年に停止されて今日に至っている。

(1) 対象事件

裁判員制度が適用されるのは、**地方裁判所**で**第一審**として行われる**刑事訴訟**のうち、死刑、無期懲役に当たる罪に関する事件などの**一定の重大な犯罪事件**に限られる。

(2) 合議体の構成

裁判を行う合議体は、原則として、**裁判官3人**と**裁判員6人**とで構成され、裁判官のうち1人を裁判長とする。

(3) 裁判員の権限

事実の認定(被告人の有罪・無罪の判断)、法令の適用、**刑の量定**は、**裁判官及び裁判員の合議**によって行う。これに対して、法令の解釈に係る判断、訴訟手続に関する判断は**裁判官の専権**であり、裁判員の権限ではない。

なお、裁判員は、裁判長に告げて、証人に対する尋問や被告人に対する質問をすることもできる。

(4) 合議体の評決

合議体の評決は、**裁判官及び裁判員の双方の意見を含む過半数の意見**による。**被告人に不利な判断**(有罪・無罪の評決においては**有罪の判断**)は、**裁判官1人以上が多数意見に賛同**していることが必要となる(裁判員だけではできない)。

(5) 裁判員の職務に就くことができない者

国会議員、都道府県知事、市町村長(特別区長を含む)、裁判官(裁判官であった者を含む）、検察官（検察官であった者を含む）、弁護士（弁護士であった者を含む）、自衛官、事件関係者（被告人または被害者の親族など）などがこれに当たる。

（6）辞退事由

70歳以上の者、会期中の地方公共団体の議会の議員、過去5年以内に裁判員または補充裁判員の職にあった者、重い疾病または傷害で出頭困難な者、同居親族の介護・養育の必要がある者、その他さまざまな辞退事由が認められている。

（7）義務、罰則

裁判員には**守秘義務**が課せられており、**評議の秘密その他の職務上知り得た秘密を漏らした**ときは、**刑罰の対象**（6か月以下の懲役または50万円以下の罰金）となる。

また、裁判員が審理・判決の公判期日に正当理由なく出頭しないときは、10万円以下の過料に処せられる。

（8）裁判員制度の合憲性

裁判員制度が特別裁判所に該当する、裁判官の職権行使の独立に違反するのではないかが争われたが、最高裁は、**裁判員制度は合憲**であると判示している。

7　検察審査会　★★★

（1）意義、目的

検察審査会とは、**18歳以上の国民（衆議院議員の選挙権を有する者）**の中から無作為抽出を経て選任された11人の**検察審査員**が、**検察官の不起訴処分が適正か否かの審査を行う制度**である。検察審査会は地方裁判所の所在地と主な地方裁判所支部の所在地に配置されている。

刑事訴訟（公訴）の提起は、国（公益）を代表して検察官が行うため、**検察官が不起訴処分をすると刑事裁判は開始されず、被疑者は処罰をされないままとなる**。そこで、検察官が起訴すべき事件を起訴しないという事態が起こり得ることから、検察官の公訴権行使に民意を反映させ、その適正を図ることを目的として設けられたのが検察審査会である。

（2）審査の開始と決議

不起訴処分を不服とする者の申立てにより審査が開始される。審査の結果、検察審査会が起訴すべき事件だと認めた場合（**起訴相当決議**）には、検察官に再度の捜査、起訴の検討をする**義務が生じる**。

(3) 起訴相当決議が出された事件を検察官が再び不起訴とした場合

起訴相当決議が出された事件を検察官が再び不起訴とした場合において、検察審査会が再度の審査を行い、８人以上が起訴に賛成することにより**起訴すべきとする議決**（**起訴議決**）がされたときに、**強制起訴**が行われる。**強制起訴**とは、**裁判所が指定した弁護士が検察官となり、刑事訴訟を提起**することをいう。

8 法テラス ★☆☆

法テラス（日本司法支援センター）とは、弁護士、司法書士、その他の**隣接法律専門職者のサービスをより身近に受けられるようにするための総合的な支援を使命**とする独立行政法人に準じた組織である。

法による紛争解決の利用をより容易にする等の目的で、総合法律支援法が制定され、同法に基づき2006年に設置された。

民事・刑事を問わず、全国あまねく法の紛争解決に必要な情報サービスの提供を受けられる社会を目指して活動している。主な業務内容については、以下のとおりである。

【法テラスの主な業務】
- 情報提供業務（電話窓口などによる情報やサービスの提供）
- 民事法律扶助業務（法律相談、裁判費用の立替など）
- 国選弁護等関連業務（刑事事件の国選弁護人の指名など）
- 犯罪被害者支援業務（支援窓口の案内など）
- 司法過疎対策業務（地域事務所の設置とスタッフ弁護士の常駐）

9 再審制度 ★★☆

再審制度とは、いったん**判決が確定した後**、その**判決の結果を変更すべき重大な事由が新たに発覚**した等の場合に、**再審理を行う制度**である。

民事訴訟、刑事訴訟、行政事件訴訟のいずれにも存在するが、刑事訴訟においては、**被告人に有利となる場合**にしか認められない。したがって、有罪の確定判決に対する再審は認められるが、**無罪の確定判決に対する再審は認められない**。

再審によって死刑の確定判決が無罪とされた事案などがある。

10 被害者参加制度 ★★★

被害者参加制度とは、**刑事訴訟**において、**犯罪被害者**(**被害者が死亡又は心身に重大な故障のある場合は、配偶者等の一定範囲の親族を含む**)が、裁判所の許可のもと、**公判期日に参加**し、一定の要件を満たしている場合には、**証人に対する尋問**や**被告人に対する質問**をすることができる制度である。

司法も、犯罪によって発生した社会生活面での破壊等を修復する機能を果たすべきであるとする(修復的司法)観点から、**犯罪被害者の保護・支援を目的**として2008年に設けられた。

5 地方自治

1 地方自治の意義 ★★★

(1) 総説

明治憲法下では、地方自治制度は憲法に規定されず(法律で定められていた)、知事は政府から任命されるなど地方自治は脆弱であった。しかし、現憲法では「地方自治」の章(第８章)が設けられ、地方自治は憲法上の制度として明記されるに至った。

地方自治とは、地方における政治・行政を地域の**住民の意思に基づき**、国から**独立した団体が**その権限と責任において**自主的に処理**することをいう。

(2) 地方自治の本旨

地方公共団体の組織及び運営に関する事項は、**地方自治の本旨**に基づいて、法律によって定める(92条)。地方自治の本旨(地方自治の趣旨)は、以下の**住民自治**と**団体自治**の二つの要素を内容とする。

【地方自治の本旨】

住民自治	地方の政治・行政が、その地域の**住民の意思に基づいて**自主的に行われること(民主主義の要請) [具体化] 地方公共団体の長及び地方議会議員の直接選挙(93条2項)、地方(自治)特別法の住民投票(95条)
団体自治	地方の政治・行政が、国から独立した**団体が自らの権限と責任の下で**行われること(自由主義の要請) [具体化] 地方議会の設置(93条1項)、財産管理権、事務処理権、行政執行権、条例制定権(94条)

【住民自治と団体自治のイメージ】

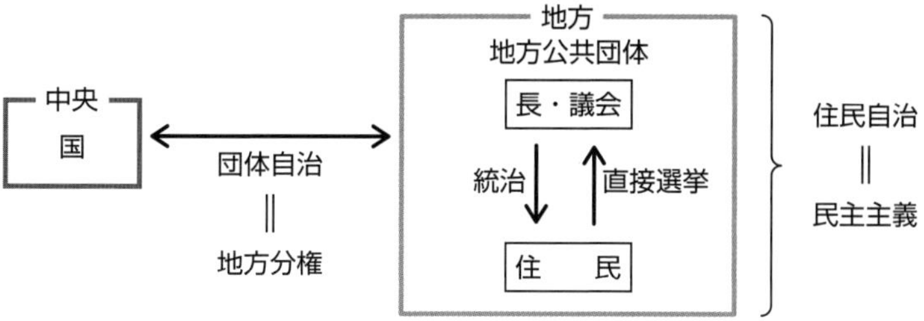

2 地方公共団体の組織・事務 ★★★

(1) 地方公共団体の組織

憲法には、「地方公共団体」の意義は**明記されていない**が、憲法上の地方公共団体とは、**普通地方公共団体**を指す。

【地方公共団体の種類】

普通地方公共団体	都道府県：広域行政を行う 例）道路・河川管理、学校・図書館等の設置・管理等 市町村：基礎的行政を行う 例）水道、清掃、消防等
特別地方公共団体	特別区（東京23区）：憲法上の地方公共団体ではない 地方公共団体の組合（清掃組合・消防組合） 財産区（温泉、墓地、ため池）

(2) 地方公共団体の機関

普通地方公共団体には、**長と議会**が置かれる。両者とも**住民による直接選挙**で選ばれるため(93条２項)、**二元的代表性**といわれる。

【二元的代表性】

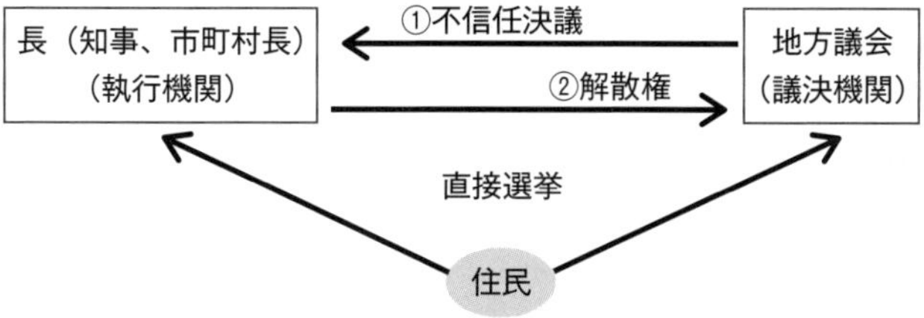

① **議会の不信任決議権と長の解散権**（地方自治法178条）

議会は長に対する不信任決議権を有し、長は不信任決議を受けた場合、議会を解散させることができる。

② **町村総会**（地方自治法94条）

市区町村は、議会に代えて選挙権を有する者の総会を設けることができる(**町村総会**)。過去に２例ほど町村総会の設置例がある。

(3) 地方公共団体の事務

地方公共団体の事務は、**機関委任事務**[9]**の全廃**に伴い、**自治事務**と**法定受託事務**に再編された(地方自治法２条８項、９項)。

【地方公共団体の事務】

自治事務	地方公共団体が処理する事務のうち**法定受託事務以外のもの** 例）都市計画の決定、公共施設の管理、国民健康保険、介護保険、児童福祉、高齢者福祉、障害者福祉等
法定受託事務	**国が果たすべき役割にかかる事務**であるが、法令により都道府県・市町村・特別区が処理する事務とされたもの 例）戸籍事務、国政選挙、生活保護にかかる事務等

※ 法定受託事務には、都道府県が果たすべき役割にかかる事務であるが、法令により市町村・特別区が処理する事務とされたものもある。

3 条例 ★★★

(1) 条例とは

条例とは、地方公共団体がその**自治権に基づいて制定する自主法**をいう。その趣旨は、地域的特殊性に応じた個別の規制を行うことにある。

地方公共団体は、**法律の範囲内で**条例を制定することができる(94条)。

【条例の種類】

条例(狭義)	地方議会が制定する自主法
規則(広義)	長、委員会(ex.公安委員会)が制定する自主法

---

9 **機関委任事務**とは、国の事務であるが、地方公共団体の長などに委任された事務であり、地方公共団体の長などは、国の下級官庁としての地位で事務処理を行っていた(2000年に廃止)。

(2) 条例による規制の可否

憲法は、財産権の制限(29条2項)、罰則(31条)、課税(84条)について「法律」で定めるとしていることから、条例により規制することができるのかが問題となる。

① 条例と財産権

条例で財産権を規制することは可能である。なぜなら、条例も法律同様の民主的基盤があるからである(通説)。

② 条例と罰則

条例に罰則の規定を設けることは可能であるが、法律により**相当程度に具体的で限定された委任が必要**となる(判例)。

地方自治法は、条例中に、2年以下の懲役若しくは禁錮、100万円以下の罰金、拘留、科料若しくは没収の刑又は5万円以下の過料を科する旨の規定を設けることができるとしている(地方自治法14条3項)。

③ 条例と課税

条例で課税をすることは可能である。なぜなら、憲法84条の法律には、条例も含まれるからである(通説)。

(3) 条例の限界

条例はあくまで「**法律の範囲内**」でのみ制定することができる(94条)。

① 条例が「法律の範囲内」かどうかの判断基準

「法律の範囲内」かどうかは、法律と条例の文言を対比する(=形式的に比べる)だけではなく、それぞれの**趣旨**、**目的**、**内容及び効果を比較**(=実質的に比べる)し、両者間に矛盾抵触があるかどうかにより判断する(判例)。

② 上乗せ条例や横出し条例の可否

法律と条例との間に、趣旨、目的、内容及び効果において矛盾が生じなければ、**法律よりも厳しい規制**(**上乗せ条例**)や**法律が規制していない事項の規制**(**横出し条例**)も認められる場合がある。

4 地方自治法上の直接請求権 ★★☆

地方自治法では、住民自治の観点から、長・議員の選挙権を有する住民による直接請求権が規定されている。具体的には、①条例の制定・改廃請求、②議会の解散請求、③議員・長の解職請求、④事務の監査請求がある。要件等の詳細は、第2章4節3項「地方自治」で扱う。

5 地方（自治）特別法に対する住民投票 ★★☆

（1）総説

地方(自治)特別法とは、**特定の地方公共団体にのみ適用される法律**であるが、その制定には、当該地方公共団体の**住民の過半数の同意を必要**とするものである(95条)。例)広島平和記念都市建設法等が制定されている。

その趣旨は、法律の適用範囲が特定の地方公共団体に限定されることから、地方自治権侵害の危険性を防止するため、住民投票で過半数の同意を必要とすることにある。

（2）制定要件

国会での議決後に、その**地方公共団体の住民投票で過半数の同意**が得られて初めて成立する。これは、**国会単独立法の原則の例外**である。

6 憲法改正

1 総説 ★★★

第96条【憲法改正の発議・国民投票、憲法改正の公布】

① この憲法の改正は、各議院の総議員の3分の2以上の賛成で、国会が、これを発議し、国民に提案してその承認を経なければならない。この承認には、特別の国民投票又は国会の定める選挙の際行はれる投票において、その過半数の賛成を必要とする。

② 憲法改正について前項の承認を経たときは、天皇は、国民の名で、この憲法と一体を成すものとして、直ちにこれを公布する。

憲法改正とは、憲法所定の手続に従い、個別の条項の修正、削除、追加や新しい条項の増補などによって、**憲法の内容に変更を加えること**をいう。

憲法は、改正手続を定めつつも、最高法規として高度の安定性を図るため、改正手続の要件を**法律よりも厳格**にしている(**硬性憲法**[10])。なお、憲法は、制定後、まだ一度も改正されたことがない。

2 憲法改正の手続 ★★★

【憲法改正の手続】

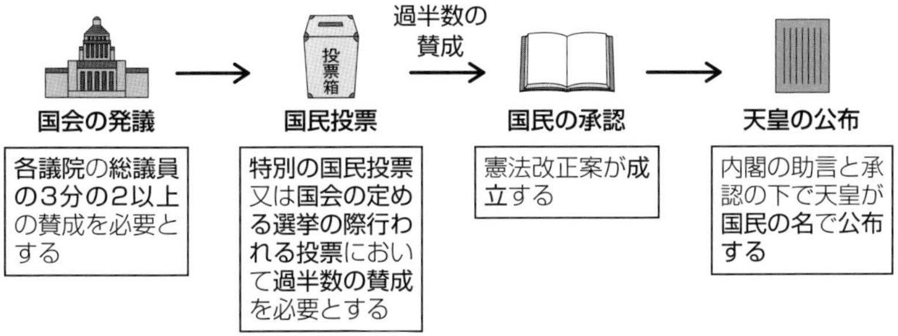

(1) 国会の発議

国会の発議とは、国民投票にかける**憲法改正案が国会で議決**されることをいう。

① 憲法の改正案の原案

憲法の改正案の原案(憲法改正原案)は、衆議院及び参議院の**議員がそれぞれ一定数の賛成を得て発議**できる(国会法68条の2)他に、両院の**憲法審査会**[11]**も発議**することができる(国会法102条の7)。

② 議決要件

各議院(衆議院及び参議院)の**総議員の3分の2以上**の賛成を必要とする。衆議院の優越の規定はない。

(2) 国民投票

国民投票とは、**特別の国民投票**又は**国会の定める選挙**(**衆議院議員の総選挙**又は**参議院議員の通常選挙**)**の際に行われる投票**のことをいう。

特別の国民投票とは、「日本国憲法の改正手続に関する法律」(国民投票法)による投票のことをいう。

---

10 改正手続の要件が**法律のそれと共通**する憲法のことを**軟性憲法**という。

11 **憲法審査会**とは、憲法の改正案の原案、憲法に係る改正の発議又は国民投票に関する法律案等を審査するため、各議院に設置されている。

投票権者は、18歳以上の日本国民である(国民投票法3条)。

(3) 国民の承認

国民投票において、**過半数の賛成**があると、**国民の承認を経た**とされ、憲法改正が成立する。

「過半数」とは、賛成票が、**賛成票と反対票の合計数(有効投票総数)の2分の1を超える**こととされている(国民投票法126条1項)。

(4) 天皇の公布

国民投票で承認された憲法改正は、**天皇が国民の名**で、この**憲法と一体を成す**ものとして、直ちに**公布**[12]する(96条2項)。憲法改正の公布は、**天皇の国事行為**に当たるので(7条1号)、**内閣の助言と承認**に基づいて行われる(3条)。

「国民の名」とすることで、憲法改正権が国民にあることを明確にし、「この憲法と一体を成すもの」とすることで、憲法改正が憲法の一部であることを確認している。

3 憲法改正の限界

★★★

憲法改正手続によって、憲法の規定をどのような内容にでも改変できるかどうか(憲法改正の限界)について、憲法は何も規定していない。

憲法改正には法的な限界があり、**基本原理**(国民主権、平和主義、基本的人権の尊重)の**変更は許されない**と考える(通説)。

重要事項 一問一答

01 国会の地位は(3つ)?

①国民の代表機関、②国権の最高機関、③唯一の立法機関

02 唯一の立法機関の意味は(2つ)?

①国会中心立法の原則(国会が立法権を独占し、他の機関は原則として立法をすることができないという原則)、②国会単独立法の原則(国会が立法過程を独占し、他の機関は原則として関与できないという原則)

03 議決の効力に関する衆議院の優越は(4つ)?

①法律案の議決、②予算の議決、③条約締結の承認、④内閣総理大臣の指名

---

12 **公布**とは、成立した法令の内容を広く**国民に周知させるため公示**する行為のことをいう。

04 両議院で異なる議決があった場合に両院協議会を開催しなければならない場合は（3つ）？

①予算の議決、②条約締結の承認、③内閣総理大臣の指名

05 国会の会期は（3つ）？

①常会、②臨時会、③特別会

06 緊急集会を求めることができる機関は？

緊急集会は内閣が求めるものである。

07 条約の締結、条約締結の承認をする機関は？

条約の締結は内閣の権能である。条約締結の承認は国会の権能である。

08 財政の処理をする際の基本原則は？

国会の議決に基づいて行使しなければならない(財政民主主義)。

09 国政調査権はどの機関の権能なのか、何ができるのか？

両議院の権能である。国政に関する調査を行い、証人の出頭・証言・記録の提出を求めることができる。

10 国会議員の特権は何か（3つ）？

①不逮捕特権、②免責特権、③歳費受領権

11 内閣の構成員は？

内閣総理大臣とその他の国務大臣

12 内閣総理大臣の選任の手続は？

国会議員の中から国会の議決で指名し、天皇が任命する。

13 議院内閣制とは何か？

議会と政府が一応分離し、政府が議会に対して責任を負うものをいう。

14 衆議院で内閣不信任決議案が可決された場合、内閣は何をするのか？

10日以内に衆議院を解散しなければ、総辞職をしなければならない。

15 憲法が定める内閣総理大臣の権能のうち内閣の代表権として行うものは（3つ）？

①議案提出権、②行政各部の指揮監督権、③一般国務・外交関係の国会への報告

16 内閣の意思決定の方法は？　その議決要件は？

内閣の意思決定は、内閣総理大臣が主宰する閣議によって行う。議決は全員一致による。

17 法律上の争訟（事件性の要件）に該当するための要件は（2つ）？

①当事者間の具体的な権利義務又は法律関係の存否に関する争いであること、②法を適用することにより終局的に解決することができるものであること

18 司法権の独立の内容は（2つ）？

①司法府の独立(司法権が立法権・行政権から独立していること)、②裁判官の職権行使の独立(裁判官が裁判をするに際して独立して職権を行使すること)

19 **裁判官が罷免されるのは（3つ）？**

①心身の故障のため職務執行不能と裁判される分限裁判、②公の弾劾（弾劾裁判所による裁判）、③最高裁判所の裁判官はさらに国民審査

20 **下級裁判所の種類は（4つ）？**

①高等裁判所、②地方裁判所、③家庭裁判所、④簡易裁判所

21 **裁判の対審の公開について、原則と例外は？**

原則は公開だが、例外として、裁判官の全員一致で、公の秩序又は善良の風俗を害するおそれがあると判断した場合には、非公開とすることができる。さらに例外として、政治犯罪、出版に関する犯罪、国民の権利（憲法第３章）が問題となっている事件は、常に公開しなければならない。

22 **日本国憲法における違憲審査制は、どのような法的性質を有しているのか？**

付随的違憲審査制

23 **裁判員制度が適用される事件は何か？**

地方裁判所で第一審として行われる刑事訴訟のうち、死刑、無期懲役に当たる罪に対する事件などの一定の重大な犯罪事件に限られる。

24 **地方自治の本旨とは（2つ）？**

①住民自治（地方の政治・行政がその地域の住民の意思に基づいて自主的に行われること）、②団体自治（地方の政治・行政が国から独立した団体が自らの権限と責任の下で行われること）

25 **地方公共団体の事務は（2つ）？**

①自治事務（地方公共団体が処理する事務のうち、法定受託事務以外のもの）、②法定受託事務（国が果たすべき役割にかかる事務であるが、法令により都道府県・市町村・特別区が処理する事務とされたもの、又は都道府県が果たすべき役割にかかる事務であるが、法令により市町村・特別区が処理するとされたもの）

26 **憲法改正の手続は？**

各議院の総議員の３分の２以上の賛成で、国会が憲法改正を発議し、国民に提案し、特別の国民投票等で、過半数の賛成を得ると、直ちに天皇が国民の名で公布する。

過去問チェック

01 衆議院には先議権が認められており、法律案及び予算については、参議院より先に衆議院に提出しなければならない。**特別区Ⅰ類2013**

×「法律案及び」が誤り。

02 条約の締結に必要な国会の承認について、衆議院で可決し、参議院で衆議院と異なった議決をした場合に、衆議院で総議員の３分の２以上の多数で再び可決したときは、衆議院の議決が国会の議決となる。**特別区Ⅰ類2019**

×「条約の締結に必要な国会の承認について」「総議員」が誤り。

03 特別国会は、いずれかの議院の総議員の4分の1以上の要求がある場合に召集されるものであり、臨時国会は、衆議院解散後の総選挙の日から30日以内に召集されるものである。特別区Ⅰ類2021

×「特別国会は」「臨時国会は」が誤り。

04 両議院による法律案の議決は、日本国憲法に特別の定めのある場合を除き、出席議員の過半数により決し、可否同数のときは、否決されたものとみなされる。裁判所2015

×「否決されたものとみなされる」が誤り。

05 両議院の本会議は原則公開とされ、傍聴及び報道が認められ、また、会議録が公表されている。ただし、議長が社会通念に照らして非公開とすることが相当であると判断した場合は公開としないことができる。一方、委員会については、必ず公開することとされ、例外は認められない。国家専門職2001

×「議長が社会通念に照らして非公開とすることが相当であると判断した場合は公開としないことができる」「必ず公開することとされ、例外は認められない」が誤り。

06 衆議院が解散されたときは、参議院は同時に閉会となるが、国に緊急の必要があるときは、参議院は、自ら緊急集会を開くことができる。東京消防庁2022

×「参議院は、自ら緊急集会を開くことができる」が誤り。

07 国会は唯一の立法機関であり、法律案を提出できるのは国会議員と内閣である。国会議員が法律案を発議するには、一人だけで発議することはできず、一定数以上の議員の賛成が必要とされており、予算を伴う法律案を発議するには、さらに多数の賛成を必要とする。国家一般職2011

○

08 内閣は予算を作成して国会に提出できるが、国の財政を処理する権限は国会の議決に基づいて行使しなければならない。また、内閣は外交関係を処理し、条約を締結することができるが、条約締結については、事前に、時宜によっては事後に、国会の承認を必要とする。国家一般職2009

○

09 不逮捕特権は、憲法第50条が保障するものであり、国会議員は国会の会期中、いかなる場合も逮捕されることはない。警視庁Ⅰ類2022

× 「いかなる場合も逮捕されることはない」が誤り。

(10) 免責特権は、憲法第51条が保障するものであり、両議院の議員は、議院で行った演説、討論又は表決について、例外なく責任を問われないと規定している。**警視庁Ⅰ類2022**

× 「例外なく責任を問われないと規定している」が誤り。

(11) 内閣総理大臣は、衆議院で第一党となった政党に所属する国会議員の中から、国会の議決で指名され、天皇が任命する。内閣総理大臣は国務大臣を任命するが、その過半数を衆議院議員の中から選ばなければならない。**国家専門職2021**

× 「衆議院で第一党となった政党に所属する」「衆議院議員の中から」が誤り。

(12) 内閣は、衆議院が内閣の不信任の決議案を可決し、又は信任の決議案を否決したときは、必ず総辞職しなければならない。一方、参議院が内閣の不信任の決議案を可決し、又は信任の決議案を否決しても、総辞職する必要はないが、参議院を解散しなければならない。**国家専門職2021**

× 「必ず総辞職しなければならない」「参議院を解散しなければならない」が誤り。

(13) 大日本帝国憲法の下では、内閣総理大臣は内閣における同輩中の首席にすぎず、他の国務大臣と対等の地位にあり、他の国務大臣を任命・罷免する権限を有していなかったが、日本国憲法においては、内閣総理大臣は内閣における首長とされ、他の国務大臣を任命・罷免する権限を有している。**国家専門職2017**

○

(14) 内閣を構成する内閣総理大臣又はその他の国務大臣は、行政を行うために、法律の範囲内で、それぞれが政令を定めることができる。**国家専門職2017改題**

× 「行政を行うために、法律の範囲内で、それぞれが政令を定めることができる」が誤り。

(15) 行政権の行使については、内閣が国会に対し連帯して責任を負うものではなく、内閣総理大臣が単独で責任を負う。**特別区Ⅰ類2007**

× 全体が誤り。

(16) 内閣に属する行政権の行使は、閣議によるものとされているが、閣議は多数決でなされること、非公開であること等が内閣法により定められている。**東京消防庁2009**

╳「閣議は多数決でなされること、非公開であること等が内閣法により定められている」が誤り。

17 憲法は、裁判官の独立を保障するとともに、裁判官に身分保障を与える規定を設けており、裁判官は、裁判により、心身の故障のために職務を執ることができないと決定された場合を除いて罷免されることはない。**東京都Ⅰ類2018**

╳「罷免されることはない」が誤り。

18 日本国憲法は、全ての司法権は、最高裁判所及び法律の定めるところにより設置する下級裁判所に属し、下級裁判所には高等裁判所、地方裁判所、家庭裁判所、簡易裁判所、行政裁判所があると定めている。**特別区Ⅰ類2020**

╳「下級裁判所には高等裁判所、地方裁判所、家庭裁判所、簡易裁判所、行政裁判所があると定めている」が誤り。

19 裁判員制度は、一定の重大な犯罪に関する刑事事件の第二審までに限定して、有権者の中から無作為に選ばれた裁判員が裁判官と一緒に裁判にあたる制度であり、裁判員は、量刑の判断を除いて、裁判官と有罪か無罪かの決定を行う。**東京都Ⅰ類2018**

╳「第二審」「量刑の判断を除いて」が誤り。

20 憲法では、地方自治の基本原則として、「地方公共団体の組織及び運営に関する事項は、地方自治の本旨に基いて、法律でこれを定める」と規定されている。この地方自治の本旨には、住民自治と団体自治の二つの側面があり、そのうち、団体自治とは、地方公共団体の政治が地域住民の意思に基づいて行われることをいう。**国家一般職2015**

╳「団体自治とは」が誤り。

21 日本国憲法は、改正することができる軟性憲法であり、その改正には、各議院の総議員の３分の２以上の賛成で、国会がこれを発議し、さらに国民投票で、過半数の賛成を必要とする。**特別区Ⅰ類2012**

╳「軟性憲法」が誤り。

過去問 Exercise

問題1 　次のア～キの記述のうち、国会の権能として適当なもののみをすべて挙げているのはどれか。

裁判所 2010［H22］

ア　内閣の首長たる内閣総理大臣を、国会議員の中から指名する議決を行う。

イ　内閣不信任の決議案を可決し、または信任の決議案を否決する。

ウ　国の財政を処理する権限の行使について、議決を行う。

エ　罷免の訴追を受けた裁判官を裁判するため、弾劾裁判所を設ける。

オ　国政に関する調査を行い、これに関して証人の出頭及び証言並びに記録の提出を要求する。

カ　会議その他の手続及び内部の規律に関する規則を定め、院内の秩序をみだした議員を懲罰する。

キ　憲法改正の発議をする。

1. **ア、イ、エ**
2. **ア、ウ、エ、キ**
3. **ア、オ、カ、キ**
4. **イ、ウ、エ、オ、キ**
5. **イ、ウ、オ、カ、キ**

解説

正解 ②

ア ○　条文により適当である。憲法67条１項前段は、「内閣総理大臣は、国会議員の中から**国会**の議決で、これを指名する。」と規定する。

イ ×　全体が適当でない。憲法69条は、「内閣は、**衆議院**で不信任の決議案を可決し、又は信任の決議案を否決したときは、十日以内に衆議院が解散されない限り、総辞職をしなければならない。」と規定する。したがって、内閣総辞職という法的拘束力を伴う内閣不信任決議案の可決及び内閣信任決議案の否決は、衆議院に認められる権能である。

ウ ○　条文により適当である。憲法83条は、「国の財政を処理する権限は、**国会**の議決に基いて、これを行使しなければならない。」と規定する（財政民主主義）。

エ ○　条文により適当である。憲法64条１項は、「**国会**は、罷免の訴追を受けた裁判官を裁判するため、両議院の議員で組織する弾劾裁判所を設ける。」と規定する。

オ ×　全体が適当でない。憲法62条は、「**両議院**は、各々国政に関する調査を行ひ、これに関して、証人の出頭及び証言並びに記録の提出を要求することができる。」と規定する。したがって、国政調査権は議院の権能である。

カ ×　全体が適当でない。憲法58条２項本文は、「**両議院**は、各々その会議その他の手続及び内部の規律に関する規則を定め、又、院内の秩序をみだした議員を懲罰することができる。」と規定する。したがって、議院規則制定権及び議員懲罰権は議院の権能である。

キ ○　条文により適当である。憲法96条１項前段は、「この憲法の改正は、各議院の総議員の三分の二以上の賛成で、**国会**が、これを発議し、国民に提案してその承認を経なければならない。」と規定する。

以上より、国会の権能はア、ウ、エ、キであり、正解は❷となる。

国家一般職★★★／国家専門職★★★／裁判所★★★／東京都Ⅰ類★★★／地方上級★★★／特別区Ⅰ類★★★

5 その他の法律

本節では、その他の法律として、民法と刑法を扱います。出題が稀な分野です。

1 民法

1 民法総論

★★★

(1) 民法とはどのような法律か

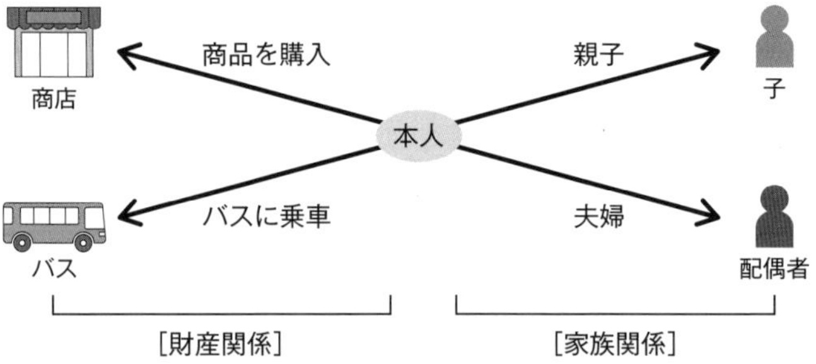

① 財産関係

私たちは日常、**他人との間で経済活動**＝財産のやりとりをしながら生活している。日常的に必要な物品は商店で代金を支払って購入し、どこかへ出かけるときは鉄道会社やバス会社が運営する電車やバスに運賃を支払って乗る。この意味で、私たちの社会活動は、お互いの間での財産（ここでは「財産」とは財貨やサービス等を総称する）のやりとりが大きな位置を占めている。民法は、このような私たちの**財産関係**を中心とした活動を法的に構成し、その間の利害関係の調整を図ることを主な目的とする法律である。

② 家族関係

また、家族は私たちの生活の基本的な単位であり、家族の誰かが死亡すれば、その者の財産が相続人に受け継がれる（相続）。そこで民法は、このような**家族関係**（身分関係という）の法的な整備も図っている。

【民法の構成】

財産法	財産関係を法的に構成し、規律する法　例）契約、物権、債権
家族法	身分関係を法的に構成し、規律する法　例）婚姻、親子、相続

③ 私法関係

このように民法は、私たち相互の**財産関係**と**家族関係**を法的に整備するものであり、この２つを合わせて**私法関係**又は**私人間の法律関係**とよぶ。私法関係に関する法律は、民法のほかに、商法など多数あるが、民法はその最も基礎となる関係を規定している。このことを、「**民法は私法の一般法である**」という言い方をする。

(2) 財産に関する権利関係

民法では、財産に関する権利関係を大きく２つの形でとらえている。１つは物に対する権利(物権)であり、もう１つは他人に対する権利(債権)である。

① 物権

物権とは、**物《ぶつ》[1]を支配することができる権利**をいう。所有権、占有権、抵当権等がある。例えば、下図では、Aは自動車に対する物権(所有権)を有している。

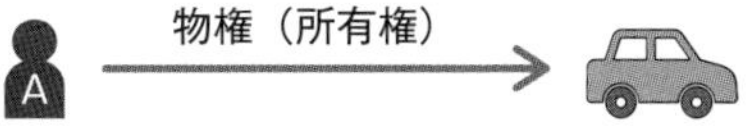

② 債権

債権とは、**他人に対して特定の行為を請求することができる権利**をいう。例えば、AがBに対して金銭を貸し付けている場合には、AはBに対して、貸した金銭を返済してもらう権利(貸金返還債権)を有している。このとき、権利を有する者を債権者、その相手方を債務者という。

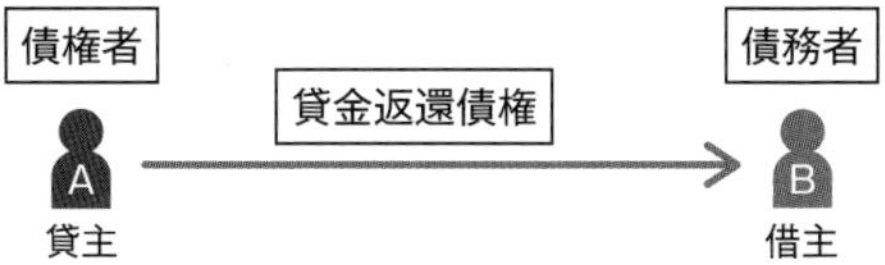

債務とは、債権とは反対に、**他人に対して特定の行為をする義務**をいう。上記の例では、BはAに対して借りた金銭を返還する義務(貸金返還債務)を負っている。

1　物には、自動車のような動産のほか、土地・建物のような不動産がある。

このとき、義務を負っている者が債務者、その相手方が債権者である。

【物権と債権】

権利の種類	対象	内容
物権	物	支配
債権	人（債務者）	特定の行為の請求

（3）私的自治の原則

私的自治の原則とは、各人は、**自由な意思**に基づいて**権利関係を形成**することができるとする原則である。この原則は、契約の場面では、**契約自由の原則**[2]に具体化されている（民法521条）。私的自治の原則により、人々はさまざまな契約を締結して経済活動を行い、資本主義が発展した。

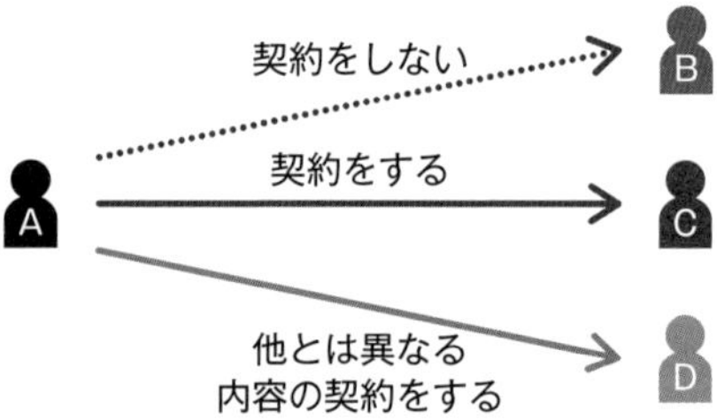

（4）過失責任の原則

過失責任の原則とは、人は社会の中で他人に損害を与えることがあるが、その損害を賠償する責任を生ずるのは、原則として**損害を与えた者に落ち度＝過失があった場合に限られる**とする原則である。

［補足］ 過失責任の原則の下、個人の自由な活動が保障されたため、経済活動が拡大した。もっとも、この原則では十分な被害者救済ができない場合があるので、製造物責任法のような**無過失責任**主義に基づく立法も行われている。

---

2 **契約自由の原則**とは、契約をするかどうか、および、契約の内容を自由に決定することができる原則をいう。

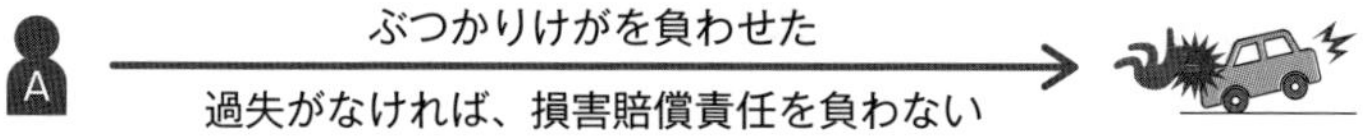

2 権利の主体 ★★★

(1) 権利能力

権利能力とは、**権利や義務の主体となることができる能力・地位**のことをいう。

人だけが権利能力を有する。もっとも、ここでいう「人」には、自然人(人間)と法人[3]が含まれる。自然人は、出生から死亡までの間に権利能力を有する。

(2) 意思能力

意思能力とは、**自己の行為の結果を理解することができる能力**のことをいう。

意思能力の有無については、個々の法律行為ごとに判断されるが、およそ7～10歳程度の知能を基準とする。私的自治の観点から、**意思能力を有しない者が行った法律行為は無効**[4]である(民法3条の2)。

(3) 行為能力

行為能力とは、**単独で(ひとりで)法律行為**[5]**を有効に行うことができる能力**のことをいう。

行為能力が制限されている者(制限行為能力者[6])がした契約は、一応有効だが、後から本人又は保護者が**取消し**をすることができる。取消しをすると、契約は**初めから無効**であったことになるが(民法121条)、**取消しをされるまで契約は有効**である点で、無効とは異なる。

(4) 責任能力

責任能力とは、自己の**行為の責任を弁識するに足りる能力**のことをいう。

責任能力の有無については、個々の法律行為ごとに判断されるが、およそ11～12歳程度の知能を基準とする。自らの不法行為により、被害者に損害を与えても、責任能力の無い者は、原則として、不法行為責任を負わない(民法712条、713条本文)。

---

3 **法人**とは、一定の団体ないし組織を、法律上、人として扱うものである。

4 **無効**とは、**初めから効力を有しない**ことをいう。

5 **法律行為**とは、各人が自己の意思に基づいて、法律関係を発生・変更・消滅させる行為をいう。売買や賃貸借などの契約が法律行為の代表例である。

6 **制限行為能力者**には、未成年者、成年被後見人、被保佐人、被補助人がある。

3 権利の客体（権利の対象） ★☆☆

（1）債権の客体

債権の客体は、債務者の**行為**である。

（2）物権の客体

物権の客体は、**物**（＝有体物[7]）である。

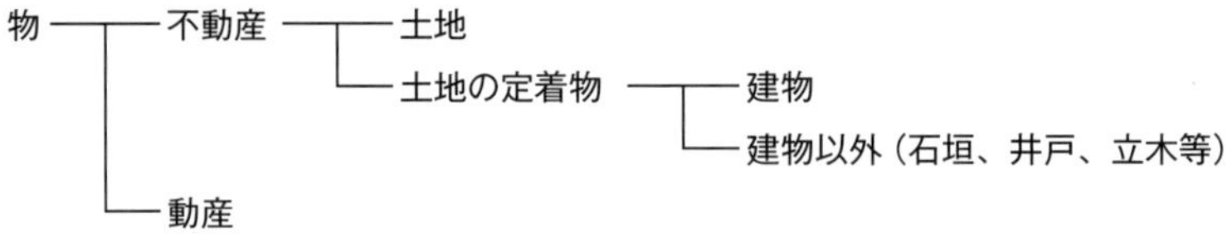

4 親族 ★★☆

（1）親族関係

親族とされる範囲は、**6親等[8]内の血族《けつぞく》**、**配偶者**、**3親等内の姻族《いんぞく》[9]**である（民法725条）。

---

7 **有体物**とは、固体・液体・気体の形態を問わず、物質性を有するものを指す。これに対して、電気、熱、光などの無体物は、民法上、物に含まれない。

8 **親等**とは、血縁関係の遠近を表す指標であり、「親族・親等図」にある丸数字は親等を表す。

9 **姻族**とは、配偶者の血族をいう。

【親族・親等図】

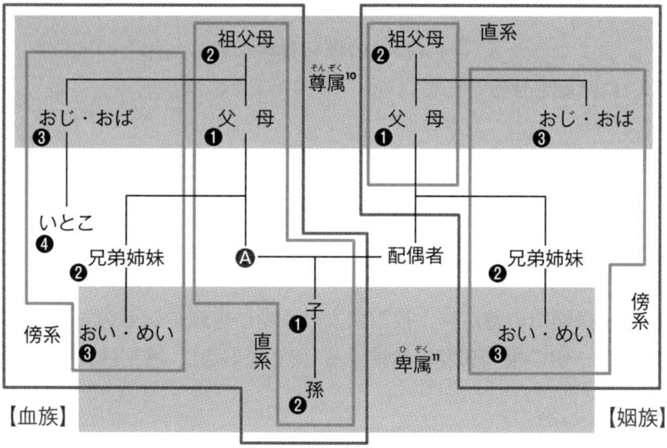

（2）婚姻

婚姻とは、男女が相互に**配偶者という身分関係を形成**する行為である。

① 婚姻の成立要件

要件	内容	欠けた場合
実質的要件	① 婚姻意思の合致	無効
	② 婚姻障害[12]のないこと	取り消すことができる
形式的要件	戸籍法上の届出	無効（通説は不成立とする）

② 婚姻の主な一般的効果

（ア）夫婦の氏

夫婦は、婚姻の際に定めるところに従い、**夫または妻の氏**のいずれかを称することとなっており（民法750条）、夫婦別氏は認められていない。

（イ）同居・協力・扶助

夫婦は**同居**し、互いに**協力**し**扶助**しなければならない（民法752条）。

---

10 **尊属**とは、血族のうちで、自分よりも前の世代の者をいう。例えば、親、祖父母、おじおばが尊属に当たる。

11 **卑属**とは、血族のうちで、自分よりも後の世代の者をいう。例えば、子、孫、おいめいが卑属に当たる。

12 **婚姻障害**には、18歳未満の婚姻を認めない**婚姻適齢**（民法731条）、配偶者のある者の重ねての婚姻を禁止する**重婚禁止**（民法732条）等がある。

5 相続 ★★☆

相続とは、亡くなった人(被《ひ》相続人《そうぞくにん》)の権利義務ないし法律上の地位を、**一定の近親者(相続人)に承継させる**ことをいう。

(1) 相続の開始

被相続人の死亡によって相続が開始する(民法882条)。

(2) 相続の一般的効力

相続人は、**相続開始の時**から、被相続人の一身に専属したものを除き、被相続人の財産に属した**一切の権利義務を承継**する(民法896条)。被相続人の借金などの債務も含まれる。

(3) 相続の効果の確定

相続の効果は直ちに確定するのではなく、各相続人は、原則として、自己のために相続があったことを**知った時から3か月以内**に(これを**熟慮期間**という)、相続について**単純承認**[13]、**限定承認**[14]**又は放棄**[15]のいずれかをしなければならない(民法915条1項本文)。

(4) 相続人及びその順位

① 配偶者

配偶者は、以下の血族と並んで常に相続人となる(民法890条)。

---

13 相続の**単純承認**とは、無限に被相続人の権利義務を承継することである(民法920条)。

14 相続の**限定承認**とは、相続によって得た財産の限度においてのみ被相続人の債務及び遺贈を弁済すべきことを留保して、相続の承認をすることである(民法922条)。

15 相続の**放棄**とは、その相続に関しては、初めから相続人とならなかったものとみなすことである(民法939条)。

② 血族

順位	相続人となる者
第1順位	① 子 ② 子が死亡・相続欠格[16]・廃除[17]により相続権を失った場合は、孫(**代襲**[18]) ③ 孫も同様に相続権を失った場合は、ひ孫(**再代襲**[18])
第2順位	第1順位者がいない場合に、**直系尊属**のうち、最も被相続人に親等の近い者
第3順位	① 第1順位者も第2順位者もいない場合は、**兄弟姉妹** ② 兄弟姉妹が死亡・相続欠格・廃除により相続権を失った場合、代襲は行われるが、再代襲は行われない

【血族】

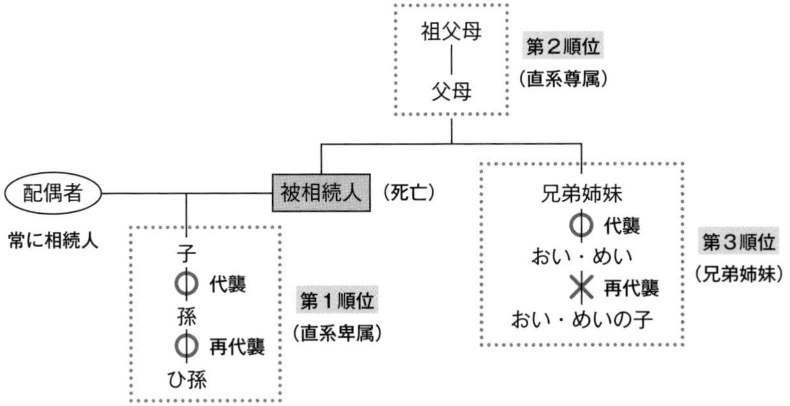

(5) 相続分

相続分とは、相続人が数人ある場合に、相続財産中の各共同相続人の権利の割合をいう。

① 指定相続分

被相続人の**遺言**《いごん》**があればそれが優先**する(**指定**相続分)。

---

16 **相続欠格**とは、相続人となる者が、民法に定める一定の事由(欠格事由)に該当することによって、**法律上当然に相続人としての資格を失う**ことをいう(891条)。

17 **廃除**とは、**被相続人の意思によって**、家庭裁判所が推定相続人(相続人となるべき者)の**相続権を奪う**制度をいう(892条・893条)。

18 **代襲相続**とは、被相続人の**死亡以前**に、推定相続人が**死亡**・**相続欠格**・**廃除**により相続権を失った場合に、その者の**直系卑属が**、**相続分を相続**することをいう。

② 法定相続分

被相続人の遺言がない場合は、**民法の規定**に従って相続される(**法定相続分**)。

【相続人と法定相続分】

順位	相続人	法定相続分
第1順位	配偶者 子	配偶者：1/2 子：1/2（複数のときは均等分割）
第2順位	配偶者 直系尊属	配偶者：2/3 尊属：1/3（複数のときは均等分割）
第3順位	配偶者 兄弟姉妹	配偶者：3/4 兄弟姉妹：1/4（複数のときは均等分割が原則）

2 刑法

1 刑法とは

★☆☆

(1) 意義

刑法とは、**犯罪と刑罰に関する法律**である。いかなる行為が犯罪となり、それに対し、いかなる刑罰が科せられるかを定めている。

(2) 刑法の役割

① 法益保護機能・社会秩序維持機能

刑法の役割は、犯罪を処罰することで、法益を保護し(**法益[19]保護機能**)、社会秩序を維持する(**社会秩序維持機能**)ことにある。

② 自由保障機能

刑罰法規に規定のない行為は処罰できないとすることで、国民の人身の自由を守ることにある(**自由保障機能**)。

---

19 **法益**とは、法が守っている利益である。例えば、傷害罪（刑法204条）は、人の身体の安全を保護法益としている。

2 犯罪の成立要件 ★★★

犯罪とは、刑法の①**構成要件**に該当する、②**違法**かつ③**責任**がある行為をいう。

(1) 構成要件該当性

構成要件該当性とは、行為が**刑罰法規に規定された行為(犯罪行為)に該当する**ことである。

構成要件該当性は、**実行行為と結果との間に因果関係がある**ことが必要となる。行為が構成要件に該当しなければ、犯罪は不成立となる。

① 実行行為

実行行為とは、特定の構成要件に該当する**法益侵害の現実的危険性のある行為**をいう。例えば、殺人罪(刑法199条)の実行行為は、人の生命を侵害する現実的危険性のある行為である。

② 結果

結果とは、実行行為により**発生した事実**のことをいう。例えば、殺人罪の結果は人の死である。

③ 因果関係

因果関係とは、実行行為と、その後に発生した事実との間に、**原因と結果の関係があること**をいう。

(2) 違法性

違法性とは、行為が**法益を侵害し又はその危険を発生**させ(結果無価値)、**社会的相当性を欠く**(行為無価値)といえることをいう(通説)。

構成要件該当性が認められれば、行為者の行為は違法であると推定される。そこで、違法性では、例外的に違法性を阻却する事情(違法性阻却事由)がないかを検討する。違法性阻却事由があれば、**違法性が阻却**[20]**され**、**犯罪は不成立**となる。

[補足] 違法性阻却事由には、**正当防衛**(刑法36条)、**緊急避難**(刑法37条)等がある。**正当防衛**とは、例えば、突然、暴漢に襲われたAが、自己または第三者の身を守るために、やむを得ず暴漢を殴ってケガをさせた場合である。**緊急避難**とは、例えば、突然、暴漢に襲われたAが、逃げるための唯

---

20 **阻却**とは、妨げるという意味である。

一の方法として、通行人Bを突き飛ばしてケガをさせた場合である。いずれも、要件を満たせば、傷害罪は成立しない。

(3) 責任

責任とは、行為者に対する**非難可能性がある**ことをいう。

構成要件該当性が認められれば、行為者の行為は責任があると推定される。そこで、責任では、例外的に責任を阻却する事情(責任阻却事由)がないかを検討する。責任阻却事由があれば、**責任が阻却され**、**犯罪は不成立**となる。

［補足］ 責任阻却事由には、責任能力、故意・過失等がある。責任能力とは、善悪をわきまえる能力(事理弁識能力)と、自己の行動を制御する能力(行動制御能力)である。少なくとも片方が欠けたら、**心身喪失者**として**責任が阻却**される(刑法39条1項)。これに対して、少なくとも片方が著しく低い場合、**心神耗弱者**として責任が減少し、犯罪は成立するが**刑は必ず減軽**される(刑法39条2項)。

【犯罪の成立要件】

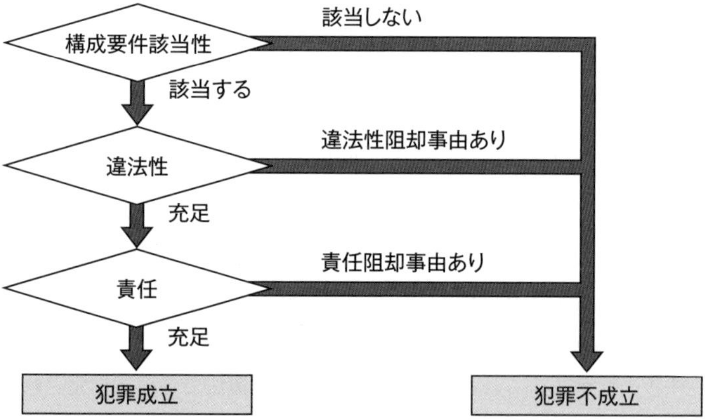

3 刑罰 ★★★

(1) 法定刑

法定刑とは、刑罰法規の**条文に規定されている刑罰**のことをいう。

法定刑について刑法は、**主刑**(単独で科せる刑)として、重い順に、死刑、懲役、禁錮、罰金、拘留、科料の6種を規定している。さらに、**付加刑**(主刑とともに科せる刑)として没収を規定している(刑法9条)。

【刑の種類】

主刑	**死刑(生命刑)**	受刑者の生命を奪う刑のこと
	懲役(自由刑)	刑事施設に拘置され、所定の作業を科される刑のこと 有期懲役と無期懲役がある
	禁錮(自由刑)	刑事施設に拘置されるが、作業を強制されない刑のこと 作業を行いたい旨の申出があれば、作業が許される場合がある。無期禁錮と有期禁錮がある
	罰金(財産刑)	1万円以上の金額を納める刑のこと
	拘留(自由刑)	1日以上30日未満の間、刑事施設に拘置される刑のこと
	科料(財産刑)	千円以上、1万円未満の金額を納める刑のこと
付加刑	**没収(財産刑)**	犯罪行為に関連した物を取り上げる刑のこと

※ 法改正により、懲役と禁錮が統一され、拘禁刑が創設された(2025年施行予定)

(2) 刑の執行猶予

執行猶予とは、刑の言渡しを受けた者が、情状により、あわせて**刑の執行を一定期間猶予するとの言渡し**(執行猶予の言渡し)も受けた場合(執行猶予付き有罪判決)、執行猶予の言渡しを取り消されることなく一定期間が満了することにより、**その者に対する刑の言渡しの効力を失わせる**という制度である(刑法25条、27条)。

4 罪刑法定主義 ★★★

(1) 意義

罪刑法定主義とは、**犯罪と刑罰はあらかじめ法律で規定**していなければならないことをいう。

罪刑法定主義は、刑法には規定がない。憲法31条が根拠と解されている。

(2) 罪刑法定主義の派生原則

以下は、罪刑法定主義から派生する原理・原則とされている。

① 法律主義(慣習刑法の禁止)

法律主義とは、**犯罪と刑罰は国会が制定した法律によって明示**されなければならないとする原則をいう。

その趣旨は、国民の予測に反した刑事上の不利益を受けないようにすることにある。

［原則］　慣習(法)によって、**処罰することは許されない**。

［例外］　刑罰法規を解釈する際に、慣習(法)を**考慮することは許される**。

② 類推解釈の禁止

類推解釈の禁止とは、ある行為を処罰する規定がなくても、それと類似する行為を処罰する規定がある場合には、**当該規定を類推して適用することで処罰することを禁止**することをいう。なお、拡張解釈は禁止されない。

その趣旨は、国民の予測に反した刑事上の不利益を受けないようにすることにある。

［原則］　(被告人に不利になる方向で)刑罰法規を類推解釈し、その被告人を処罰することは許されない。

［例外］　**被告人に有利になる方向**で、刑罰法規を類推解釈することは許される。

③ 絶対的不定期刑の禁止

絶対的不定期刑の禁止とは、**刑の内容・期間を全く定めず**に、被告人に刑罰を科すことは許されないとすることをいう。

その趣旨は、恣意的な処罰を科さないようにすることにある。

［原則］　絶対的不定期刑(ex.「……した者は刑に処する」)は禁止する。

［例外］　**相対的不定期刑**(刑期の最短、最長を定める刑)は許容する。

④ 遡及処罰の禁止

遡及処罰の禁止(事後法の禁止)とは、**実行の時に適法であった行為**については、刑事上の責任を問われないことをいう(憲法39条前段)。

その趣旨は、国民の予測に反した刑事上の不利益を受けないようにすることにある。

［原則］　行為時に適法であった行為は、後から定めた法律(事後法)で遡って処罰することはできない。

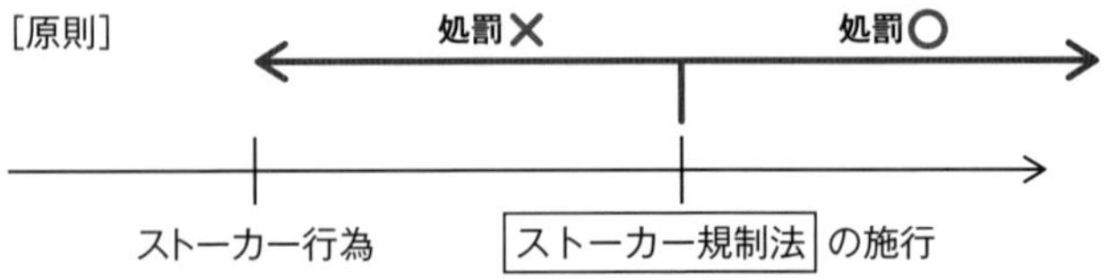

［例外］ 行為時に違法であった行為について、刑を軽く変更した事後法で遡って処罰することができる（刑法６条）。

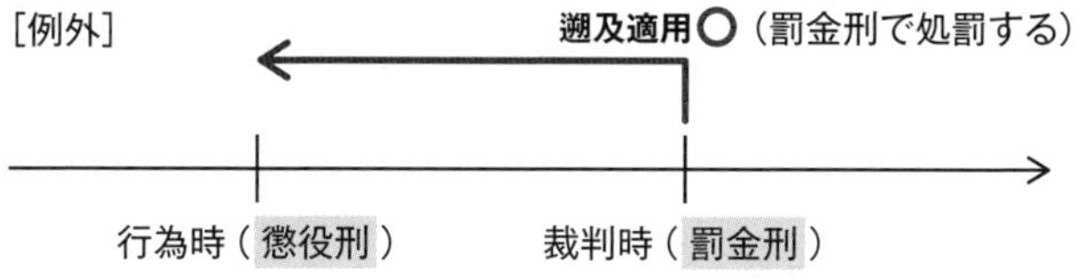

⑤ 明確性の原則（明確性の基準）

明確性の原則とは、刑罰法規が、**できるだけ具体的**で、かつ、その**意味するところが明確**でなければならないという原則をいう。

その趣旨は、刑罰法規が不明確であると、禁止される行為と禁止されない行為の区別ができなくなるため、国民の行動が制約される（萎縮効果）ためである。

重要事項 一問一答

01 物権とは？ 債権とは？

物権とは、物を支配することができる権利をいう。債権とは、他人に対して特定の行為を請求することができる権利をいう。

02 物とは？

有体物のこと。不動産と動産がある。

03 親族とされる範囲は？

６親等内の血族、配偶者、３親等内の姻族

04 自己のために相続があったことを知った時から3か月以内にしなければならないことは（3つ）？

相続の単純承認、限定承認又は放棄のいずれかをしなければならない。

05 犯罪の成立要件は（3つ）？

行為者の行為が、①構成要件に該当し、②違法性を充足し、③責任を充足すること

06 罪刑法定主義の派生原則は何か（5つ）？

①法律主義（慣習刑法の禁止）、②類推解釈の禁止、③絶対的不定期刑の禁止、④遡及処罰の禁止、⑤明確性の原則

過去問チェック

01 民法上の「物」とは有体物に限らず、電気、熱、光などの無体物も含んでい

る。**国家専門職2004改題**

×「に限らず、電気、熱、光などの無体物も含んでいる」が誤り。

02 我が国では、当事者間の合意と社会的に夫婦として認められる実態があれば、戸籍法上の届出がなくても婚姻が成立する事実婚主義を採用している。**東京消防庁2019**

× 全体が誤り。

03 被相続人より先に子が死亡した場合は、孫が代襲相続するが、相続権のある兄弟姉妹が、被相続人より先に死亡したとしても、甥・姪は代襲相続することはできない。**東京都Ⅰ類2003**

×「甥・姪は代襲相続することはできない」が誤り。

04 罪刑法定主義とは、どのような行為が犯罪となり、どのような刑罰を科せられるのかをあらかじめ法規で定めておかなくてはならないという原則であるので、慣習刑法も許される。**東京消防庁2012**

×「慣習刑法も許される」が誤り。

05 罪刑法定主義は、犯罪と刑罰は法律によって定めなければならないとする法律主義を含む。それゆえ、立法者が刑罰法規で禁止・処罰していない行為について、裁判所が他の刑罰法規を被告人に不利になる方向で類推解釈し、処罰することは許されない。**裁判所2009**

○

過去問 Exercise

問題1 罪刑法定主義の趣旨に関する次のア〜エの記述の正誤の組合せとして最も適当なのはどれか。

裁判所 2009［H21］

ア 罪刑法定主義は、刑罰法規が施行前の行為に遡って適用されてはならないとする遡及処罰の禁止を含む。それゆえ、実行の時点で既に処罰対象であった行為を、事後的に遡って処罰の対象から外すことは許されない。

イ 罪刑法定主義は、犯罪と刑罰は法律によって定めなければならないとする法律主義を含む。それゆえ、地方公共団体の条例によって罰則を定めることは、法律の授権の範囲内であっても、法の秩序において条例が法律より下位にある以上は許されない。

ウ 罪刑法定主義は、刑罰法規が施行前の行為に遡って適用されてはならないとする遡及処罰の禁止を含む。それゆえ、実行の時点で既に処罰対象であった行為を、当該刑罰法規の解釈により、事後的に遡ってより軽く処罰することは許されない。

エ 罪刑法定主義は、犯罪と刑罰は法律によって定めなければならないとする法律主義を含む。それゆえ、立法者が刑罰法規で禁止・処罰していない行為について、裁判所が他の刑罰法規を被告人に不利になる方向で類推解釈し、処罰することは許されない。

	ア	イ	ウ	エ
1	正	正	誤	誤
2	正	誤	正	誤
3	誤	正	正	正
4	誤	誤	正	誤
5	誤	誤	誤	正

解説

正解 ❺

ア ×　「実行の時点で既に処罰対象であった行為を、事後的に遡って処罰の対象から外すことは許されない」という部分が誤っている。遡及処罰の禁止については、憲法39条前段が、「何人も、実行の時に適法であつた行為又は既に無罪とされた行為については、刑事上の責任を問はれない。」と規定しており、罪刑法定主義は遡及処罰の禁止を含む。もっとも、遡及処罰の禁止は、行為時に刑罰法規がなかったにもかかわらず、事後に制定した刑罰法規を遡って当該行為に適用して処罰することを禁止したものである。したがって、行為時に処罰対象であった行為を、事後的に遡って処罰の対象から外すことは、遡及処罰の禁止に違反しない。

イ ×　「法律の授権の範囲内であっても、法の秩序において条例が法律より下位にある以上は許されない」という部分が誤っている。罪刑法定主義は法律主義を含むので、条例によって罰則を定めることは認められないようにも思える。しかし、判例は、条例は公選の議員をもって組織する地方公共団体の議会の議決を経て制定される自治立法であって、行政府の制定する命令等とは性質を異にし、むしろ国民の公選した議員をもって組織する国会の議決を経て制定される法律に類するものであるから、条例によって刑罰を定める場合には、法律の授権が相当な程度に具体的であり、限定されておれば足りるとしている(最大判昭37.5.30)。地方自治法14条３項は、限定的ではあるが、条例中に罰則を設けることを認めている。

ウ ×　「実行の時点で既に処罰対象であった行為を、当該刑罰法規の解釈により、事後的に遡ってより軽く処罰することは許されない」という部分が誤っている。罪刑法定主義は遡及処罰の禁止を含む(記述**ア**の解説を参照)。そして、実行時で処罰対象であった行為を、当該刑罰法規の解釈により、事後的に遡ってより軽く処罰することは、被告人に有利な取扱いとなるので、遡及処罰の禁止に違反しない。

エ ○　通説により正しい。類推解釈は、刑罰法規が適用していない事項にまで、当該刑罰法規を被告人に適用するものであって、裁判官の恣意的な解釈が生じるおそれがあるから、罪刑法定主義に反するといえる。しかし、罪刑法定主義は被告人の人権保障を目的とするから、被告人に有利になる方向での類推解釈は許される。

以上より、アー誤、イー誤、ウー誤、エー正であり、正解は❺となる。

第2章

政治

本章では，政治分野の議論を扱います。第1節は政治の基礎知識，第2節は各国の政治制度，第3節は選挙制度と政治過程論，第4節は公務員制度と行政組織，第5節は国際関係がテーマです。

抽象的な議論もありますが，ただ丸暗記するのではなく歴史的な経緯を踏まえて理解するようにしましょう。

1 政治の基礎知識

本節では、政治の概念、国家の変遷、民主主義の歴史と思想、社会契約論を扱います。抽象的な議論もありますが、政治学のさまざまな概念について歴史的な経緯を踏まえて理解するようにしましょう。

1 政治の概念

1 政治とは何か ★★★

(1) 政治とは

政治とは、「**集団として意思決定**し、**負担や便益を配分**し、**集団の間に秩序を形成すること**」である。

集団として意思決定することは学校のクラスでも企業でもしばしば見られるが、政治学という学問で主な分析対象となるのは国家や政府である。

(2) 権力（強制力）

そもそも国家や政府の決定に従わない者がいたらどうするのか。国家は、決定やルールに違反し秩序を乱す者を従わせることのできる能力（＝**権力**）を必要とする。

(3) 正当性（正統性）

そもそもなぜ人々は国家や政府に従う必要があるのか。国家が成り立つためには、集団としての決定やルールに従うことが「正しい」ことだと人々に思わせることが必要である。これを「**正当性**」という。

2 国家とは何か ★★★

(1) 国家とは

政治学において最も有名な国家の定義の1つが、ドイツの社会学者**M.ウェーバー**(1864～1920)によるものである。

彼は近代国家とは「国境で仕切られたある一定の地理的領域内で、物理的強制力の行使を独占する組織」であるとした。

M.ウェーバー
[1864～1920]

(2) 国家の三要素

ドイツの公法学者**G.イェリネック**(1851～1911)は、国家として成立するためには**領域・国民・主権**の3つの要素が必要だとした。

【国家の三要素】

領域(領土・領海・領空)	明確な国境線で仕切られた支配地域
国民	国籍を有する人々
主権	内外で独立した最高の権力

(3) 主権とは

主権とは、**国家の政治のあり方を最終的に決定する力**であり、国内的には他のいかなる支配をもしのぐ「**最高性**」、対外的にはいかなる干渉もしりぞける「**独立性**」を保持していることをいう。

政治思想上、**主権の概念を初めて定式化**したのはフランスの思想家**J.ボダン**(1530～96)とされる。ボダンは最終的に**君主主権を主張**し、この議論は**絶対王政を理論づける**ことにつながった。

J.ボダン
[1530～96]

2 国家の変遷

国家といっても、その仕組みや役割は時代によってさまざまである。ここでは古代ギリシャを起点として、国家がどのように変化してきたのか、現代の国家はどのような状況に置かれているのかということを概観する。

1 古代ギリシャのポリス(都市国家) ★★★

政治学の世界において、国家の起源はアテナイの**ポリス**(**都市国家**)に求められる。特にポリスの代表格であるアテナイでは、**直接民主制**(代表を経ずに国民が直接参加する民主制）が採用されており、**民主主義の起源**ともされる。

実際アテナイでは、成人男性のみが「市民」とされ、市民が１人１票を持ち、ポリスの最高議決機関である**民会**に参加していた。また、行政（実務担当者）については、現在のように専門職員が置かれることはなく、抽選で選出されていた点に特徴がある。

アテナイのアクロポリス

写真は古代ギリシャのアクロポリス。山頂にパルテノン神殿がそびえ、その周囲には広場や市場があり、アテネの中心として栄えた。アクロポリスの西側のピュニクスの丘では市民が参加する民会が開催された。古代ギリシャのアテナイは最盛期で、神奈川県を上回る領域に成年男性市民およそ４万人が居住した。民会は年40回ほど開催され、一度に数千人が集まったといわれる。通常は挙手で採決したといわれる。

2 ヨーロッパ中世と近代主権国家 ★★★

（1）ヨーロッパ中世

中世（封建社会）は、封建領主、国王、皇帝、司教、都市国家など多様な主体が入り乱れた**多元的な世界**であった。ただし、権威あるローマ・カトリック教会の下で普遍的な秩序が存在した。

（2）絶対王政と近代主権国家の誕生

しかし、宗教改革によりカトリック教会の権威が失墜すると、国王の権力が強化され、次第に国王を中心として国内を一元的に統治する体制が確立した。これが**絶対王政（絶対主義国家）**である。

絶対王政では**官僚制**（分業化した専門の行政官）と**常備軍**（職業軍人による常設の軍隊）が整備され、その権力は**王権神授説**によって正当化された。

絶対王政は、領域、主権、国民（**国家の三要素**）を有している点で、現代国家と同様であり、**近代主権国家**の起源でもある。

3 近代市民革命 ★★★

(1) 絶対王政

絶対王政では国家の政治的・経済的統一が進展し、中央集権体制が確立することで、中世(封建社会)は崩壊した。

しかし身分制や特権的商人などは残存した。特に特権的商人(商業資本家:貿易・流通で財をなす商人)は、国王から貿易の独占権などを与えられ、**重商主義**(保護貿易で国富を増大)の下で利益を享受した。

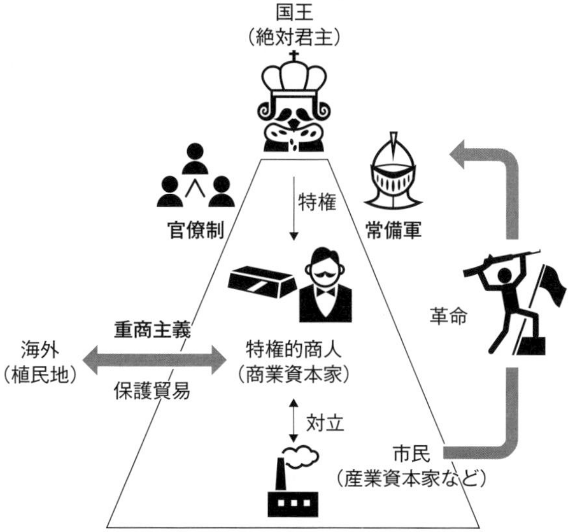

【身分制社会・中央集権体制】

(2) 市民の台頭と近代市民革命

一方、資本主義経済が発達し、産業革命などを背景に成長した産業資本家(工場経営者などの実業家)を中心とする**「市民」(教養と財産のある市民:ブルジョアジー)**が台頭すると、既存の特権身分(王、貴族など)と対立するようになった。

例えばフランスでは、特権身分と市民及び生活苦にあえぐ下層市民・貧農らとの対立が激化し、絶対王政は革命によって打倒され、市民が政治の担い手となった。

このような市民革命の理論的根拠となったのが、**近代自然法思想**や**社会契約論**である。

4 近代国家から現代国家へ ★★★

(1) 社会の変化

近代国家では「市民」が政治の担い手となり、大衆(一般庶民)に参政権は認められなかった(**制限選挙**)。

しかし、19世紀以降次第に**普通選挙制度**が導入され、**議会制民主主義**が定着することで現代国家では大衆が政治の担い手となった。

(2) 経済の変化

近代国家では、市民は自由な経済活動のために市場に対する介入を極力さけることを要望し、**自由放任主義**(**レッセ・フェール**：フランス語で「為すにまかせよ」の意)が基本となった。

この理論的な根拠となったのが、18世紀の英の経済学者**A.スミス**(1723 ～ 90)である。**市場の自動調節機能**(神の「**見えざる手**」)が働くため、政府が手を加えることなく財の適切な配分が市場を通じて達成され、社会全体の福祉が増大するとした。

しかし、20世紀になると世界恐慌の発生など従来の経済学では対処できない問題が生じたため(**市場の失敗**)、金融・財政政策によって景気変動を調節する必要性が生じた。その理論的根拠となったのが**J.M.ケインズ**(1883 ～ 1946)の**ケインズ経済学**である。

A.スミス[1723～90]

「自分の利益だけを追求することでしばしば社会全体にとっての利益が実現する」『国富論』(1776)

J.M.ケインズ[1883～1946]

「従来の経済学は景気が良い時だけの「特殊」な条件だけを想定している。しかし、失業や不況も含めたより「一般」的な理論が必要である」『雇用、利子及び貨幣の一般理論』(1936)

(3) 政府・国家の変化

① 夜警国家・立法国家・小さな政府

近代国家では自由放任主義が基本とされたため、政府の役割は国防・警察・裁判などの最低限で良いとする「**小さな政府**」が志向された(財政規模が少なくて済むという意味で**安価な政府**(チープ・ガバメント)ともいう)。国家権力の中心は立法府(議会)にあると考えられたことから、**立法国家**とも呼ばれる。

しかし、「安価な政府」つまり「小さな政府」では、さまざまな社会問題(労働問題・都市問題)に対処できないため、ドイツの社会主義者**F.ラッサール**によって**夜警国家**とも揶揄された。

② 福祉国家・行政国家・大きな政府

その後、各国では都市化や産業化が進み、世界大戦などを経験する中で、国家の役割は次第に拡大していった。特に国家が総力を挙げて戦う(総力戦)ためには、国民の協力が必要であり、戦時経済のためには労働組合や社会主義政党の協力も不可欠であるため、国民の要望に応え参政権を拡大し、福祉制度の充実などを進めた。

【福祉国家の誕生】

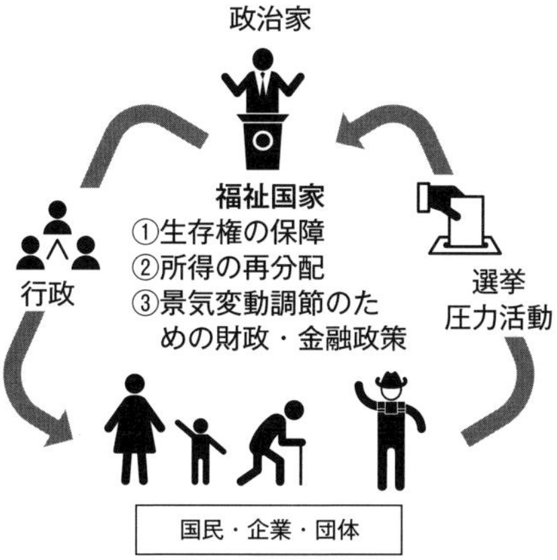

こうして、福祉を国家の責務として行う**福祉国家**が誕生した。このように現代国家はその範囲や役割を拡大させ、法律の中身を行政に委ねる**委任立法**の増大など立法府に対する行政府の優位を生み出したことから**行政国家**と呼ばれ、その規模が巨大化したことから**大きな政府**ともいう。

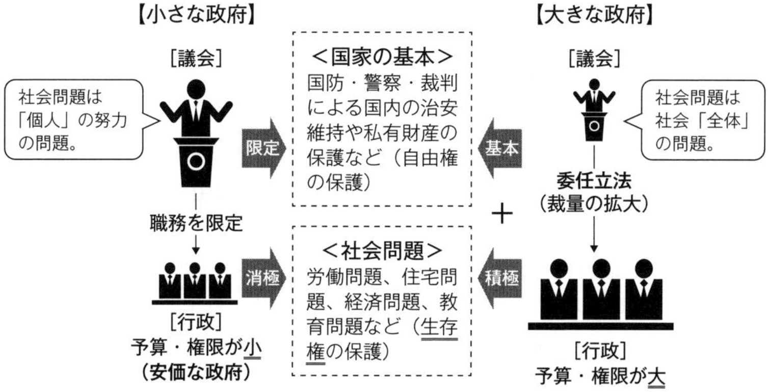

【近代国家から現代国家への変遷】

	近代国家（19世紀）	背景 →	**現代国家（20世紀）**
社会	**市民社会** 市民が政治の担い手	<普通選挙>	**大衆社会** 大衆が政治の担い手
経済	**自由放任主義** 市場メカニズムに委ねる	<世界恐慌> **（市場の失敗）**	**ケインズ主義** 市場メカニズムに介入
政府	**小さな政府** 政府の役割は最低限の 「安価な政府」 （チープ・ガバメント）	<世界大戦>	**大きな政府** 経済政策や社会保障など に積極的に取り組む （予算や公務員の増大）
権力の中心	立法府優位の「**立法国家**」	<行政の高度化>	行政府優位の「**行政国家**」
国家の実態	**夜警国家・消極国家** （自由権の保障に限定）	<産業化・都市化>	**福祉国家・積極国家** （生存権の保障も重視）

5 福祉国家の再編と新自由主義 ★★★

（1）政府の失敗

第二次世界大戦後の先進国は福祉国家化を進めた。しかし、福祉国家化に伴い予算や公務員が増大するため、財政上の負担も大きくなった。

また、政府が社会や経済のさまざまな場面でその活動を増大させることがかえって民間企業の活動の障害となっているという認識も生まれた。これを「**政府の失敗**」という。

（2）新自由主義の登場

特に1970年代の**石油危機**以降、財政赤字を縮小し、再び市場メカニズムの意義を積極的に評価し、政府の規模を見直すことを求める**新自由主義**（ネオ・リベラリズム）が登場した。

例えば、国営企業の民営化や規制緩和を推進した英国の**サッチャー首相**（サッチャリズム）、米国の**レーガン大統領**（レーガノミクス）、日本の**中曽根首相**などが代表的である。

❸ 民主主義の歴史と思想

1 民主主義の歴史 ★★★

(1) 民主主義の語源

民主主義は**古代ギリシャのアテナイのポリス**(都市国家)で行われた**直接民主制を起源**としており、**デモクラシーという言葉**も**ギリシャ語のデモクラティア**(デモス[民衆]+クラティア[支配])**に由来**している。

したがって、民主主義にも多様な意味があるが、元来は「**民衆による支配**」を意味する言葉である。

(2) 古代の民主政治

民主主義による政治は、古代ギリシャのポリスで始まった。**アテナイ**では、**市民が直接参加する民会によって意思決定**する**直接民主制の政治**が行われた。ただし、**官職の大部分はくじ引きで選出**することが一般的だった。

また、**市民はアテナイ生まれの成人男性に限られ**、**女性や外国人は排除**され、**奴隷も参加できなかった**。

(3) 近代の民主主義

17～18世紀の市民革命によって絶対君主が打倒され、ロックやルソーなどの啓蒙思想家が主張した社会契約論や自然権の思想によって新しい政治原理が定着した。

2 近代民主主義の原理 ★★★

近代以降の民主主義の政治は、①**基本的人権の尊重**、②**法の支配**、③**国民主権**、④**権力分立**、⑤**間接民主制**の５つの原理を柱として運営されている。

(1) 基本的人権の尊重

近代民主政治は、**個人主義と自由主義の価値観に立脚**しており、**基本的人権を尊重**する。

基本的人権は、生まれながらに備わっている「**固有の権利**」、永久に侵されない「**不可侵の権利**」、すべての人が平等に享有する「**普遍の権利**」という特徴を持っている。

(2) 近代自然権思想

自然権とは、**生まれながらの権利**であり、**他人に渡すことのできない誰にも侵されない権利**をいう。

米国独立宣言(1776)を端緒とし、**フランス人権宣言**(1789)で確立した。

(3) 間接民主制

①古代の民主主義

先述のように、民主主義の起源は古代ギリシャであり、市民全員が参加する直接民主制が当然であった。

ただし、現在でも、スイスのカントン(州)の人民集会、米国のタウンミーティング(住民総会)のように直接民主制を実施している例も見られる。

②近代現代の民主主義

巨大な人口と土地を抱える**大規模な社会**では、**全員参加の政治制度は不可能**なため、選挙によって選ばれた国民の代表が政治を行う**間接民主制が一般的**である。

ただし、**国民投票**や**住民投票**など、**直接民主制により意思決定する場面もある。**

【古代の民主主義/近代の民主主義】

	古代の民主主義	**近代の民主主義**
社会	自然的な共同体社会(人口少)	大規模な社会(人口多)
起源	古代ギリシャのポリス	近代市民革命
体制	**直接民主制**	**間接民主制**

3 基本的人権の保障 ★★★

(1) 基本的人権の歴史

基本的人権は、時代とともに獲得されていったものである。

まず西欧では、王権に対して市民の自由な経済活動や理不尽な課税の拒否などを主張する中、**18世紀頃**、各種の**自由権・所有権**や**法の下での平等**が**獲得**された。

次に**19世紀頃**から、「自由放任」というだけでなく**積極的な政治参加の権利**を主張する中、**選挙権・被選挙権**や政治的な権力行使などの**参政権**が**獲得**された。

そして、**20世紀**に入ると**大衆の発言権が増大**し、「豊かな社会」の果実の幅広い分配を主張する中、**生存・安全の確保**、**所得再分配**、**健康で文化的な最低限の生活保障**、**教育を受ける権利**、**福利厚生の保障**などの**社会権**が**獲得**された。

（2）主な人権文書

①英国の市民革命期の文書

（ア）マグナ・カルタ（大憲章）（1215）

国王の恣意的な支配を制限し、貴族の特権を確認したもので、人身の自由（裁判によらず身体を拘束されない）などが明記されており、その後英国立憲政治の基盤となった文書。

（イ）権利請願（1628）

マグナ・カルタを参考にエドワード・コークが起草したもので、議会の課税承認権と人身の自由を再確認する内容となっている。

（ウ）権利章典（1689）

名誉革命によって新たな王を迎え、議会が王に対して権利請願の内容を確認するとともに、さらに請願権などを認めさせた内容となっている。これより、英国では議会を中心とする政治が確立した。

（3）米国・フランスの市民革命期の文書

（ア）ヴァージニア権利章典（憲法）（米・1776）

自然権思想に基づく初めての人権文書であり、出版・信教・人身の自由などの自由権が保障された。

（イ）米国独立宣言（米・1776）

英国の植民地からの独立を訴えたものであり、人民主権、革命の権利などが自然権思想に基づいて正当化されている。

（ウ）フランス人権宣言（仏・1789）

18世紀までの人権思想の集大成であり、国民主権、自由・平等・所有権、権力分立などが明記されている。

（4）現代の人権文書

（ア）ワイマール憲法（ドイツ・1919）

第一次世界大戦後に制定されたドイツ共和国憲法は、世界で初めて社会権を規定した。

（イ）世界人権宣言（国連・1948）

国連総会で採択されたもので、自由権、社会権、参政権など人権発展の集大成となっている。ただし、人権の保障を各国に要請したものに過ぎず、条約のような法的拘束力はない。

（ウ）国際人権規約（国連・1966）

世界人権宣言の内容を条約化し、各国へその実施を義務付けることを目的としたもので、**加盟国に対して法的拘束力がある**。社会権を中心とするA規約と自由権を中心とするB規約、及び選択議定書の３つから構成されている。

4 法の支配 ★★★

(1) 法の支配とは

法の支配とは、**統治される者だけでなく統治する者も法に拘束されるべき**とする思想であり、絶対王政の専制的な「**人の支配**」**と対比される**。

(2) 法の支配の起源

法の支配の起源は、**13世紀英国**の裁判官**ブラクトン**の「**王といえども神と法の下にある**」という言葉である。

そして、**17世紀**には英国の裁判官である**エドワード・コーク(クック)**がブラクトンの言葉を引用して、**国王よりもコモン・ロー（慣習法)が優位する**と捉える「**法の支配**」**を説き**、**定着**するようになった。

【法の支配と法治主義】

	法の支配	(形式的)**法治主義**
概要	統治される者だけでなく、統治する者も「法」によって拘束されるという考え	行政活動は法律の枠内で行うべきだとする考え
歴史	英米で発達	ヨーロッパで発達
特徴	**法律の内容を重視** (実質的)	**法律の形式を重視** (形式的)
具体的な影響	**違憲立法審査権** 司法が、行政や立法の人権侵害を監視する	法規万能主義 法的根拠があれば人権の制限も可能という問題がある

【人の支配・法治主義・法の支配】

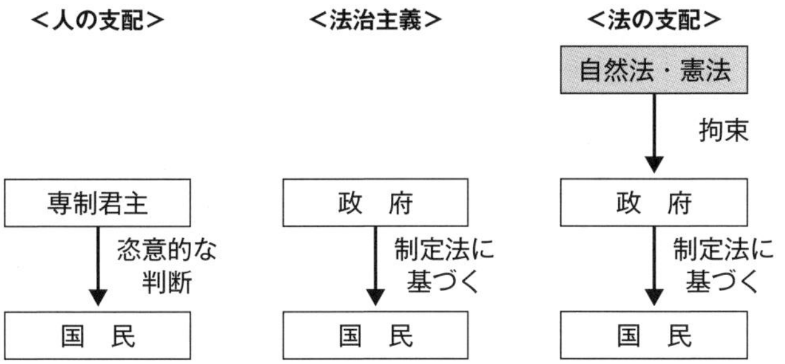

5 権力分立の思想

★★★

(1) 背景

権力の集中は恣意的な専制政治を生み出す可能性がある。このため、**市民革命期には権力の分立の思想が登場**した。

(2) ロックの権力分立論

英国の思想家**J.ロック**(1632～1704)は、権力を①**立法権**、②**執行権**(対内的行政)、③**連合(同盟)権**(対外的行政)に分類した。ただし、**議会が立法権、国王が執行権と連合権の両方を担う**ので、**二権分立**の形式となっている。

そして、立法権は「唯一最高の権力」であるとし、**立法権優位の権力分立論**を主張した。

(3) モンテスキューの権力分立論

フランスの思想家**C.モンテスキュー**(1689～1755)は、英国の名誉革命が権力分立に成功したことを賞賛し、権力分立の思想をさらに発展させた。

そして彼は、**司法・立法・行政**の3つの権力が、**相互に抑制と均衡**(チェック・アンド・バランス)を保つことで、専制が防止されるとする**三権分立**を主張した。

彼の権力分立論は、**フランス革命**や**米国憲法に大きな影響**を与えており、特に米国では彼の議論が忠実に採用され、厳格な三権分立制が確立された。

【ロックとモンテスキューの権力分立論】

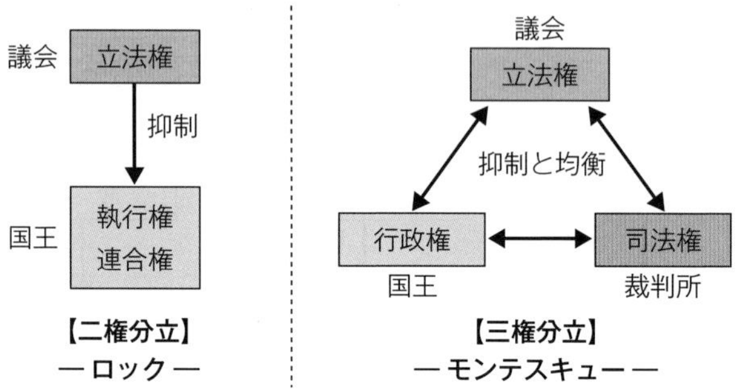

(4) フランス人権宣言

フランス革命後に成立した国民会議は、人民主権などを定めた人権宣言を採択した。この**フランス人権宣言**には、**権力分立の必要性が明文化**されている。

[フランス人権宣言第16条]
権利の保障が確保されず、権力の分立が規定されないすべての社会は、憲法を持つものではない。

4 社会契約論

1 背景と定義 ★★★

(1) 背　景

古代や中世においては国家や法は自明の存在であると理解されていた。例えば、ある人間が支配者(王)であることや、ある行為が法律で禁止されていることは当然のこととされ、神や伝統などそれ以上さかのぼることのできない究極の根拠によって正当化された。

しかし、宗教改革やルネサンスを経て、これまでの神や伝統が決して自明の存在でなくなると、世の中の秩序やルールは人間が作り出し、変化させていくものだという認識が広まっていった。こうした思想の代表格が社会契約論である。

(2) 定　義

社会契約論とは、国家の存在しない状態(**自然状態**)で、個人はどのような権利を有するか(**自然権**)、そしてどんな行動をとるかということを推論し、こうした個人が何らかの必要にかられて合意(**契約**)によって新たに国家を形成するにいたる過程を論証する理論である。
以下で詳述するように、ホッブズ、ロック、ルソーなどが代表的な思想家である。

【社会契約論】

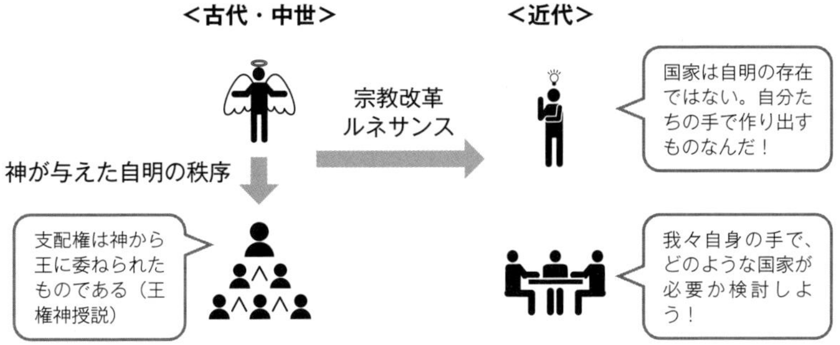

2 近代自然法思想 ★★☆

(1) 定　義

以上のような神から自立した国家や人間のあり方を検討する社会契約論の理論的根拠となったのが自然法思想である。自然法思想とは、神から自立した人間の理性を重視し、それによって**人間の本性**(nature：自然)に適合する法原理が導き出されるとする考え方である。

(2) 自然権

では、人間の本性から出発した場合に、人間にはどのような権利が備わっていると考えられるか。これが**自然権**(natural right)である。自然権とは、国家や法律に先立って存在する、「**人間が生まれつき有する権利**」を意味する。
ただし、後述するように社会契約論の中でも論者によってその具体的な中身はさまざまである点に注意しよう。

(3) 自然状態

そこで、以下に取り上げる社会契約論を唱える論者は、国家や法律に先立って、自然権を有する個人が存在すると仮定し、その場合には人間はどのような状態に置かれるかを検討した。これが「**自然状態**」である。
つまり、「**国家・社会が創設される以前の、法的拘束がない状態**」のことであり、社会契約論で用いられる理論的な仮説である。

3 ホッブズ ★★★

T.ホッブズ
[1588～1679]

(1) 背　景

17世紀後半の英国はピューリタン(清教徒)革命から王政復古へと続く動乱の時代である。特に**ピューリタン革命**(**清教徒革命**：1642～49)では、王党派と議会派の対立により多くの血が流れ、英国は内乱状況に陥った。

こうした状況を憂い、内乱を克服するための手段を模索したのが、英国の思想家**T.ホッブズ**が著した『**リヴァイアサン**』(1651)である。

(2) 自然権：「自己保存の権利」

まず、ホッブズは、人間は生まれつき「**自己保存の権利**」(「生存のための自由」)を有すると考えた。つまり、人間は誰でも自らの生命を維持するために、必要なあらゆる手段を用いる権利を有しているというのである。そして、この権利は**万人が平等に有している**とした。

(3) 自然状態：「万人の万人に対する闘争」

また、ホッブズは、人間の欲望は無限であり、死に至るまで止むことなく権力(power)を追求すると考えた。例えば他人より腕力が劣っていれば、より強い腕力を求める。他人より評判が悪ければより高い評判を得ようとする。

このような本性を持つ人間が自己保存の権利を平等に有しているとすれば、何が起きるか。それは終わることのない不断の戦争状態、「**万人の万人に対する闘争**」が生じるという。

(4) 共通権力の必要性

では、「万人の万人に対する闘争」を防ぐ手段は何か。まずホッブズは自然法が闘争を防ぐ可能性について検討した。ここでいう自然法とは平和を実現するための一般規則のことであり、人間は理性に基づいて自然法を制定することができるはずである。

しかし、例えば自分がその規則を守ったとしても他人がその規則を遵守するとは限らない。つまり、自然法が存在しても、**規則を強制する共通の権力**がなければ、平和は訪れないとホッブズは考えたのである。

(5) リヴァイアサン（国家）の成立

そこで、ホッブズは、すべての人間が自らの権利を、一人の人間(または合議体)に委ねることで共通の権力を樹立しようとした。

すなわち、一人の人間(または合議体)を自らの代理人としてすべての権利を委ね、この代理人の判断に従うという内容の契約を各個人が結ぶとした(**自然権の主権者への全面譲渡**)。

リヴァイアサンの表紙

ホッブズは契約によって設立された国家を旧約聖書に登場する怪物に喩えてリヴァイアサンと呼んだ。よく見るとリヴァイアサンの身体は小さな人間から構成されている。人間が作り出した人造人間が国家である。

(6) 抵抗権の否定

以上の契約は、あくまで一人の人間(または合議体)という第三者(契約当事者ではないもの)に対して授権するものであり、第三者と各人との間には契約関係は存在しない(**統治契約の不在**)。したがって、人々のすべての権利を授権された第三者すなわち主権者は無制限の権力を有しており、人民には主権者に抵抗する権利は存在しないのである(**抵抗権の否定**)。

主権者が無制限の権力を持つという化け物じみた国家。それゆえホッブズは国家を**リヴァイアサン**(旧約聖書ヨブ記に登場する怪物)に喩えたのである。

【万人の万人に対する闘争】

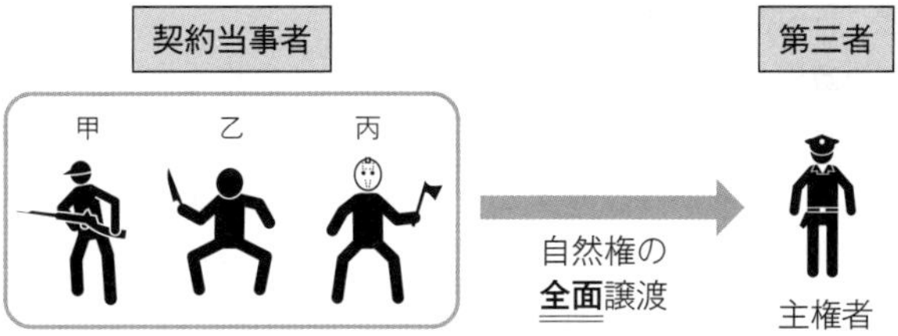

4 ロック

★★★

J.ロック
［1632～1704］

(1) 背　景

英国の思想家J.ロックは、17世紀英国の王政復古から名誉革命の時期に活躍した。この時代の英国は王と議会が激しく対立しており、最終的には専制を強めるジェームズ２世に対して、議会はオランダからオレンジ公ウィリアムを招請し、王位に就かせるという**名誉革命**(1688～89)が実現した。

このような時代において議会派を擁護し、議会優位の体制を正当化する目的で執筆されたのが『**市民政府論**(**統治二論**)』(1690)である。

(2) 自然権：所有権

まず、ロックは人が生まれながらに持つ権利(自然権)を、**所有権**(property)であるとした。ここでいう所有権は現在よりも広く「**生命・自由・財産**」を意味している。私の身体は私固有の所有物であり誰も奪うことができない。したがって、私の身体を用いた労働によって生み出された財産も私固有の所有物である。

このような論理によってロックは今日において基本的人権と呼ばれているものを正当化したのである。

(3) 自然状態：「一応の平和」

では、国家や政府が存在しない自然状態では、所有権を有する個人はどのような状況に直面するだろうか。

ロックは、国家や政府が存在せずとも「**一応の平和**」が確保されると考えた。なぜなら、人間には理性があり、例えば「汝、殺すなかれ」「汝、盗むなかれ」という当然のルール(自然法)に従うからである。

つまり、**自然状態には自然法がすでに存在**しているのである。しかし、この自然状態は権利が損なわれた場合の救済手段もなく、意図的にルールを破る者に対する制裁手段がない。したがって、自然状態は一応の平和ではあるものの、潜在的には紛争が生じる危険性がある。

(4) 政治社会の設立

そこで、ロックは各人の所有権を守るために、自然法を解釈し執行する共通の権力が必要だと考え、自然権の一部(**自然法の解釈や執行**)を放棄し、全員が政治社会の構成員となるという契約を結ぶとした。

要するに、権利侵害に際しての自力救済の権利は失うが、政治社会における共通の権力を通じて制裁や救済が行われるという体制である。

(5) 抵抗権と革命権の肯定

以上のように、政府(国家)とは、あくまで個人の所有権をよりよく保障するために、人々が権利を政府に**信託**(trust)することによって成り立っている。したがって、政府がこの信託に違反すれば、人々は政府を解体することができるとした。

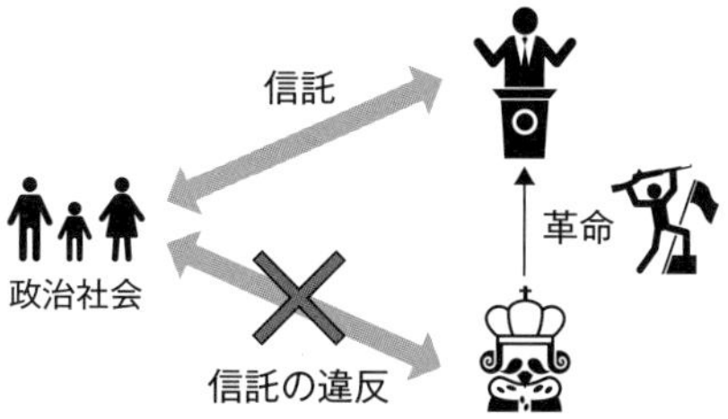

【ロックの社会契約論】

つまり、政府が権力を濫用する場合には人々は武器を持って抵抗する権利があり(**抵抗権**)、最終的には政府を打倒する権利(**革命権**)を持っていると考えたのである。

この抵抗権と革命権の考えは後の米国独立革命やフランス革命の理論的根拠ともなった。

5 ルソー

★★★

(1) 背　景

J-J.ルソー
[1712～78]

スイス・ジュネーブ出身の思想家**J-J.ルソー**は、16歳で家出をして各地を放浪した。30歳で音楽家として身を立てるべく、フランス・パリに移り住み、後にフランス啓蒙思想の代表的な思想家として活躍した。

彼は『**学問芸術論**』、『**人間不平等起源論**』などの著作を通じて、当時のヨーロッパ文明社会を厳しく批判した。代表作である『**社会契約論**』(1762)は広く読まれ、後のフランス革命を思想的に準備する役割を果たしたといわれている。

(2) 自然状態：「完全な平和」

まず、ルソーは人間の自然(本性)や自然状態とは何かを改めて再検討した。

彼によれば、自然状態とは人間が文明社会に到達する以前の、人間が一個の動物として互いに孤立して生活する「未開状態」である。そして、この自然状態では、人間は自己保存の欲求(**自己愛**)があるものの同胞の苦しみに共感する能力(**憐れみの情**)を有しているため、戦争状態になることはないとし、自然状態は「**完全な平和**」

であると考えた。

(3) 文明社会の批判

その後、人間は理性を獲得して、自然状態から抜け出し文明社会を発達させることになった。理性によって無知蒙昧から解放され、科学技術が発達した文明社会は人間にとって幸福をもたらすはずである。

しかし、ルソーは、文明社会は不自由と不平等、支配と隷従の関係が蔓延した堕落した状態に過ぎないと批判している。文明社会が私有財産を認めたから富をめぐる争いが生じ、他人を羨み、虚栄心が生まれるのであり、その元凶が理性であると考えたのである。

しかし、人間はすでに進歩してしまった以上、かつての「未開状態」(自然状態)に戻ることもできない。本来の人間性を取り戻すためには、全く新しい政治社会を樹立する必要があるとルソーは考えたのである。

(4) 社会契約

そこで、ルソーは、個人が自由でありながらも各人が一体となる共同体を設立するためには、自分の持つ権利と自分自身を**共同体に全面譲渡**し、この共同体の意志である一般意志に服従するという内容の契約を結ぶ必要があるとした。この社会契約によって誕生する共同体は、人民全員が主権者であり、共同体の決定とは自己決定に他ならない。

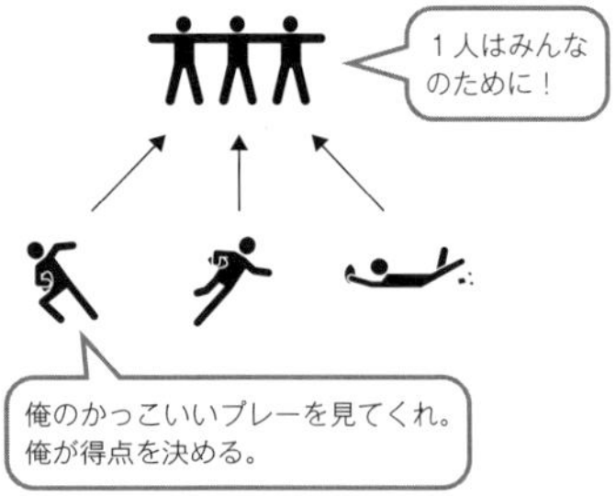

【一般意志のイメージ】

したがって、**人は完全に自由でありながらも、全員が一体**となり自らを律することができると考えたのである。

(5) 特殊意志・全体意志・一般意志

ところで、ルソーは共同体の意志を一般意志と呼んだが、これはいかなる性格のものか。彼はこれを特殊意志、全体意志との違いで説明している。

一般意志は、特殊意志と全体意志に絶対的に優越するもので、「常に正しく、常に公共の利益を目指す」ものであるという。

特殊意志	全体意志	一般意志
個別利益の志向であり、私的利益の追求	特殊意志の総和であり、私的利益の寄せ集めに過ぎない	普遍的・公共的な意志であり、共通の利益を志向する

（6）直接民主制

また、ルソーは、一般意志は「**他人に譲ることもできない**」とも述べている。彼は英国の代議制は選挙の時しか人々の自由が存在しないと批判し、**直接民主制**を主張した。

ルソーの祖国スイス（ジュネーブ）は現在でも直接民主制が盛んなことで有名である。

重要事項 一問一答

01 政治思想上、主権の概念を初めて定式化したのはどの国の誰か？

フランスのJ.ボダン

02 直接民主政の起源といわれるのは、いつの時代のどこか？

古代ギリシャ時代のポリス（都市国家）のアテナイ

03 福祉国家の理論的な根拠となったのは、誰の経済学か？

J.M.ケインズの経済学

04 世界で初めて社会権を規定した憲法は、いつのどこの国で制定されたか？

第一次世界大戦後にドイツで制定された（ワイマール憲法）

05 統治される者だけでなく統治する者も法に拘束されるべきとする思想を何と呼ぶか？

法の支配

06 自然状態を「万人の万人に対する闘争状態」と捉えたのは、どこの国の誰か？

英国のT.ホッブズ

07 人が生まれながらに持つ自然権を「所有権」として、社会契約論を展開したのは、どこの国の誰か？

英国のJ.ロック

08 直接民主制に基づき一般意志に従うという社会契約論を展開したのは、どこの国の誰か？

フランスのJ-J.ルソー

過去問チェック

01 ホッブズは、主権という概念を初めて理論的に明らかにし、主権は国家の最高権力であるとした。特別区Ⅰ類2007

×「主権」概念を初めて理論的に明らかにしたのはJ.ボダンである。

02 アダム=スミスは、神の「見えざる手」によって統治権が国王に委任されているとする、王権神授説を唱えた。この理論に目をとめたヘンリ８世によって英国に招かれると、英国の経済制度をモデルとして『国富論(諸国民の富)』を著した。国家専門職2007

× アダム=スミスが『国富論』(1776)において神の「見えざる手」という比喩を用いて説明したのは市場メカニズムであり、王権神授説とは関係ない。なお、ヘンリ８世は16世紀中盤(1547)に没しており、スミスの活躍時期と異なる。

03 現代の国家は、国の政策分野の拡大などを背景に、議会中心の「立法国家」から「行政国家」へと変化している。行政国家の下では、議会の制定する法律は行政の大綱を定めるにとどめ、具体的な事柄は委任立法として行政府に任される傾向が強まっている。国家一般職2013

○行政国家化に伴って国家の活動範囲が量的にも質的にも大きく拡大したことから、具体的な事柄の詳細まで議会が制定するのが難しくなり、委任立法が進展した。

04 20世紀には、社会的・経済的弱者の生存や福祉の必要性が唱えられるようになり、プロイセン憲法において初めて社会権が保障された。一方、ラッサールは、社会権を保障する国家を夜警国家と呼び、国家が経済や市民生活に介入し過ぎているとして批判した。国家専門職2020

× 初めて社会権を保障したのは、「プロイセン憲法」ではなく「ワイマール憲法」である。また「夜警国家」の意味も誤り。19世紀の社会主義者F.ラッサールは、国家が経済や市民生活に介入し「なさ」過ぎていると批判して、自由放任思想を背景に治安維持など最小限の役割しか果たしていない19世紀の国家を批判する意味で「夜警国家」と表現した。

05 ベヴァリッジは『ベヴァリッジ報告』の中で、国家は国民に対し「ゆりかごから墓場まで」最低限度の生活を保障するべきとする、福祉国家論を唱えた。この報告の影響を受けて英国ではチャーティスト運動が盛り上がり、ドイツではワイマール憲法が制定された。国家専門職2007

× ワイマール憲法の制定は1919年で、1942年に提出されたベヴァリッジ報告以前となる。また、チャーティスト運動は、さらに以前の1830年代後半のイギリスで始まった労働者階級の普通選挙権獲得を目的とした運動である。

06 直接民主制は、古代ローマの共和制を起源としており、そこでは、すべての成人が民会に出席して政策を決定するとともに、直接選挙により官職の選出を行っていた。**東京都Ⅰ類2006**

× 直接民主制は古代ギリシャのポリスを起源とし、デモクラシーの語源も古代ギリシャ語Democratiaに由来する。古代ローマの共和制は、民会とともに元老院、政務官の三者によって成り立っており、民会が政策決定機関として機能していたわけでない。また、古代ギリシャの官職の多くは、直接選挙ではなく、くじ引きで選出していた。

07 17世紀以降、英国、米国、フランスなどで起こった産業革命によって、自由権が確立された。ただし、確立された当初の自由権は、個人が生まれながらにして持っている絶対的なものではなく、国王や国家元首によって与えられるものとされていた。**国家専門職2020**

× 自由権は、「産業革命」ではなく「市民革命」によって、18世紀に確立されたものである。また、自由権は確立された時点で、個人が生まれながらにして持っている絶対的なものとされていた。例えば、フランス革命期に発表されたフランス人権宣言の第1条には「人は生まれながら、自由で平等な権利をもつ」と書かれている。

08 人の支配とは、法の支配に対する概念として生まれたもので、国家の主権は君主ではなく全人民に平等にあるとする考え方である。ロックは、人の支配の考え方に基づいて、全人民共通の一般意志によって公共の利益の実現が図られるべきであると説いた。**国家専門職2020**

× まず、概念としては「人の支配」の方が先にあり、それに対抗して生まれたのが「法の支配」である。また、「人の支配」は統治者の恣意的な判断による支配であるため、「国家の主権は……全人民に平等にあるとする考え方」とは両立しない。さらに、J.ロックは人の支配の考え方に基づいていない。そして、「一般意志」はJ-J.ルソーが提示した概念である。

09 エドワード・コークは、「国王は何人の下にもあるべきではない。しかし、国王といえども神と法の下にあるべきである」というブラクトンの言葉を引用して、王権に対するコモン・ローの優位を主張した。**特別区Ⅰ類2017**

○ エドワード・コーク(クック)はイギリスの政治家・法律家で、17世紀初めに王権神授説を掲げるイギリス国王ジェームズ1世に対して、13世紀の裁判官ブラクトンの「国王といえども神と法の下にある」という言葉を引用して、コモン・ローが王権よりも優位にあることを説いた。

10 ロックは『市民政府二論(統治二論)』の中で、国家権力による権利の侵害を防止するために、国家権力のうち立法権、行政権及び司法権の三権は分離されるべきとする、三権分立論を唱えた。この三権分立論は、英国の名誉革命に多大な影響を与えた。**国家専門職2007**

✕ ロックが唱えたのは、立法権と行政権(執行権及び連合権)を分離する二権分立論である。立法・行政・司法間の抑制均衡による三権分立論は、フランスの思想家モンテスキューが唱えた。また、名誉革命はモンテスキュー生誕の前年の1688年に始まっており、モンテスキューの学説が影響を与えることはできない。

11 ホッブズは、「万人の万人に対する戦争」において勝利した者が、社会契約に基づいて人民から自然権を譲渡され、絶対的な権力者になると考えた。そして、たとえ人民の権利が侵害されたとしても、人民が抵抗権を行使することは認められないと主張した。**裁判所2019**

✕ 「『万人の万人に対する戦争』において勝利した者が……自然権を譲渡」という点が誤り。ホッブズのいう「万人の万人に対する戦争(闘争)」では、万人が常に恐怖に怯える状況であり、勝者はいない。したがって、全員で自然権を放棄する相互契約が締結されるという議論となっている。

12 ロックは、社会契約に基づいて人民から自然権を信託された政府が人民を統治することになると考えた。そして、政府による統治が不当なものであったとしても、人民が抵抗権や革命権を行使することはできないと主張した。**裁判所2019**

✕ 「抵抗権や革命権を行使することはできない」という点が誤り。ロックの社会契約論では抵抗権や革命権が肯定されており、これがフランス革命や米国独立革命の理論的な根拠となっている。

13 ルソーは、人民がみずからの手で選出した代表者を共同体の統治機関と位置づけて自然権を全面譲渡し、その支配に服すべきだと主張した。なぜならば、ここにおいて人民は主権者であると同時に臣民となり、自己統治が完成することになるためである。**裁判所2019**

✕ 「人民がみずからの手で選出した代表者」という点が誤り。ルソーは「選出した代表者」に委ねる間接民主制を否定し、直接民主制を主張している。

MEMO

過去問 Exercise

問題1 モンテスキューの思想に関する記述として、妥当なのはどれか。

特別区Ⅰ類 2019［R1］

❶ モンテスキューは、「リバイアサン」の中で、人間は自然状態のもとでは「万人の万人に対する闘争」を生み出すので、各人は、契約により主権者に自然権を譲渡して、その権力に従うべきだとした。

❷ モンテスキューは、「統治二論」の中で、政府とは国民が自然権を守るために、代表者に政治権力を信託したものであるから、政府が自然権を侵害した場合、国民には抵抗権が生じるとした。

❸ モンテスキューは、「法の精神」の中で、国家の権力を立法・行政・司法の3つに分け、それぞれを異なる機関で運用させ、相互の抑制と均衡を図る三権分立制を唱えた。

❹ モンテスキューは、「社会契約論」の中で、個々人の間での契約によって1つの共同体をつくり、公共の利益の実現をめざす一般意志を人民が担うことによって、本当の自由と平等が実現できるとする人民主権論を唱えた。

❺ モンテスキューは、「諸国民の富」の中で、国家は国民が自由に活動するための条件を整備すればよく、国家の任務は国防や治安の維持など、必要最小限のものに限るという自由放任主義の国家を夜警国家と呼んで批判した。

解説

正解 ③

---

❶ × 本肢はホッブズの説明であれば妥当である。「リバイアサン」「万人の万人に対する闘争」というキーワードがホッブズの特徴である。

❷ × 本肢はロックの説明であれば妥当である。「統治二論(市民政府二論)」、「信託」、「抵抗権」というキーワードがロックの特徴である。

❸ ○ ロックが立法と執行(行政)の二権分立論であるのに対して、司法・立法・行政の三権分立論がモンテスキューの特徴である。

❹ × 本肢はルソーの説明であれば妥当である。「社会契約論」、「一般意志」、「人民主権論」というキーワードがルソーの特徴である。

❺ × まず「諸国民の富(国富論)」はアダム・スミスの著作である。ただし本肢はアダム・スミスの説明としても誤っている。スミスは市場の自動調節作用を主張し、国家の役割を必要最低限なものにとどめるべきだと論じている。このような国家観が後にドイツの社会主義者ラッサールによって「夜警国家」と批判されたのである。

2 各国の政治制度

本節では、議院内閣制と大統領制、各国の政治制度を扱います。議院内閣制の母国としての英国、大統領制の典型例としての米国の制度についてはは特にくわしく覚えておきましょう。

1 政治の概念

1 議院内閣制と大統領制の比較 ★★★

(1) 概　要

現代の政府のあり方は、行政府と立法府の関係を基準として、**議院内閣制**(議会制ともいう)と**大統領制**の２つに分類される。また、この両者の特徴を併せ持つ体制として、**半大統領制**も存在する。

(2) 本人・代理人モデルによる比較

議院内閣制と大統領制の違いは、**本人・代理人モデル**(プリンシパル・エージェント・モデル)によって説明することができる。

① 議院内閣制

議院内閣制では、まず有権者を「本人」、議会を「代理人」とする関係が形成されている。また、議会は有権者の「代理人」というだけでなく、首相(内閣)を選出するという点では「本人」としての役割も果たしている。

つまり、議院内閣制とは、有権者→議会→首相(内閣)というように本人・代理人の系統が一本で形成されている仕組みである(**一元代表制**)。

② 大統領制

これに対して、大統領制は、全国の有権者という「本人」から選出される大統領という「代理人」と、各地方の選挙区の有権者から選出される議員という「代理人」の２つが存在している。

つまり、大統領制とは有権者→大統領及び有権者→議会という本人・代理人の系統が二本で形成されている仕組みである(**二元代表制**)。

【議院内閣制と大統領制の比較】

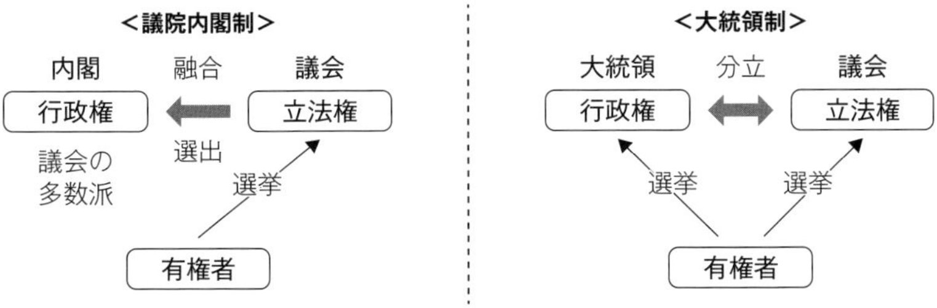

2 議院内閣制の基本的な仕組み ★★★

(1) 概　要

先述のように、議院内閣制は本人・代理人の系統が一本であり、代理人が複数存在していないため、立法府と行政府の対立は生じにくい。

つまり、立法府と行政府の間で「**権力の融合**」をした体制となっている。

(2) 主な採用国

議院内閣制は、日本はもちろん英国などの西ヨーロッパ諸国の多くで採用されている。また、インド、タイ、オーストラリア、ニュージーランドなどアジア・オセアニア地域も議院内閣制が比較的多く用いられている。

(3) 特　徴

① 首相・内閣（行政府の首長）は議会（立法府）によって選出される

行政府の首長である首相と内閣は議会により選出される。つまり、国民により直接選出されるのではなく、立法府により間接的に選出される。

② 首相と内閣は議会に責任を負う

首相及び内閣は議会によって選出されるため、その地位は議会の信任に依存している。したがって、議会の信任を失った場合には、不信任投票により退陣を迫られる。

③ 内閣の合議制

内閣における首相の地位はさまざまなタイプがあるが、常に集団的に政策決定を行う合議制が採用されている。

3 大統領制の基本的な仕組み ★★★

(1) 概　要

大統領制では代理人が複数存在していることから、代理人同士の対立、具体的には大統領と議会の間での対立が生じる可能性が高い。つまり、立法府と行政府の間での「権力の分立」を徹底した体制となっている。

したがって、**大統領という役職者が存在するだけでは大統領制とはいえず**、あくまで立法府と行政府との関係によって分類される。例えば、ドイツ、フランス、ロシアなどには大統領がいるが、大統領制には分類されない。

(2) 主な採用国

大統領制は、いわゆる主要先進国では米国のみで採用されている。ブラジルやアルゼンチンなどのラテンアメリカでは大統領制が主流である。また、韓国、インドネシア、フィリピンなどアジア地域の一部でも導入されている。

(3) 特　徴

① 大統領は国民により直接選出される

行政部の首長である大統領は国民により直接選挙で選ばれる。したがって、大統領は議会から独立した固有の民主的正統性を有する。

② 大統領の任期は憲法で明記されている

行政府の首長である大統領の任期は、憲法で定められており、固定的である。他方で、議会の任期も同様に固定的で、大統領は議会を解散する権利を有さない。米国では任期４年、３選が禁止されている。

③ 大統領は独任の長である

大統領は行政府の首長として、独任で権限を行使する。各省長官はあくまで大統領のアドバイザーという位置づけである。

2 各国の政治制度

1 英国の政治

★★★

【英国の政治機構】

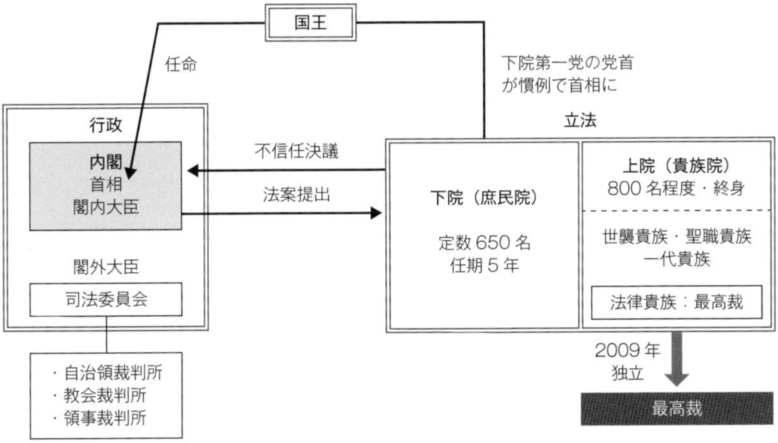

【英国の政治制度の基本概要】

政治体制	国王を元首とする立憲君主制であり、**議院内閣制**の母国である。また、英国憲法はさまざまな慣習や法律の集合体であり、統一された憲法典が存在しない**不文憲法**の国である
元首	国王は国家元首として、議会の召集・解散、法律の制定・公布などの権限を持つが、「**君臨すれども統治せず**」の原則の下で、行政権は内閣、立法権は議会、司法権は裁判所に委ねられている
行政	内閣が行政府の最高機関。首相は下院第一党の党首が国王によって任命される。大臣は首相の提案に基づいて議員の中から国王が任命する。内閣は下院に対して連帯して責任を負う
立法	上院と下院からなる**二院制**。**上院は貴族と勅任の議員**から構成されている。1998年以来上院改革が続けられており、世襲貴族議員は大幅に削減されている。**下院は小選挙区により選出**される。英国では下院優位の原則が確立しており、予算など重要法案は下院を通過すれば国王の裁可を得て成立する
司法	かつて英国国内の最高裁は上院であったが、2009年に独立の最高裁が誕生した。英国は「**議会主権**」ともいわれるように議会の権限が強固で、議会が唯一絶対の立法機関とされているため、司法機関に**違憲立法審査権はない**

政党	19世紀は保守党と自由党、20世紀後半からは保守党と労働党の**二大政党制**である。ただし、二大政党以外にも自民党のような有力政党や地域政党が存在する

(1) 英国の内閣

① 歴　史

現在の英国の議院内閣制は、18世紀前半の**ウォルポール**内閣の時代に確立したといわれる。英国の議院内閣制は首相の強いリーダーシップが発揮される体制であり、首相内閣制(首相制)とも称される。

② 任　命

内閣の最高責任者は首相であり、国王が任命する。ただし、国王による任命は形式的なもので、**下院第一党の党首が慣例で首相**に任命される。閣僚の任免は首相の提言によって国王がこれを行う。

日本と異なり、**閣僚はすべて議員**でなければならないという慣習が確立している。

③ 閣僚の種類

内閣の構成員である閣僚(大臣)は**閣内大臣**と**閣外大臣**の２つに分類される。

(ア) 閣内大臣

常時閣議に出席する大臣である。ポスト・数は首相の専権事項であり、内閣ごとに構成や名称が変更される場合がある。

また、内閣と与党の一体性を確保するため、党幹事長など(議会内での取りまとめ役)の党内の役職者が閣内大臣の一員となるのが慣例である。

(イ) 閣外大臣

必要なときだけ閣議に参加し、閣内大臣の補佐など行うことを目的とした大臣である。日本の副大臣はこれをモデルとして設置されている(ただし、日本の副大臣は閣議には参加しない)。

④ 影の内閣

(ア) 概　要

英国の野党第一党は、常時政権交代に備えて**「影の内閣」(シャドーキャビネット)**を組織している。そして、これらを制度的に保障するため、野党第一党党首には議員歳費とは別に国から特別手当が支給されている。

(イ) 日本での導入

日本では旧民主党が影の内閣をモデルとして、自主的に「次の内閣」を組織していた。自民党も2009年に野党になり翌年「シャドーキャビネット」を組織したことがある。ただし、日本では政党の自主的な取組みとして行われており、**英国のような制度的裏付けはない**。

(2) 英国の立法過程

貴族院(上院)と庶民院(下院)の二院制である。ただし、上院は世襲貴族・一代貴族などの**非選議員**であり、権限は制約されている。予算案や法律案を上院が否決しても、下院の採決のみで成立させることができるなど、**下院優越の原則**が確立している(議会法で成文化されている)。

【議院内閣制の日英比較】

	英国	日本
首相の選出	下院の第一党党首が慣例で首相に	国会で指名選挙 （第一党党首とは限らない）
内閣の構成	大臣はすべて議員	過半数が議員
上下両院	下院の優越	
	上院：非公選	参議院：選挙区と比例代表制
	下院：小選挙区	衆議院：小選挙区比例代表並立制
裁判所の 違憲審査	違憲審査権なし	違憲審査権あり
憲法	不文憲法	成文憲法

(3) 英国の政党

英国は**二大政党制**の代表国である。19世紀英国では、自由党と保守党の二大政党が交互に政権を担当する二大政党制であった。20世紀初頭には労働党が自由党から分党して三党制となり、その後自由党が勢力を失う中で労働党は支持を拡大し、戦後は**保守党**と**労働党**の二大政党制となった。

2 米国の政治

★★★

【米国の政治機構】

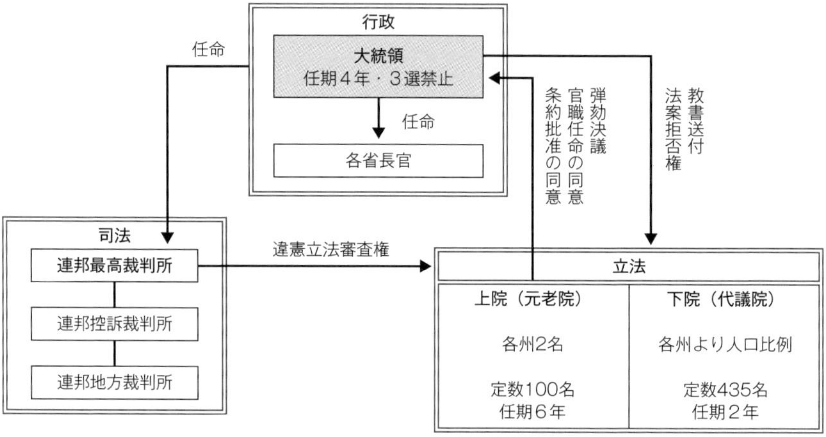

【米国の政治制度の基本概要】

政治体制	**大統領制**を採用し、大統領に強力な権限を付与しているが、**連邦制**（地域的権力分立）と**厳格な三権分立**により、徹底した権力分立を行っている
元首	大統領は国家元首であるとともに、行政府の責任者として国民に直接責任を負っている。有権者は大統領を直接選挙するのではなく、大統領選挙人を選出することで大統領を選出する（**間接選挙**）
行政	大統領が行政府の最高機関。大統領が単独で行政権を有する独任制が採られている。大統領は上院の同意を得た上で各省長官を任命し、政府を形成する
立法	上院と下院からなる二院制。上院は各州2名から選出され、州代表の性格を帯びている。下院は各州に人口比例で議席が配分され、小選挙区で選出される。解散はなく、**議員だけが法案提出権を有する**
司法	連邦司法部門は、連邦最高裁判所、連邦控訴裁判所、連邦地方裁判所から構成されている。裁判所は判例によって確立した**違憲立法審査権を有する**
政党	共和党と民主党が**二大政党制**を形成している。二党以外にも政党はあるが、連邦議会に議席を有するのは共和党と民主党だけである

(1) 米国の大統領

① 大統領の選出

大統領は大統領選挙人によって選出されるため、**形式上は間接選挙だが、実質的には直接選挙**といえる制度である。大統領の**任期は4年**であり、**3選が禁止**されている(かつて3選禁止は慣習に過ぎなかったが、1951年から憲法規定となっている)。

② 大統領の主な権限

①行政権	行政権は大統領個人に属する独任制である。大統領は行政府の長として政府を組織し各省庁官らにより内閣が構成される
②教書提出	法案提出権はない。ただし、議会に教書(政策上・立法上の意見書)を提出することができる
③法案拒否権	法案は大統領の承認・署名を経て初めて法律となるため、署名拒否で法案の成立を妨害することが可能である
④軍の最高司令官	陸海空の三軍の最高司令官であり、大統領は軍を自己の裁量で動かす権限が与えられている。ただし、宣戦布告は議会の権限である
⑤各省長官・連邦最高裁判事等の任命権	外交官、連邦最高裁や高裁の判事、各省長官など重要な官職の指名権を有する。ただし、任命に際しては上院の同意が必要である
⑥条約の締結権	条約を締結する権限を有する。ただし、上院が条約の批准権を持つ[1]

③ 内　閣

大統領は行政府の長として各省長官を任命し、政府を組織する。各省長官は内閣(cabinet)を構成し、大統領に対して責任を負い、大統領を補佐、助言を行う。**各省長官は議員と兼職ができず**、議会にも出席できない。

④ 副大統領

大統領選挙において大統領とセットで選出される。上院議長を兼任し、大統領が欠けた場合には大統領になる。

1　国家間の法的な取決めである条約は、首相や大統領など行政機関の首長同士の署名だけでは成立せず、議会などの国家機関による承認手続（批准）を経て効力を発する。

⑤ 大統領の罷免

(ア) 概　要

議院内閣制と異なり、議会による不信任決議、大統領による**議会の解散はない**。ただし、以下のとおり、議会による大統領の罷免は可能である。

(イ) 仕組み

大統領の犯罪行為(反逆・収賄など)と思われる事件が発生した場合、まず、下院による**弾劾訴追**が行われ(過半数以上で可決成立)、次に上院による**弾劾裁判**(出席議員の３分の２以上で可決成立)で大統領の罷免が決定する。

(ウ) 現　状

クリントン大統領やトランプ大統領のように訴追されたケースはあるが、**弾劾裁判で罷免された事例は皆無**である。

(2) 米国の議会

米国議会は上院と下院の二院制である。立法上の権限は上下両院対等であるが、それぞれが持つ専有事項がある。ただし、連邦制を採る米国では「州の代表」という性格を有する上院の方がステータスが高いとされている。

	上院(元老院)	下院(代議院)
選出	定数は各州2名(合計100名) 2年ごとに3分の1が改選される。1回の選挙で選ばれるのは1人であり、小選挙区制の仕組みである	各州に人口比例で配分(合計435名) 小選挙区で選出
任期	6年	2年
専有事項	･各省長官、大使、最高裁判事などの**任命承認権** ･**条約批准同意権** ･大統領の弾劾裁判	･予算関係/歳出関係法案の先議権 ･大統領の弾劾訴追
特徴	州の規模にかかわらず平等に各州2名であるため、事実上「州代表」の性質を帯びている	立法上の権限は対等であるが、条約批准の同意、各省庁官等の任命承認などの点で上院に劣る

(3) 米国の政党

米国の連邦議会では、無所属議員が存在するものの、政党では共和党と民主党が議席を独占しており、**二大政党制**の典型となっている。

共和党	米国の「**保守**」政党。政策的には、「小さな政府」を志向する。元来は米国北東部・中西部を支持基盤とする政党だが、1960年代以降南部にも進出している
民主党	米国の「**リベラル**」政党。当初は農村部・南部を支持基盤としていたが、F.ルーズベルト大統領のニューディール政策により、支持基盤を北部労働者・黒人にも拡大した（ニューディール連合）
その他	共和党と民主党以外にも多数の政党が存在しており、時には大統領選挙でも一定の支持を得ることもあるが、全国的な基盤もなく勢力的には弱小である

3 ドイツの政治

★★☆

【ドイツの政治機構】

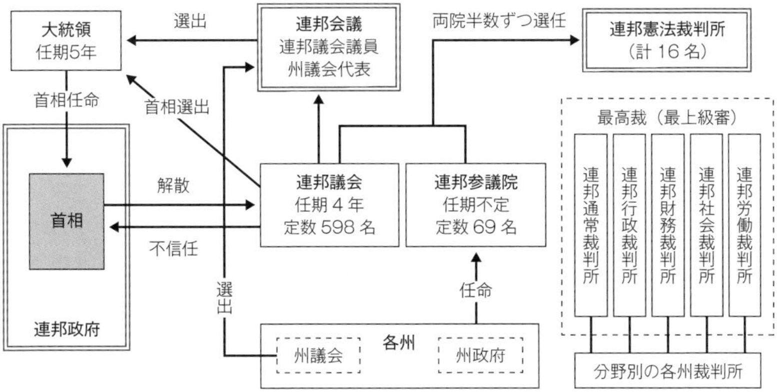

【ドイツの政治制度の基本概要】

政治体制	各州の独立性が高く、各州がそれぞれ司法・立法・行政の各機関を持つ**連邦制**を採用。また、大統領は存在するが、実質的な行政権は内閣が行使し、内閣は議会の信任を必要とする点で**議院内閣制**
元首	**大統領**が**国家元首**。連邦会議によって間接選挙で選出されるが、実質的な権限はほとんどなく、**象徴的存在**
行政	連邦政府は連邦大統領と内閣によって構成される。連邦首相は連邦大統領の提議に基づいて、連邦議会が選出し、連邦大統領によって任命される

立法	連邦議会と連邦参議院の**二院制**。連邦議会は国民の直接選挙によって選出された議員によって構成される。連邦参議院は州政府が任命した代表によって構成されるもので、州代表の機関としての性格を持つ。一般的な立法事項に関しては連邦議会が優位しているが、州の権限などに関わる法案の場合には連邦参議院の同意が不可欠となっている
司法	裁判所は分野別に設置されており、各分野の最高裁とは別に違憲審査を担当する連邦憲法裁判所が設置されている
政党	ワイマール期のドイツは小党分裂と不安定な連立政権が続いていたが、戦後のドイツは「穏健な多党制」の下で、安定した連立政権を形成してきた

4 フランスの政治 ★★★

【フランスの政治機構】

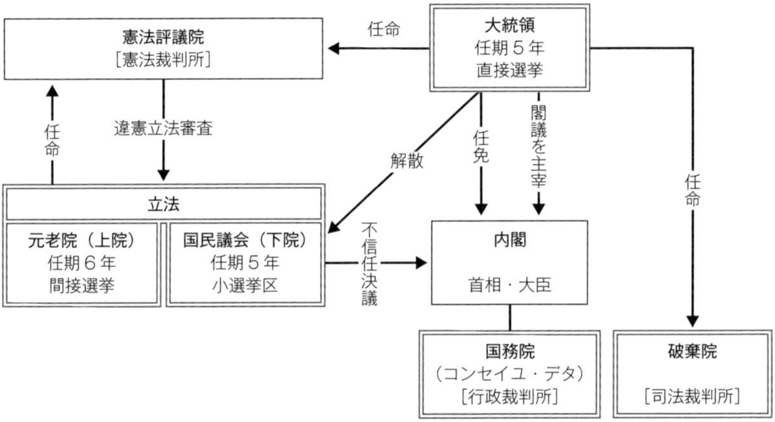

【フランスの政治制度の基本概要】

政治体制	大統領制と議院内閣制の要素を併せ持つ**半大統領制**
元首	**大統領**が**国家元首**。任期は5年、国民の**直接選挙**によって選出される。首相の任免権など幅広い権限を有し、フランス政治制度の要の存在
行政	大統領は首相と閣僚を任命し、閣議を主宰する。憲法上、大統領と内閣の権限分担は曖昧だが、慣習上、内閣が国政、大統領が外交を担う

立法	元老院と国民議会の**二院制**。国民議会は小選挙区制によって直接選出されるが、元老院は県選出代議士・県議会議員・市町村議員などによって構成される選挙人団から選出される
司法	司法裁判所と行政裁判所が厳格に分離しており、行政裁判は行政権の一部となっている。また、憲法裁判所として憲法評議院が設置されており、違憲立法審査を行っている
政党	第3共和政以来、多数の政党が離合集散を繰り返しており、多党制が特徴

5 韓国の政治 ★★★

(1) 大統領制

① 選　出

韓国は**大統領制**である。大統領は任期５年で国民の**直接選挙**によって選出され、再選は認められていない。

議会は大統領に対して政治的責任を問うことはできず、大統領は議会を解散することはできない。ただし、議会は大統領の弾劾訴追が可能である。

② 特　徴

米国の大統領制と異なり、行政府は議会に法案及び予算案を提出できる。また、副大統領は存在せず、代わりに大統領を補佐し、行政府を統括する国務総理が存在する。

国務総理は大統領によって任命されるが、議会の信任を必要としており、任命には議会の同意が必要である。

(2) 議　会

韓国の議会は**一院制**(定数300名)であり、任期４年、小選挙区比例代表並立制で選出される。

6 ロシアの政治 ★★★

(1) 大統領

大統領は国家元首であり、国民の**直接選挙**によって選ばれる。１回目の選挙で過半数に達する候補者がいなかった場合には、上位２名の決選投票を行う(２回投票制)。任期６年である。

(2) 内　閣

大統領は首相及び内閣の任免権を有する。ただし、首相の任命は下院の承認が必要であり、大統領は下院の解散権を有する。

したがって、大統領制と議院内閣制が融合した**半大統領制**である。

(3) 議　会

ロシアは、共和国や州など83の構成主体からなる**連邦制**である。それゆえ、連邦構成主体の代表からなる上院(連邦院)と下院(国家院)の**二院制**となっている。

【ロシアの政治機構】

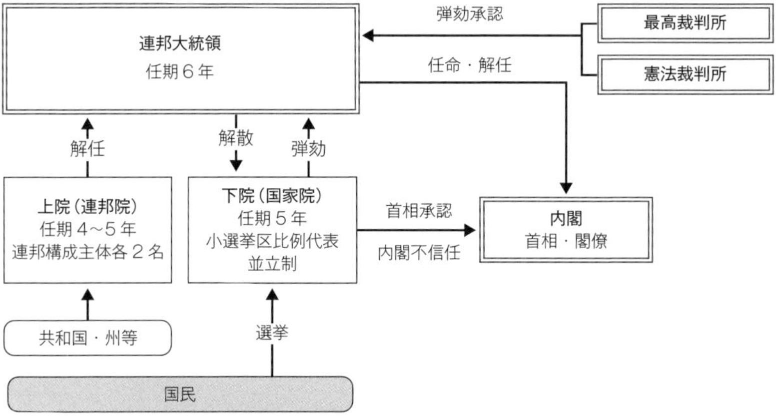

7 中国の政治　★★★

(1) 人民民主主義と民主集中制

① 人民民主主義

中国の憲法では「**人民民主主義**独裁の社会主義国家」であり、「**すべての権力は人民に属する**」と規定されている。すなわち、人民にすべての権力が集中し、その独裁によって社会主義国家建設を行う国とされている。

ただし、人民を指導・教育する立場として中国共産党が存在しており、実際の権力は中国共産党が掌握している。

② 民主集中制

中国の憲法では「中国の国家機構は**民主集中制**の原則を実行する」と規定されてい

る。すなわち、人民の代表が集う全国人民代表大会(全人代)に権力を集中し、共産党の指導を前提として、全人代が国家の行政、裁判所などを組織し、監督するという集権的構造となっている。

したがって、欧米流の**三権分立が否定**されている。

(2) 政治体制

① 全国人民代表大会(立法機関)

全国人民代表大会(全人代)は、中国の立法機関であり、憲法上「最高の国家機関」とされている。全人代の構成員は省、自治区、軍隊などが選出する**間接選挙**であり、任期は5年である。

② 国家主席(国家元首)

中国の国家元首は**国家主席**であり、全人代によって選出される。国政上の最高責任者であるが、具体的な行政は国務院が担う。

③ 国務院(行政機関)

国務院は最高の行政機関であり、国家主席の指名に基づいて全人代によって選出される。総理(首相)が国務院を主宰し、国務委員、部長(大臣に相当)、委員会主任により構成される。

④ 中国共産党

中国共産党は憲法上「中国を指導」するとされており、中国共産党の「**一党支配**」体制である。**形式的には複数政党制**であり、中国共産党以外にも政党は存在するが、政権を担うことはない。

【中国の政治機構】

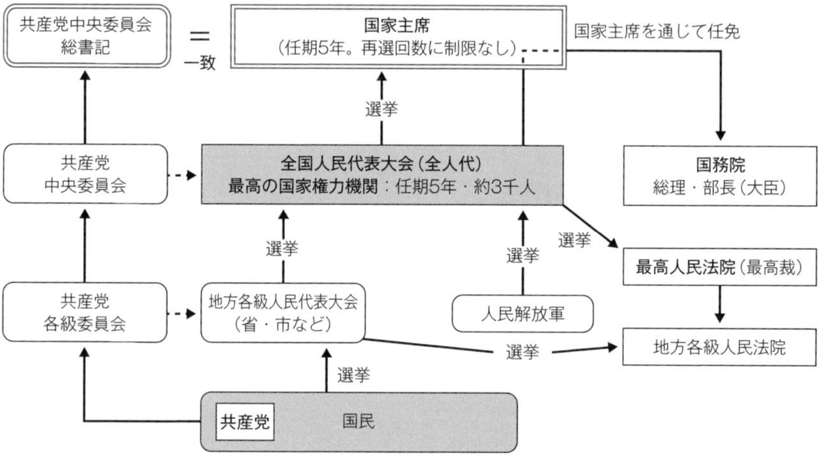

重要事項 一問一答

01 立法権と行政権の分立を重視しているのは、議院内閣制と大統領制のどちらか?

大統領制

02 英国の首相は、上院と下院のどちらから選出されるか?

下院

03 米国の連邦議会において、州の代表と位置付けられるのは上院と下院のどちらか?

上院

04 ドイツの政治制度は、議院内閣制か大統領制か?

議院内閣制

05 フランスの大統領に下院の解散権はあるかないか?

ある

06 中国の国家元首である国家主席はどのように選出されるか?

全国人民代表大会により選出される

過去問チェック

01 イギリスでは、議会は、国民により選出される議員からなる上院と終身議員からなる下院とで構成されており、首相は上院の多数党の党首から選出されるが、

任命権は国王が持っている。特別区Ⅰ類2005

╳「上院」と「下院」が逆で、イギリスの議会は、国民により選出される議員からなる「下院」と終身議員からなる「上院」とで構成されており、首相は「下院」の多数党の党首から選出される。

02 イギリスの内閣は、議会の多数を占める政党の党首が首相になって組織し、連帯して議会に責任を負い、議会が内閣を信任しない場合、内閣は総辞職するか、上院と下院を解散して選挙で国民の信を問わなければならない。特別区Ⅰ類2009

╳ イギリスの議会のうち解散があるのは下院(庶民院)のみで、上院(貴族院)には解散制度がそもそもない。

03 英国の政治制度の特徴として、内閣が議会に対して連帯責任を負う議院内閣制を採っていることが挙げられる。首相は行政における最高責任者であり、内閣を率いる。議会は上院と下院の二院制で、我が国の衆議院の優越に類するものはなく、両院が対等の立場にあり、上院議員は世襲議員、下院議員は小選挙区から選出される議員である。国家専門職2004

╳ 英国では、下院(庶民院)の優位が法律によって明文化されている。また、貴族院議員のうち世襲貴族は少数派であり、本人の実績・経験に基づき付与される一代貴族が多数を占めている。

04 アメリカでは、大統領は、議会に議席を持っており、議会による大統領の不信任決議権に対する議会の解散権を持っている。特別区Ⅰ類2005

╳ アメリカの政治制度は厳格な三権分立の原則を採用しており、大統領は議会に議席を持っておらず、議会による大統領の不信任決議権も、大統領による議会の解散権も存在していない。

05 アメリカでは、議会は、各州から人口に比例して選出される議員からなる上院と各州から同一定数で選出される議員からなる下院とで構成されており、下院は条約の締結や公務員の任命に対しての同意権を持っている。特別区Ⅰ類2005

╳「上院」と「下院」が逆になっている。アメリカの議会は、各州から人口に比例して選出される議員からなる「下院」と各州から同一定数で選出される議員からなる「上院」とで構成されており、「上院」は条約の締結や公務員の任命に対しての同意権を持っている。

06 アメリカの執政制度の特徴の一つは権力の分立にあり、大統領の権限と議会の権限は厳格に区分されている。そのため、大統領は立法過程において議会に法案を提出することのみ認められている。裁判所2014

╳ アメリカ大統領は、権力分立の建前から、議会に法案を提出することも認められていない。ただし、大統領教書を発して、議会に対して立法措置を勧告することはできる。

07 憲法上、大統領の任期は１期４年と定められているが、再選に関する規定は設けられていない。しかし、初代大統領のG.ワシントンが２期８年で退任したため、再選は１度限りとする不文律が成立しており、これまでに３選を果たした大統領は存在しない。**国家一般職2007**

× 1951年の合衆国憲法修正22条に基づき、米国では選挙による大統領の選出は２回を上限とし、３選を禁止するという規定が設けられている。なお、修正条項が加えられる以前にはF.ルーズベルトのように４選を果たした例もある。

08 ドイツの政治制度の特徴として、連邦制を採用し、主権は連邦政府と地方政府との間で分割されていることが挙げられる。連邦大統領は国家元首であり、国政について多くの権限を持つ。連邦大統領は重要な立法について連邦議会が否決した場合、「立法緊急状態」を宣言し、連邦参議院のみの議決で法案を成立させることができる。**国家専門職2004**

× ドイツの大統領は名目上「国家元首」という地位にはあるが、ワイマール期への反省もあり、ドイツ内外における「代表」機能以外、政治的機能を持たない形式的なものである。

09 フランスの政治制度の特徴として、民主・連邦・法治国家の代表的な統治形態である共和制を採っていることが挙げられる。大統領は国家元首であり、憲法や人権、市民の自由の保証人、軍の最高司令官として、外交・内政の基本政策を決する。議会は一院制で、大統領の解任権は議会が持っており、議会には強い権限が認められている。**国家専門職2004**

× フランスは中央集権体制をとり、ドイツのように各州に強力な自治権を与える「連邦制」は採用していない。また、議会は上院である元老院と下院である国民議会の二院制を採用している。さらに議会は、大統領が国家反逆罪を犯した場合に限り弾劾裁判権を持つが、通常の不信任決議権は持たない。

10 韓国の政治制度の特徴として、大統領制と議院内閣制の中間形態を採っていることが挙げられる。大統領は国会議員による間接選挙で選出される。また、大統領は、国務総理の任命、国民議会の解散、国民投票の要請などを単独で行使できる権限を有する。議会は唯一の立法機関であり、二院制で国務総理任命同意権を持つ。**国家専門職2004**

× 韓国の大統領は、国民による直接選挙で選出される。また、議会は一院制を採用している。さらに、韓国の議会に解散はない。大統領制下の内閣の位置は非常に曖昧であり、大統領を議長とし、副議長が国務総理となっているが、実質的な政策決定は大統領府が担っている。

11 フランス及びロシアの大統領は、議院内閣制のもとで議会を中心に選出され、名目的・儀礼的な権限しかもたない。**東京都Ⅰ類2020**

× フランス及びロシアの大統領は、国民に直接選出されることから実質的な権限を持つ。ただし、大統領の下には議会の信任を必要とする内閣があることから、大統領制と議院内閣制が混合した「半大統領制」に分類される。

12 中国では、民主集中制が採用され、首相は、全国人民代表大会で選出され、国家主席を指名する。**東京都Ⅰ類2008**

× 「首相」と「国家主席」が逆である。中国では、「国家主席」は全国人民代表大会で選出され、「首相」を指名する。国家主席は中国の国家元首であり、近年は、中国共産党の最高指導者である中央委員会総書記が兼任しているため、中国全体の最高指導者ともなっている。

13 中国では、中華人民共和国憲法の規定により、行政権、立法権、司法権はそれぞれ国務院、全国人民代表大会、人民法院に属するとされている。また、中国共産党は、国家の諸機関の指導を受けて活動を行うこととされている。**国家専門職2013**

× まず、中国では中国共産党が権力を握っているため、指導を受ける側ではなく指導する側に立つ。また、行政権、立法権、司法権はそれぞれ国務院、全国人民代表大会、人民法院に属するとはいえない。３つの役割を「担当」する組織が分かれていることと三権が「分立」していることは別物で、３つの組織相互に抑制と均衡の関係があって初めて「三権分立」といえるが、中国では全国人民代表大会が最上位の組織であるため分立しているとはいえない。

過去問 Exercise

問題1　大統領が存在する国に関する次のA ～ Dの記述のうち、妥当なもののみを全て挙げているものはどれか。

裁判所 2021［R3］

A　フランスの大統領は任期５年で国民の直接選挙で選出され、首相を任免するなどの強大な権限があるが、一部議院内閣制を取り入れていることから、フランスは半大統領制の国といえる。

B　アメリカは厳格な三権分立の国であるため、任期４年で国民の間接選挙で選出される大統領は、議会を解散することができず、議会から不信任決議を受けることもない。

C　ドイツでは連邦議会から任期５年の大統領と首相が選出されるが、首相は象徴的な存在とされ政治的な実権を有さないことから、ドイツの政治体制は大統領制とされる。

D　ロシアは大統領と首相が共に存在し、大統領は任期６年で三選が禁止され、首相は連邦議会から選出されるため、内閣は議会を解散し議会は内閣に不信任決議をすることができる。

1. A、B
2. A、C
3. B、C
4. B、D
5. C、D

解説

正解 ❶

A ○　フランスでは大統領に首相の任免権がある一方で、議会は内閣に対して不信任決議権を有する。この点で議院内閣制の要素が取り入れられており、フランスは「半大統領制」の国である。

B ○　アメリカの大統領に議会を解散する権限はなく、また議会も大統領に対して不信任決議権を有していない。ただし、議会は大統領を「弾劾」する権限を有する。下院による弾劾訴追を経て、上院による弾劾裁判で可決されると罷免が決定する。

C ×　ドイツにおいて大統領は、連邦議会議員と州議会の代表から構成される非常設の「連邦会議」で選出される。「象徴的な存在」とされるのは大統領であり、その権限は形式的なものに限定されている。実質的な行政権は内閣が有し、内閣が議会の信任を必要とする点でドイツは「議院内閣制」の国とされる。

D ×　「首相は連邦議会から選出」と「内閣は議会を解散」が誤り。ロシアにおいて、首相の任免権や議会の解散権は大統領が有する。ただし、首相の任命には議会の承認が必要とされ、議会は内閣に対して不信任決議権を有する。こうしたロシアの政治体制は大統領制と議院内閣制が融合した「半大統領制」である。

以上より、妥当なものはA、Bであり、正解は❶となる。

国家一般職★★☆／国家専門職★★☆／裁判所★★☆／東京都Ⅰ類★★☆／地方上級★★☆／特別区Ⅰ類★★☆

3 選挙制度と政治過程論

本節では、選挙制度、政党と利益団体を扱います。日本の選挙制度は複雑でわかりにくいですが、時事の枠で出題されることもあるため、正確に理解するようにしましょう。

1 選挙制度の分類

1 選挙の原則 ★☆☆

選挙とは、代表者の選出を通じて、国民や住民の意思を表示するという政治参加の重要な機会であり、間接民主制（議会制民主主義）を支える重要な制度である。現代の選挙については一般に５つの原則が存在する。

（1）普通選挙

普通選挙とは、一定年齢に達したすべての国民に選挙権が与えられ、特に財産や納税額などを選挙権の要件としない制度をいう。

普通選挙と対になるのが**制限選挙**である。

（2）平等選挙

平等選挙とは、１人１票を原則とし、その１票の価値が平等である制度をいう。

平等選挙と対になるのが**複数投票制**（１人が２票以上投票できる制度）、**等級選挙**（有権者が例えば納税額などによって等級に分けられて、等級ごとに選挙する制度。１票の価値が異なる制度）である。

（3）秘密選挙

秘密選挙とは、誰に投票したかを秘密にする制度をいう。秘密投票によって投票先が知られることで生じる不利益を受けず、自由に投票することが可能となる。

秘密投票と対になるのが**公開投票**である。例えば、投票者の名前を記入して投票する記名投票などがある。

（4）直接選挙

直接選挙とは、有権者が直接に候補者に投票する制度である。

直接選挙と対になるのが**間接選挙**（有権者はまず選挙人を選び、選挙人が公職者を選ぶ）である。

（5）自由選挙

自由選挙とは、本人の自由意志で投票でき、棄権も認められる制度である。

自由選挙と対になるのが**義務投票**（投票しないことで罰金などの不利益が生じる制度）である。義務投票はオーストラリア、ベルギー、ブラジルなど世界の一部地域では導入されている。

2 小選挙区制と大選挙区制 ★★★

選挙制度は、選挙区の定数を基準として、①**小選挙区制**、②**大選挙区制**に大別される。

また、日本では、さらに③**中選挙区制**という区分を用いることもあるが、**中選挙区制は厳密には大選挙区制の1つに含まれる**。

	概要	事例
小選挙区制	選挙区の定数が1人	英国下院、米国下院、フランス下院、日本の衆院など
（中選挙区制）	選挙区の定数3～5人	かつての衆院選挙
大選挙区制	選挙区の定数が複数	かつての衆院選挙 ヨーロッパの比例代表

3 多数代表制と比例代表制 ★★☆

票がどのように集計され、議席に換算され、当選者が確定するかを定める方法を基準に、**多数代表制**と**比例代表制**の２つに分類できる。また、**少数代表制**という分類で大選挙区や比例代表制を指す場合もある。

【多数代表制と比例代表制】

類型	概要			事例
多数代表制	有権者の「多数派」を代表しているものが当選する	**絶対多数制**	過半数の得票を必要とする （50%以上必要）	フランス、オーストラリアの小選挙区
		相対多数制	最多得票であれば当選する （50％未満でも当選可）	英国、米国、日本の小選挙区
比例代表制	政党を単位として、各政党の**得票数に比例**した議席を配分する ただし、比例配分の計算方式や投票方法の違い、議席配分の基準値の有無など実際の制度は多様である			イタリア、オーストリア、スイス、ベルギー、オランダなど
（少数代表制）	複数の候補者が当選できるため、多数派の支持を受けていない**少数派**でも当選できる制度である			大選挙区 比例代表制

2 小選挙区制と比例代表制

1 小選挙区制と比例代表制の比較 ★★★

（1）概　要

選挙制度は多様であるが、最も代表的な制度が**小選挙区制**と**比例代表制**であり、政治学上は両者を比較することが多い。主な特徴は以下のとおりである。

	小選挙区制	**比例代表制**
多様な利益の代表	しにくい（短所）	しやすい（長所）
死票	多い（短所）	少ない（長所）
デュヴェルジェの法則	二大政党制になる （大政党が過大に代表）	多党制になる （小政党も当選の可能性）
政府・政党	二大政党により、絶対多数党の出現を見る可能性が高く、ワーキングガバメント（実行力のある政府）が形成されやすい（長所）	小政党も議席を得やすく、連立政権の破綻など、政局が不安定になる可能性がある（短所）
選挙区画	ゲリマンダーの可能性がある（短所）	

（2）死　票

前ページの表で小選挙区制は死票が多く、比例代表制は死票が少ないと指摘した。では死票とは何か。**死票**とは**当選に結びつかない票**、すなわち落選者に投じられた票のことである。このことを実際の選挙で確認しよう。

以下の表は2021年の衆議院選挙の結果である。例えば、小選挙区部分のみに注目すると、自民党の得票率は49％と過半数を下回っているが、議席率で見ると65％を超えている。逆に、立憲民主党は、得票率は29％に及ぶものの、議席率は19％に過ぎない。また、比例区の選挙はおおむね得票率が議席率と一致していることが分かる。

このように、**死票が多く、民意を適切に反映しないという欠点**が小選挙区制にはある。

【2021年総選挙の結果】（小数点以下切り捨て）

政党	小選挙区		比例区		総議席率
	得票率	議席率	得票率	議席率	
自民	49%	65%	47%	40%	56%
公明	1%	3%	12%	13%	6%
立憲民主	29%	19%	20%	22%	20%
維新	8%	5%	14%	14%	8%

（3）ゲリマンダー

① 定　義

ゲリマンダーとは、特定の党派に有利になるような**恣意的な選挙区割り**のこと。ゲリマンダーを造ることをゲリマンダリングという。

② 背　景

1812年マサチューセッツ州知事ゲリーが自党に有利になるように恣意的な選挙区割りを行い、その不自然な形がサラマンダー（ギリシャ神話の火蛇）に似ていたことから生まれた造語である。

【ゲリマンダー】

2 比例代表制の分類 ★★★

(1) 概　要

比例代表制は、各政党の得票数に比例させて議席を配分する仕組みである。ただし、どのように比例させるかにはさまざまな方法があり、本節では主要国で採用されている**ドント式**と**サンラグ式**について説明する。

さらに、各政党においてどの候補を当選者とするかという点についてもさまざまな手法があり、日本では**拘束名簿式**と**非拘束名簿式**の２つが用いられている。

(2) 議席配分方式による分類（どの政党にどれだけ配分するか）

	概要		事例
ドント式 (d'Hondt)	① 政党の得票数を**整数**(自然数)で割る ② 商の大きい順に議席を配分する	大政党有利	**日本の比例代表選挙** イスラエル
サンラグ式 (Sainte-Lagüe)	① 政党の得票数を**奇数**で割る ② 商の大きい順に議席を配分する	小政党有利	スウェーデン ドイツ

[例題]

定数6の比例代表選挙区で、政党の得票数がそれぞれX党(90)、Y党(50)、Z党(20)であった場合、ドント式を用いると各政党の獲得議席はどうなるか計算せよ。

【正解：X党が4議席、Y党が2議席、Z党が0議席】

(3) 当選者の決定方式による分類（政党の中で誰を当選させるか）

	概要	例
拘束名簿式 (絶対拘束名簿式)	① 政党は当選順位を付した候補者名簿を提出 ② 有権者は政党名で票を投ずる(政党にのみ可) ③ 政党に議席が配分され、既定順位に従って当選者確定	日本の衆議院
非拘束名簿式 (単純拘束式)	① 政党は順位付けのない候補者名簿を提出 ② 有権者は政党名か候補者名で票を投ずる(候補者も可) ③ 政党に議席が配分され、候補者名での得票順に当選者確定	日本の参議院

【衆議院比例代表選挙の拘束名簿式】

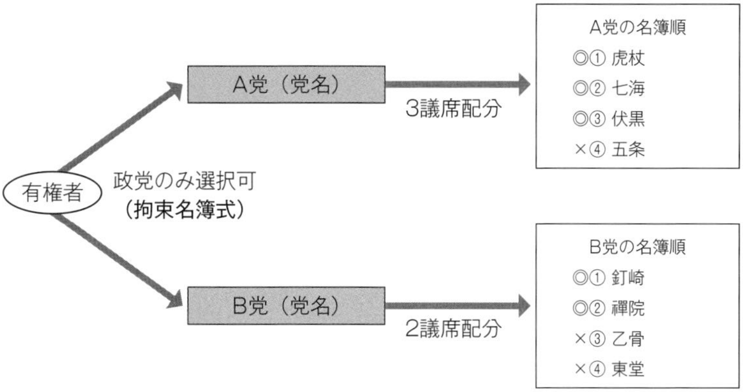

【参議院比例代表選挙の非拘束名簿式】

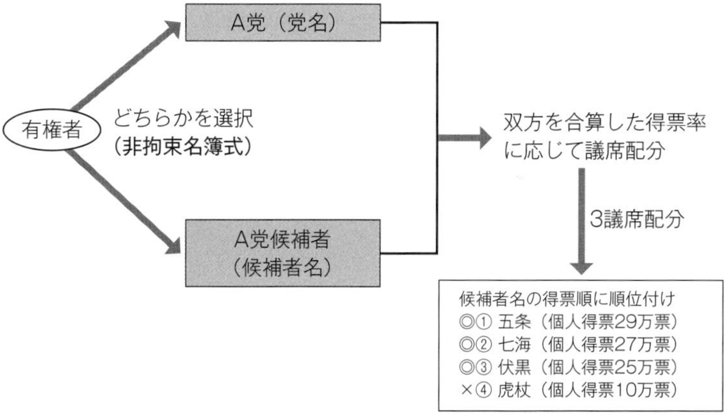

3 日本の選挙

1 現行の国政選挙の仕組み ★★★

(1) 衆議院選挙と参議院選挙の比較

	衆議院議員選挙		参議院議員選挙	
	小選挙区選挙	比例代表選挙	選挙区選挙	比例代表選挙
選挙区	289選挙区	11ブロック(※1)	45選挙区(※2)	全国
議員定数	289人	176人	148人	100人
投票用紙への記入	候補者名	政党名	候補者名	候補者名または政党名
当選方式	最多得票者1人だけ	得票数に応じて政党に議席配分(名簿順に当選)**拘束名簿式**	得票数順に1〜6人	得票数に応じて政党に議席配分(個人得票順に当選)原則**非拘束名簿式**

※1 衆議院の比例代表選挙は、北海道、東北、北関東、南関東、東京都、北陸信越など全国11ブロックに分けて行われる。
※2 参議院の選挙区選挙は、かつては47都道府県で行われていたが、現在は鳥取県と島根県、徳島県と高知県だけはそれぞれ2県が一選挙区となる合区である。

(2) 衆議院選挙の仕組み

① 小選挙区比例代表並立制

衆議院議員選挙は、小選挙区制と比例代表制の**混合制**であり、**小選挙区比例代表並立制**と呼ばれる。具体的には、小選挙区と比例代表はそれぞれ別に選出され、互いに連動しない仕組みとなっている。

② 拘束名簿式

そして、有権者は、小選挙区制と比例代表制にそれぞれ1票を投ずる。小選挙区制では最多得票者が当選、比例代表制は**ドント式**によって各政党に議席が配分され、比例代表名簿順に当選者が決定する(**拘束名簿式**)。

③ **重複立候補と復活当選**

また、衆議院選挙では、小選挙区制と比例代表制の両方に**重複立候補**することが可能である。この場合、小選挙区制で落選したものの、比例代表制で当選する場合がある。これを**復活当選**という。

【衆議院選挙の仕組み】

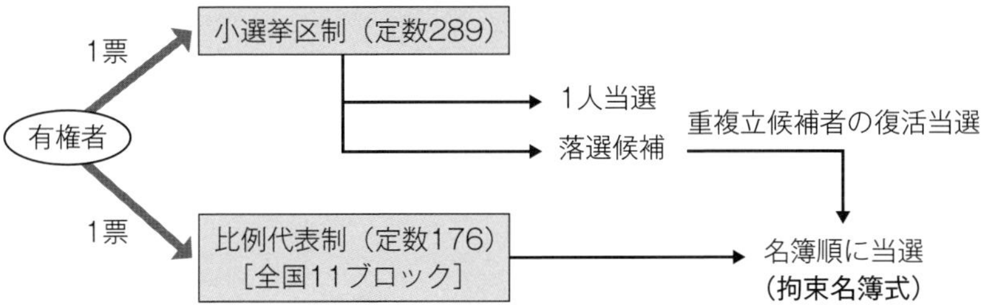

④ **惜敗率**

比例代表選挙では、政党が付した名簿順に当選するが、衆議院の小選挙区と比例代表区の重複立候補者の場合、同じ当選順位を複数の候補者に付することができる。これらの候補者の場合、「**小選挙区での最多得票者の得票数に対する割合**」（**惜**《せき》**敗率**《はいりつ》）が高い順に当選となる。

要するに小選挙区での落選がいかに惜しいものであったのかを基準として当選が決定するわけである。

なお、重複立候補している者の小選挙区での得票数が供託物没収点（有効投票総数の10分の１）を下回った場合、比例名簿から除かれ、当選資格を失う。

【重複立候補と惜敗率】

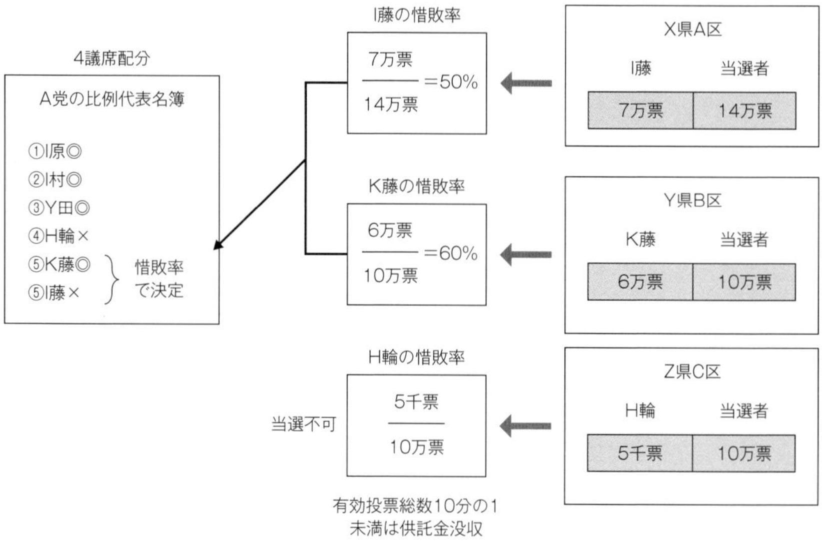

(3) 参議院選挙の仕組み

① 概　要

都道府県別の選挙区と全国大の比例代表制によってそれぞれ別に選出される。選挙区の定数は地域によって異なり、1人区(2人区)から6人区(12人区)まである。つまり、**小選挙区と大選挙区が混在**している。

② 非拘束名簿式

有権者は、選挙区と比例代表制にそれぞれ1票を投ずる。選挙区では最多得票者が当選、比例代表制は**ドント式**によって各政党に議席が配分されるが、衆議院と異なり名簿に順位はなく、個人得票の多い順に当選が決定する(**非拘束名簿式**)。

③ 特定枠制度

ただし、2018年の法改正によって参議院の比例代表選挙で、政党が優先的に当選させたい候補者を一部指定し、順位づけできる「**特定枠制度**」が導入された。

要するに全体としては非拘束名簿式であるが、部分的に拘束名簿が導入できる制度であると考えればよい。

2 投票と選挙運動 ★★★

日本の公職(衆議院議員、参議院議員、地方公共団体の首長、地方議会議員)の定数や選挙方法については**公職選挙法**に規定されている。

(1) 選挙運動の期間

選挙運動は、選挙の公示・告示日から**選挙期日前日**までである。国政選挙の場合、公示は衆院選では12日前までに、参院選では17日前までに行われる。

(2) 供託金

供託金《きょうたくきん》とは、公職選挙候補者が立候補する際に寄託する金である。いわゆる泡沫候補の乱立を防止することを目的としており、候補者の得票数が有効得票総数の一定割合に満たない場合には没収される。

(3) 戸別訪問の禁止

戸別《こべつ》訪問とは選挙の投票依頼のために家を一軒一軒訪ねることである。**日本では禁止**されている。買収や脅迫が行われる可能性があるとの判断から禁止されているが、英国などを代表として欧米では一般に認められている。

(4) 連座制

連座制とは、候補者と一定の関係にあるものが選挙違反行為で刑に処された場合に、その候補者の当選が無効となる制度。連座責任で当選無効となったものは、その選挙区における公職の選挙に5年間立候補ができない。

(5) マニフェスト

① 定　義

マニフェストとは、一般に選挙の際に政党などが発表する、具体的な公約を意味する。従来的な選挙公約が抽象的なスローガンになりがちなのに比べ、マニフェストでは「政策の数値目標・実施期限・財源・方法」などが明示される点に特徴がある。マニフェストは**英国がモデル**であり、英国では19世紀から国政選挙において導入されている。

② 日本の制度

日本では、2003年より、衆院の総選挙と参院の通常選挙の国政選挙での配布が認められるようになり、現在では地方公共団体の首長選挙、地方議員選挙での配布も認められている。

(6) ネット選挙

① 背　景

2013年の公職選挙法改正で、インターネットを用いた選挙運動(特定の候補者に対する投票を呼びかける運動など)が国政選挙及び地方選挙で可能となっている。

② ネット選挙で認められる行為

インターネットを活用した選挙運動は、候補者及び政党と有権者では可能な範囲が異なる。制限内容は以下の表のとおりである。

		候補者及び政党	有権者
ウェブ等を用いた選挙運動	ホームページ・ブログ	○	○
	FacebookやTwitterなどのSNS ※メッセージ機能も含む	○	○
電子メール	選挙運動用のメール	△(※1)	×
	選挙運動用のビラやポスターを添付したメール	△(※1)	×
ウェブ等を用いた落選運動(※2)		○	○

※1　事前に同意を得ている者に対してのみ。不特定多数への送信は認められていない。
※2　特定の候補者の落選を促す選挙運動は従来から認められている。

(7) 不在者投票など

不在者投票	入院中など	選挙管理委員会から指定を受けている病院、老人ホームに入院、入所中の場合、その施設で投票できる
	他の市区町村に滞在	仕事の都合などで他の市区町村に滞在している人が、滞在先の選挙管理委員会で投票する制度
	障害者・寝たきり等	重度の障害や寝たきりなどで投票所に行けない場合、**郵便等による投票**ができる。また、障害の程度によって、代理人による代筆もできる(**代理記載投票**)
洋上投票		日本国外の区域を航海する船員は、ファクシミリ装置を用いた投票ができる

(8) 期日前投票

① 概　要

選挙は、投票日に投票所において投票することを原則とする(投票日当日投票所投票主義)。ただし、**期日前投票制度**においては、**選挙期日前であっても、選挙期日と同じく投票**を行うことができる。つまり、投票用紙を直接投票箱に入れることができる。

② 投票対象者

投票日に**仕事、用務(冠婚葬祭など)、レジャー、旅行**があるなど現行の不在者投票事由に該当すると見込まれる者。投票の際には、一定の事由に該当すると見込まれる旨の宣誓書の提出が必要となる。

(9) 在外投票

存外投票は、国外に居住する有権者のための投票制度である。国政選挙に関しては選挙区選挙と比例代表選挙の両方で投票できる。

当初は衆議院と参議院の比例代表選挙に限定されていたが(最高裁で違憲判決が出たので)、2007年より、衆参両院の選挙区選挙でも投票ができるようになった。

(10) 電子投票

① 概　要

地方公共団体は、条例で定めるところにより、首長及び議員の選挙のみに**電子投票**(タッチパネル式の電子機器を用いて投票などが可能なシステム)を導入することができる。

② 現　状

2002年6月、岡山県新見市で初めて運用され、これまで10市町村が導入したが、2021年1月現在、実施している自治体はない。

(11) 投票時間

投票時間は公職選挙法により**午前7時から午後8時**(1997年までは午前7時～午後6時)と定められている。ただし、市区町村の選挙管理委員会は、特別の事情がある場合、個々の投票所について一定の範囲で**繰り上げ・繰り下げ**(閉鎖時刻は繰り上げだけ)ができる。

(12) 政治における男女共同参画

日本では公職に占める女性の割合が諸外国と比べても非常に少なく、政治分野における男女共同参画が遅れているとの反省から、2018年に「**政治分野における男女共同参画の推進に関する法律**」(候補者男女均等法)が制定された。

同法では、衆議院、参議院、地方議会の選挙において、男女の候補者の数についてできる限り均等にするように努力することが目標として示されている。

3 政治資金規正と政党助成 ★★★

(1) 政治資金規正法

① 背　景

政治活動の公明・公正を図るため、政治資金の収支を公開することを義務付けているのが**政治資金規正法**(1948)である。ただし、同法は規制自体がゆるく制定当初からその有効性が疑問視されていた。

そこで、1994年に細川護熙内閣の下で、小選挙区制の導入と併せて、規制強化を目的とする政治資金規正法の改正が行われた。

② 政治資金の公開

まず、政治団体(政党や政治資金団体など)の設立は、都道府県の選挙管理委員会または総務省に届け出ることが義務付けられており、1年間の収支・資産などの状況を記載した収支報告書を総務省または都道府県選挙管理委員会に提出する必要がある。

③ 寄附の制限

そして、会社・労働組合等の団体(政治団体は除く)は、政党・政党支部、政党の指定する政治資金団体以外のものに対しては、政治活動に関する寄附をしてはならないとされており、**政治家個人への企業や団体の献金が禁止**された。

ただし、政党が行う寄附及び政治団体に対する寄附は認められており、いわゆる団体献金がすべて禁止されているわけではない。

以上のような収支報告や寄附制限の違反に対しては、違反事項に応じて禁固・罰金刑が定められている。

【政治資金の主な流れ】

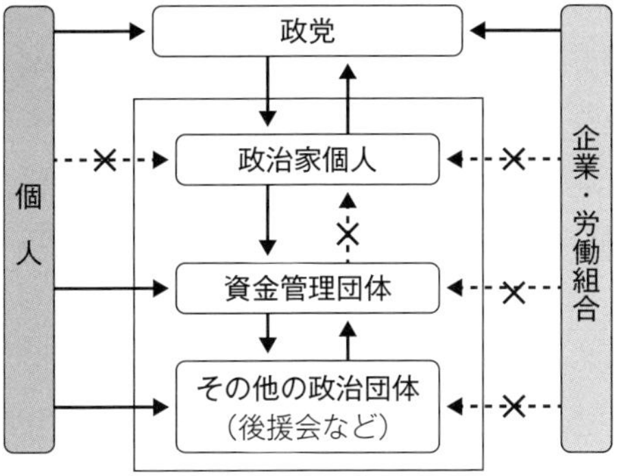

（2）政党助成法

① 背　景

政治資金規正法の強化は、政治家による政治資金の調達を困難にすることから、1994年の政治資金規正法の改正と併せて、政治活動を公的に助成する**政党助成法**が制定されている。

② 政党への助成

政党への交付金の総額は、直近の国勢調査人口に**250円**を乗じた額を基準として国の予算で決定される。交付の対象となる政党は、国会議員５名以上、あるいは１名以上で直近の国政選挙で全国を通じた得票率２％以上の要件を満たしている政党のみであり、各政党への配分は所属国会議員の数、得票率に応じて決定される。

2021年度分は約318億円(自民党約170億円、立憲民主党約69億円、公明党約30億円など)が交付されている。

4 米国の選挙

1 米国の選挙制度の特徴 ★☆☆

（1）予備選挙（プライマリー）

予備選挙とは、公職選挙における政党の候補者を有権者一般の直接投票で選出する制度である。米国の主要な州では、連邦議会議員、州知事、州議会議員などの公職候補者すべてに予備選挙が実施されている。

(2) 有権者登録

米国では18歳以上の国民が選挙権を有するが、一部の州を除いて、有権者になるための**登録手続が必要**である。登録自体は簡単だが、有権者の15～20%が未登録であると見積もられており、米国の低投票率の大きな要因となっている。

2 大統領選挙 ★★★

(1) 概　要

米国の大統領選挙は、憲法上は**間接選挙**(有権者が選出するのはあくまで大統領選挙人)であるが、実質的には**直接選挙**(実際は有権者の大統領候補への投票の結果で当選者が決まる)という、複雑な仕組みである。

(2) 大統領候補の選出プロセス

① 概　要

実際の大統領選挙ではさまざまな政党が候補者を擁立しているが、共和党と民主党の二大政党以外の候補者が当選するのは現状では極めて困難であるため、二大政党の候補者がどのように選出されるかを本節では説明する。

② 予備選挙と党大会

まず、1月から6月にかけて、各州の政党組織は、全国党大会に出席する代議員(地元の党員を代表して大会で投票できる人)を予備選挙または党大会で選出する。大半の州は予備選挙で選出している。

③ 全国党大会

そして、7～8月には、共和党と民主党それぞれが全国大会を開催し、予備選挙や党大会によって選出された代議員がこれに参加する。また、各州の代議員以外にも特別代議員(連邦議会議員や州知事など)と呼ばれる人々が全国大会に参加し、票を投じる。

この全国党大会に出席した代議員の過半数の支持を獲得したものが、各党の大統領候補者、副大統領候補者として指名される。

以上が、各党内で正式な候補者が決定されるプロセスである。

【米国大統領選挙のプロセス】

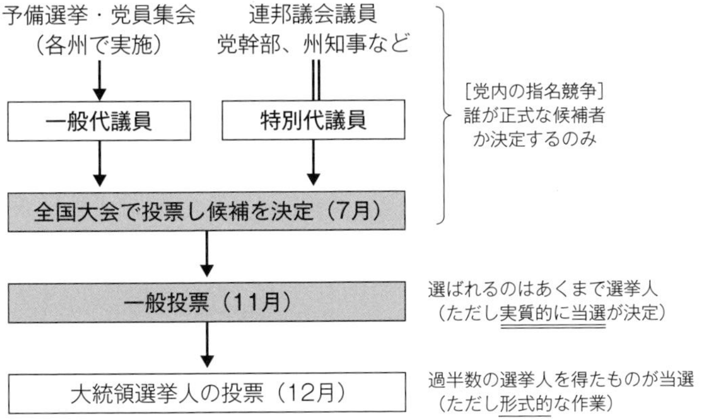

（3）一般投票

① 概　要

一般投票(本選挙)は、4年ごとの11月(第1月曜日の次の火曜日)に開催され、各州に配分された大統領選挙人数(計538人)の過半数(270人)を獲得した候補者が勝利する。

② 大統領選挙人の割当

まず、各州には上院議員の数と下院議員の数を合わせた数の**大統領選挙人**が、またコロンビア特別区には3名の大統領選挙人が配分される。そして、各州の政党は自らの候補者が勝利した場合には誰が大統領選挙人となるのか、割当人数分の候補者を予め指名する。

③ 有権者の投票

11月の一般投票では、例えば有権者は「トランプ」や「バイデン」と候補者名が記載された投票用紙にチェックをつけて投票する。一見すると大統領候補者に直接投票しているように見えるが、**実際に選出されるのはあくまで大統領選挙人**である。

④ 大統領選挙人の配分

一部の州(メイン、ネブラスカ)を除き、各州の大統領選挙人は「**勝者独占方式**」に基づき各候補者(政党)に配分される。具体的には、各州の一般投票で1票でも多くの票を獲得した候補者がその州の選挙人を独占する。

したがって、この一般投票の結果で誰が当選したかが実質的に決定される。

⑤ 大統領選挙人による投票

12月には、各州で選出された大統領選挙人の投票により、最終的な当選者が決定する。先述の通り、11月の投票で当選者は事実上明らかとなっているため(民主党の大統領選挙人は基本的に民主党候補者に投票し、共和党の大統領選挙人は共和党候補者に投票するはずであるため)、**実質的には直接選挙であると評される**のである。

【一般投票のプロセス】

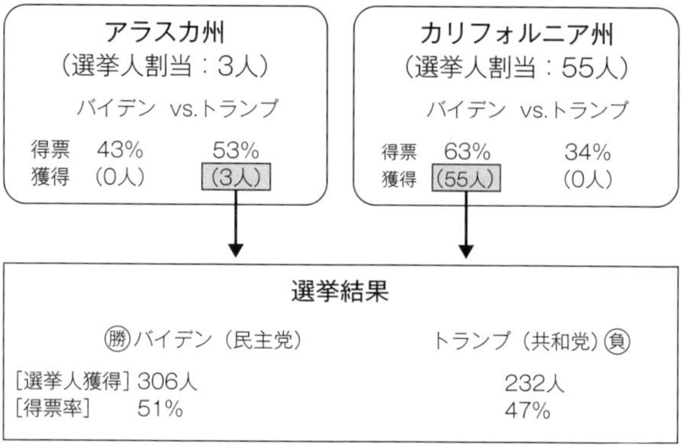

5 政党と利益団体

1 政党の機能 ★☆☆

政党は社会の多様な利益を集約し、それを政策プログラムとしてまとめ上げるという、政策形成過程の重要な役割を担っている。

この利益集約機能を含めて、政党の主な機能は4つにまとめることができる。

(1)政策の形成	① **利益表出**:利益団体や個人のニーズを政治過程に表出する ② **利益集約**:多様な諸利益をいくつかの政策案に集約する
(2)政治家の補充と教育	議会選挙などに候補者を擁立し、有権者を選挙に動員することによって公職に当選させる。また、所属する政治家にさまざまなポストを配分することでキャリアを積ませる
(3)議会政治運営と政権担当	多数党は議会政治運営の中心を担い、少数党は多数党に対する批判勢力として議会における討論を展開する。また、議院内閣制であれば、多数派が与党として政権を担当する

(4) 国民の政治教育	選挙運動や政策論争を通じて、国民の政治参加を促進し、政治の価値観や態度を習得させる(政治的社会化の機能)

2 利益団体の機能と分類 ★★★

(1) 利益団体の定義

利益団体または**利益集団**とは、経済的利益や主義主張などの利益を共有する者が集団として何らかの活動を展開するものをいう。

また、利益団体(interest group)は**圧力団体**(pressure group)とも呼ばれる。特に組織利益のために、議会や政府に働きかけを行う側面を強調するときには圧力団体という呼称を用いることが多い。

(2) 利益団体の機能

利益団体は、公共政策に影響を及ぼしているという点では政党と類似しているが、政党は利益集約機能が中心となるのに対して、利益団体は**利益表出機能**が中心となる点で大きく異なる。

その他、政党と利益団体を比較した場合には、以下のように対比される。

	政党	利益団体
最終目的	政権の獲得	利益の実現
責任	公的責任	団体の成員に責任を負う
主な機能	**利益集約機能**	**利益表出機能**
代表する利益	多様な利益を一般化	特殊利益(個別利益)

3 戦後日本政治史 ★★★

(1) 独立以前

米国軍の占領下で、第二次世界大戦後の日本の政治はスタートした。東久邇宮内閣、幣原内閣を経て、旧憲法下の1946年に**戦後初**の**衆議院選挙**(**男女普通選挙**)が実施され、第一党になった**自由党**の党首の**鳩山一郎**が組閣を準備した。しかし占領軍により**公職追放命令**にあい、代わりに**吉田茂**が自由党に入党して**首相**になった。

【日本の政治史―独立以前―】

在任	首相名	概要
1946～47	**吉田茂**	旧憲法下で最後の首相。その後、日本国憲法制定で衆参同時選挙
1947～48	**片山哲**	現憲法下で最初の首相。**日本社会党**が**第一党**となるも議席占有率は3割強だったため、**日本社会党・民主党・国民協同党**の**三党連立内閣**となり、**日本社会党**の**党首**の**片山哲**が首相に就任
1948	芦田均	同じ三党連立の枠組みで、民主党の党首の芦田均が首相に就任。しかし、政治スキャンダルが続き、7カ月ほどで退陣
1948～54	**吉田茂**	**サンフランシスコ講和条約**により**日本**を**独立**させるとともに、**日米安全保障条約**を締結。対米協調下で経済外交を重視

（2）独立後と55年体制の成立

日本は、米国を中心とする資本主義陣営とは講和して独立したものの、当初はソ連との講和は果たせなかった(**片面講和**)。そこで、ソ連抜きの講和を受け入れるかどうかで、日本独立前の**1951年**に**社会党**は**左派**社会党と**右派**社会党に**分裂**した。

そして独立後、鳩山一郎は公職追放命令が解除されて政治活動を再開し、**日本民主党**を結成した。すると、**憲法改正**を**主張**する**鳩山**が首相に就任したことに危機感を持った**左右社会党**は、1955年10月に**再統一**した。今度は勢力を増した社会党に対抗して**保守合同**するために、**同年11月**に、**自由党**と**民主党**が**合併**して**自由民主党**が**結党**された。

以降、1993年に**細川護煕内閣**(**非自民連立内閣**)が成立するまで、自民党は一貫して政権を担当し、社会党も第二党であり続けたこの体制を「**55年体制**」と呼ぶ。なお、55年体制は**高度経済成長期**(1955～73)の始まりとも重なっている。

【日本の政治史―独立後と55年体制の成立―】

在任	首相名	概要
1954～56	**鳩山一郎**	自民党の初代総裁。日ソ国交回復を実現し、**国際連合**に**加盟**
1956	石橋湛山	発病により、65日で辞任

1957～60	岸信介	1960年に日米安全保障条約の改定を実現。「60年安保反対運動」が激化するも、強行採決により新条約を成立させて退陣
1960～64	池田勇人	国民所得倍増計画を提唱。1964年には東京オリンピックを実現
1964～72	佐藤栄作	岸信介の実弟。日韓基本条約批准、沖縄返還を達成。また、非核三原則の提唱により、ノーベル平和賞を受賞
1972～74	田中角栄	日中共同宣言で中国との国交を回復。「日本列島改造論」を提唱するも、第1次石油危機で1973年末に高度経済成長期が終了
1974～76	三木武夫	党内基盤が弱く、党内の対立が激化して退陣
1976～78	福田赳夫	日中平和友好条約を締結
1978～80	大平正芳	大蔵官僚出身で一般消費税の導入を目指したが失敗。1980年の衆参同日選挙の期間中に急死
1980～82	鈴木善幸	土光敏夫を会長とする第2次臨時行政調査会を発足させる
1982～87	中曽根康弘	第2次臨時行政調査会を引き継ぎ、行政改革を推進。三公社（日本電信電話公社・日本専売公社・日本国有鉄道）の民営化を断行。「売上税」の導入には失敗。任期満了で首相を退陣
1987～89	竹下登	消費税を導入するも、リクルート事件で退陣
1989	宇野宗佑	スキャンダルで、69日で辞任
1989～91	海部俊樹	党内基盤が弱く、大きな実績を挙げられず
1991～93	宮澤喜一	55年体制最後の首相

(3) 55年体制の終焉とその後

1993年、宮澤喜一内閣で自民党の内部対立が激しくなる。そして、野党が提出した内閣不信任案に、自民党内の羽田孜・小沢一郎のグループが賛成して不信任が成立したため、宮沢内閣は衆議院を解散した。その結果、自民党が過半数割れし、自民党と共産党以外の８党・会派連立の非自民内閣が成立し、首相には日本新党の細川護熙が就任した。

しかし、自民党は社会党・新党さきがけと連立を組むことで政権に復帰し、以降は2009年まで政権を維持し続けた。

【日本の政治史—55年体制の終焉とその後—】

在任	首相名	概要
1993～94	**細川護熙**	自民党と共産党以外の8党・会派連立の**非自民内閣**。**小選挙区比例代表制**の導入、**政治資金規正法**の改正、**政党助成法**の制定
1994	羽田孜	非自民内閣だが、64日で終了したため大きな実績なし
1994～96	**村山富市**	**社会党・自民党・新党さきがけ**の**三党連立内閣**。**社会党党首**を**首班**とする内閣は、片山内閣以来47年ぶり
1996～98	**橋本龍太郎**	**中央省庁再編**を実現。その他、**独立行政法人化**など、その後に続く新自由主義的な政策を推進
1998～2000	小渕恵三	**政府委員制度を廃止**し、**党首討論**を導入。しかし、首相在任中に脳梗塞で倒れて意識不明の重体になり、そのまま死去
2000～01	森喜朗	失言が多く、支持率が低迷
2001～06	**小泉純一郎**	「**聖域なき構造改革**」の名の下、行政改革を推進。特に**郵政民営化**は、自民党内の反対を押し切って推進

（以下、略）

重要事項 一問一答

01 二大政党制になりやすい選挙制度は、小選挙区制と比例代表制のどちらか?

小選挙区制

02 日本の比例代表選挙で採用されている議席配分方式は?

ドント式

03 日本の衆議院選挙で採用されている選挙の方式を何と呼ぶか?

小選挙区比例代表並立制

04 米国の大統領選挙で、直接的に一般国民が選ぶのは誰か?

大統領選挙人

05 利益表出をメイン機能とするのは、政党と利益団体のどちらか?

利益団体

06 1955年から1993年までの日本の政治体制は、始まった年にちなんで何と呼ぶか?

55年体制

過去問チェック

01 選挙制度には、一つの選挙区から２名以上を選出する大選挙区制と一つの選挙区から１名を選出する小選挙区制がある。一般に、前者は死票が少ないため、安定した政権や二大政党制を生み出しやすく、後者は死票が多いため、政局が不安定になりやすい。**国家専門職2019**

× 大選挙区制と小選挙区制の特徴が逆になっている。一般に、大選挙区制は政局が不安定になりやすく、小選挙区制は安定した政権や二大政党制を生み出しやすいとされる。

02 小選挙区制は、一選挙区から一人の議員を選出する制度であり、有権者の意思が反映されやすいが、少数派の政党に有利で死票が少なく、多党制になりやすいため、政権が不安定になるおそれがあるとされている。**東京都Ⅰ類2012**

× これは、比例代表制などの特徴である。小選挙区制は１選挙区から１人の議員を選出する制度であるため、多数派の支持を受けた候補者のみが当選するという多数代表制の仕組みであって、死票が多くなり、少数派の政党には不利である。さらに、小選挙区制は二大政党になりやすいので政権は安定しやすいといわれる。

03 比例代表制における議席配分は、各党の得票数を整数で割り、商の大きい方から議席を与えるドント式が衆議院議員選挙にのみ採用されている。**特別区Ⅰ類2011**

× ドント式は衆議院のみならず、参議院の議席配分方式としても採用されている。

04 衆議院では、平成６年の公職選挙法の改正により、小選挙区制と比例代表制を合わせた小選挙区比例代表並立制が導入されたが、議員定数の不均衡の是正を考慮し、小選挙区制の定数よりも比例代表制の定数を多くし、また、比例代表は都道府県ごとに選挙区が定められた。**国家専門職2014**

× 平成６(1994)年に衆議院で導入された小選挙区比例代表並立制の定数は小選挙区300、比例区200でスタートし、その後、累次の改正により定数は削減しているものの、一貫して小選挙区制で選出される議員の方が比例代表制で選出される議員よりも多い。また、衆議院の比例代表選挙では、都道府県ごとではなくブロックごとに(全国11ブロックで)選挙区が設定されている。

05 衆議院議員選挙では、小選挙区と比例代表の両方に立候補する重複立候補制は認められていない。**東京都Ⅰ類2011**

× 衆議院では重複立候補が認められている(参議院では認められていない)。

06 現在の衆議院の選挙制度は小選挙区比例代表併用制と呼ばれ、衆議院の総定数465議席のうち、289議席は小選挙区で選出され、残りの176議席は、全国を11のブロックに分け、ブロックごとに定められた定数を、ブロックごとの得票数に応じて、ドント式で各政党に議席が配分される比例代表制で選出される。**裁判所2005改題**

× 小選挙区比例代表「併用」制はドイツにおいて採用されている比例代表を優越させた制度であり、日本の衆議院で導入しているのは小選挙区比例代表「並立」制である。

07 衆議院議員選挙では小選挙区比例代表並立制が採用されている。小選挙区選挙と比例代表選挙の重複立候補者は、小選挙区選挙で落選しても比例代表選挙で復活当選することが可能であるが、惜敗率が50%を下回った場合には、復活当選は認められない。**裁判所2017**

× 復活当選が認められないのは、有効投票数の10%を下回ったときである。なお、この基準は衆議院小選挙区での供託金没収ラインと同じである。

08 1選挙区につき3人から5人の当選者を選出する仕組みである中選挙区制は、かつて衆議院議員選挙で行われていたが、少数党の候補者に不利な選挙制であるため、定数の少ない参議院議員選挙や地方議会議員の選挙で実施されたことはない。**裁判所2017**

× 大選挙区単記式の1つである中選挙区制は少数代表法に分類され、少数党の候補者に不利とはいえない。また、この制度は参議院選挙の複数人区や、地方議会議員選挙でも実施されている。

09 参議院議員選挙では、全国を単位として148議席を選出する拘束名簿式比例代表制と、原則として都道府県を単位として100議席を選出する選挙区制が並立されている。**特別区Ⅰ類2011改題**

× 参議院議員選挙では、全国を単位として100議席を選出する非拘束名簿式比例代表制(ただし、拘束名簿式の要素もある)と、原則として都道府県を単位として148議席を選出する選挙区制が並立されている。

10 日本の参議院の定数は248であり、148が選挙区から、100が比例代表で選出される。比例代表では拘束名簿式が採用され、各党があらかじめ候補者の順位を付した候補者名を提出し有権者は政党に投票する。各党は得票数に比例した数の議席を配分され、各党の名簿登載順に当選者が決まる。**裁判所2009改題**

× 参議院の比例代表は非拘束名簿式であり、後段は衆議院選挙の比例代表の説明になっている。

11 参議院比例代表選挙では、拘束名簿式の一部に非拘束名簿式の特定枠が導入

された。特別区Ⅰ類2019

╳ 問題文とは逆に、「非拘束名簿式」の一部に「拘束名簿式」の特定枠が導入された。参議院の比例代表選挙では、原則的に非拘束名簿式(有権者が候補者のなかから選択可能)が用いられているが、特定枠は政党が候補者を指定しているので拘束名簿式の一種と考えることができる。

(12) 公職選挙法では、選挙運動期間以前の事前運動や戸別訪問を禁止するなど、選挙運動の制限が規定されている。平成25年の同法の改正により、電子メールによる選挙運動用文書図画の送信については、候補者や政党に加えて、一般有権者にも認められるようになった。国家一般職2016

╳ 平成25(2013)年の公職選挙法改正により、候補者や政党は事前に同意した相手に対して電子メールを使った選挙運動用文書図画の送信などの選挙運動が認められるようになったが、一般有権者は電子メールを使った選挙運動は改正後も認められていない。

(13) 期日前投票制度とは、選挙期間中に名簿登録地以外の市区町村に滞在していて投票できない人が、定められた投票所以外の場所や郵便などで、選挙期日前に投票することができる制度である。選挙期日に仕事や旅行などの用務がある場合や、仕事や留学などで海外に住んでいる場合などに利用することができる。国家一般職2016

╳ これは、おおむね「不在者投票制度」に関する記述である(仕事や留学などで海外に滞在している場合は、「在外投票」となる)。期日前投票とは、投票日に用務がある場合に、「名簿登録地」の市町村で投票日前に投票する制度である。

(14) 政治活動の資金が企業や団体からの政治献金で賄われることも多い。汚職や違法な資金集めの問題を背景として、1994年に政治資金規正法が新たに制定され、政治資金の透明性を高めるため、政治家個人が企業や団体からの献金を受ける要件として、収支報告が義務付けられた。国家専門職2019

╳ まず、「1994年に政治資金規正法が新たに制定」という点が誤り。政治資金規正法は1948年に制定されている。そして「政治家個人が企業や団体からの献金を受ける」という点も誤り。1994年の改正では、政治家個人に対する企業や団体の献金が「禁止」されている。つまり「受ける要件」ということ自体が誤りである。

(15) 我が国の政治資金規正法は、企業から政党への献金を禁止する一方、企業から政治家個人への寄付を促すことで、政治資金の調達の透明性を高めている。また、同法では、政党に対する国庫補助制度を導入し、政治資金に関する民主的統制の強化を図っている。国家一般職2013

╳ 内容が逆で、わが国の政治資金規正法は、企業から政治家個人への寄付を禁止する一方、企業から政党への献金を認めている(ただし量的に規制はされている)。

16 我が国では、政党助成法に基づき、国会議員の数などの一定の要件を満たした政党に対し、その活動資金を公費によって助成している。**特別区Ⅰ類2013**

◯政党助成法は、1994年に成立した。1990年代前半は、政治家の汚職事件が頻発し、政治資金規正改革の機運が高まっていた。そこで、政治献金の制限とセットとして成立したのが、この政党助成法である。

17 アメリカの大統領選挙は、有権者が11月の一般投票で各州の選挙人を選出し、彼らが大統領を選出するという手続をとる間接選挙である。しかし、一般投票によって選出される選挙人は、どの候補者に投票するかをあらかじめ表明しており、実質的には直接選挙といえる。**裁判所2009**

◯アメリカ大統領選挙は、憲法規程により間接選挙で実施されるが、州法によって直接選挙に近い形で運用実施される。これを指して「形式的には間接選挙、実質的には直接選挙」という。

18 現代の民主政治における政策形成の機能に関して、政党は、国民の利益や意見を政治過程に反映させる利益表出機能のみを担い、その利益を調整したり集約したりする利益集約機能は政党以外が担っている。**裁判所2014**

╳ 政党のメイン機能は「利益集約機能」だが、「利益表出機能」も果たしている。

19 圧力団体は、集団の特定の利益を追求するために政府や議会などに働き掛けを行うものであり、利益集団とも呼ばれる。また、圧力団体は、自らの要求を実現するために政治活動を行うが、政党とは異なり、一般的に、政権獲得を目的とはしていない。**国家専門職2019**

◯圧力団体も政党も政治的活動を行うという点では共通しているが、政権獲得を目指すかどうかという点で大きく異なる。

20 1947年、初の社会党連立政権である片山内閣が誕生し、1954年まで一貫して政権を担い、その間、アメリカを中心とする西側諸国と平和条約を結んだ。**特別区Ⅰ類2008**

╳ 第二次世界大戦後、社会党が政権党になった期間は、1947～48年までの片山哲内閣と、1994年～96年の村山富市内閣だけである。

21 第二次世界大戦後、日本自由党に加え、日本社会党や日本共産党が誕生・再生するなど、政党政治が復活した。その後、一旦分裂していた日本社会党が統一され、日本自由党と民主党が合同して自由民主党(自民党)が結成されたことで、本格的な二大政党制の時代を迎えた。これが55年間続いたことから、55年体制と呼ばれる。**国家一般職2021**

╳ まず、自由民主党(自民党)は、「日本自由党」と「民主党」ではなく、「自由党」と「日本民主党」が合同したものである。また、日本社会党は一度も単独政権を担当できなかったため、「本格的な二大政党制」とはいえない。55年体制下では、議席比がおおむね自民党：社会党＝２：１であったことから、「１か２分の１政党制」と呼ばれる。さらに「55年体制」は、「55年間続いたことから」ではなく、そのような体制が「1955年」に成立したことにちなんだ名称である。

(22) 1970年代前半に就任した田中角栄首相は、消費税の導入や日中国交正常化など、国内外において大きな改革を実現させた。その一方で、金権政治に伴う構造汚職事件が発覚し、政治家への未公開株の譲渡が問題となったリクルート事件で逮捕され、国民の政治不信が強まった。**国家一般職2021**

╳ 「消費税」を導入し「リクルート事件」によって内閣総辞職したのは、竹下登首相である(ただし、逮捕はされていない)。田中角栄首相は、内閣総辞職後に「ロッキード事件」という汚職事件で逮捕された。

過去問 Exercise

問題1　日本の選挙制度に関する記述として、妥当なのはどれか。

東京都Ⅰ類 2021［R3］

1　2015年に公職選挙法の一部を改正する法律が成立し、2016年６月の施行日後に初めて行われる国政選挙の公示日以後にその期日を公示又は告示される選挙から、選挙権年齢が満20歳以上から満18歳以上へと引き下げられた。

2　小選挙区制は、選挙民が候補者を理解しやすいという長所があるが、少数分立の不安定な政権が生まれやすいとされており、死票が多く、多額の選挙費用が必要とされている。

3　2000年の公職選挙法改正後、衆議院議員選挙では、比例代表区には政党名のほかに候補者名も書くことができ、得票順に政党内の当選者が決まる拘束名簿式比例代表制に改められた。

4　「一票の格差」とは、選挙区ごとの議員一人当たりの有権者数に格差が生じ、一票の価値が選挙区で異なっている状態をいうが、衆議院議員選挙において、最高裁判所が違憲又は違憲状態と判示したことはない。

5　公職選挙法による連座制では、選挙運動の総括主宰者など、当該候補者と一定の関係にある者が、買収などの選挙違反で有罪となった場合、当該候補者は当選が無効となるほか、全ての選挙区から10年間、立候補できなくなる。

解説

正解 1

1 ○　2015年の段階で、世界の約９割の国は議会の選挙権を18歳までに付与していた。

2 ×　「少数分立の不安定な政権が生まれやすい」と「多額の選挙費用が必要」という記述が誤り。まず、１人しか当選できない小選挙区制では小政党の候補者が当選することは難しく、むしろ「少数分立」ではなく「二大政党制」になりやすい傾向がある。また、比例代表制や大選挙区制と比べると選挙区の面積が狭くなるため、選挙費用は抑えられる傾向がある。

3 ×　「政党名のほかに候補者名も書くことができ、得票順に政党内の当選者が決まる」のは、参議院議員選挙で採用されている「非」拘束名簿式比例代表制である。衆議院議員選挙で採用されている「拘束名簿式比例代表制」では、政党名しか書けない。

4 ×　衆議院議員選挙について、最高裁判所は1972年・1983年の選挙を違憲、1980年・1990年・2009年・2012年・2014年の選挙を違憲状態と判示している。なお、参議院議員選挙については、最高裁判所は違憲状態と判示したことはあるが、違憲と判示したことはない。

5 ×　「全て」と「10年間」が誤り。当該候補者は、「同一の」選挙区から「５年間」立候補できなくなる。

4 公務員制度と行政組織

本節では、公務員制度、国の行政組織、地方自治を扱います。社会科学の枠での出題は少なめですが、公務員を志望する方にとってはいわゆる「企業研究」の基礎にもなりますので、概要は把握しておきましょう。

1 公務員制度

1 公務員の種類と数 ★★★

(1) 国家公務員と地方公務員

公務員は国の公務に従事する国家公務員と地方の公務に従事する地方公務員に大別される。国家公務員が約59万人なのに対して、地方自治体は警察、消防、学校、福祉など職員を多く必要とする現場を有しているため、地方公務員の数は約276万人にのぼる。

国も地方も公務員はさらに特別職と一般職とに分類されるが、以下では国家公務員のみを説明する。

(2) 特別職

特別職国家公務員は、国家公務員法２条に列挙されており、大まかに分類すれば、政務を担当するもの(内閣総理大臣、国務大臣等)、人事制度の設計を立法府や司法府に委ねるもの(裁判官及び裁判所職員、国会職員等)、職務の性質上、別個の身分取扱いの基準によるもの(防衛省職員)などに分けられる。

(3) 一般職

以上のように特別な取扱いを必要とする特別職国家公務員を除いた職員が一般職国家公務員である。国家公務員法はこれらの一般職国家公務員についての身分保障、服務に関する規定などを定めた法律であり、特別職は別法で整備されている。

一般職に該当するのは、具体的には、行政執行法人の職員、検察官、給与法適用職員(いわゆる非現業国家公務員)である。

（4）現業職と非現業職

公務員はその職務の内容によって現業職と非現業職に区別される。工場などの現場で作業を行う職を現業職と呼び、行政部門で働く職を非現業職と区別している。かつては国では郵政、印刷、造幣など多くの現業職を抱えていたが、現在は民営化などの組織改編や職員の位置づけの変更に伴い、現業職はほとんどなくなった。ただし地方公務員では学校給食、水道事業などの分野で現業職は存続している。

【公務員の種類と数】

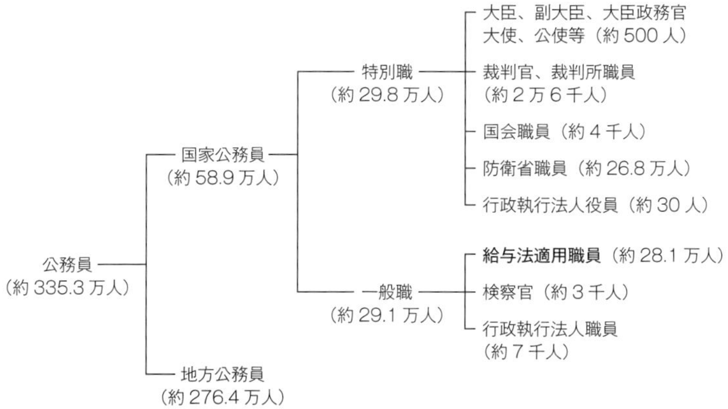

※　国家公務員の数は2022年度、地方公務員の数は2020年度時点である。

【国の行政機関の定員の推移】

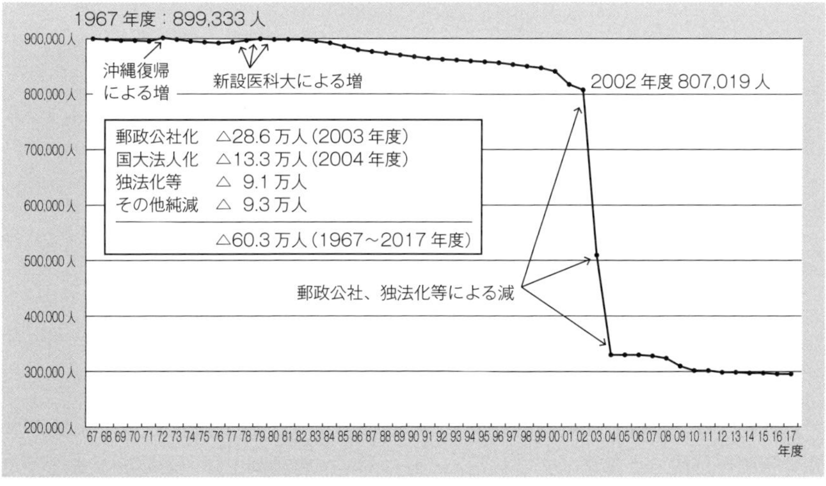

2 公務員の労働基本権 ★★☆

公務員には原則として労働三法等は適用されておらず、以下の表に見られるように、その**労働基本権は大きく制約**されている。このための代償措置として、人事院の給与勧告制度が存在している。

【公務員の労働基本権】

	職員の区分	団結権	団体交渉権	争議権
公務員	非現業職員	○	△	×
	警察職員・消防職員・監獄職員など	×	×	×
	現業職・公営企業職員など	○	○	×
民間企業		○	○	○

※　△は、交渉は可能だが、団体協約は締結できないという意味

2 国の行政組織

1 独任制と合議制 ★★☆

(1) 定　義

行政組織のあり方は、意思決定の仕組みの違いによって独任制と合議制に分類される。

【独任制と合議制】

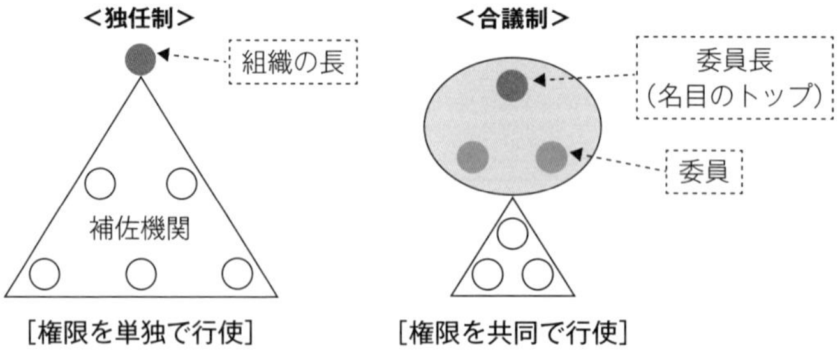

独任制とは、最終的な意思決定が1人の長に委ねられている組織であり、長が単独で権限を行使できるタイプである。これに対して**合議制**とは、最終的な意思決定

が複数の人間の合議に委ねられている組織であり、権限を共同で行使するタイプである。

(2) 特　徴

長が権限を単独で行使できる独任制は迅速な決定、統一的な決定ができるなどの長所があり、権限を共同で行使できる合議制は慎重な決定が可能で、多様な意見を反映しやすいなどの長所を有している。その他主だった特徴は以下の表で確認しよう。独任制と合議制は対照的な関係になっていることが確認できればよい。

【独任制と合議制の特徴】

	独任制	合議制
迅速な決定	可能	困難なおそれ
統一的決定	可能	困難なおそれ
責任の所在	明確	不明確なおそれ
慎重な決定	独断のおそれ	可能
多様な意見	反映しない可能性	反映しやすい

(3) 主な組織

以上のような特徴を有することから、実際の行政機関は以下の表のように、慎重な決定が必要とされる場合には合議制、迅速で統一的な決定が必要とされる場合には独任制というように必要に応じて組織編制を使い分けている。

【主な独任制と合議制の組織】

		独任制	合議制
国	執政府	米国の大統領	日本の内閣
	行政府	各府省庁	行政委員会 会計検査院、人事院
地方		知事・市町村長・監査委員	行政委員会

2 内　閣

★★★

(1) 要　点

日本の行政権は内閣に属している(憲法65条)。すなわち内閣は行政権の中枢であり、外交から内政まで幅広く国の行政活動についての最終的な責任を有している。そして内閣の首長にあたるのが内閣総理大臣である。

このように現行憲法では内閣と内閣総理大臣は国政に関して大きな権限を与えられているが、戦前の明治憲法では実はその権限は大きく制約されていた。

(2) 戦後の内閣

現在の憲法は「行政権は、内閣に属する」(憲法65条)と明確に規定し、行政機関を内閣の下に置き、内閣総理大臣は内閣の首長であること(他の大臣よりも上位)が憲法上明記されたのである(憲法66条1項)。

そして、戦後の新たな議院内閣制が確立したことで、内閣は「**内閣制の三原則**」の下で運営されるようになった。すなわち、内閣の職権は閣議に諮り、全会一致で決定するという「**合議制の原則**」、各省の所掌事務は、各大臣が分担管理するという「**分担管理の原則**」、内閣総理大臣は内閣の首長であり、大臣を任命し任意に罷免できる権力を有するという「**首相指導の原則**」の３つである。

ただし、以上の３つの原則は厳密に検討してみると相互に矛盾する可能性を秘めている。首相指導とされながらも、合議制で決定をし、行政機関を各大臣によって分担管理するというのはときには相反する決定を行う場合があるということである。

(3) 日本の中央省庁体制

内閣を中心として、日本の中央省庁(国の行政機関)は以下の図のように編制されている。詳しくはこのあと順に説明するが、全体としては内閣を補佐するために、上位の立場から調整を行うことを主な任務とする内閣官房や内閣府などの機関と、主任の大臣を長として分担管理されている行政機関の２系統に分かれていることを確認しよう。

【日本の中央省庁体制（2022年現在）】

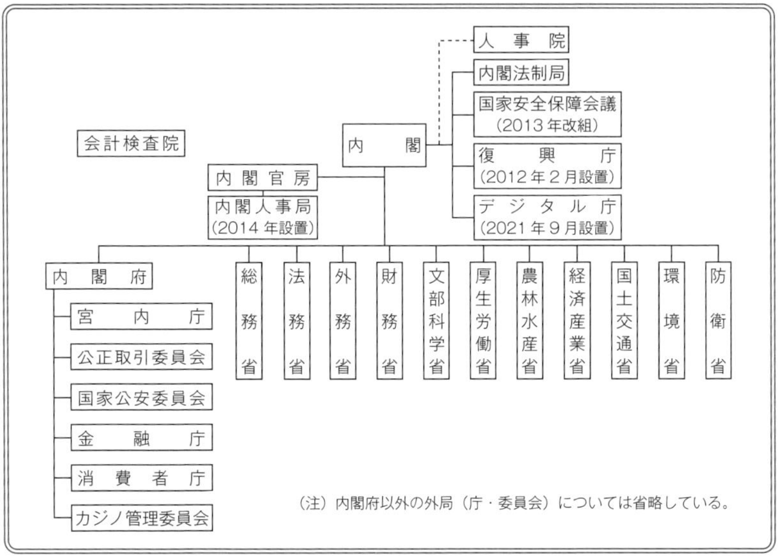

（注）内閣府以外の外局（庁・委員会）については省略している。

3 内閣官房

★★☆

（1）概　要

内閣官房は、内閣と内閣総理大臣の職務全般を補佐するため、行政各部のすべての施策にわたる企画立案や総合調整を担当する組織である。かつては内閣官房の役割は限定されていたが、1990年代の改革を通じて組織が拡充され、その役割も拡大している。

以下では内閣官房に置かれている重要な役職と組織について説明する。

（2）内閣官房長官

内閣官房の主任の大臣は内閣総理大臣であるが、実際に内閣官房の事務を統轄するのが**内閣官房長官**である。内閣官房長官には国務大臣を充てることになっており、内閣の一員でもある。内閣官房長官の職務は幅広く、閣議の内容や内閣の方針を定例記者会見で国民に向けて発表するという内閣の「スポークスマン」としての役割、内閣総理大臣の補佐役として、各種調整を行う「マネージャー」としての役割を果たしている。

内閣官房長官を補佐するために３名の内閣官房副長官が置かれており、国会議員から選ばれた２名の「政務担当」（官邸と与党や国会との調整）、官僚出身から選ばれた「事務担当」(中央省庁内での調整)がいる。

(3) 内閣危機管理監

内閣官房において危機管理を担当するのが、**内閣危機管理監**である。内閣危機管理監は、国防など高度に政治的な判断が要求されるものを除くテロ・大規模災害・ハイジャックなどの危機管理について、内閣として行う措置について一次的に判断し、初動措置について関係省庁との総合調整・指示を行う。阪神大震災などの危機管理体制の不備の反省から、1998年に創設された職位である。

(4) 内閣総理大臣補佐官

内閣総理大臣を直接に補佐し、進言や意見の具申を行うのが**内閣総理大臣補佐官**である。1996年に設置され、現在は5名まで設置することができる。内閣の重視する政策に合わせて担当する分野を自由に設定することができるが、1名は必ず**国家安全保障担当**の補佐官を置くこととされている。

4 内閣府 ★★★

(1) 概　要

内閣府は、1)内閣総理大臣が担当する行政事務を分担管理するとともに、2)内閣の職務を補佐するという2つの役割を持つ行政機関である。

もともと内閣総理大臣が直接担当する行政事務については総理府が置かれていたが、2001年の中央省庁再編によって廃止され、内閣府が新設されている。

(2) 特　徴

内閣府は内閣総理大臣を長とし、政府の重要政策について横断的な企画・調整機能を担うという役割がある。つまり、関係行政機関の連携を確保し、**縦割り行政の是正**を行う目的から設置されているのである。したがって、内閣府は他の省よりも一段上の上位組織と位置づけられており、**国家行政組織法の適用を受けない**という特徴がある。

(3) 特命担当大臣

内閣総理大臣は、内閣の重要政策に関して行政各部の施策の統一を図るために特に必要がある場合には、内閣府に**特命担当大臣**を置くことができる。特命担当大臣は、行政各部の施策の統一を図るために必要となる企画立案及び総合調整を実施する。

2022年現在、科学技術担当、規制改革担当などさまざまな特命担当大臣が置かれているが、法律上、沖縄及び北方対策担当、金融担当、消費者及び食品安全担当、少子化対策担当、防災担当大臣が必置となっている。

(4) 重要政策に関する会議

重要政策に関する会議(重要政策会議)とは、国家運営の基本に関わる重要政策について調査審議するための、関係する大臣と有識者から構成された会議である(議長は内閣総理大臣または内閣官房長官)。政府の公式説明では、内閣及び内閣総理大臣を助けるための「知恵の場」であるとされている。2022年現在、経済財政諮問会議、総合科学技術・イノベーション会議、中央防災会議、男女共同参画会議、国家戦略特別区域諮問会議の５つが設置されている。

5 省・委員会・庁 ★☆☆

(1) 省

省は「内閣の統括の下に行政事務をつかさどる機関」(国家行政組織法３条３項)として置かれ、各省の長が「主任の大臣」として行政事務を分担管理している。

(2) 外　局

省及び内閣府には**外局**として委員会と庁が設置されている。外局は府や省の一部であるが、府や省の他の部局とは分離され、一定の独立性を有している。

内閣府とその外局を除き、省・委員会・庁はいずれも国家行政組織法３条により、法律による設置改廃が求められている。このことから、省・委員会・庁は実務の上では「３条機関」と呼ばれている。

(3) 内部部局

内部部局とは、内部組織として行政機関の任務の遂行を分担するために設置されている組織の総称である。具体的には各行政機関において、官房、局、部、課、室などという名称で設置されているものをいう。

6 行政委員会と審議会 ★★☆

(1) 背　景

これまで見てきたとおり、通常の行政機関は大臣などを長とする独任制の組織である。しかし、政治的中立性や複雑な利害調整が必要な場合には、属する行政機関から一定の独立性を有する合議制組織を置く必要がある。このような組織が行政委員会と審議会である。

(2) 設置目的

行政委員会と審議会が設置される目的は組織ごとにさまざまであるが、総じて以下のような理由で設置されている。1)行政の民主化の実現(行政の外部人材の確保)、2)政治的な中立性や公平性の確保、3)技術的な専門性の確保、4)代表性の確保(各界の利害関係者の参加)である。

(3) 行政委員会

① 権　限

行政委員会は、属する行政機関の指揮監督から独立した合議制の機関である。職務の独立性を持ち、所属機関の「所轄」の下にあるとはいえ、その権限行使については指揮監督には服さない。行政委員会の有する権限は組織によってさまざまであるが、全体として見ると**行政権・準立法権・準司法権を有している**点に特徴がある。

例えば、人事院は行政委員会の一種であるが、国家公務員の人事行政を担当し(行政権)、人事院規則を制定でき(準立法権)、公務員の懲戒処分や不利益処分に対する不服申立てを審査している(準司法権)。

② 組　織

以上のような重要な権限を有しているため、**行政委員会の設置改廃は法律**によってのみ行われる。行政委員会には固有の事務局が置かれ、専門の職員が業務を担当する。行政委員会の委員については任期や罷免の理由が法定されるなど**身分保障が厳格**であり、委員は国会の同意で内閣が任命する。

【国の行政委員会】

名称	設置機関	主な職務	設置年
中央労働委員会	厚生労働省	企業等の労働争議の調整(斡旋・調停・仲裁)	1946
公正取引委員会	内閣府	独占禁止法等の違反事件の審査、違反行為の排除	1947
国家公安委員会	内閣府	警察制度の企画立案や予算、その他警察行政に関する調整などの事務について、警察庁を管理する 委員長が大臣の唯一の機関	1948

公安審査委員会	法務省	暴力主義的破壊活動を行った団体に対する活動制限・解散の指定などの処分	1952
公害等調整委員会	総務省	公害紛争の調整（斡旋・調停・仲裁・裁定など）	1972
運輸安全委員会	国土交通省	鉄道・船舶・航空事故について公平中立な立場から原因究明を行う	2008
原子力規制委員会	環境省	原子力利用における安全の確保、原子力規制行政の一元化を目的として設置	2012
個人情報保護委員会	内閣府	個人情報保護制度の運用状況、マイナンバーの監視	2016
カジノ管理委員会	内閣府	統合型リゾート（IR）の整備に伴うカジノ施設の事業免許の審査、カジノ事業者の監督	2020

（4）審議会

① 権　限

審議会は、専門性や代表性を確保するために設けられた合議制の**諮問機関**である。審議会は所属機関から諮問を受けて調査審議し、答申を行う組織であり、行政委員会と異なり**原則として決定権を有していない**（決定権を有する審議会もあるが例外である）。つまり、答申には法的拘束力はないのが普通である。

② 組　織

審議会の形態はさまざまであり、設置改廃は法律または政令によって行われる。一般に固有の事務局を有しておらず、その事務は属する行政機関の職員が兼担するのが普通である。委員の任命要件なども審議会ごとに大きく異なり、名称も「審査会」「委員会」「調査会」など多様であり、審議会であっても委員会という名称であることは稀ではない。

【行政委員会と審議会の比較】

	行政委員会	審議会
設置改廃	法律	法律または政令
権限	行政権・準立法権・準司法権	原則として決定権を有しない諮問機関
組織	合議制	合議制
	❶ 固有の事務局を設置 ❷ 委員の身分保障を厳格に法定 ❸ 委員は両院の同意で内閣が任命	❶ 一般に固有の事務局を有さない ❷ 審議会ごとにさまざまな任命要件がある
その他の特徴	戦後に米国の独立規制委員会をモデルに設立	行政機関がすでに決定した方針を確認するだけで、官僚の「**隠れ蓑**」に過ぎないとの批判
設置数	内閣府及び各省に計9委員会	134(2021年現在)

❸ 地方自治

1 地方自治の仕組み ★★☆

(1) 地方公共団体の組織

① 概　要

都道府県と市町村には議決機関としての議会と、執行機関としての長が設置されており、いずれも住民の直接選挙で選出される。したがって、国と異なり、地方公共団体の場合には、首長という独任の長が行政活動を統轄している。

② 二元代表制

このように都道府県と市町村は、長と議会がそれぞれ別の選挙によって公選される仕組みであり、住民の「代表」となる主体が二系統存在するために、二元代表制とも呼ばれる。

二元代表制では、法制度上首長と議会という２つの代表機関が抑制と均衡の関係に置かれることを想定しており、これを「**機関対立主義**」という。

③ 日本の地方公共団体と米国の大統領制

長と議会がそれぞれ別々の選挙で選出されるという点で、日本の地方公共団体と米国の大統領制は同じ仕組みである。

ただし、わが国の地方公共団体と大統領制では異なる特徴もある。第一に、米国の大統領は法案や予算案の提出権を有していないが、わが国の首長は条例案、予算案の提出が可能である。第二に、大統領は議会の解散を行うことができないが、首長には議会の解散権が認められており、議会は不信任決議も可能である。

このように、わが国の地方公共団体の首長は、首長と議会の対立を重視するという点においては米国の大統領制と近いが、議会の解散など議院内閣制的な特徴を有する点に特徴があり、大統領制と比較して首長により大きな権限を与えている。これを**首長制**(首長主義)と呼ぶこともある。

【地方公共団体の組織（市町村の場合）】

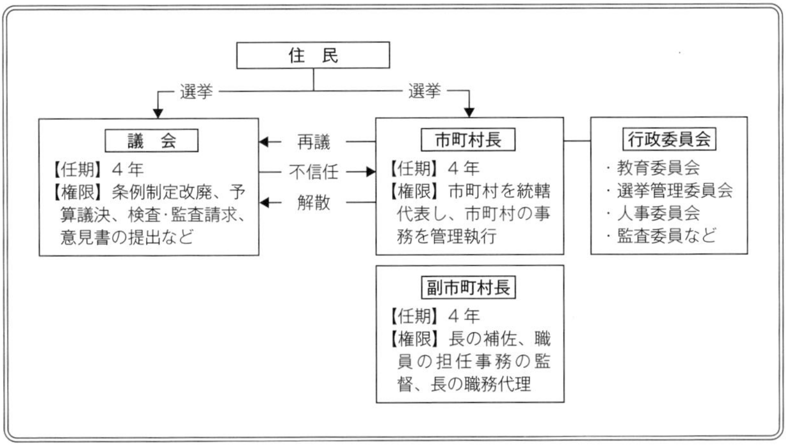

④ 地方公共団体の委員会

地方公共団体の首長は、地方公共団体を統轄し対外的に代表するが、同時に首長から独立してそれぞれの判断と責任で特定の事務を管理・執行する委員会・委員が置かれている。委員会及び委員は、職務権限の行使について独立性を持っており、首長の指揮監督に服さない合議制機関として設置されている。ただし、監査委員は独任制である。

都道府県	都道府県及び市町村	市町村
公安委員会 地方労働委員会 収用委員会 海区漁業調整委員会 内水面漁業調整委員会	教育委員会 選挙管理委員会 人事委員会(公平委員会) 監査委員	農業委員会 固定資産評価審査委員会

（2）地方公共団体の事務 ★★☆

① 機関委任事務制度の廃止

地方分権一括法の最大の成果といわれるのが、機関委任事務の廃止である。機関委任事務は、自治体の長を国の下部機関とみなして国の事務を執行させる制度であり、国と地方が上下・主従関係となる最大の要因であった。

地方分権一括法ではこの機関委任事務が全廃され、自治体の長に対する国の指揮監督権が廃止されたのである。

② 新しい事務区分

このように機関委任事務が廃止されたことで、地方公共団体の事務が大幅に再編され、地方公共団体の事務は、現在**自治事務**と**法定受託事務**とに分類されるようになっている。

【新しい事務区分】

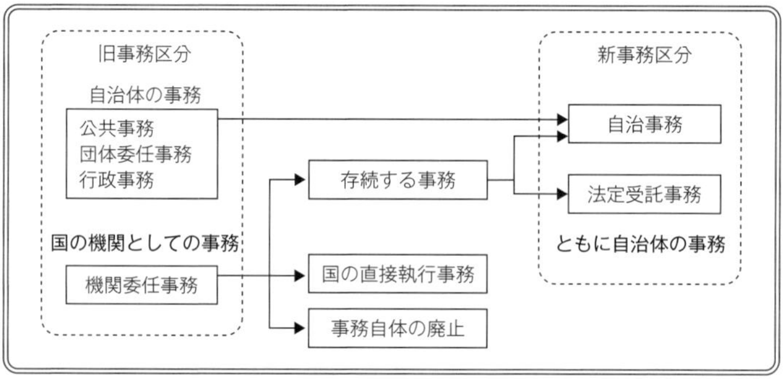

③ 自治事務と法定受託事務

自治事務と法定受託事務は、基本的にはもともと事務の性格及び事務に関する国の関与の度合いによって分類されている。主な違いは以下にまとめたとおりである。

	自治事務	法定受託事務
地方自治法上の定義	地方公共団体の処理する事務のうち、法定受託事務以外のもの	国が本来果たすべき役割に係るものであって、国においてその適正な処理を特に確保する必要のあるもの
事例	都市計画、建築確認、飲食店営業の許可、介護保険、国民健康保険など	国政選挙、旅券の交付、国道の管理、国勢調査、戸籍事務、生活保護

2 さまざまな地方公共団体 ★★☆

(1) 地方公共団体の種類

地方自治法では、地方公共団体を**普通地方公共団体**と**特別地方公共団体**の２つに分類している。普通地方公共団体は都道府県と市町村であり、特別地方公共団体は特別区、組合、財産区などである。

【地方自治法上の性格づけ】

ただし、憲法93条に定められている地方公共団体の要件(議会の設置、首長と議員の直接公選)を地方自治法上のすべての地方公共団体が満たしているわけではないため、特別地方公共団体は憲法上の地方公共団体ではないと解されている。特に現在の最高裁の判例上は、**特別区は憲法上の地方公共団体ではない**とされている点を確認しよう。

(2) 市町村と都道府県

かつては都道府県と市町村には明確な「上下関係」が存在した。しかし、地方分権一括法により国と地方が「対等な関係」へと変化したように、都道府県と市町村の上下関係も見直され、「対等な関係」へと変化した。

現在の地方自治法では市町村は「基礎的な地方公共団体」、都道府県は「市町村を包括する広域的な地方公共団体」とされている。市町村は最も基本的な「地方自治体」であり、それを補完するのが都道府県の役割であると位置付けられている。

	市町村	都道府県
性格	**「基礎的な地方公共団体」** (市町村優先の原則を明示)	**「市町村を包括する広域的な地方公共団体」** (市町村を補完する役割)
事務	都道府県が処理する以外のもの	❶広域事務(総合開発計画、防災・警察など) ❷連絡調整事務(市町村相互の連絡調整等) ❸補完事務(規模が大きいもの、高い専門性等)
		かつては4つ目の事務として「統一事務」が存在したが地方分権一括法で廃止

（3）特別地方公共団体の種類

地方自治法において特別地方公共団体とされているものは、**特別区**、**組合(一部事務組合・広域連合)**、**財産区**などである。主な特徴は以下のとおりである。自分の居住地ではどのような組合や財産区が存在するのか(しないのか)ということを確認してみよう。

特別区	原則的に市と同じような役割を担っているが、首都の「行政の一体性」を確保する目的で、東京都が一部事務を処理している	
地方公共団体の組合	**一部事務組合**	都道府県・市町村・特別区がその事務の一部を共同処理するための組織。ゴミ処理・上下水道などの環境衛生分野で導入されている事例が多い。戦前から存在する制度である
	広域連合	都道府県・市町村・特別区が広域的な事務処理をするために設けることができる組織で、1994年に新設された。広域連合については、国からの事務や権限の移譲の「受け皿」として活用できるところに特徴がある
財産区	市町村や特別区が公の施設や財産を管理するために設ける組織。山林、温泉、用水路、公会堂など。山林、用水路など伝統的にその地域住民の共有財産とされてきたものに特別の「保護」を与える目的で使われている	

例えば、大阪府のエリアで実際の特別地方公共団体の存在を見てみよう。まず、大阪府内にはさまざまな一部事務組合が存在しており、水防、消防、水道などを共同処理しているところが多い。水道事業でいえば、堺市、岸和田市、豊中市、吹田市など数多くの市町村が参加する「大阪広域水道事業団」が設置されており、淀川の水防事業については大阪市、高槻市、茨木市などが参加する「淀川右岸水防事務組合」が存在する。

そして、後期高齢者医療制度においては大阪府と大阪府内のすべての市町村が参加する「大阪府後期高齢者医療広域連合」が存在し、防災、観光、医療などについて多角的に協力するために、滋賀県、京都府、大阪府、兵庫県、奈良県、和歌山県、鳥取県、徳島県、京都市、大阪市、堺市、神戸市が参加する「関西広域連合」が設置されている。さらにこの関西広域連合は国の出先機関の事務の「受け皿」となることも目指しているという。このように、府県と市町村が多角的に連携できるのが広域連合である。

（4）大都市特例制度

人口規模や経済規模の大きい大都市などに特別の地位を与える制度を大都市特例制度という。現在、政令指定都市、中核市、施行時特例市がある。また、東京都と特別区の関係も広い意味で大都市特例制度に含まれる。

① 政令指定都市・中核市・施行時特例市

(ア) 政令指定都市

1）概　要

政令指定都市(指定市)とは、政令で指定する**人口50万人以上**(運用上は100万人以上が目安)の市に特例を認める制度である。府県が担当する事務のうち福祉、衛生、都市計画などについて権限が移譲され、その地位は「府県並の取扱い」を一部受けるようになるところに特徴がある。

2）行政区

また、政令指定都市は、組織上の特例として、**行政区**を設けて行政事務を分掌できるようになる。この区は東京都特別区とは全く意味が異なる点に注意したい。特別区は首長や議員が公選されるが、政令指定都市の区は、区長は公選職ではないなど自治体としての独立性は有さない。あくまで政令指定都市の行政事務を地域で分担管理するための仕組みである。

3）近年の変化

市町村合併を推進する観点から、大規模な市町村合併を行えば70万人程度でも特例的に政令指定都市に指定する方針が示されたことから、平成時代には政令指定都市が増加した。

2005年静岡市、2006年堺市、2007年新潟市、浜松市、2009年岡山市、2010年相模原市、2012年熊本市が新たに指定を受けている。

(イ) 中核市

中核市は、1994年より新たに設けられた大都市特例制度である。中核市は政令指定都市が処理できる事務のうち、福祉、都市計画、環境保全などの分野について都道府県から移譲を受けることができる。かつては面積要件なども存在したが、現在は人口20万人以上という人口要件のみで指定されるようになっている。

(ウ) 施行時特例市

特例市とは1999年に新たに設けられた大都市特例制度である。ただし、2014年に中核市と同じ指定要件となったため、今後新たに指定されることはなく、中核市への移行が促されている。このため、「施行時」という語がついて**施行時特例市**と呼ばれている。したがって、すべての施行時特例市が中核市に移行すれば消滅する区分である。

		政令指定都市	中核市	施行時特例市
沿革		1951年創設	1994年創設	1999年創設
要件		人口50万人以上	人口20万人以上	人口20万人以上
特例措置	事務配分	あり	あり	あり
	事務	教育、土木、福祉、都市計画、環境保全などの多くの分野で権限移譲	民生行政、保健衛生、文教行政などの権限移譲	環境保全、都市計画など中核市が行える事務の一部について権限移譲
	組織	・行政区の設置 ・区選挙管理委員会の設置	なし	
決定の手続		政令で指定	・市からの申出に基づき、政令で指定 ・市は申出に当たっては市議会の議決及び都道府県の同意が必要	
指定数（2022年4月）		20	62	23

(5) 住民参加の制度 ★★☆

① 直接請求制度

直接請求制度には、主に1)条例の制定改廃(イニシアチブ)、2)事務監査、3)議会の解散及び議員・長・主要公務員の解職(リコール)に関する請求権がある。主なポイントは以下のとおりである。

	署名の要件	請求先	取るべき措置	効果
条例の制定改廃	50分の1以上	首長	議会に付議	議会の議決に委ねる
事務監査	50分の1以上	監査委員	請求の公表、監査実施	結果の通知公表と議会・長への報告
議会の解散	3分の1以上	選挙管理委員会	選挙人の投票	過半数の同意で解散
議員の解職	3分の1以上	選挙管理委員会	所属選挙区の選挙人の投票	過半数の同意で解職
長の解職	3分の1以上	選挙管理委員会	選挙人の投票	過半数の同意で失職
主要公務員の解職	3分の1以上	首長	議会に付議	3分の2以上出席し、4分の3以上の同意で失職

② さまざまな住民投票

現在日本で法制度化されている住民投票は、1)議会の解散請求があったとき(リコール)、2)議員または長の解職請求があったとき(リコール)、3)地方自治特別法に関する住民投票(憲法規定)、4)市町村合併に際する合併評議会の設置についての住民投票の4種類である。

このうち試験対策として重要なのは、3)の憲法規定の住民投票である。憲法95条には「一の地方公共団体のみに適用される特別法」を制定する場合には、住民投票を実施することが規定されている。ただし、この憲法規定の住民投票は終戦直後の都市復興関連で適用されたものの、1951年を最後に現在まで実施されていない。

③ 条例に基づく住民投票

憲法規定の住民投票とは別に、各自治体が条例に基づいて行う住民投票がある。例えばダム建設などの個別政策の是非を問うために、各自治体が独自に条例を制定して実施するものである。地方自治法などに根拠を持つものではない点に注意したい。

ただし、この種の住民投票は、自治体が住民の意向を直接確認するために近年しばしば用いられているものの、投票結果には法的拘束力が伴わず、尊重義務のみが求められるに過ぎず、諮問型住民投票などといわれる。「諮問」とあるのは、意見が求められるだけで、それに対する答申には法的拘束力はないという意味である。

(6) オンブズマン制度 ★★☆

① 定　義

オンブズマン(Ombudsman)とは、市民の権利を守る苦情調査官で、「護民官」とも呼ばれる。広義では、「市民からの苦情の申出に対応して、行政活動の合法性や妥当性に関して調査を行い、行政活動や行政制度について改善・是正を勧告することができる第三者性を備えた制度」を意味する。狭義では、スウェーデンのように議会任命ではないものをオンブズマンには含めない。

② 歴　史

オンブズマンは、世界では1809年にスウェーデンで初めて導入された。第二次世界大戦後に世界各国に普及し、デンマークなどの北欧諸国、英国などの英連邦諸国、フランス、米国の諸州などで導入されている。また、EU議会にもオンブズマンは設置されている。

③ 議会オンブズマンと行政オンブズマン

オンブズマン制度の原則は、その発祥国のスウェーデンに見られるように、議会によって任命され議会に責任を負う議会型であるが、フランスのように行政の長によって任命されるものもある。

そこで、公共主体が設置するオンブズマン(公共オンブズマン)の中でも、議会によって設置されるか行政によって設置されるかにより、議会オンブズマン(議会設置型)と行政オンブズマン(行政設置型)に分類される。

④ 日本のオンブズマン

(ア) 国レベル

日本では、行政苦情救済制度として、総務省の行政相談制度、行政相談委員、行政苦情救済推進会議などが存在しており、これらがオンブズマン的役割を果たしている。しかし、独立性が低いといった問題点があることから、国レベルではオンブズマンは実現していないと解されている。

ただし、行政相談委員は行政に対する苦情受付けという点では一定の役割を果たしており、オンブズマンとはいえないもののその役割は重要である。行政相談委員は総務大臣から委嘱された「無報酬のボランティア」であり、全国の市区町村レベルで身近な相談窓口として機能している。

(イ) 自治体レベル

自治体レベルではオンブズマンの導入事例が見られる。市町村レベルでは、1990年に川崎市(総合オンブズマン)、中野区(部門オンブズマン)が初めて導入された。都道府県レベルでは1995年に沖縄県(総合オンブズマン)が導入したのが最初の事例である。現在、全国で約50団体程度存在している。

重要事項 一問一答

01 公務員に対して付与されていない労働基本権は、団結権·団体交渉権·争議権のうちどれか?

争議権

02 日本の官僚組織の中で、すべての府省よりも上位に位置する組織とされるのは?

内閣官房

03 合議制の諮問機関とされるのは、行政委員会と審議会のどちらか?

審議会

04 日本の地方公共団体の長に、当該議会の解散権はあるかないか?

ある

05 中核市に行政区を置くことはできるかできないか?

できない

06 地方公共団体の長をリコールするためには、有権者の何分の1の署名が必要か?

3分の1

07 日本には、国レベルのオンブズマンはあるかないか?

ない

過去問チェック

01 (我が国では)行政権は内閣に属し、その主な権限としては、一般行政事務のほか、法律の執行、外交関係の処理、予算の作成と国会への提出、政令の制定などがある。また、国家公務員法は、一般職の国家公務員に対して、争議行為を禁じているほか政治的行為を制限している。国家一般職2018

○行政権が内閣に属することについては、憲法65条で規定されている。また、国家公務員法は、一般職の国家公務員の身分保障、服務等を規定している。労働基本権が大幅に制約されているのは、その一例である。

02 2001年の行政改革は、中央省庁におけるセクショナリズムを緩和し、内閣総理大臣に権力を集中すべく行われた。中央省庁は1府22省庁から1府12省に再編され、新設された内閣官房には経済財政諮問会議をはじめとするいくつかの会議が設置された。裁判所2012

× 内閣官房は2001年の行政改革以前から存在している。経済財政諮問会議をはじめとするいくつかの会議は、2001年に新設された「内閣府」に設置された。

03 行政委員会は、明治憲法下において行政権から独立した機関として設置され、日本国憲法下では、行政機関の政策立案に際して、関係者や有識者の意見を聞くために必ず開かれなくてはならないとされている。特別区Ⅰ類2004

× 行政委員会は、第二次世界大戦後の占領政策の下、行政の民主化を実現させるため、米国の独立規制委員会をモデルとして設置されたものである。また、行政委員会は行政権を行使する組織であり、政策立案に際して、関係者や有識者の意見を聞く場となるのは審議会である。ただし、「必ず開かれなくてはならない」ものではない。

04 行政の民主的運営や適正かつ能率的運営を目的として、準立法的機能や準司法的機能は与えられていないものの、国の行政機関から独立した行政委員会が国家行政組織法に基づき設置されている。この行政委員会の例としては、公害等調整委員会や選挙管理委員会などがある。国家一般職2018

× 国の行政委員会は、政治的な中立性が必要とされる行政領域に設置されている合議制の意思決定機関であり、準司法機能と準立法機能が与えられている。また、選挙管理委員会は、国ではなく地方公共団体の行政委員会である。

05 内閣府に置かれており、委員長が国務大臣とされる行政委員会として、妥当なのはどれか。（1．運輸安全委員会　2．公安審査委員会　3．中央労働委員会　4．公害等調整委員会　5．国家公安委員会）**警視庁Ⅰ類2011**

「5．国家公安委員会」が該当する。つまり、志望している組織のトップは誰なのかを確認する問題である。

06 法律上、市町村に置くことが定められていないものはどれか。（1．人事委員会　2．公安委員会　3．教育委員会　4．選挙管理委員会　5．監査委員）**警視庁Ⅰ類2006**

「2．公安委員会」が該当する。これも志望している組織についての知識を問う問題である。

07 地方公共団体には、議決機関として議会や教育委員会などの各種の委員会が、執行機関として首長が存在している。議会の議員と首長は、住民の直接選挙によって選ばれるが、各種委員会の委員は、二元代表制の原則にのっとって、議員の中から首長が任命することとなっている。**国家一般職2020**

× まず、教育委員会は、「議決機関」ではなく「執行機関」である。ここで「議決機関」とは地方公共団体の意思を決定する機関、「執行機関」とはこの意思に基づいて行政を執行する機関を指す。また、地方公共団体の行政委員会の委員と、地方議会の議員の兼職は禁止されているため、議員の中から委員を任命することはできない。

08 1999年に成立した地方分権一括法によって、地方公共団体の活動は、自治事務と機関委任事務に整理された。**東京消防庁2017**

× 「機関委任事務」という点が誤り。1999年の地方分権一括法で導入されたのは自治事務と「法定受託事務」である。機関委任事務は国が地方公共団体を指揮監督できる制度であり、地方分権に相応しくないとして廃止された。

09 地方公共団体の事務は、自らが主体的に行う自治事務と、国から委任された機関委任事務に分けられる。近年、国が主体的に行う業務の一部は機関委任事務に移行されており、国道の管理、パスポートの発行、帰化の許可などは、「三位一体の改革」が行われた際に機関委任事務に移行された。**国家一般職2020**

× まず、2000年の地方分権一括法の施行に伴い、機関委任事務制度は廃止され、従前の機関委任事務のうち、例外的に事務そのものを廃止したものや国の直接執行事務としたものを除き、残りはすべて自治事務または法定受託事務に振り分けられた。また、国道の管理とパスポートの発行(旅券の交付)は法定受託事務だが、帰化の許可は現在でも法務省が直接担当している事務である。

10 住民の意思を直接問うために実施する住民投票をイニシアティブというが、我が国では条例による住民投票を実施した自治体はまだない。**東京消防庁2017**

× まずイニシアティブは「住民発議」であり、住民が条例の制定改廃などを求める場合をいう。住民投票は「レファレンダム」である。そして、条例による住民投票は1980年代以降複数の事例があるので「まだない」という点も誤りである。

11 地方議会の議員の任期は4年であるが、住民による直接請求で有権者の一定数の署名をもって議会の解散を請求することができる。また、議会が首長の不信任案を可決した場合、首長は議会を解散することができる。**国家一般職2020**

○ 国民・地域住民により直接選挙で選ばれる公職者(衆議院議員、都道府県議会議員、市区町村議会議員、都道府県知事、市町村長)の任期は、原則として4年(参議院議員のみ6年)である。また、地方公共団体の首長は、議会から不信任を突きつけられた時のみ、議会を解散できる(首長の判断だけでは解散できない)ことにも注意しておこう。

12 オンブズマン制度とは、行政監察官が国民の要求に基づいて行政活動に関する調査及び改善勧告を行うもので、アメリカで創設され、我が国でも国と一部の自治体に導入されている。**特別区Ⅰ類2004**

× オンブズマン制度は、1809年にスウェーデンで創設され、北欧諸国での浸透を経て英米へと普及することとなった。また、日本では川崎市をはじめとした少数の自治体では導入が開始されているが、国レベルでは導入されていない。

13 オンブズマンとは行政の誤った施策や見落としている社会問題に対して、国民からの苦情を受けて、非司法的な手段で監査を行う役職のことをいう。諸外国で採用されているオンブズマンは全て行政機関に設置されており、我が国では、国政レベルにおいて総務省にオンブズマン委員会が設置されているほか、川崎市など各地方公共団体においても、導入が進んでいる。**国家専門職2013**

× 諸外国では、オンブズマンは議会に設置されていることが多い。また、日本では、国政レベルにおいてオンブズマンは導入されていない。

過去問 Exercise

問題1　オンブズマン制度に関する記述として、最も妥当なのはどれか。

警視庁Ⅰ類 2013［H25］

1 オンブズマンという用語は、もとは「代表者」を意味する英語である。

2 オンブズマンは、市民の苦情などを受け付け行政活動を調査・公表するが、行政機関に対する是正勧告などは一切認められない。

3 わが国においては、オンブズマン制度が地方自治体において条例化されている例があるが、国政レベルでの法制度化は実現していない。

4 オンブズマン制度とは、行政機関に従属する立場の専門官が、住民の苦情を受け付け、行政の立場からそれを迅速に処理する制度である。

5 わが国において、オンブズマン制度が初めて実施されたのは横浜市である。

解説

正解 ③

❶ × オンブズマン(ombudsman)の語源はスウェーデン語で「代理人」を意味する言葉であり、「護民官」ともいわれる。オンブズマンとは行政を統制するためにスウェーデンが世界で最初に導入した制度で、行政組織や行政職員が市民の権利を侵害したとき、市民からの苦情を受けてオンブズマンが調査などを行う。

❷ × オンブズマンは行政の活動を調査して公表するだけでなく、行政に対して是正勧告を行うことができる。

❸ ○ 日本の一部の自治体は条例を制定してオンブズマン制度を導入しているが、国政レベルではオンブズマン制度は導入されていない。

❹ × オンブズマンは、行政機関に従属しない立場の専門官である。この制度の目的は、行政に属さない立場の専門官が行政を監視することである。

❺ × 日本で初めてオンブズマン制度を実施したのは、川崎市である。

国家一般職★★★／国家専門職★★★／裁判所★★★／東京都Ⅰ類★★★／地方上級★★★／特別区Ⅰ類★★★

5 国際関係

本節では、国際関係に関する分野を扱います。頻出事項は国際機構（国際機関）と条約（国際法）ですが、それ以外にも国際経済、地域紛争などが出題されています。歴史的な背景とともに理解していきましょう。

❶ 国際社会のしくみ ★★☆

1 国際社会と国内社会の違い ★☆☆

国際社会は国内社会と異なる。国内社会には、国民、政党、さまざまな利益集団(圧力団体)、学校、企業など、国内社会のすべての行為体(アクター)の上位に、政府という統一権力が存在する。その中に、立法・司法・行政などの各機関が存在し、統治をしている。

【国内社会】

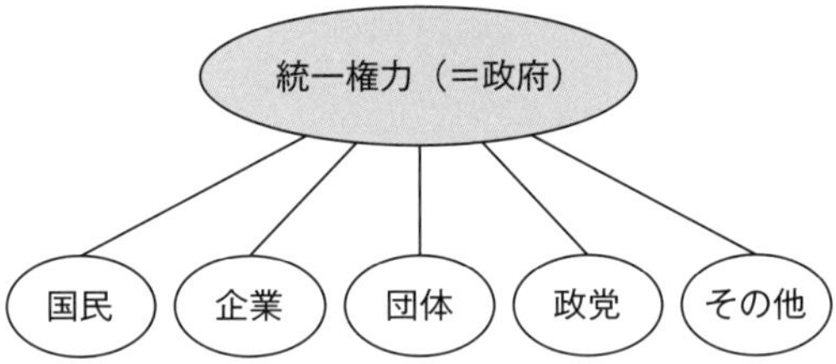

しかし、国際社会には、主権国家など国際社会におけるアクターより上位に来る機関がない。そのため、国家などを取り締まる機関が存在しない(国連や国際機関は加盟国の集合体であり、政府や統一権力ではない)。

【国際社会】

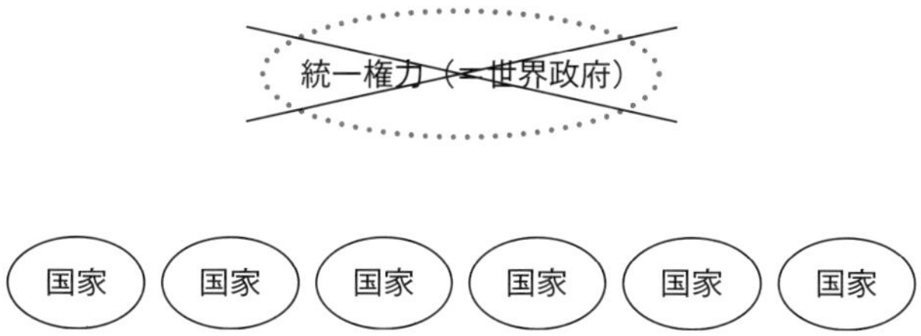

つまり、国際社会は、主権国家同士がお互いの存在を認め、主権国家同士のつながりによって構成されているというイメージである。この主権国家が並存し、上位に来る政府が存在しない無政府状態でいかに秩序を打ち立て、自国の存亡を図るかが課題になる。現在、世界には国連に加盟しているだけでも190以上の主権国家があり、お互いに主権を尊重しながら、国際社会を形成している。

こうした国際社会の原型が作られたのは、近世ヨーロッパで起こった三十年戦争を終結させた**ウェストファリア会議**及び**ウェストファリア条約**(1648)においてである。この会議で各国の主権の独立が確認され、現在のような国際社会が形成された。

そのため、自国の独立(存続)を確保するため、それぞれの国の勢力(軍事力)のバランスを取って他国からの侵略を防ごうとする**勢力均衡**や、世界の主導権を握る覇権国に守ってもらおうとする覇権安定論、国際社会に制度・規範を構築してそれによる秩序形成・維持をねらう国際レジーム論などの国際関係理論が議論された。

2 国際法 ★★★

国際社会における秩序を維持し、主権国家間の関係に妥当する自然法としての国際法の理念が広まった。これを体系化したのがオランダの法学者**H.グロティウス**である。彼は『海洋自由論』(1609)や**『戦争と平和の法』**(1625)を著し、**国際法の父**と呼ばれている。

グロティウスは、『海洋自由論』で公海上の航行の自由を主張した(当時スペインとポルトガルが海洋を独占していた)。『戦争と平和の法』では、侵略戦争の禁止を主張した。

(1) 国際法の分類

国際法は、国際慣習法と条約に分類できる。

国際慣習法	・国家の「慣行」とそれを法的に拘束力のあるものと認める「法的信念」によって成立する。国家間の暗黙の合意による黙示的法 ・領土不可侵、公海自由の原則などを指す
条約	・国家間、国家と国際機関との間などでなされた合意を成文化したもの。明示的法 ・名称は条約、議定書、憲章、協定などさまざま

(2) 条約の種類 ★★☆

条約は、署名(調印)だけで効力を持つものと、**批准**を必要とするものがある。後者の場合、国の代表者による条約の署名後、国内法上条約締結権限を有する機関が、条約に拘束されることを最終的に確認する意思表示として批准を行う必要がある。そのため、署名がなされただけで発効していない条約がある。

(3) 国際法の特徴 ★★☆

国際法は大きく分けて、次の３つの特徴を持つ。

1) 統一的な立法機関がないため、各主権国家間の合意が必要である。言い換えれば、**合意がなければ拘束されない**。
2) 国際的司法制度が不十分で、強制管轄権を持つ国際裁判所がない。
3) 国際法によって国際裁判の判決や決定を履行するように強制する機関が存在しないので、国際法や国際裁判の一方的な無視が生じうる。

3 国家とその領域 ★★☆

(1) 国家の要件 ★★☆

主権国家であるには、一般的に次の要件が他国に認められている必要がある。

1) **領域**(領土・領海・領空)
2) **人民**(その領土内に定住している人)
3) **政府**(その領域内にいる人々を支配・統治する主権を有する)

(2) 領海と国際条約 ★★★

海洋の秩序に関するルールは、**国連海洋法条約**(1982年採択)によってまとめられている。日本は1996年に批准している。なお、米国はこの条約に参加していない。

① 領海

領海とは国家領域を構成する海洋の部分。領海基線(通常、低潮線)から最大で**12海里**の幅までとされる(1海里＝1.852km)。

沿岸国は自国に害を及ぼさない限り外国船舶が領海を自由に航行することを認めなければならず、外国船舶には領海の**無害通航権**(沿岸国に害を及ぼさない限り、他国の領海内を自由に通航できる)が認められている。

なお、領土と領海の上空のことを**領空**という。領空においては領海のような無害通航権は認められていない。

② 接続水域

接続水域とは、通関上、財政上、出入国管理上、衛生上の国内法令の履行を確保するために、外国船舶に対して一定の権限を行使することができる海域。基線から24海里以内。

③ 排他的経済水域(EEZ)

排他的経済水域とは、領海基線から**200**海里の幅までで、領海を除いた部分。沿岸国は、排他的経済水域の海底、地下、上部水域のすべての生物・非生物資源を探査、開発、保存、管理のための主権(**経済的主権**)を有する。

④ 公海

公海とは、領海と排他的経済水域以外の海のこと。沿岸国は主権を主張できない。各国は公海を自由に使用することができる(**公海自由の原則**)。

⑤ 大陸棚

国連海洋法条約では、領海の基線から200海里までの海底とその下をその沿岸国の大陸棚と規定している。なお、大陸棚はある一定の条件を満たせば、200海里を超えて延長することができる。延長された大陸棚のことを延長大陸棚と呼ぶ。

【大陸棚】

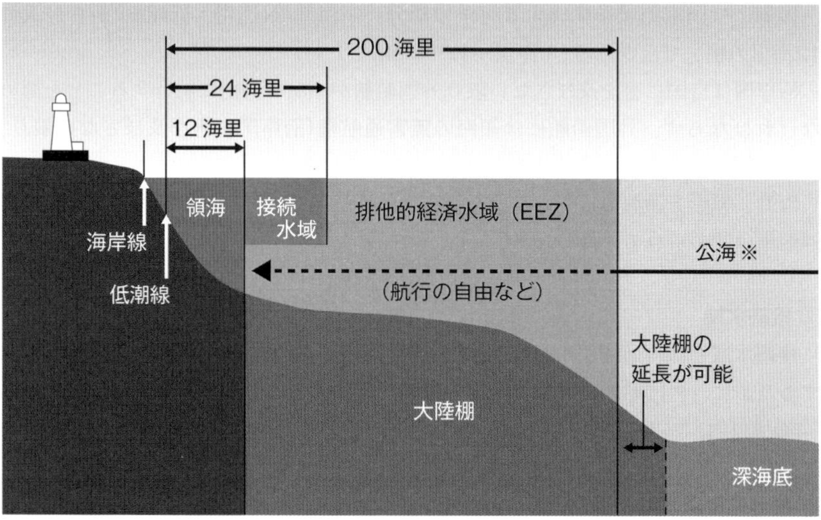

※　海上保安庁HP一部修正

⑥ その他の空間

(ア) 南極

南極条約(1959)により、領土権の凍結、平和利用、科学調査の自由と協力を定める三大原則を制定。その後、環境保護に関する南極条約(1991)によって、科学調査以外の鉱物資源活動を全面禁止している。

(イ) 宇宙条約

宇宙条約において、宇宙空間の探査は、発展の程度に関係なくすべての国の利益のために行われなければならないと規定している。宇宙空間は全人類に属するもので、すべての国が純粋に平和目的のためのみに自由に探査し、利用することができる。しかし、国家の取得の対象としてはならない。1967年発効。

2 国際機構

1 国際連盟 ★★★

(1) 成立の過程 ★★★

1914～18年	**第一次世界大戦** (勢力均衡の失敗・軍拡競争)
1919年	**パリ講和会議**で国際連盟の設立が盛り込まれた**ヴェルサイユ条約**締結 **ウィルソン米大統領**が**カント**の『永遠平和のために』から着想を得て発表した**14カ条の平和原則**(平和14カ条)が契機
1920年	**国際連盟設立**(史上初の集団安全保障体制機構)
1928年	**不戦条約**(ケロッグ=ブリアン協定)
1933年	ドイツ・日本が脱退
1939年	第二次世界大戦勃発

(2) 主な組織 ★★★

① 総会

全加盟国が参加。全会一致で議決。

② 理事会

4常任理事国＋8非常任理事国で構成。**全会一致**で議決。拒否権なし。

③ 事務局

事務総長が最高責任者。

(3) 課題 ★★★

① 大国の不参加

米国は国際連盟を提唱したにもかかわらず、上院の同意(批准)を得られなかったため**参加せず**。

② 議決方式が全会一致制

国家主権(特に内政不干渉の原則)を尊重したため、**全会一致**制を採用。

③ 経済制裁（非軍事的強制措置）中心

実際に発動されたのは1935年にエチオピアを侵攻したイタリアに対してのみ。

◐ 安全保障の主な考え方

● 勢力均衡（バランス・オブ・パワー）

圧倒的優位な立場を得る国が登場しないように、政策や利害が一致する国と同盟関係を結ぶことで軍事力のバランスをとり、力によって対抗することで攻撃を未然に防ごうとするもの。

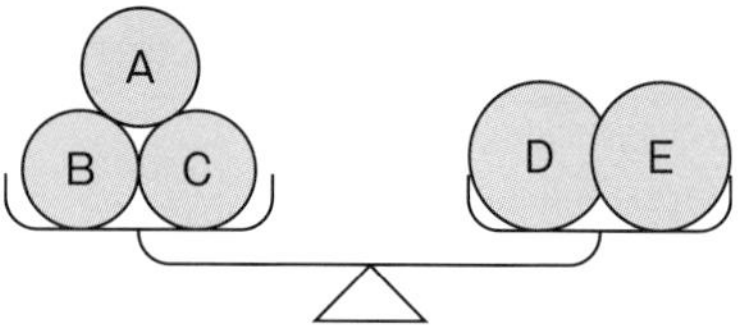

● 集団安全保障：対立を機構内部に包含する

敵も味方もすべて含めて、武力行使をしないとする条約・組織に加盟し、もし違反した国がいた場合は他の加盟国が共同で対処したり制裁（強制措置）をしたりする仕組み。

例えば国連の場合、侵略などをした国に対し、国連加盟国が国連安全保障理事会決議に基づいて、制裁を加えること。

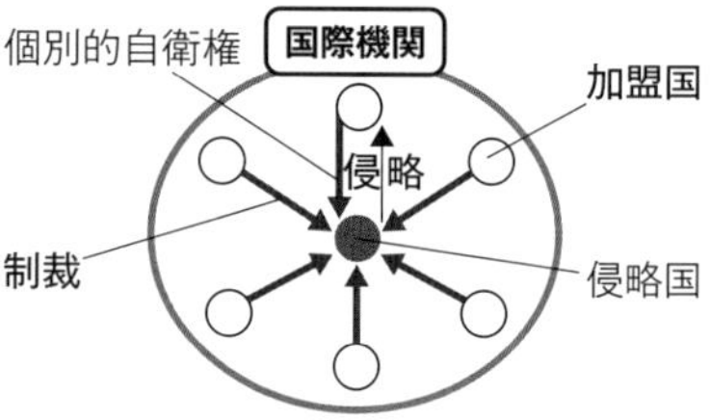

● 集団的自衛権

仲間の国への攻撃を自国への攻撃と見なし、自衛権を行使すること。集団防衛の根拠となる。

集団的自衛権は国連憲章により初めて導入された概念である。集団防衛の根拠となる。例としてNATO（北大西洋条約機構）がある。

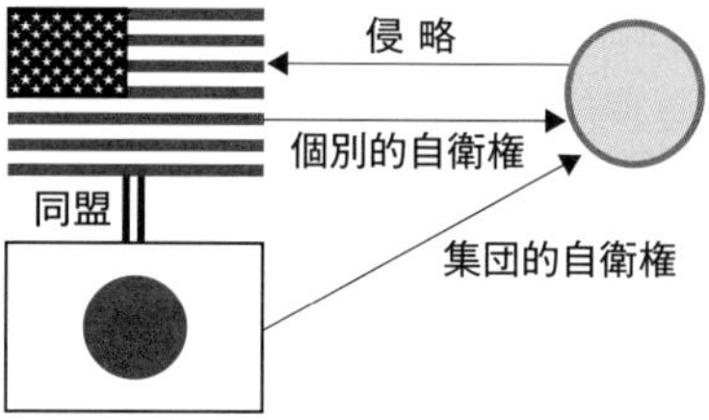

2 国際連合 ★★★

(1) 成立の経緯

1941年	大西洋憲章(F.ルーズベルト米大統領・チャーチル英首相)
1944年	ダンバートン・オークス会議(米英ソ中) ・具体案が提示される
1945年	ヤルタ会談(米英ソ) ・拒否権の範囲・植民地の扱いなどの懸案が解決
	サンフランシスコ会議(連合国50カ国が参加) ・起草された国際連合憲章に全参加国が調印
	正式に発足(**51カ国**)

上記のとおり51カ国でスタートした国連は、その後加盟国を増やし、現在は193カ国が加盟している。途中加盟国で注意してほしいのは、**日本がソ連との国交回復によって1956年**に、東西ドイツが1973年に同時に、韓国・北朝鮮が1991年に同時に、それぞれ加盟している。今世紀に入って永世中立国を謳っているスイスが2002年に加盟した。最も新しい加盟国は南スーダン(2011)である。

また、途中加盟国ではないが、1971年に中国の代表権が中華民国(台湾政府)から中華人民共和国(北京政府)に移っている。中国の正統政府は国連設立当初は中華民国であり、国共内戦により台湾へ逃亡した後もしばらくは中国代表としての地位を確保していた。しかし、米中関係改善などの影響で、1971年のアルバニア決議(中華民国追放決議)により中華民国政府は国連から脱退し、代わりに中華人民共和国政府がその地位に就いた。

日本が承認している国家で主な国連未加盟国は、バチカンやコソボである。

(2) 国際連合の組織 ★★★

国際連盟
総会
理事会
事務局

(常設国際司法裁判所)

→

国際連合
総会
安全保障理事会
経済社会理事会
信託統治理事会
事務局
国際司法裁判所

国際連盟の主要機関は3つだったが、理事会が3つに分かれ、常設国際司法裁判所が主要機関に格上げされて国際司法裁判所になった。

① 総会

総会は全加盟国で構成され、加盟国や安保理に勧告する権限を有する(**決議に強制力なし**)。**1国1票制度**。**多数決**で採決。通常総会は、毎年9月の第3火曜日から約3カ月開催。特別総会は、加盟国の過半数の要請などによって事務総長が招集する。評決は単純多数決で行われるが、平和と安全保障に関する問題、新加盟国の承認、予算のような重要問題についての決定は3分の2以上の多数が必要である。

② 安全保障理事会(安保理)

安全保障理事会は、国際紛争の調停や解決の勧告を行う。侵略行為があったかどうかを決定し、経済封鎖、不十分な場合には武力制裁を要請する。**安全保障理事会の決議に加盟国は従わなくてはならない**。

(ア) 構成

常任理事国	非常任理事国
米国、英国、フランス、ロシア、中国	10カ国(任期2年、**連続再選不可**) 毎年5カ国ずつ改選 地域ごとに割り当てられる

(イ) 決定方式

手続事項は全15理事国のうち9カ国の賛成で評決する。

実質事項は、常任理事国には**拒否権**があるため、常任理事国を含めた9理事国の賛成で評決する。つまり、常任理事国すべての賛成が不可欠となっている(大国一致の原則)。

このため、大国自身が平和を乱す行為をしたときには、安保理では決議を行うことができない。国連安保理が拒否権の乱発によって機能しなくなった場合に、要請があってから24時間以内に国連総会の緊急特別総会を召集し、安保理に代わって総会が武力行使をも含む集団安全保障措置を加盟国に勧告できるようにした「**平和のための結集**」決議が1950年に採択されている。

③ 経済社会理事会(ECOSOC)

経済社会理事会は、経済、社会、文化などの問題を担当する機関で、理事国54カ国で構成される。安保理と違って、理事国に常任・非常任の区別はない。国際通貨基金(IMF)、国際復興開発銀行(IBRD)などの専門機関との提携の下で任務に従事する。NGOとの連携も担当。

④ 信託統治理事会

信託統治理事会は、加盟７カ国の施政下に置かれた11の信託統治領の将来的な独立のために、施政や監督を行う機関である。信託統治とは、直ちには政治的・経済的に独立できない地域の統治を特定の国に行わせ、信託を受けた国は国連の監督下で統治を行う仕組みである。

最後の信託統治領であるパラオ(1994)の独立により、現在は活動停止中。

⑤ 事務局

国連活動の行政面を担当しているのが**事務局**である。最高責任者は**国連事務総長**であり、安全保障理事会の勧告によって総会が任命する。１期５年で特に再選規定は設けられていないが、最長でも２期10年で退任するのが慣例となっている。安保理の常任理事国からは選出されないのも慣例となっている。

⑥ 国際司法裁判所（ICJ）

国際司法裁判所は、**国連に設置**された常設の国際裁判所であり、本部はオランダのハーグに置かれている。安保理と総会が選出する15名の裁判官で構成されている。原則的に一審制である。

主な役割として、**国家間**の国際紛争について、**当事国の合意**に基づいて審理を行う。**判決には拘束力がある**。また、国連総会や国連の機関の要請により、**拘束力のない勧告的意見**を出すことがある。

⑦ 国際刑事裁判所（ICC）

国際刑事裁判所は**国連とは別の組織**である(国際司法裁判所と混同しやすいので注意が必要)。

紛争時の**個人の犯罪**(人道に対する罪、集団殺害犯罪(ジェノサイドに対する罪)、戦争犯罪、侵略犯罪)を裁くことを目的とした常設の国際裁判所である。ICCローマ規程により、2003年に設置された。二審制であり、最高刑は終身刑。

対象となる犯罪は、ICCの内容を定めたローマ規程発効(2002年７月１日)後に発生した犯罪に限定されている。そのため、それ以前に発生したユーゴスラビア紛争は旧ユーゴスラビア国際刑事裁判所にて、ルワンダ紛争はルワンダ国際刑事裁判所(ルワンダ国際戦犯法廷)にて裁判が行われた。

また、ICCの管轄権が認められるのは、関係国に被疑者の捜査・訴追を真に行う能力や意思がない場合に限られている(補完性の原則)。つまり、何でも管轄権が行使できるわけではない。

日本は2007年に加盟。米国、中国、ロシア、インドなどが参加していない。

3 国連の補助機関、専門機関及び関連機関 ★★★

補助機関は**国連の一部**である。専門機関・関連機関はともに国連とは別機関であるが、専門機関は国連との連携協定があり、関連機関は連携協定はないが国連の主要機関に報告を行うなどして密接な関係にある機関を指す。

【国連の補助機関、専門機関及び関連機関】

	名称	目的・役割
補助機関（総会決議により設置）	国連貿易開発会議（UNCTAD）	**南北問題**解決に向けた討議の場。1964年に途上国の要求により第1回会議が開催され、その年に常設機関化
	世界食糧計画（WFP）	途上国への食糧配給。2020年ノーベル平和賞受賞
	国連環境計画（UNEP）	**環境**に関する国連諸機関の総合調整。1972年国連人間環境会議（ストックホルム）にて設立
	国連開発計画（UNDP）	国連の**開発**計画を調整。自らも開発援助を実施
	国連児童基金（UNICEF）	世界の**子供**たちの生命と健康を守るための機関
	国連難民高等弁務官事務所（UNHCR）	**難民**支援のための機関。難民条約上は難民とは見なされない**国内避難民なども保護の対象**にしている
	国連人権高等弁務官事務所（OHCHR）	人権問題をめぐる国際協力の強化を促すための機関

専門機関	国際労働機関（ILO）	条約の締結や勧告の採択を通じて、世界の労働者のために社会正義を推進し、労働条約の改善を図る組織。国連より歴史は古く、1919年創設
	国連教育科学文化機関（UNESCO）	**教育**、**科学**、**文化**、通信を通じて国家間の協力を促進し、世界の平和と安全を守る組織。**世界遺産**の登録も行っている。米国は政治的偏向を理由に脱退
	世界保健機関（WHO）	世界中の人々の**健康**増進を図る組織
	国際復興開発銀行（IBRD）	元々は第二次世界大戦の復興に融資するための機関。現在は長期的視野に立ち、開発途上国でも比較的所得水準が高く融資の返済能力がある国々に対し、環境・天然資源管理、工業・農業から人間開発・ジェンダーなど幅広い分野に融資を行っている。**世界銀行**
	国際通貨基金（IMF）	国際的な金融協力や貿易の拡大を促進し、また国際収支が赤字に陥った加盟国を支援し、国際通貨体制の安定を図る組織
関連機関	国際原子力機関（IAEA）	平和、保健及び繁栄に対する原子力の貢献を促進し、IAEAを通じて提供された援助が、軍事目的で利用されないように組織。**核兵器不拡散条約**に加盟する非核保有国はIAEA査察の受入れ義務がある
	世界貿易機関（WTO）	暫定的枠組であったGATT（関税及び貿易に関する一般協定）の常設機関化に伴い1995年に発足。貿易障壁の軽減といった**自由貿易**・**無差別（最恵国待遇）**・**多角主義**などを基本原則としている。貿易問題をめぐる紛争処理も行う。日本はGATT時代の1955年に加盟
	国際刑事裁判所（ICC）	紛争時の**個人による犯罪**を裁くための常設国際裁判所。**国連とは別組織**

4 国連の安全保障機能 ★★★

(1) 国連による制裁 ★★★

① 平和的解決と強制措置（経済制裁・軍事的制裁）

国連はその活動を通じて平和を推進する機関である。**国連憲章第6章**では、紛争の平和的解決（紛争当事国への直接交渉や勧告など）、**国連憲章第7章**では、強制措置（経済制裁、外交断絶、国連軍などの軍事的制裁など）について規定している。

② 国連軍の創設

国連は国連憲章第７章に基づいて軍事的措置が可能であり、国連憲章の規定に基づいて編成される軍隊を**国連軍**という。具体的には、国連軍は、特別協定に基づき国連加盟国が提供する兵力で編成され、安保理の下に置かれる軍事参謀委員会が指揮監督を行う。しかし、**これまで国連軍が創設されたことはない**。

(2) 国連平和維持活動（国連 PKO） ★★★

国連軍が組織される見通しが立たないため、慣行的に**国連平和維持活動**（**国連PKO**）が実施されてきた。この活動は第6章（平和的解決）と第7章（強制措置）の中間的な位置づけであるため、**6章半の活動**と呼ばれる。**国連憲章上には明記されていない活動**である。

① PKO三原則

国連平和維持活動（PKO）を展開する上での基本三原則が形成されている。
・主たる紛争当事者の同意（**同意**の原則）
・不偏性・公平性（**中立**の原則）
・自衛・任務防衛以外の武器使用禁止（**自衛のための武器使用**の原則）

② 実際の活動

PKOの伝統的な活動として、停戦監視や選挙監視といった非武装（護身用武器は携帯）の部隊が停戦・選挙の監視にあたる**監視団**と、軽武装した部隊による紛争地域の兵力の引き離しや武装解除など直接的な活動を行う**PKF**（**平和維持軍**）などがある。

冷戦終結後は、平和維持にとどまらず武装勢力に対する強制機能を併せ持つ「平和強制」の任務にあたるPKOも試みられたが、失敗に終わり、従来の伝統的なPKOに回帰した。しかし、現在は武力行使も念頭に置いた「強化された」PKOが展開されるケースも出ている。

【国際連盟と国際連合の比較】

	国際連盟 （1920年、スイス・ジュネーブ）	**国際連合** （1945年、米国・ニューヨーク）
加盟国	大国の不参加（米の不参加） （日本は原加盟国、後に脱退）	米・英・仏・ソ連（露）・中国の 五大国参加
主要組織	事務局・総会（全加盟国参加）・ 理事会（4常任理事国+8非常任理事国）	総会（全加盟国） **安全保障理事会**（5常任理事国+10非常任理事国）など3つの理事会 +国際司法裁判所+事務局

表決の方法	総会も理事会も**全会一致制**	総会：**多数決**（重要事項は3分の2以上） 安全保障理事会：**常任理事国の拒否権**
集団安全保障（強制措置）	経済制裁のみ実行	経済制裁と武力制裁（軍事的制裁）
問題点	①大国の不参加 ②全会一致制で運営が難航 ③安全保障機能が不十分	大国の拒否権で安全保障機能が不十分

3 主な国際組織・枠組

1 サミット ★★★

（1）G7サミット ★★★

G7サミット（先進主要国首脳会議）とは、先進国の首脳が一堂に会し、世界的な問題について討議する会議のことである。

かつては、経済問題を議題としてきたが、時代の流れと共に政治問題、環境問題、テロ対策などあらゆる問題をテーマにするようになってきた。

サミットは、**日本**、**米国**、**英国**、**フランス**、**西ドイツ（現ドイツ）**、**イタリア**で1975年に始まり、その後**カナダ**、**EU代表**、ロシアもメンバーになり、一時はG8サミットと呼ばれた。ただし、クリミア併合によって**2014年以降ロシアは除外**され、G7になっている。

（2）G20サミット ★★★

正式名称は「金融・世界経済に関する首脳会合」。G7の枠組みで定期的に開催されていた財相・中央銀行総裁会議に新興経済国を加え、1999年よりこの枠組みで財相・中央銀行総裁会議が開催されていた。

さらに、2009年からこの枠組みで首脳会合も開催されるようになった。これは2008年に米大手証券会社のリーマンブラザーズが経営破綻するなどして金融危機が深刻になったことが背景にある。

参加国は、G7に参加している7カ国＋EUに加えて、**ブラジル**、**ロシア**、**インド**、**中国**、**南アフリカ共和国のBRICS諸国**、オーストラリア、メキシコ、**韓国**、インドネシア、サウジアラビア、**トルコ**、アルゼンチンである。

2 欧州連合（EU） ★★★

（1）EU の歴史 ★★★

EUの歴史は、1952年に設立された**欧州石炭鉄鋼共同体（ECSC）**にさかのぼる。シューマン仏外相が西ドイツに、シューマン・プランと呼ばれる石炭と鉄鋼の共同開発・運営を提案し、最終的にライン川流域のベルギー・フランス・西ドイツ・イタリア・ルクセンブルク・オランダの６カ国で設立された。

その後**欧州経済共同体（EEC）**、**欧州原子力共同体（EURATOM）**が1958年に設立され、さらにECSCと共に1967年に**欧州共同体（EC）に統合**された。

冷戦終結後の1993年には、従来の経済統合のみならず、政治分野の統合も志向する**欧州連合（EU）**に改組された。

【EU の歴史】

欧州石炭鉄鋼共同体（ECSC） 1952年	1950年にフランス外相シューマンが提案し、1951年調印。 鉄鋼と石炭の共同管理を行う
欧州経済共同体（EEC） **欧州原子力共同体** **（EURATOM）** 1958年	ECSC加盟国が、資本や労働移動の自由化などを掲げたEEC、原子力の共同管理を行う欧州原子力共同体（EURATOM）を設立 根拠となったローマ条約は1957年調印
欧州共同体（EC） 1967年	ECSC、EEC、EURATOMが統合され、ECに 人、モノ、資本、サービスの自由化など経済統合を実現
欧州連合（EU） 1993年	マーストリヒト条約経済統合から**政治統合**が志向され、外交、安全保障、司法の統合が進展
単一通貨（ユーロ）の導入 （1999年）	通貨統合を実現。2023年2月現在、**EU加盟国27カ国中、19カ国が導入**。EU加盟国では**デンマーク、スウェーデン**、ブルガリア、チェコ、ハンガリー、ポーランド、ルーマニア、クロアチアがユーロを導入していない

（2）EC/EU の加盟国の推移 ★★☆

前身であるECSEは６カ国から始まったが、その後加盟国を増やし、一時28カ国まで加盟国数は増加した。しかし、2020年に英国が離脱したため、現在は27カ国である。

なお、トルコは1987年に加盟申請をしているものの、未だに加盟が実現していない。また、ノルウェーとスイスは、国民投票で加盟申請が否決されたため、未加盟のままである。

【EC/EU の加盟国の推移】

1951	ベルギー、フランス、西ドイツ、イタリア、ルクセンブルク、オランダの6カ国が**欧州石炭鉄鋼共同体**設立条約に署名（6）
1973	デンマーク、アイルランド、**英国**が加盟（9）
1981	ギリシャが加盟（10）
1986	ポルトガルとスペインが加盟（12）
1995	オーストリア、フィンランド、**スウェーデン**が加盟（15）
2004	キプロス、チェコ、エストニア、ハンガリー、ラトビア、リトアニア、マルタ、ポーランド、スロヴァキア、スロヴェニアが加盟（25）
2007	ルーマニアとブルガリアが加盟（27）
2013	クロアチアが加盟（28）
2020	**英国が離脱**（27）

（3）機構

★★★

議会や行政機関、裁判所が設置されているが、いわゆる三権分立の機構とは異なる。最高意思決定機関は加盟国の首脳が参加する欧州理事会（首脳会議）である。欧州議会はEU市民から直接選挙で選出されるが、民主的統制機関としての性格が強い。

【欧州連合の機構】

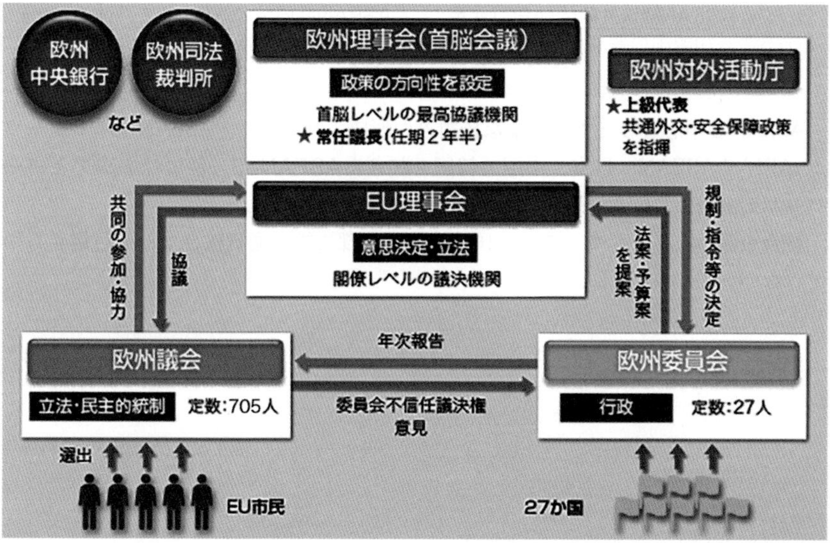

出典：外務省HP

3 その他の枠組・国際機構 ★★★

(1) 東南アジア諸国連合(ASEAN) ★★★

	事項	出来事・背景
1967	**インドネシア**、**マレーシア**、**フィリピン**、**シンガポール**、**タイ**の5カ国でASEAN設立合意	大国のいない「弱小国家」の地域協力機構として発足。「反共産主義連合」としての側面を持つが、軍事同盟ではない
1984	**ブルネイ**加盟(ASEAN6)	
1993	**ASEAN自由貿易地域(AFTA)**開始	2003年改定議定書発効により、先行加盟6カ国は2010年までに、それ以外の国は2015年までにすべての輸出関税を撤廃することを目標に
1994	**ASEAN地域フォーラム(ARF)**創設 ※潜在的な敵対国も含めた協調安全保障	フィリピンからの米軍基地撤退後の安全保障を構想。ASEAN及び日、中、米、露、北朝鮮などの非ASEAN諸国も参加
1995	**ベトナム**加盟	社会主義国参加で、ASEANの性格変容
1997	**ラオス**、**ミャンマー**加盟。非公式首脳会議に日本・中国・韓国も参加(ASEAN+3)	**タイ**が変動相場制に移行しバーツが下落したことで**アジア通貨危機**が始まる
1999	**カンボジア**加盟(ASEAN10)	長い内戦の後、新政府を樹立し、1998年国連の代表権回復
2015	**ASEAN経済共同体**(AEC)発足 ※加盟国の貿易自由化や市場統合が目的	ASEAN共同体の一環として、政治・安全保障共同体と社会・文化共同体に先行して発足

ASEANを中心としてさまざまな枠組みが形成されている。ASEAN地域フォーラム(ARF)やASEANに日本・中国・韓国を加えた**ASEAN+3**、他にはアジアとヨーロッパの会合として**ASEM(アジア欧州会合)**がある。

統合を深めようとしているが、国家主権の一部委譲、通貨統合などを目指すものではない。

(2) アジア太平洋経済協力 (APEC) ★★★

アジア太平洋経済協力(APEC)は、アジア太平洋地域の持続的な発展のために、貿易・投資の自由化・円滑化、技術協力などを推進する会議として1989年に発足した。APECはEUなどのような地域統合とは異なり、参加国の自主性を重んじ、域外に対しても貿易投資の自由化の成果を分け合うことを目的とした、緩やかな「開かれた地域主義」を掲げている。

メンバーはASEANの主要な加盟国をはじめ、日本、米国、中国、カナダ、オーストラリアなど**アジア太平洋地域**に大きな経済的利害関係を持つ21の国と地域が参加している。中国とは別に、香港や台湾も参加している。

(3) 経済協力開発機構 (OECD) ★★☆

米国による第二次世界大戦後のヨーロッパ復興支援策であるマーシャル・プランの受入れのために設立された欧州経済協力機構(OEEC)が前身である。その後ヨーロッパがある程度復興したため、自由主義経済発展のための協力機構として1961年に**経済協力開発機構(OECD)**に改組された。

「経済発展の途上にある地域の健全な経済成長に貢献すること」が設立の目的の一つであることから先進国による国際機構とされ、「先進国クラブ」と呼ばれることもある。世界最大のシンクタンクとして、経済成長・開発・貿易などの分野で活動している。下部機関の**開発援助委員会(DAC)**が各国のODA実績をとりまとめている。

日本は最初のOECD追加加盟国かつ最初の欧米圏以外の加盟国として**1964年に加盟**した。アジアでは他に韓国が加盟している。ただし、中国は未加盟である。

(4) 北大西洋条約機構 (NATO) ★★★

北大西洋条約機構(NATO)は、東西冷戦対立が先鋭化していた1949年に設立された、ソ連を中心とした東側陣営に対抗するための**集団防衛**機構である。NATOの創設後、1955年に東側陣営はワルシャワ条約機構を設立した。

冷戦終結後、東側陣営のワルシャワ条約機構は崩壊したが、NATOは現在も存続し、かつての東側陣営にいた国も加盟するなど加盟国が増えていっている。また、NATO域外の民族紛争などの地域紛争、2001年の米国同時多発テロ事件以降はテロ対策などの役割も多くなっている。

2001年の**米国同時多発テロ事件**に際し、**初めて集団的自衛権の行使**を発動した。

4 国際経済

1 FTAとEPA ★★★

特定の国や地域との間でモノの関税の撤廃・削減を定める取極を**FTA（自由貿易協定）**と呼ぶ。

また、特定の国や地域との間で、関税だけでなく知的財産の保護や投資、労働力の移動などに関するルール整備についての取極を**EPA（経済連携協定）**と呼ぶ。

2 開発経済 ★★★

(1) 南北問題 ★★★

南北問題とは、主に北半球に位置する先進国と、主に南半球に位置する途上国の間にある経済格差、そしてそれに伴う問題のことである。

① 南北問題の原因

南北問題が発生した主な原因として、次のことが指摘されている。

(ア) モノカルチャー経済

モノカルチャー経済（単品経済）という**単一の一次産品に頼る経済構造**が挙げられる。一次産品の価格が下落したり生産量が下がったりすると、国全体の経済が停滞するためである。

途上国がモノカルチャー経済の構造になったのは、植民地支配が影響している。宗主国に一次産品の生産を強要され、宗主国がその一次産品を安く買い上げていく。安く買い上げた宗主国はそれを自国で製品化し、不当に高値で売って儲けていく（加工貿易）という状況があり、これが構造化されていったのである。

(イ) 人口爆発

人口爆発ともいわれる人口増加に対応するために農業・食料生産に力を入れざるをえず、結果的に工業化が遅れた。また、経済成長を達成したとしても１人当たりの所得はあまり増加せず、先進国との格差が広がる一方であった。

(ウ) 累積債務問題

途上国が多額の外貨を借り入れ、その債務が累積する**累積債務問題**も原因の一つである。元利金の支払が不能になる債務不履行や、国内での急激な経済不況や社会不安の発生、さらには国際的な金融不安を生むことになった。

② 南北問題解決への取組

先進国側の対応として、1961年にケネディ米大統領が「国連開発の10年」を国連総会にて提唱した。掲げられた目標のうち経済成長は達成されたが、人口増加もあって南北間の格差はむしろ拡大した。

一方で、途上国側では**資源ナショナリズム**が台頭していった。資源ナショナリズムとは、主に開発途上国の資源保有国が自国の資源所有権を強く意識し、資源の開発・利用・加工・販売等を自国の利益のために行おうとする主張や動きのことである。これには、開発途上国の保有資源が、外国資本や国際資本によって開発されることが圧倒的に多いことが背景にあった。

こうした動きは、国連総会などで目立つようになっていった。

年	出来事
1960	アフリカの年（アフリカで17カ国が植民地から独立） 国連総会で植民地独立付与宣言を採択
1961	国連の加盟国数が104カ国になる（原加盟国51）
1962	国連総会で「天然資源に対する保有国の恒久主権」を採択
1964	**国連貿易開発会議（UNCTAD）**開催。同年に常設機関化
1973	**第1次石油危機（オイルショック）** **第4次中東戦争**をきっかけに、中東の産油国がイスラエル支援国に対して原油価格を4倍にする石油戦略を展開
1974	国連資源特別総会で**新国際経済秩序（NIEO）樹立宣言**を採択

③ 南南問題

南南問題とは**開発途上国間における経済格差**の拡大から生じる問題である。中東の産油国や、アジアNIEs（韓国・台湾・香港・シンガポール）などの工業化を進め高い経済成長率を達成した国々と、経済発展が遅れ貧困から抜け出せない後発開発途上国との間に格差が広がっている。

④ ミレニアム開発目標（MDGs）と持続可能な開発目標（SDGs）

2015年までに主に途上国を対象に極度の貧困や飢餓の撲滅など達成すべき８つの目標を掲げた**ミレニアム開発目標（MDGs）**が2000年に採択された。極度の貧困を半減することや、HIV・マラリア対策等で一定の成果を上げた。一方で、乳幼児や妊産婦の死亡率削減は達成できず、サブサハラアフリカ等で遅れが見られた。

MDGsの後継目標として2015年の国連サミットで採択された「持続可能な開発のための2030アジェンダ」に記載されているのが**持続可能な開発目標（SDGs）**である。2030年までに達成すべき17の目標（169のターゲット）からなる国際目標であり、SDGsは途上国のみならず**先進国も含めてすべての国が取り組む**べき目標となっている。

（2）ODA（政府開発援助） ★★★

① 定義

先進国が行う途上国向けの援助や出資のうち、グラント・エレメント（贈与と見なされる分）が、低所得国向けは45％以上、低中所得国向けは15％以上、高所得国向けは10％以上、国際機関向けは10％以上のものを指す。

② 日本の ODA の特徴

・2000年にはODAの総額が世界第１位であったが、その後順位を下げている。
・DAC平均に比べてグラント・エレメントが低く、有償資金援助の比率が高い（つまり贈与比率が低い）。
・二国間援助と多国間援助では、**二国間援助の方が多い**。
・対象国はアジアが中心。
・ODAに関する基本理念や重点事項など、日本の援助方針を示す文書としてODA大綱が策定される。1992年に初めて策定され、2003年に改定。2015年の閣議決定で開発協力大綱と改称され、「国益の確保」が目的に加わり、ODA卒業国への援助や他国軍への援助が解禁された。

【日本の政府開発援助の形態】

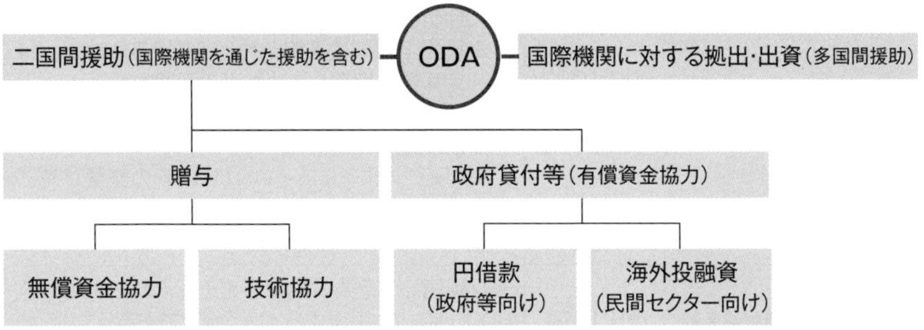

出典：外務省HP

5 主な国際条約

1 米ソ（米ロ）間の核軍縮 ★★★

1945年に米国が核兵器を保有し、1949年にソ連も核実験に成功する。一方で、核兵器に関する条約は冷戦期から存在した。

【米ソ（米ロ）間の核軍縮】

条約	調印・発効年	概要
第1次戦略兵器制限条約（SALT−I）	調印1972	1969年から行われた第1次戦略兵器制限交渉の結果締結された、現状維持を前提とした戦略核兵器の量的規制を目指すものである 米ソ両国の戦略的核のパリティ（平衡）維持を図る
弾道弾迎撃ミサイル（ABM）制限条約	調印1972 失効2002	米ソ間の大陸間弾道弾（ICBM）による攻撃能力を無効にさせないことを目的とするもの。ソ連のブレジネフ書記長と米国のニクソン大統領の間で締結された ※**米ブッシュ政権**（**子**）が対テロ戦略でミサイル防衛（MD）を推進するため、ABM制限条約を破棄した
第2次戦略兵器制限条約（SALT-II）	調印1979 未発効	SALT−I締結後、質的な軍拡が継続したため、1972年から第2次戦略兵器制限交渉が開始された。その結果、質的規制をするものとして締結されたもの ※**ソ連**が同年**アフガニスタンに侵攻**したことで**新冷戦**と呼ばれるほどに緊張が高まり、米国上院が同条約の批准を拒否したため、発効せず

中距離核戦力（INF） 全廃条約	調印1987 発効1988 失効2019	欧州にある中距離核ミサイル（射程距離500～5500km）の全廃の合意である ※歴史上初の核軍縮条約と呼び得る条約で、特定兵器の廃棄を決めた点で画期的 ※ソ連は、配備、製造に関しての現地査察を受け入れた ※1991年までにヨーロッパのINFの廃棄が完了した ※トランプ米政権の破棄通告により2019年失効
第1次戦略兵器削減条約 （START-Ⅰ）	調印1991 発効1994	米ソ両国の1万発の核弾頭をそれぞれ2～3割（約6000発まで）削減するという合意である ※発効から15年間の期限付条約だったが7年間で実施済
第2次戦略兵器削減条約 （START－Ⅱ）	調印1993 未発効	2003年を目途に米ロ両国の核弾頭を3,000～3,500発に削減する合意である ※発効した場合、START－Ⅲ交渉が開始されることになっていた
戦略攻撃能力削減条約 （モスクワ条約）	調印2002 発効2003	戦略核弾頭を3分の1（1,700～2,200発）に削減 ※START－Ⅱの合意内容を上回る削減内容になっている ※MDでの協力も規定されている
新戦略兵器削減条約 （新START）	調印2010 発効2011	2018年までに両国とも戦略核弾頭を1,550発まで、大陸間弾道ミサイル（ICBM）・潜水艦発射弾道ミサイル（SLBM）・戦略爆撃機等の配備数を700基まで削減する。元々発効から10年間の期限付きだったが、2021年に5年延長が決定

◐ 核抑止

そもそも抑止とは、攻撃を受けた場合、確実に反撃を行い報復として甚大な損害を及ぼす意思と能力があると潜在的攻撃者（仮想敵国）に思わせることによって、相手からの攻撃を未然に思いとどまらせようとする考え方である。

その後、破壊力が甚大な核兵器が登場したことで、核兵器による反撃が甚大な損害を与えると思わせることが容易になった。その結果、核兵器を使用しなくても反撃として使用すると思わせることで潜在的攻撃者に甚大な損害を及ぼす意思と能力があることが伝わり、未然に攻撃を防ぐことができるので、核兵器の開発と配備を進めるという戦略論である核抑止論が核保有国などで盛んに主張された。

冷戦期に展開されたのが相互確証破壊（MAD）という核戦略である。米国とソ連という2つの核保有国の双方が、相手方から核先制攻撃を受けても、相手方に耐えがたい損害を確実に与えるだけの核報復能力を温存できる状態にしておき、お互い相手方への先制攻撃を思いとどまらせるというものである。そのために弾道弾迎撃ミサイル（ABM）の基地を制限するABM制限条約が合意に至ったのであった。

2 核兵器に関する多国間条約 ★★★

部分的核実験禁止条約（PTBT）	調印1963 発効1963	大気圏・宇宙空間・水中における核実験の禁止に関する条約である **※地下実験は禁止されない**
核兵器不拡散条約（NPT） **※かつては「核拡散防止条約」や「核不拡散条約」とも表記**	調印1968 発効1970	米、ソ、英、仏、中以外の国に核兵器が拡散しないよう、非核保有国に核関連技術の移転を禁じ、また非核保有国の核開発、製造を禁じた条約である 日本など非核保有国は**国際原子力機関（IAEA）と保障協定を結び、査察の受入れを行う義務がある** 核保有5カ国には特に義務は生じず、核兵器を減らす**努力**を行うことになっている **※インド、パキスタン、イスラエルはNPTに加盟しておらず、核開発を行った北朝鮮も脱退を宣言している** ※元々発効から25年間の期限があったが、当初の期限満了の1995年に無期限延長が決められた

包括的核実験禁止条約 （CTBT）	採択1996 未発効	核爆発を伴うあらゆる核実験を禁止する条約である。しかし、未臨界核実験は禁止されていないため、先進国に有利な条約としてインドやパキスタン等から批判されている 核兵器開発能力を有するとみられる44カ国すべての批准が発効要件である。しかし、英国やフランスは批准完了したが、**インド、パキスタン、北朝鮮は署名しておらず、米国も上院で批准が否決される等、発効要件を満たしていない**
核兵器禁止条約	採択2017 発効2021	核兵器の全面廃止と廃絶を目的とする条約。核兵器の開発や保有、使用のみならず、「核兵器を使用する」と威嚇することも禁止している。そのため、核抑止も否定していることになり、核兵器保有国のみならず、日本のように米国の核の傘に依存している国はすべて同条約に不参加である

上記以外に、地域ごとに「核兵器を持たない」ことを条約で定める非核地帯条約もさまざまな地域で結ばれている。その中でも、**南太平洋非核地帯条約（ラロトンガ条約**：1986年発効）は、軍事目的のみならず平和目的も含むすべての核爆発装置を禁止している。

3 その他の軍縮条約 ★★★

（1）核兵器以外の大量破壊兵器（WMD）に関する取極 ★★★

① 生物兵器禁止条約（BWC）

生物兵器（細菌兵器）や毒素兵器を包括的に禁止する唯一の国際的な取極が**生物兵器禁止条約**である。1975年発効。日本は1982年に批准。

条約履行を検証する査察制度が未整備のため、検証手段を導入するための議定書を作成することが課題だが、未だに合意に至っていない。

② 化学兵器禁止条約（CWC）

サリンなどの化学兵器の開発、生産、保有などを包括的に禁止し、同時に、米国やロシア等が保有している化学兵器を一定期間内（原則として10年以内）に全廃することを定めたのが**化学兵器禁止条約**である。1997年発効。日本は発効前の1995年に批准。

化学兵器禁止機関（OPCW）が設置され、条約の履行状況について査察を行っている。

（2）その他の兵器に対する取極 ★★★

① 対人地雷禁止条約

対人地雷の使用、貯蔵、生産、移譲を禁止する条約が**対人地雷禁止条約**（オタワ条約）である。1999年発効。**日本は**発効前の1998年に**批准**。３大地雷輸出国といわれる米国・中国・ロシア、他には韓国などが未加盟。

この条約は地雷禁止国際キャンペーン（ICBL：International Campaign to Ban Landmines）をはじめとするNGOと、対人地雷全面禁止に賛同する有志国（中小国）の主導により、賛同国のみ集めて協議・交渉を進め、成立に至った。なお、条約の交渉は1996年10月カナダのオタワで始まり、1997年12月にオタワで終了したことから、この一連の過程のことを**オタワ・プロセス**と呼ぶ。さらに、成立したことで不参加国に対して参加を促す圧力にもつながった。

② クラスター弾に関する条約（クラスター弾禁止条約）

クラスター弾とは、複数の子弾が集束しているもので、戦闘機等から投下・発射されると子弾が散布され、広範囲の目標に損害を与えることができる兵器のことである。第二次世界大戦時から使用され始め、現代の紛争では頻繁に登場する兵器である。こうしたクラスター弾の使用、開発、生産、取得、貯蔵、保有及び移譲並びにこれらの活動を行うことについて援助、奨励及び勧誘の禁止、犠牲者（及びその家族や地域）の支援を定めたのが**クラスター弾に関する条約**（**クラスター弾禁止条約**）である。

2008年採択。日本は2008年署名、2009年批准を経て、2010年に効力発生。

4 地球環境問題 ★★★

(1) 環境問題への国連の取組 ★★★

1972	**国連人間環境会議**（スウェーデン・ストックホルム） ・「かけがえのない地球（only one earth）」がスローガン ・人間環境宣言を採択 ・**国連環境計画**（UNEP）設立
1987	**モントリオール議定書**採択 **オゾン層保護のためのウィーン条約**（1985年採択）を基に、**フロンガス**などの具体的な物質を指定し規制
1992	**国連環境開発会議**（地球サミット）（ブラジル・リオデジャネイロ） ・スローガンは「**持続可能な開発**」 ・リオ宣言を採択（→1993年環境基本法制定） ・アジェンダ21を採択 ・**生物多様性条約**、**気候変動枠組み条約**（**地球温暖化防止条約**）が採択 ・国・地域だけでなく、環境NGOも参加した点が特徴
1997	**京都議定書** ・気候変動枠組み条約を基に、地球温暖化の原因とされる二酸化炭素（CO_2）などの**温室効果ガス排出量の削減**に具体的な数値目標を設定した取極。1997年の第3回締約国会議（COP3：京都会議）で採択された ・2005年に正式に発効
2002	**持続可能な開発に関する世界首脳会議**（環境開発サミット） 1992年の地球サミットの実績を検証し、今後の実行計画が策定された
2015	**パリ協定** ・先進国のみならず**途上国も**自ら削減目標を設定することで、**気温上昇を産業革命前から2℃未満、努力目標として1.5℃未満に抑えようとする**もの ・2015年12月採択。2016年発効

現在地球環境問題の主要なコンセプトになっているのが、**持続可能な開発**である。これは、途上国の開発の権利を認めながら、環境保全を目指そうとするものである。「環境と開発に関する世界委員会」（委員長：ブルントラント・ノルウェー首相（当時））が1987年に公表した報告書「Our Common Future」の中心的な考え方として取り上げた概念で、この報告書の中では「将来の世代の欲求を満たしつつ、現在の世代の欲求も満足させるような開発」と説明されている。この委員会は、委員長の名前から**ブルントラント委員会**とも呼ばれる。

（2）地球温暖化に対する取組 ★★★

地球は太陽からのエネルギーで暖められる。暖められた地表面からは熱が放射される。その**熱を温室効果ガスが吸収する**ことで大気が暖められる。

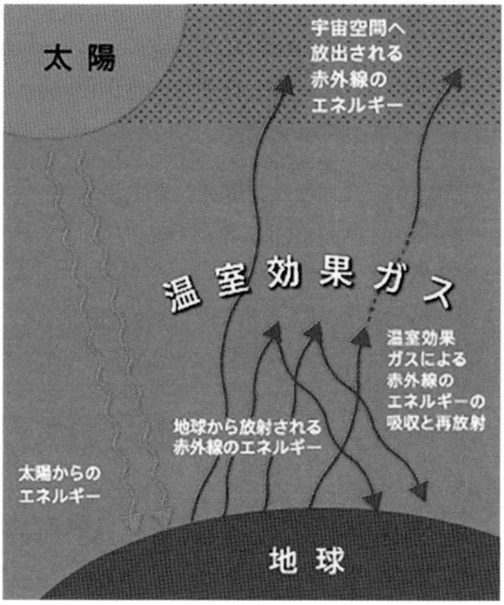

【地球温暖化】

出典：環境省公式HP

① 気候変動枠組み条約（1992）

1992年の国連環境開発会議（リオデジャネイロ会議）にて**気候変動枠組み条約**が採択された。温暖化防止のため大気中の温室効果ガスの濃度を安定化させることを目的とし、温室効果ガスの排出・吸収の目録、温暖化対策の国別計画の策定等を締約国の義務としている。この条約は枠組み条約であるため、具体的な数値目標は設定されていない。

② 京都議定書（1997）

前述の気候変動枠組み条約に基づき、温室効果ガス削減の具体的な数値目標を初めて設定したのが**京都議定書**である。目標を達成できなかった場合の罰則も設けられた。2001年に**米国が脱退**するも、ロシアが批准したことで発効要件を満たし、2005年に発効した。

【京都議定書】

対象ガス	二酸化炭素、メタン、一酸化二窒素など
目標期間	2008～**2012年**の5年間
数値目標	1990年を基準に先進国全体で−5%が目標とされ、先進各国に削減目標が義務づけられる ・**日本：−6%**、EU：−8%、米国：−7%など ・**ただし途上国は数値目標の定めがない** ・**途上国に義務がないことなどから、米国は不参加**

達成のための措置	京都メカニズム **①排出権取引** 　先進国間で排出枠（割当排出量）をやり取り。これにより、例えば、目標を超えて削減した部分を他国と取引し、売ることが可能となる **②共同実施** 　先進国間の共同プロジェクトで生じた削減量を当事国間でやり取りできる **③クリーン開発メカニズム** 　先進国と途上国との間の共同プロジェクトで生じた削減量を当該先進国が獲得できる 上記以外に、「森林経営」などによる森林が吸収するCO_2を削減分に算入することも各国の判断で可能

日本は京都議定書の目標数値を達成した。ただし、日本は排出量を純粋な意味で削減できたわけではなく、京都メカニズムを駆使して削減目標を達成した。

しかし、先進国全体としては目標を達成できなかった。

京都議定書後の枠組形成が難航したため、京都議定書を延長して第二約束期間を2020年まで設けた。しかし、**日本は第二約束期間には参加しなかった。**

③ パリ協定（2015）

2015年に気候変動枠組み条約COP21（第21回気候変動枠組み条約締約国会議）において採択された新たなる目標が**パリ協定**である。2016年に発効。日本は国内での批准作業が遅れたため、パリ協定の発効後の批准となった。また、米国はオバマ政権の時に批准したが、その後のトランプ政権時に離脱し、さらにその後のバイデン政権で復帰した。

主な内容は次のとおり。

・産業革命前からの気温上昇を**2℃未満**に抑える。**1.5℃未満に抑える努力を追求**すること。

・**先進国・途上国の別なく、すべての国**が自ら削減目標を５年ごとに設定する。目標に向けた策定・報告・見直しも義務付け。ただし、罰則規定はなし。

・**先進国は**途上国に温室効果ガス削減に向けた**資金援助を行う**。これに加えて、途上国も自主的に資金を提供すること。

その後、2021年11月に英国のグラスゴーで開かれた気候変動枠組条約第26回締約国会議（COP26）で、努力目標とされていた世界の気温上昇を産業革命前と比べて1.5℃に抑えることを国連気候変動枠組条約締約国の事実上の目標とする決意が示された。

(3) 自然環境問題に関するその他の主な条約 ★★★

① ラムサール条約(1971)

湿原、干潟などの**湿地を登録・保護するための条約**が**ラムサール条約**であり、「特に水鳥の生息地として国際的に重要な湿地に関する条約」が正式名称である。釧路湿原(北海道)をはじめ、尾瀬(福島県・群馬県・新潟県)、谷津干潟(千葉県)、葛西海浜公園(東京都)、琵琶湖(滋賀県)、宍道湖(島根県)、宮島(広島県)などこれまで53カ所が登録されている(2023年1月現在)。

② ワシントン条約(1973)

絶滅のおそれのある**野生動植物の国際取引の規制についての条約**が**ワシントン条約**である。「絶滅のおそれのある野生動植物の種の国際取引に関する条約」が正式名称である。絶滅のおそれがあるものについては、商業取引が禁止される。また規制対象は生きている動植物だけでなく、はく製や加工品(毛皮のコートなど)も対象となる。

③ 生物多様性条約(1992)

生物多様性条約は、生物多様性の保全、生物多様性の構成要素の持続可能な利用、遺伝資源の利用から生ずる利益の公正かつ衡平な配分を目的とする取極である。日本は、この条約を踏まえて、生物多様性基本法の制定、生物多様性国家戦略を策定している。

2010年に生物多様性条約第10回締約国会議が愛知県名古屋市で開かれ、「遺伝資源の利用から生ずる利益の公正かつ衡平な配分」を達成するために**名古屋議定書**が採択された。同議定書は2014年に発効し、現在わが国も含めて120を超える国とEUが参加している。

この条約にも米国は不参加である。米国が参加していないのは、この「遺伝資源の利用から生ずる利益の公正かつ衡平な配分」という内容が国内大手の製薬会社などの了解を得られていないからである。

④ 世界遺産条約(1972)

自然遺産、文化遺産、さらにその両方の要素を持つ複合遺産について登録・保護するための条約が**世界遺産条約**である。ユネスコ総会で採択された。日本で登録されている世界遺産は、法隆寺や屋久島をはじめ、25件(2022年12月現在)。

5 人権に関する取極 ★★★

(1) 世界人権宣言と国際人権規約 ★★★

① 世界人権宣言(1948)

人権及び自由を尊重し確保するために、「すべての人民とすべての国とが達成すべき共通の基準」を宣言したものが**世界人権宣言**である。1948年に**国連総会**にて採択されたが、スローガンでしかないので**法的拘束力**がない。

② 国際人権規約(1966)

世界人権宣言の内容を基礎として、これを条約化し**法的拘束力を持たせたもの**が**国際人権規約**である。1966年国連総会にて採択され、1976年に発効。

国際人権規約はA規約B規約、さらに選択議定書で構成されている。

【国際人権規約】

社会権規約(A規約)	正式名称:経済的、社会的及び文化的権利に関する国際規約 ・個人通報制度等を定めた選択議定書あり
自由権規約(B規約)	正式名称:市民的及び政治的権利に関する国際規約 ・**第一選択議定書:個人通報制度**(国際人権規約と共に採択・発効) —規約人権委員会へ個人が人権侵害を通報できる制度 ・**第二選択議定書:死刑廃止**(1989年採択、1991年発効) —死刑廃止を義務づけること。別名「死刑廃止条約」

日本はA規約B規約ともに1979年に批准したものの、**A規約の一部条文については留保(自国に適用しないことを宣言)している**。また、**選択議定書はどれも批准していない**。

(2) 難民条約(1951・1967) ★★★

1951年に採択された「難民の地位に関する条約」と1967年に採択された「難民の地位に関する議定書」を併せて一般的に**難民条約**と呼ばれる。難民の取扱いに関する最小限の人道的基準を設定したものであり、日本は1982年に加入。

難民条約第1条に「人種、宗教、国籍もしくは特定の社会的集団の構成員であることまたは政治的意見を理由に迫害を受けるおそれがあるという十分に理由のある恐怖を有するために、国籍国の外にいる者であって、その国籍国の保護を受けられない者またはそのような恐怖を有するためにその国籍国の保護を受けることを望まない者」とある。そのため、祖国内にいながら同じような状況にあり他国に逃れていない**国内避難民は難民条約上の難民とは見なされない**。しかし、**国連難民高等弁**

務官事務所（UNHCR）は支援の対象としている。

国内避難民の概念が導入されたのは、冷戦後に紛争の形態が変わり、国家間による紛争から国内における内戦型の紛争が多発したことが理由である。そのため、旧ユーゴスラビア紛争のように構成国が独立（離脱）することでたびたび国境が変わるような状況では、難民条約の定義で救援活動を行うことが困難になったためである。この概念を導入したのは、当時国連難民高等弁務官を務めた緒方貞子である。なお、難民条約上の難民（条約難民）よりも、国内避難民の方が圧倒的に数が多い。

（3）その他の人権に関する取極　★★☆

条約	調印・採択 発効 日本の状況	概要
女子差別撤廃条約	採択1979 発効1981 加入1985	**女子**に対する、政治的及び公的活動、経済的及び社会的活動における差別の撤廃のために適当な措置をとることを求める取極。日本では**男女雇用機会均等法の成立**につながる
児童の権利条約	採択1989 発効1990 加入1994	**18歳未満を児童**とし、児童の基本的人権を国際的に保障する取極。4つの原則の中に児童の意見表明権も保障している。日本は一部条文を留保
人種差別撤廃条約	採択1965 発効1969 加入1995	人種、皮膚の色、世系又は民族的若しくは種族的出身に基づくあらゆる差別を禁止し、加盟国に人種差別に対する刑事罰の制定を求める条約。日本は一部条文を留保
障害者権利条約	採択2006 発効2008 加入2014	**障害者**の権利の実現のための措置等について定める条約。日本では**障害者差別解消法の成立**につながる
ジェノサイド禁止条約	採択1948 発効1951 **未加入**	第二次世界大戦中の残虐行為に対して採択された条約。集団殺害（ジェノサイド）を国際法上の犯罪とし、法に照らして処罰することを加盟国に義務付けている
アパルトヘイト犯罪条約	採択1973 発効1976 **未加入**	人種差別を犯罪とし、その禁止・防止、処罰のために立法・行政措置を義務付ける条約。**南アフリカ共和国のアパルトヘイト（人種隔離政策）**に対する国際的非難の呼びかけとして成立

❻ 地域紛争 ★★★

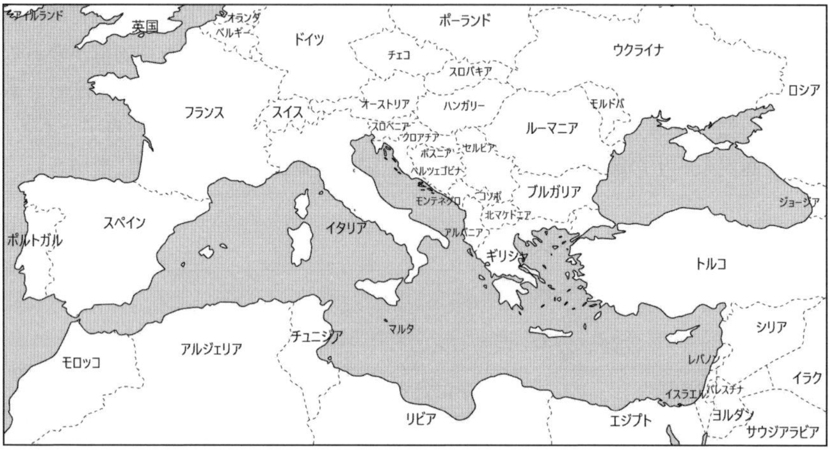

【地中海沿岸図】

1 中東地域 ★★★

(1) 中東紛争（イスラエル・パレスチナ紛争） ★★★

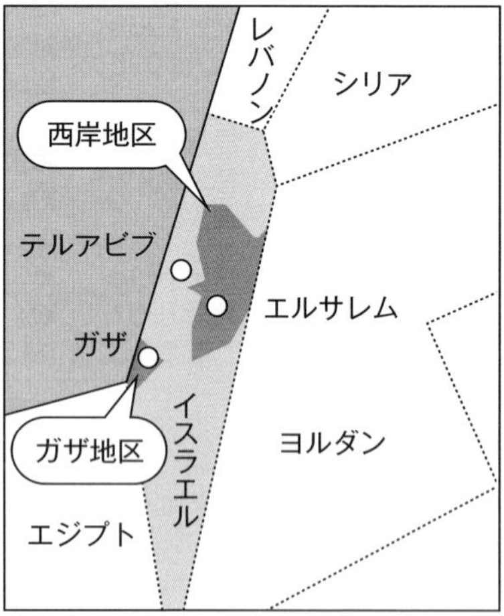

【イスラエルとパレスチナ】

ユダヤ教の国である**イスラエル**と、イスラエルが建国されたことで追われた**パレスチナ**人(及びアラブのイスラム教国)との間における領土紛争が中東紛争である。

ユダヤ教・キリスト教・イスラム教とも共通の起源を持つヘブライズムの宗教である。イスラエルが首都と主張しているエルサレムは、ユダヤ教だけでなくキリスト教とイスラム教にとっても聖地である。こうした事情があったが、古来この地域はユダヤ人とアラブ人が共存して暮らす場所であった。

しかし、第一次世界大戦中に、この地域を支配していたオスマン・トルコ帝国の分割を英国・フランス・ロシアで約束し、パレスチナを国際管理地域とするサイクス・ピコ協定(1916)が結ばれた。ところが、英国は1915年にアラブ人の独立国家建設を約束したフセイン・マクマホン協定を、1917年にはパレスチナにユダヤ人の国家を建設することを認めるバルフォア宣言が出された。バルフォア宣言ではパレスチナ人のことは考慮されず、フセイン・マクマホン協定と矛盾するものであった。英国がこうした矛盾に満ちた宣言を敢えて出したのは、シオニズム運動を高めることでアラブとユダヤ人との対立を激しくさせ、調停者としての英国の力を保つことにあった。

第一次世界大戦後、パレスチナは英国の委任統治下となる。しかし、ユダヤ人の植民機関の活動によってヨーロッパからのユダヤ人が増え続け、1933年のドイツでのナチス政権成立に伴いさらに飛躍的に増加した。その結果、ユダヤ移民によるアラブへの敵対意識・差別意識が強まり、現地のパレスチナ人もユダヤ移民の即時停止を求め大衆的な武装抵抗運動が起こり、英国は統治能力を失っていった。

そのため、英国はこの地を諦め、問題を国連に委ねることにした。1947年の国連決議では、エルサレムは国際管理都市にする予定であった。イスラエルはエルサレムを首都と主張しているが、米国など一部の国を除き多くの国が認めていない。

パレスチナ人は、当初はイスラエルをパレスチナの地から追い出そうとしていたが、現在は自らの国を作ろうとし、それを既成事実化しようとしている。わが国はパレスチナを国家承認していないが、世界の130カ国以上がパレスチナを独立国として認めている。また、米国が参加していない国連教育科学文化機関(UNESCO)や国際刑事裁判所(ICC)、生物多様性条約にも国家として参加している。

また、パレスチナ人居住区も、**ヨルダン川西岸地区**は**穏健派といわれるファタハ**が支配しているが、**ガザ地区**は**過激派のハマス**が支配している。こうしたパレスチナ内部での主導権争いも問題となっている。

【中東紛争】

1920年	**英国**による委任統治開始
1947年	英国が撤退。国連に管理を移譲 →同年11月国連にてパレスチナ分割決議
1948年	イスラエル建国をきっかけにアラブ諸国がイスラエルに侵攻 **(第1次中東戦争)** →イスラエルの勝利。国際管理都市になるはずだったエルサレムはイスラエルが実効支配し首都とする
1956年	エジプトのナセル大統領がスエズ運河国有化を宣言したことに、英・仏・イスラエルが軍事行動を起こす(**第2次中東戦争(スエズ動乱)**) →イスラエルが勝利するも**エジプトはスエズ運河の国有化に成功**

1964年	パレスチナ解放機構（PLO）結成 →のちのパレスチナ暫定自治政府の母体に
1967年	イスラエルがエジプト、シリアやヨルダンを攻撃（**第3次中東戦争**） →イスラエルが勝利し領土が最大に
1973年	アラブ諸国が、失った領土を奪還しようとイスラエルに攻撃（**第4次中東戦争**） →引き分け
1978年	**キャンプデービッド合意（エジプトへシナイ半島返還）**
1979年	**エジプト・イスラエル和平合意**
1987年	パレスチナによるインティファーダ勃発
1993年	**オスロ合意（パレスチナ暫定統治協定調印）** →パレスチナ・イスラエル相互承認、パレスチナの暫定統治を認めるが、最終的な地位については未確定
2001年	対パレスチナ強硬派のシャロンがイスラエル首相に就任 →パレスチナ人の独立を否定し、自爆テロを招くことに
2002年	ヨルダン川西岸地区にイスラエルが**分離壁**を建設開始 →2004年ICJが国際法違反と勧告的意見を出す
2003年	国連・EU・米国・ロシアによるパレスチナ和平のための工程表（中東ロードマップ）を提案 →2005年にガザ地区からイスラエル軍が撤退
2011年	パレスチナが国家としてUNESCO加盟
2012年	パレスチナの国連での地位がオブザーバー組織からオブザーバー国家に格上げ ※日本は国家承認をしていないが、この決議には賛成
2017年	トランプ米大統領がイスラエルの首都をエルサレムに承認。その後米大使館がテルアビブから移転
2019年	トランプ米大統領が、イスラエルが第3次中東戦争で併合したゴラン高原におけるイスラエルの主権を承認

（2）イラン・イスラム革命 ★★★

英・米の支援を受けたクーデターにより政権に復帰したパフラヴィー（パーレビ）2世は、冷戦体制下で**米国との結びつきを強め**、「白色革命」と呼ばれる欧米型の近代化を進めた。しかし、こうした上からの近代化に抗議する宗教的反対派は弾圧され、言論・思想の自由も抑圧されていった。さらに、第1次石油危機以降石油収入が増大するも、国王はこれを軍備増強に充て、富が国王とその側近に偏り、国民の不満も高まっていった。

そうした状況で、1978年に国王の専制に反対する運動が起こり、1979年1月にパフラヴィー2世国王が国外へ亡命した。入れ替わる形で、この革命運動を全国民的に代表した**ホメイニ**がフランスから帰国し最高指導者になり、1979年2月にイラン・イスラム共和国の成立を宣言した。これが**イラン･イスラム革命**である。

このイスラム教国化したイランで国家原理として掲げられたのが、イスラムの再生(再興)とイスラム法の厳格な施行による正義と公正の実現という**イスラム原理主義**である。

なお、1979年にはイランの隣国であるイラクで**サダム･フセイン**が大統領となり、独裁体制を固めていく。翌1980年にイラクがイランに侵攻し、**イラン･イラク戦争**が勃発した。この戦争は1988年まで続いた。

(3) イラクでの戦争　★★★

① 湾岸戦争

1990年8月に、イラクは突如**クウェート**へ侵攻した。これに対し、国連安保理による武力行使容認決議が採択され、1991年1月に多国籍軍がクウェート奪還のためイラクに侵攻した。これによってイラクはクウェートから撤退した。この戦争のことを**湾岸戦争**と呼ぶ。

その後米国はイラクのフセイン大統領に対する反政府キャンペーンを展開し、シーア派とクルド人(スンニ派)による反乱が起こるも、米国は肝心なところで静観の姿勢を取ってしまう。米国はイラク領内に飛行禁止地域を設けたり、たびたびイラクを空爆したりするが、フセインは政権を維持し続けた。

② イラク戦争

状況に変化が訪れたのは、2001年の**米国同時多発テロ事件**である。これによってテロとの戦いを打ち出したブッシュ(子)米政権は、イラクが大量破壊兵器を開発・貯蔵していると主張し、2002年に国連がイラクに査察に入った。

この査察にイラクは応じたが、国連ではイラクの査察への協力が不十分だったため、核開発疑惑や大量破壊兵器保有疑惑の解消には至らなかったと報告された。これを受けて、米国・英国・スペインが、イラクが大量破壊兵器を放棄しない場合、国連加盟国による軍事力の行使を容認する決議案を安保理に提出した。だが、フランスとロシア、ドイツがこれに反発し、フランスはこの決議案に拒否権の行使を明言した。そのため、ブッシュ(子)米大統領が**この安保理決議を得ないまま**、従来決議された安保理決議を根拠に**武力行使に踏み切り**、イラク戦争が始まった。

イラク戦争の結果フセイン政権は崩壊し、フセイン大統領自身も逮捕され処刑されるも、大量破壊兵器は遂に発見されなかった。

(4) アラブの春 ★☆☆

2010年後半以降、中東・北アフリカ諸国のアラブ諸国で民主化要求運動が起こり、その結果いくつかの国々で長期独裁政権が崩壊した。この一連の政治変動をアラブの春と呼ぶ。この運動は、反政府運動に参加した民衆がソーシャルネットワーキングサービス(SNS)や衛星放送等のメディアによって連帯と情報共有を図ったことで、かつてないスピードで国境を越えて民主化運動が拡大していったのも特徴であった。

【アラブの春―主な政変―】

国名	運動が勃発した時期	結果
チュニジア	2010年12月	2011年1月にベン・アリ大統領が国外逃亡し、政権崩壊。別名ジャスミン革命
エジプト	2011年1月	2011年2月にムバラク大統領が国軍最高会議に権限を移譲し政権崩壊。2012年にモルシ大統領が就任し民政移管されるも2013年に解任され、再び軍主導の政権に
リビア	2011年2月～10月	当初はカダフィ体制とそれに反する反体制派との戦争だったが、英米仏を中心とする多国籍軍が国連安保理決議によって介入したことでカダフィ体制崩壊
シリア	2011年3月中旬	反政府派がアサド政権に鎮圧されて停戦合意がなされるも、トルコやクルド人勢力などが入り乱れて武力衝突が起こるなどして、未解決

(5) クルド人問題 ★★☆

「**世界最大の少数民族**」といわれる**クルド人**は、**トルコ**、**イラン**、**イラク**、**シリア**などにて生活している。歴史的には一つの集団と見なされているが、第一次世界大戦後に国境によって民族の居住地域が分断され、それぞれの国で少数民族としての生活を余儀なくされる。総人口は推計で2500～3000万人。しかし、大小または武装・非武装のさまざまな組織が多数存在し、相互の対抗関係から民族運動としての団結に極めて乏しい。また、トルコ、イラン、イラクの各政府は、国内のクルド人勢力を抑えながら、互いに隣国のクルド人組織を支援してきた。一方で、支援を受けたクルド人組織が、政府間の和解により孤立した事例も多い。

2 ヨーロッパ地域の紛争 ★★★

(1) ユーゴスラビア紛争 ★★★

① 背景

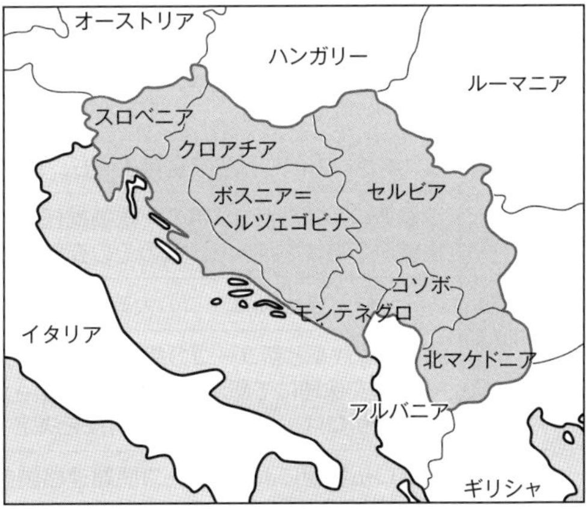

【ユーゴスラビア】

ユーゴスラビアは「**7つの隣国、6つの共和国、5つの民族、4つの言語、3つの宗教、2つの文字、1つの国家**」といわれるほどのモザイク国家であったが、ソ連とは一線を画した社会主義(自主管理社会主義政策)で国家を運営した**ティトー**によるリーダーシップによって一つにまとまっていたとされる。

しかし、ティトーが1980年に亡くなり、それまで抑えられていた各地域での地域的・民族的要求や経済格差の不満が高まっていった。そして、セルビア人の民族感情を煽る形でミロシェビッチがユーゴスラビアの指導者となった。

② ユーゴスラビアからの離脱を求める紛争

1991年	**スロベニア**と**クロアチア**がユーゴから独立を宣言 →それを阻止すべくセルビアとモンテネグロによるユーゴスラビア軍が侵攻。クロアチアとの紛争は泥沼化(**クロアチア紛争**) **マケドニア**(現:北マケドニア)も独立
1992年	国連が国連保護軍(UNPROFOR)というPKOを派遣し、停戦 **ボスニア=ヘルツェゴビナ**も独立を宣言 それに対抗すべくセルビアとモンテネグロがユーゴスラビア連邦共和国(新ユーゴ)を結成。ボスニア=ヘルツェゴビナとの間で内戦が勃発し泥沼化(**ボスニア=ヘルツェゴビナ紛争**)
1995年	国連安保理の容認により、**NATO軍がセルビアを空爆** →ボスニア=ヘルツェゴビナ&クロアチア&新ユーゴの間で和平協定調印

なお、新ユーゴは2003年にセルビア・モンテネグロという緩やかな独特の共同国家に再編され、2006年にはこの共同国家も分離独立した。こうして、ユーゴスラビアは完全に解体した。

③ コソボ紛争

セルビア共和国内の自治州であったコソボ地区は、アルバニア人が９割、セルビア人が１割未満の人口構成であった。しかし、ミロシェビッチがセルビアの実権を握った頃からコソボの自治が有名無実化していった。

【コソボ紛争】

1991年	コソボが一方的に独立を宣言するも、国際社会からほぼ相手にされず
1992年	穏健派のルゴバがコソボの大統領就任 穏健派であったがゆえ、彼のその姿勢に住民の不満が募りだす
1997年	ミロシェビッチが新ユーゴの大統領に就任
1998年	コソボ解放軍と新ユーゴの武力衝突が激しさを増す →国連安保理にて即時停戦の決議が出されるも紛争が激化 英仏独伊ロは、新ユーゴへの制裁を決定
1999年	米英ロ仏独伊による旧ユーゴ問題連絡調整グループが、双方に和平協定案を提示。NATOが「応じなければ空爆」と圧力をかける →アルバニア系住民は応じるも、セルビアは拒否 **→NATOがセルビアに空爆（安保理決議なし）** →ミロシェビッチが旧ユーゴスラビア国際戦犯法廷に起訴される →セルビアも和平案を受入
2008年	コソボが改めて独立を宣言
2010年	国際司法裁判所がコソボの独立が国際法に違反しないとする勧告的意見を出す

④ まとめ

・旧ユーゴ連邦から独立を目指す共和国が続出。
　→それを阻止すべく**主にセルビアが中心となって介入**し、紛争が泥沼化。
・最終的にユーゴスラビア構成国がすべて離脱してしまい、解体。
・ユーゴスラビアに最後まで残っていた**セルビアの内部でもコソボの独立運動**が勃発。
・**主にセルビアが国連やNATOを敵に回す**。
・民族浄化といわれる大量虐殺も発生。

(2) 北アイルランド紛争　★★☆

英国を構成する１つである北アイルランドで、**多数派のプロテスタント系住民**と、英国からの独立を望む**少数派のカトリック系住民**との対立・紛争が北アイルランド紛争である。1920年に英国のアイルランド統治法によって北アイルランドがアイルランドから分離されたのが発端であった。独立を求めるカトリック系住民はアイルランド共和国軍(IRA)を結成し、1960年代から1980年代には武力衝突が勃発した。特に、保守党サッチャー政権は強硬姿勢で臨んだため、かえって紛争の激化を招いた。

しかし、冷戦の終結や欧州連合(EU)の発足などが契機となって北アイルランド紛争が沈静化し、さらに1997年に発足したブレア労働党政権が停戦を呼びかけるなどしたことが功を奏し、1998年に和平合意がなされた。英国・アイルランドともEUに参加し経済統合が進み、実質的な統合がなされていったことも大きい。

3 CIS諸国の紛争 ★★★

CIS(独立国家共同体)とは、バルト三国を除くソ連構成国で結成された緩やかな国家連合体である。1991年末にソ連が崩壊したことで発足し、その後ジョージア(グルジア)が途中加盟した。

しかし、2008年にジョージアが、2014年にウクライナが脱退した。

(1) チェチェン紛争 ★★★

ロシア連邦の構成体の1つである**チェチェン共和国**には先住民族である**イスラム教徒のチェチェン人**が多く住んでいる。ロシアからの独立を求める問題がかねてからあり、2度にわたって両者間で武力紛争が起こった。

① 第1次チェチェン紛争

1991年11月に、ソ連邦が機能不全となり崩壊する直前の混乱に乗じてチェチェン側が一方的に独立を宣言するが、ロシア側はそれを認めなかった。その後、1994年にチェチェン独立を果たそうとする武装勢力が武力闘争を開始し、それにロシア軍が武力で鎮圧に乗り出したことで内戦に突入した。その後1996年8月に、チェチェンの自治を最大限認めるとする和平合意が成立したことで一旦終結。1997年1月にロシア軍もチェチェンから撤退した。

② 第２次チェチェン紛争

ロシアが最大限の自治を保証する方式を主張したのに対して、独立派はあくまで完全独立を主張し、次第に独立運動が再び激しくなっていった。

1999年に再びチェチェンの独立を求める勢力が武装蜂起し、ロシア軍が空爆で対抗したことで再びチェチェン紛争が勃発した。さらに紛争がテロリズム化したこともあり、ロシアのプーチン大統領による「テロとの戦い」という大義名分が正当化されることにつながった。2009年にロシアの国家対テロ委員会が、チェチェン独立派の掃討完了を宣言し、対テロ作戦地域からの除外を発表したことで終結した。

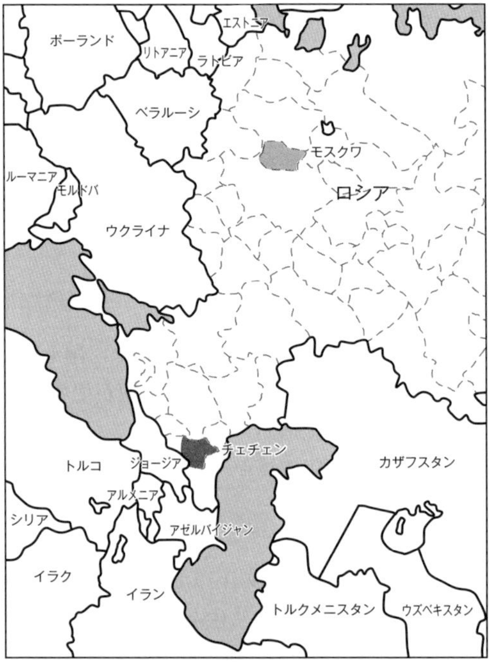

【第2次チェチェン戦争】

（2）ジョージアをめぐる紛争 ★★☆

ジョージア（旧称グルジア）内にある**アブハジア**と**南オセチア**の２つの自治州がジョージアからの分離独立を要求したのが始まりである。

ジョージアは独立を阻止しようとしたが、ロシアがこの独立運動を支持したことで、2008年８月にジョージアとロシアの間で軍事衝突が起こった。両者間の紛争は10日ほどで停戦となり、最終的に**ロシア（及びアブハジアと南オセチア）が勝利**。両自治州の独立がある程度認められた。

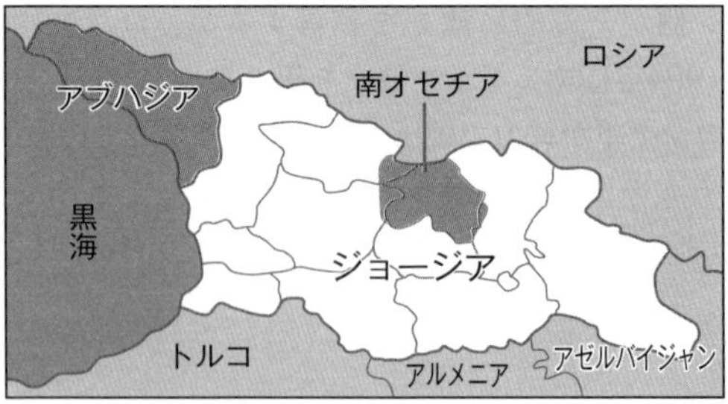

【ジョージア紛争】

(3) ウクライナをめぐる紛争 ★★★

① ウクライナの歴史的背景と環境

クリミア半島は、1783年にエカチェリーナ2世によってロシア帝国に併合されたのち、ソ連時代の1954年に同じソ連の構成国であったロシア共和国からウクライナ共和国に移管された歴史を持つ。その後ソ連が崩壊し、構成国がそのままの境界線で独立を果たしたため、クリミア半島はそのままウクライナに帰属したままとなっていた。しかし、先述のような経緯もあり、クリミア半島ではロシア系住民が過半数を占め、クリミア半島が位置するウクライナ東部全体としてもロシアへの帰属意識が強い住民が多く、ウクライナでは「欧州統合への参加か、ロシアとの連携か」という路線対立がソ連の崩壊から続いていた。

② ロシアのクリミア半島併合

2014年にウクライナで親ロシア派の大統領(ヤヌコビッチ大統領)が反政府運動の激化によって失脚し、国外逃亡した。こうしたことで親EUへの姿勢を強めていったウクライナ政府に対し、クリミア半島では親ロシア派集団によるロシアに帰属することの是非を問う住民投票を求める運動が起こり、ロシアもウクライナを牽制する動きに出た。

クリミア自治共和国議会はクリミアの帰属をめぐる住民投票の実施を決めたが、クリミアではロシア軍と見られる武装集団が展開し、クリミア半島のウクライナ軍の拠点をほぼ制圧した。

こうした動きに対し、日本を含むG7諸国は非難し、ロシアへの制裁や住民投票を認めない声明を発表した。当初同年5月に行われる予定だった住民投票は3月に前倒しされ、95%以上という圧倒的賛成多数でロシアへの編入が支持された。しかし、軍事衝突はそのウクライナ本土へも拡大していった。

同年9月にミンスク停戦合意がウクライナと親ロシア派、ロシア、欧州安全保障協力機構(OSCE)の間で結ばれた。さらに、2015年にはOSCE監督の下、フランスとドイツの仲介により、ウクライナとロシアとの間で新たな停戦合意(ミンスクⅡ)が結ばれた。しかし、この合意には親ロシア派武装勢力が占領するウクライナ東部の2地域に幅広い自治権を認める「特別な地位」を与えるとの内容があり、ウクライナは事実上のロシアによる実効支配につながると警戒、反発していた。

③ ロシアのウクライナ侵攻

2019年のウクライナ大統領選挙で、政治経験の全くないコメディー俳優のゼレンスキーが当選した。ゼレンスキーはロシアとの関係改善を模索するも、事態の打開にはつながらなかった。

2022年２月21日に、ロシアはウクライナ南東部にある親ロシア派の支配地域を「ドネツク人民共和国」「ルガンスク人民共和国」として独立を承認した。これはロシアがウクライナ東部の一部地域を管理下に置くことを意味するもので、早速平和維持の名目でロシア軍部隊を進駐させた。そして、２月24日にロシアがウクライナに全面的な軍事侵攻を開始した。

このロシアからの侵攻に対し、ウクライナは徹底抗戦を行っている。また、国連や欧州連合(EU)、G7などの国際社会の多くがこのロシアのウクライナ侵攻を非難し、制裁を課している。国連では、25年ぶりに「平和のための結集決議」に基づく緊急特別総会が招集され、ロシアへの非難決議が採択された(総会決議のため拘束力はない)。また、それまで軍事的中立を謳ってきたヨーロッパ諸国の中にはNATOやEUへの加盟申請を行う国もあり、国際社会が急速に変化している。一方、ロシアも欧州評議会から脱退するなどした。

(4) ナゴルノ・カラバフ紛争

★★★

ソ連の解体に伴って1991年にアゼルバイジャンが独立したが、アゼルバイジャン領内のナゴルノ・カラバフ自治州はアルメニア系住民が多数派であった。また、アゼルバイジャンはイスラム教徒が多いが、アルメニア系はキリスト教であった。1992年にナゴルノ・カラバフがアゼルバイジャンからの独立を宣言し、紛争に至る。1994年に停戦が成立した。

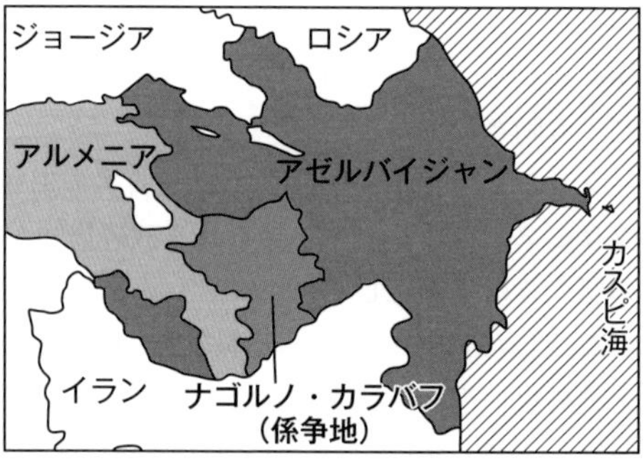

【ナゴルノ・カラバフ紛争】

2020年にはこの停戦以来最大規模となる紛争が勃発し、ロシアのプーチン大統領の仲介で両者の停戦が合意された。しかし、この共同声明ではアルメニアが占領地をアゼルバイジャンに返還することが盛り込まれており、劣勢だったアルメニアが事実上敗北したと受け取れる内容であった。

4 アフリカ地域の問題 ★★★

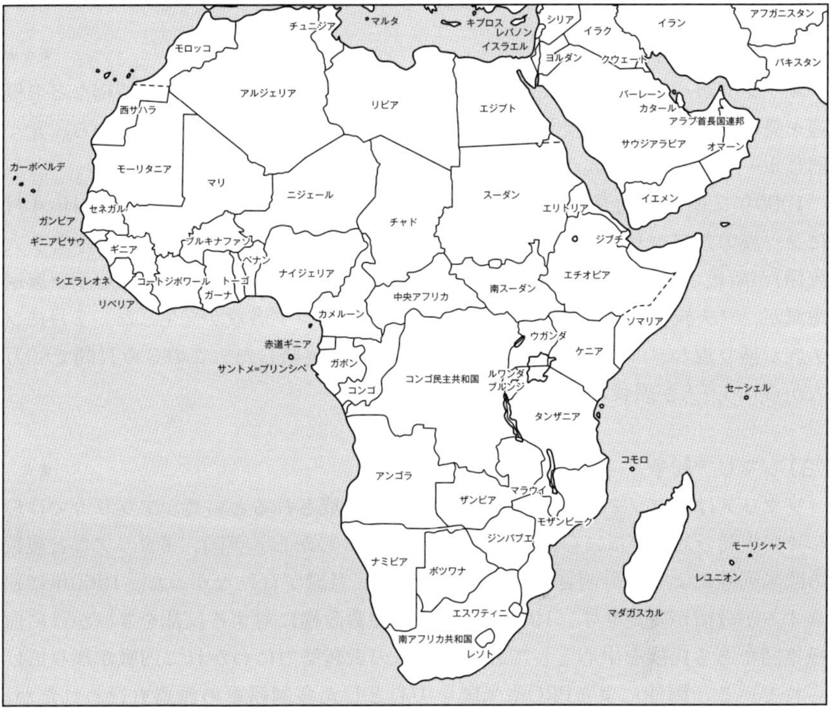

【アフリカ】

(1) 南アフリカ共和国のアパルトヘイト ★★★

南アフリカ共和国(南ア共)の少数白人政権は、第二次世界大戦後人種差別政策をとった。さらに1960年代以降のアフリカ諸国の独立により、国内で人種差別反対運動が起こると、黒人を地理的に隔離する政策がとられる。これが**アパルトヘイト(人種隔離政策)**である。

当時の国際世論はこれを批判するが、西側先進国が対応に消極的だったこともあって、南ア共政府は無視し続け、次第に強化されていった。これに対し、アフリカ統一機構(OAU)の非難、国連安保理決議による経済制裁や武器禁輸の制裁が行われた。

その後、こうした国際世論の圧力もあり、南ア共政府は1980年代から黒人差別の法律を段階的に撤廃し始めた。1990年に、抵抗運動を展開したアフリカ民族会議(ANC)の指導者マンデラを28年ぶりに釈放した。

遂に1991年にアパルトヘイトは廃止された。その後、1994年にマンデラは南ア共の大統領に就任した（1999年退任）。

（2）ルワンダ紛争 ★★★

ルワンダがベルギーの植民地統治下にあった頃、**少数派のツチ族**が特権などの優遇を受け、**多数派のフツ族**は経済構造から外されていた。こうしたことから、元々同じルーツを持つ両民族が対立することになった。

1990年に内戦が勃発し、1993年に和平協定が結ばれた。しかし、1994年４月にフツ族のハビヤリマナ大統領（及び隣国ブルンジのシプリアン・ンタリャミラ大統領）が暗殺されたことが発端となり、フツ系であったルワンダ政府及び**フツ族**過激派が、ツチ族と穏健派フツ族を大量虐殺するルワンダ虐殺が発生した。７月にツチ族が盛り返し、ルワンダ全土を制圧したことで終結した。この３カ月間で80万人から100万人が虐殺されたといわれる。

（3）ソマリア紛争 ★★☆

ソマリアはほぼ**ソマリ族**によって国民全体が構成されるという、アフリカでは珍しく民族間の対立がほぼ存在しない国であった。しかし、英国、イタリアなど複数の欧米列強によって分割されていたため、国民意識が育たなかった。1960年に独立するが政情が安定せず、1998年、バーレ独裁政権に対する反乱をきっかけに血縁集団である氏族を中心としておよそ30もの武装勢力にわかれて内戦が繰り広げられている。国連によるPKOや米国を中心とした多国籍軍の派遣も行われたが、第２次国連ソマリア活動（UNOSOM II）は武装勢力からの攻撃に遭い、1995年に撤退した。

ソマリアはいわば無政府状態に陥っている。2012年に新政府が樹立されたが、各地域の部族勢力がそれぞれ独自国家の樹立を唱えるなど、混乱は収まっていない。

なお、ソマリア沖やアデン湾では、この内戦に乗じた海賊等事案発生件数が多い地域でもあった。しかし、自衛隊を含む各国海軍等による国際社会での海賊対策等により、近年は発生件数も低い水準となっている。

（4）南北スーダンをめぐる紛争 ★★☆

① スーダン内戦

一時アフリカで最大の領土面積を有したスーダンは、1956年に英国から独立した国である。しかし、それ以前から**イスラム教徒系住民が多数を占める北部**と、**キリスト教系住民が多い南部**の対立が存在しており、1955～72年まで第１次スーダン内戦が勃発していた。これに対しては、南部スーダンに自治政府を設置し、部分的自治権を付与することで一応の決着を見た。

しかし、その後も中央政府が南部自治政府の合意なしに南部地域の石油開発を進めるなど摩擦は続き、1983年に再びスーダン内戦が勃発した。2005年に南北包括和平合意が締結された。2011年には南部スーダンで帰属を決める住民投票が行われ、98.8%が独立賛成に投票するという圧倒的な支持で独立が決定した。同年に**南スーダンとして独立**した。

② 南スーダン内戦

晴れて独立した南スーダンは、ディンカ族出身のキール大統領とヌエル族出身のマシャール第一副大統領の体制で出発した。しかし、二大部族であるディンカ族とヌエル族がことごとく対立してしまい、2013年12月にはキール大統領側が、クーデターを計画したとしてマシャール第一副大統領を解任してしまう。これをきっかけに両派は武力衝突し、内戦が南スーダン各地に拡大した。

その後も停戦合意がなされては衝突が発生することを繰り返していたが、2020年に暫定政府が発足した。

③ ダルフール紛争（スーダン）

スーダンの南西部に位置するダルフールでは、共に**イスラム教徒**であるアラブ系遊牧民族とアフリカ系農耕民族の間で、水や牧草地をめぐる抗争が発生していた。2003年にダルフールのアフリカ系農耕民族の中からいくつかの反政府勢力が組織され、反政府活動に立ち上がった。これに対し、スーダン政府は対立するアラブ系遊牧民族のジャンジャウィードと呼ばれる民兵に武器を供与したことで、紛争が拡大し内戦となっていった。

ここでスーダン政府とジャンジャウィードがとった行動はジェノサイド（集団殺害）であると認識されるようになって国際社会の懸念が次第に高まり、2004年にはアフリカ連合（AU）が停戦監視部隊を派遣した。

2006年にはダルフール和平合意が結ばれ、2008年初頭にはAUと国連合同のPKO（UNAMID）が展開された。2009年３月に国際刑事裁判所は、現職のスーダン大統領であるバシルに対して逮捕状を発布した。しかし、バシルはこれに応じず、2019年にその独裁的な政治運営を理由に解任されるまで大統領の職にあり続けた。

その後誕生したスーダンの暫定政権と複数の反政府勢力との間で、2020年10月に和平合意が署名された。

5 アジア地域の問題 ★★★

(1) インド・パキスタン紛争 ★★★

① 背景

インドもパキスタンもかつて**英国**の植民地であったが、第二次世界大戦後に独立運動が広がり、その結果**ヒンドゥー教徒を主体とするインド**と、**イスラム教徒を主体とするパキスタン**が分裂して1947年に独立した。

【インドとパキスタン】

出典：外務省HP

両国の国境が画定すると、それぞれの地域で少数派になることを恐れた人々の移動が開始され、インドで少数派だったイスラム教徒を擁護したガンディーがヒンドゥー教急進派に暗殺される事態が起こった。

藩王国の帰属はそれぞれの藩王に任され、すべてインドに併合された。しかし、**イスラム教徒の多かったカシミール**の帰属をめぐって、両国間で対立が起こった。

② インド・パキスタン紛争（カシミール紛争）

(ア) 第1次印パ紛争

上記のカシミールの帰属をめぐって住民の大半を占めるイスラム教徒がインドへの帰属に反発し、1947年に両軍による軍事衝突に発展した。インドが優勢のまま国連の調停で1948年に休戦した。

(イ) 第2次印パ紛争

1965年にインドが実効支配していたカシミール地方の一部を完全統合する宣言を出したことにパキスタンが反発し、武力衝突に発展した。同年のうちに停戦となるが、国境問題は未解決。

(ウ) 第3次印パ紛争

上記2つはカシミール地方をめぐる紛争であったが、この紛争の発端はそれらと違い、パキスタンの国内紛争であった。東パキスタンがパキスタンから独立するのをインドは軍事援助を行って支援し、1971年に**東パキスタンはバングラデシュとして独立**した。

(2) アフガニスタン ★★★

① アフガニスタン紛争 (1979～89)

1978年に**ソ連**が支援する軍事クーデターによってタラキ政権が発足するが、次第に同じ与党内のタラキ派とアミン派による対立が激しくなり、タラキが失脚してしまう。自らが支援する傀儡政権からアミン派が離脱することを恐れた**ソ連**がアフガニスタンに侵攻してアミンを殺害し、新たな傀儡政権(カールマル政権)を樹立した。これに対し、ムジャヒディーンと呼ばれる**イスラム勢力**の義勇兵が**米国やパキスタンなどの支援**を受けてゲリラ活動を行って抵抗し、内戦状態になった。これにより**新冷戦**と呼ばれるほど米ソ間の緊張が高まった。ムジャヒディーンの中には、ウサマ・ビン・ラディンや「イラク・レバントのイスラム国」(ISIL)を設立したアブ・ムサブ・アル・ザルカウィらが含まれていた。また、この紛争によって大量の難民(アフガニスタン難民)も発生した。

その後ソ連の最高指導者となったゴルバチョフがアフガニスタンからの撤退を決め、1988年にアフガニスタン和平協定(ジュネーブ協定)が調印され、**1989年にソ連はアフガニスタンから完全に撤退**した。

ところが、その後ムジャヒディーン内で派閥抗争が勃発して再び内戦状態となり、パキスタンの支援を受けたイスラム原理主義勢力のタリバンがアフガニスタン国土の８割を制圧し、実行支配を行っていった。

② アフガニスタン戦争 (2001～21)

2001年に発生した米国同時多発テロ事件に対し、米国はビン・ラディンを最重要容疑者と断定し、タリバン政権に身柄の引き渡しを要求した。しかし、タリバン政権がこれを拒否したため米英軍がアフガニスタンを攻撃し、ここにアフガニスタン戦争が勃発した。

タリバンとアルカイダは敗走し、米国主導で新政権が発足するも、タリバンによる武装衝突は断続的に起こっていた。また、戦争の長期化により米国国内でも厭戦感が高まり、米政府もアフガニスタンからの撤退を模索するようになっていった。

2020年にトランプ米大統領とタリバンとの間で、米軍のアフガニスタンからの撤退などを含めた和平合意が結ばれた。しかし、この合意はアフガニスタン政府の知らないところで結ばれたものであり、混乱が見られた。

翌2021年に就任したバイデン米大統領がアフガニスタンからの米軍撤退を引き継ぐことになり、2021年４月末から撤退を開始するが、入れ替わるようにタリバンが攻勢を強め、８月にはアフガニスタンのガニ大統領が国外に逃亡し、タリバンが首都カブールを制圧してしまう。最終的にタリバンが国土の大部分を掌握し、アフガニスタン戦争が終結した。

(3) 東ティモール ★★★

16世紀前半にポルトガルがティモール島全体を植民地化するが、17世紀半ばにオランダがティモール島の西半分を占領し、東西に分裂した。

その後1945年に西ティモールはインドネシアの一部として独立するが、東ティモールでは**ポルトガル**による支配が復活した。しかし、1974年にポルトガルで起こった民主化革命(カーネーション革命)で独裁体制が崩壊し、1975年に独立派勢力が独立を宣言した。だが、その直後に**インドネシアが侵攻し、東ティモールを併合した。**

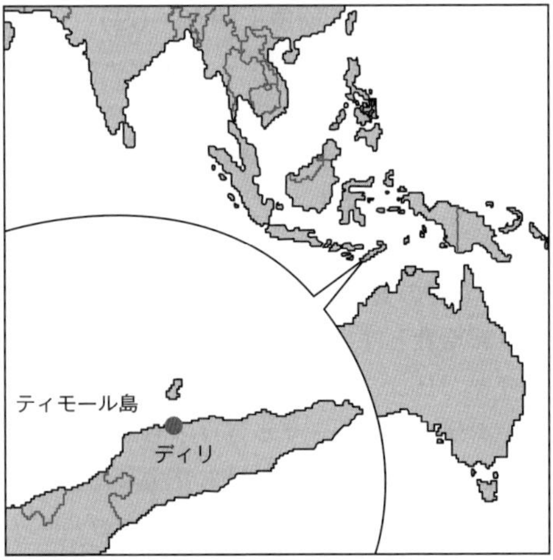

【東ティモール】

再び独立への気運が高まるのは、1991年のことである。インドネシアの秘密警察に射殺された青年の葬儀のあとに行われた独立を求めるデモを、インドネシア軍が取り囲み、武器を持たない人々に向けて無差別発砲を行った。この事件(サンタクルス事件)によってインドネシアの人権侵害を非難する声が国際社会から高まり、東ティモールの独立運動も本格化していった。

1998年にインドネシアでスハルト政権が崩壊し、後継のハビビ大統領が東ティモールの自治・独立を容認する方針を発表した。1999年には東ティモールの独立の是非を問う住民投票が行われ、約8割の住民が独立を指示する結果となった。この住民投票が行われた直後から独立反対派による破壊・暴力行為が激化し、急速に治安が悪化したため、国連は多国籍軍を派遣し、PKO(国連東ティモール暫定行政機構：UNTAET)も展開された。なお、UNTAETには日本も自衛隊を派遣した。

最終的に、2002年5月20日に東ティモールは独立した。

【戦後日本の主な安全保障政策（丸数字は政権の次数）】

年	首相	主な出来事	
1950	吉田②	**警察予備隊**発足	朝鮮戦争への米軍出動に伴い、日本の防衛のためにGHQが設置を指示
1951		**サンフランシスコ平和条約**	片面講和（多数講和）。これをめぐって社会党は左右に分裂。同日に日米安保条約も締結
1952		主権回復	サンフランシスコ平和条約発効
1953		保安隊発足	警察予備隊より改組。保安庁設置
1954		**自衛隊**発足	保安隊より改組。防衛庁設置
1960	岸	**日米安保改定（新日米安保）**	旧日米安保の内乱条項の削除、事前協議制、日本領域内で日米どちらかが武力攻撃を受けた場合は共同作戦をとること、日米それぞれの防衛力を強化することなどを規定 同時に**日米地位協定**も締結
1967	佐藤	武器輸出三原則	①共産圏諸国、②国連決議による武器禁輸対象国、③国際紛争の当事国またはそのおそれのある国には武器輸出を認めないとする政府方針
1971		**非核三原則の国会決議**	1967年に佐藤首相が表明した非核三原則を、国会にて決議したもの
1976	三木	武器輸出三原則の項目追加	これまでの武器輸出三原則を厳格化
		防衛費1％枠閣議決定	この年に初めて防衛大綱を制定
1978	福田赳夫	日米防衛協力のための指針（ガイドライン）制定	日本が外国から攻撃された際、自衛隊と米軍の協力・役割分担を規定 自衛隊の展開はあくまでも日本領域内 ソ連が仮想敵国
1986	中曽根	防衛費1％枠撤廃	1987～89年度予算で1％を超えた
この間、冷戦終結、湾岸戦争、ソ連崩壊などが起こる。昭和から平成に改元			
1992	宮澤	**国際平和協力法（PKO協力法）**	**国連平和維持活動（PKO）に自衛隊が参加可能に。カンボジア**のPKOに初めて自衛隊を派遣
		国際緊急援助隊派遣法改正	1987年制定時に認められていなかった国際緊急援助隊への自衛隊の参加を可能とするもの

年	首相	主な出来事	
1997	橋本	新日米ガイドライン（最初のガイドライン改定）	冷戦終結により日米安保の再定義を行い、日本が直接攻撃されていなくても自衛隊が米軍の活動を後方支援できる**「周辺事態」**の概念を導入。朝鮮半島有事を想定
1999	小渕	周辺事態法等成立	新日米ガイドラインが実行できるための法制化
2001	小泉	テロ対策特措法	米国同時多発テロ事件を受けて海上自衛隊がインド洋に展開し、アフガニスタンに攻撃する米海軍艦艇等への洋上燃料補給を行う
		国際平和協力法（PKO協力法）改正	**PKF参加凍結が解除**。武器の使用規定について一部緩和
2003		イラク特措法	イラク戦争後のイラク領土（領域）内に陸海空の自衛隊を派遣し、人道復興支援活動・安全確保支援活動を行うことを定めた法律
2007	安倍①	防衛庁が防衛省に格上げ	主任の大臣が総理大臣から防衛大臣になる
2008	福田康夫	補給支援特別措置法（新テロ対策特措法）	テロ対策特措法が失効したことを受けての制定
2014	安倍②	集団的自衛権行使容認閣議決定	戦後歴代内閣が否定してきた現憲法下での集団的自衛権行使を容認
		防衛装備移転三原則	武器輸出三原則撤廃（事実上の武器輸出解禁）
2015		2度目の日米ガイドライン改定	「切れ目のない対応」として日米が平時から軍事的な協調行動を行う。日米協力の範囲を日本周辺（極東）から地球規模に拡大
		安保関連法（安保法制）成立	前述の改定ガイドラインと集団的自衛権行使を法制化。海外での自衛隊の任務が大幅に拡大し、自衛の範囲を超えた武器使用も可能に
		国家安全保障会議設置	総理大臣を議長に、官房長官、外務大臣、防衛大臣による「4大臣会合」で、日本の安全保障政策の基本的な方向性を定める

重要事項 一問一答

01 国際法の理念を体系化し、「国際法の父」と呼ばれる人物は?

H.グロティウス

02 海洋の秩序に関するルールを規定している条約は?

国連海洋法条約

03 海域のうち、国家領域を構成する海洋の部分を何と呼ぶ?

領海

04 領海は領海基線から最大で何海里?

12海里

05 排他的経済水域、領海基線から最大で何海里?

200海里

06 国際連盟が設立されたのは何条約によって?

ヴェルサイユ条約

07 国際連盟を提唱した米国の大統領は?

ウィルソン大統領

08 国際連盟の議決は原則どのような方式であった?

全会一致

09 国際連合の総会と安全保障理事会、決議に拘束力があるのはどっち?

安全保障理事会

10 国際連合の総会と安全保障理事会、議決が1国1票制度なのはどっち?

総会

11 国際司法裁判所(ICJ)の審理の対象となるのは国家? 個人?

国家

12 世界の子供たちの生命や健康を守るための国連の補助機関は?

国連児童基金(UNICEF)

13 難民を支援するための国際機関は?

国連難民高等弁務官事務所(UNHCR)

14 国際復興開発銀行(IBRD)と国際通貨基金(IMF)、短期的視野での支援を行うのはどっち?

国際通貨基金(IMF)

15 国際刑事裁判所(ICC)の審理の対象となるのは国家? 個人?

個人

16 国連憲章に明記されている国連軍が展開された事例は?

今まで1つもない

17 国連平和維持活動(PKO)は通称何の活動と呼ばれる?

6章半の活動

18 EUから離脱した国は?

英国

19 東南アジア諸国連合(ASEAN)にベトナムが加盟したのは冷戦期? 冷戦後?

冷戦後(1995年)

20 アジア太平洋地域におけるゆるやかな経済の枠組みは?

アジア太平洋経済協力(APEC)

21 主に先進国が加盟するため別名先進国クラブと呼ばれる国際機構は?

経済協力開発機構(OECD)

22 FTAとEPA、対象となる範囲がより広いのはどっち?

EPA

23 1973年に起こった第1次石油危機(オイルショック)のきっかけとなった出来事は?

第4次中東戦争

24 MDGsとSDGs、先進国も取り組まなければならないのはどっち?

SDGs

25 日本のODAは、二国間援助と多国間援助のどちらが多い?

二国間援助

26 初の核軍縮条約として知られる条約は?

中距離核戦力(INF)全廃条約

27 いくつかある戦略兵器削減条約(START)で実際に発効したものは?

第1次戦略兵器削減条約(START-Ⅰ)と新START

28 部分的核実験禁止条約(PTBT)での地下核実験の扱いは?

禁止されていない

29 核兵器不拡散条約(NPT)に参加する核兵器保有国に国際原子力機関(IAEA)の査察を受け入れる義務はあるか?

受入れの義務はない

30 部分的核実験禁止条約、包括的核実験禁止条約、核兵器禁止条約のうち、未だに発効していないのはどれ?

包括的核実験禁止条約

31 生物兵器禁止条約と化学兵器禁止条約、査察制度が整備されているのはどっち?

化学兵器禁止条約

32 国連環境開発会議(地球サミット)で採択された条約は生物多様性条約ともう1つは何?

気候変動枠組み条約

33 京都議定書とパリ協定、先進国のみに削減義務が生じたのはどっち?

京都議定書

34 京都議定書に参加しなかった先進国は?

米国

35 パリ協定の努力目標は?

産業革命前と比べて気温上昇を1.5℃未満に抑える

36 湿地の保護を目的とする条約は?

ラムサール条約

37 生物多様性の保全、生物多様性の構成要素の持続可能な利用、遺伝資源の利用から生ずる利益の公正かつ衡平な配分を目的とする条約は?

生物多様性条約

38 自然遺産、文化遺産、複合遺産を登録·保護するための条約は?

世界遺産条約

39 世界人権宣言と国際人権規約、法的拘束力があるのはどっち?

国際人権規約

40 日本で男女雇用機会均等法の成立につながった国際条約は?

女子差別撤廃条約

41 スエズ運河の国有化を宣言し、第2次中東紛争後に国有化に成功し、アラブ諸国の中で初めてイスラエルと和平を結んだ国は?

エジプト

42 湾岸戦争とイラク戦争、イラクのフセイン体制が打倒されたのはどちらの戦争が原因?

イラク戦争

43 「世界最大の少数民族」といわれる民族は?

クルド人

44 セルビアから独立した国は?

コソボ

45 ソ連が崩壊したあと、ソ連の構成国で結成された国家連合は?

独立国家共同体(CIS)

46 ロシアからの独立を求めていたチェチェン人が主に信仰している宗教は?

イスラム教

47 クリミア半島に多いのはロシア系住民? クリミア系住民?

ロシア系住民

48 南アフリカ共和国でとられていた人種隔離政策は?

アパルトヘイト

49 ルワンダで多数派だったのはフツ族? ツチ族?

フツ族

50 インドとパキスタンでの係争地域の名前は?

カシミール

51 1979年にアフガニスタンに侵攻し、1989年に撤退した国は?

ソ連

52 2001年のアフガニスタン攻撃前、及び米国が撤退した2021年以降、アフガニスタンを実効支配しているイスラム武装勢力の名称は?

タリバン

53 2002年に東ティモールはどこから独立した?

インドネシア

過去問チェック

01 国際法を最初に体系的に論じたのは国際法の父といわれるカントである。**国家一般職2014**

× カントではなくグロティウスである。

02 条約とは、国家間の合意事項を成文化したものであり、すべての条約は国家の代表者によって調印された時点で成立し、効力を発する。**特別区Ⅰ類2008**

× 批准を必要とする場合も多い。

03 排他的経済水域は、沿岸国に漁業や鉱物資源に対する主権的権利や海洋汚染の規制などの権限を認める、基線から200カイリ以内の水域とされ、1970年代から途上国を中心に主張されているが、国際法上まだ制度化されていない。**東京都Ⅰ類2002**

× 1982年採択の国連海洋法条約にて制度化されている。

04 沿岸国は、その領域の外であっても、排他的経済水域を設けることができる。この海域における漁業資源については、沿岸国が排他的開発権をもつことができるが、海底資源については人類共有の資源とされ、沿岸国の排他的開発権は及ばない。**国家専門職2008**

× 排他的経済水域内であれば、海底資源も沿岸国の排他的開発権が発生する。

05 国際社会の諸問題に取り組むための組織を作る構想は、既に18世紀には生まれていた。哲学者のカントは、［A］の中で、国際平和機構の構想を示している。

国家一般職2015
『永久平和のために』

(06) 安全保障理事会は、アメリカ、イギリス、フランス、ロシア、中国の５常任理事国と総会で選挙される非常任理事国10か国とで構成されるが、５常任理事国は拒否権を持っている。特別区Ⅰ類2013
◯

(07) 総会は、すべての加盟国で構成され、国の大小にかかわらず１国１票の投票権を持ち、国際平和と安全の維持に関する勧告や新加盟国の承認の議決は、全会一致制により行われる。特別区Ⅰ類2015
╳ 国際平和と安全の維持に関する勧告や新加盟国の承認の議決は、３分の２以上の特別多数決制により行われる。全会一致制ということはない。

(08) 国連では総会における表決方法として多数決制を採用している。総会では、加盟国の地理的・歴史的事情に配慮する観点から、各国に面積や人口に比例して投票権を割り当て、安全保障理事会の常任理事国には、特に拒否権を認めている。国家一般職2009
╳ 総会ではどの加盟国も一国一票である。

(09) 国際連合の主要機関として、総会、安全保障理事会、信託統治理事会などがある。このうち、信託統治理事会は、紛争地域の住民が独立を達成できるように支援することを目的とした機関であり、現在でも南スーダンでその活動が続いている。国家専門職2016
╳ 信託統治理事会は主に旧植民地が独立を達成できるように支援する機関である。また、現在は活動を停止している。

(10) 国際司法裁判所は、当事国から合意を得た上で裁判を始めることができるが、その判決は、当事国に対する法的拘束力を持たない。東京都Ⅰ類2017
╳ 当事国に対する法的拘束力を持つ。

(11) 国際刑事裁判所は、オランダのハーグに常設の機関として設置されており、アメリカ、ロシア、及び中国は加盟しているが、日本は加盟していない。東京都Ⅰ類2017
╳ 日本は加盟している。米国、ロシア、中国が加盟していない。

12 国際連合は、紛争の拡大を防ぐために、紛争当事国の同意をいかなる場合も必要とせずに、加盟国が自発的に提供した軍人や文民を紛争地域に派遣して、停戦監視や紛争地域の治安回復にあたらせる平和維持活動(PKO)を行う。**特別区Ⅰ類2011**

× 一般的にPKOを展開する場合、紛争当事国の同意は必要とされる。

13 新戦略兵器削減条約(新START)は、2010年にアメリカと中国の間で結ばれた戦略核弾頭数の削減に合意する条約である。**特別区Ⅰ類2017**

× 米国とロシアの間で結ばれた条約である。

14 特定の兵器がもたらす人道上の懸念に対処するために、それらの使用などを禁止する対人地雷禁止条約、クラスター弾に関する条約が発効し、我が国も批准している。対人地雷禁止条約の採択には、NGOが全世界に地雷の非人道性を訴える活動が大きな役割を果たしたとされている。**国家一般職2019**

○

15 1992年、リオデジャネイロで開かれた地球サミットでは、持続可能な開発を基本理念としたリオ宣言が採択され、気候変動枠組み条約が締結された。**特別区Ⅰ類2011**

○

16 ラムサール条約は、特に学術上の価値を有する地形や景観を含み、脅威にさらされている動植物の種の生息地である地域を各締約国が指定し登録することによりそこに生息する動植物の保護を促進することを目的としている。我が国では釧路湿原や琵琶湖、尾瀬などが登録されている。**国家一般職2003**

× ラムサール条約が登録し保護するのは、水鳥が生息する湿地である。

17 国際人権規約は、社会権規約(A規約)、自由権規約(B規約)、B規約の選択議定書の総称であり、世界人権宣言と異なり法的拘束力を有する。また選択議定書は、その締約国の個人が行った通報を規約人権委員会が審議する制度などを規定している。**国税専門職2004**

○

18 難民条約は、難民とは人種、宗教、国籍、特定の社会集団の構成員であることを理由に迫害を受け、他国に逃れた人々及び国内で避難生活を受ける人々と定義

しており、国連難民高等弁務官事務所(UNHCR)が支援活動を行っている。特別区Ⅰ類2016

╳ 難民条約は、国内で避難生活を受ける人々は難民と定義していない。

(19) ユダヤ人は、1948年、パレスチナにイスラエルを建国したため、アラブ側との間で4次にわたる中東戦争となり、第3次中東戦争でイスラエルはヨルダン川西岸地区とガザ地区を占領したが、1993年にイスラエルとパレスチナ解放機構との間でパレスチナ暫定自治協定が成立した。特別区Ⅰ類2016

◯

(20) 国際連合憲章では、安全保障理事会と加盟国で締結される特別協定にもとづいて創設される国連軍(UNF)により、軍事的強制措置をとることができることになっており、1991年の湾岸戦争時に、初めてUNFが設置された。特別区Ⅰ類2015

╳ 国連軍は今まで設置されたことがない。湾岸戦争の時に展開されたのは多国籍軍である。

(21) 1990年にイラクがイエメンに侵攻し、併合宣言を出したことから、翌年アメリカを中心とした国連平和維持軍はイラク攻撃を開始し、湾岸戦争が始まった。2019東京都Ⅰ類

╳ イラクが侵攻したのはクウェートである。また、翌年にイラクを攻撃したのは多国籍軍であり、国連平和維持軍ではない。

(22) (該当する国名を答える問題形式)この国は、大量破壊兵器の保有疑惑に対し、国連の査察への協力が不十分だったことなどから、2003年にアメリカ等の攻撃を受け、フセイン政権が崩壊した。東京都Ⅰ類2016

イラク

(23) チェチェン人は、トルコ、イラン、イラク、シリアの国境山岳地帯に古くから居住する民族であり、独自の国家を持たない世界最大の民族となっており、複数の国に引き裂かれたため、自治・分離独立運動が起きている。特別区Ⅰ類2016

╳ チェチェン人はロシア内にあるチェチェン共和国の民族である。

(24) 旧ユーゴスラビアのコソボでは、セルビア人とアルバニア人が衝突し、多くの犠牲者を出した。国際連合やEUによる調停や、NATO(北大西洋条約機構)による軍事力行使の結果、停戦の合意が結ばれた。国家専門職2019

◯

(25) 北アイルランド紛争とは、1960年代後半に、北アイルランドに住む少数派のプロテスタント系住民がイギリスからの離脱を求めて起こしたものである。東京都Ⅰ類2013

× 北アイルランドでイギリスからの離脱を求めている少数派はカトリックである。

(26) チェチェン紛争とは、スラブ系住民が大半を占めるチェチェン共和国が1980年代に独立を宣言後、ロシアがチェチェンに軍事介入したものである。東京都Ⅰ類2019

× チェチェン共和国はスラブ系とは異なるチェチェン人が多数を占める。

(27) 南アフリカ共和国では、長年アパルトヘイト政策のもと少数の白人が黒人を支配していたが、1950年代から1960年代にかけて黒人の地位の向上を目指して公民権運動が展開され、公民権法が成立し、ネルソン・マンデラが黒人初の大統領に就任した。特別区Ⅰ類2016

× 1950年代から1960年代にかけて公民権運動が展開されたのは米国である。

(28) インドとパキスタンは、イギリスからの分離独立後、カシミール地方の帰属をめぐって争い、両国の間では、1970年代までに三度にわたる印パ戦争が起きた。東京都Ⅰ類2019

◯

過去問 Exercise

問題1

国際平和に関する記述として最も妥当なのはどれか。

裁判所 2020［R2］

1　カントは、18世紀末に、その著書の中で、植民地問題の解決と民族自決の重要性を訴え、民族自決を尊重することこそ平和につながると述べた。

2　アメリカのウィルソン大統領は、国際平和には各国の軍備や勢力を均衡させ、突出する国を作らないことが必要だとして、勢力均衡策の重要性を訴えた。

3　国際連盟は集団安全保障を原則とした世界で初の国際平和機構であったが、全会一致の原則のために合意の形成が難しく、紛争に有効な措置をとれなかった。

4　国際連合では、安全保障理事会が機能しなくなった場合、これに代わって平和委員会が召集され、侵略防止の勧告等ができることになっている。

5　国際連合では、国際紛争解決の手段として、国連憲章に、非武装地帯の確保や治安維持、停戦違反の監視など平和維持活動について明確に規定している。

解説

正解 ❸

❶ × 肢の内容は、アメリカのウィルソン大統領が第一次世界大戦中に訴えた「平和14ヵ条の原則」である。カントが18世紀末に出した著書(『永遠平和のために』)には、海洋進出したヨーロッパ諸国が米国やアフリカ、アジアで侵略や簒奪的姿勢を批判しているものの、民族自決の原則は含まれていない。

❷ × アメリカのウィルソン大統領が訴えたのは、集団安全保障機構の創設である。

❸ ○ 国際連盟の機能及び問題点として正しい内容である。

❹ × 安全保障理事会が機能しなくなった場合に召集されるのは総会である。これは、1950年に採択された「平和のための結集」決議が元になっており、緊急特別総会を24時間以内に召集することができ、侵略防止の勧告等が可能になっている。

❺ × 国連が行う平和維持活動(PKO)は国連憲章には明記されていない。

問題2　人権の国際的保障に関するA～Dの記述のうち、妥当なものを選んだ組合せはどれか。

特別区I類 2007［H19］

A　国際人権規約は、経済的、社会的及び文化的権利に関する国際規約と市民的及び政治的権利に関する国際規約の二つからなり、日本はそのすべての条項について留保することなく批准した。

B　世界人権宣言は、第二次世界大戦後、ファシズムによる人権抑圧や戦争の惨禍を教訓に、人権保障に関する共通の基準を示したものであり、国際連合で採択された。

C　子どもの権利条約は、子どもを単に保護の対象としてだけではなく、権利の主体としてとらえており、子どもの意見表明権についても保障した。

D　女子差別撤廃条約は、女性に対するあらゆる形態の差別の撤廃を目的としたものであり、日本はまだ批准していない。

1　A、B
2　A、C
3　A、D
4　B、C
5　B、D

解説

正解 ❹

A × 日本は国際人権規約の一部条文を留保している。

B ○ 世界人権宣言の成立過程について正しい内容である。

C ○ 子どもの権利条約の内容として正しい記述である。

D × 日本は1985年に批准している。

したがって、BとCが妥当なので、❹が正解である。

問題3

地域紛争に関する記述として、妥当なのはどれか。

東京都Ⅰ類 2013［H25］

1　インドとパキスタンは、イギリスからの分離独立後、カシミール地方の帰属をめぐり争い、両国の間では、1970年代までに三度にわたる印パ戦争が起きた。

2　北アイルランド紛争とは、1960年代後半に北アイルランドに住む少数派のプロテスタント系住民がイギリスからの離脱を求めて起こしたものである。

3　コソボ解放軍とセルビア治安部隊の間で起きたコソボ紛争では、2008年にコソボが独立宣言し、当時、国連常任理事国全ての一致で独立が承認された。

4　チェチェン紛争を示す言葉として、「7つの国境、6つの共和国、5つの民族、4つの言語、3つの宗教、2つの文字、1つの国家」がある。

5　ポルトガルの植民地であった東ティモールでは、少数派であるツチ族と多数派であるフツ族との対立が激化し、約200万人が難民として国外に逃れた。

解説

正解 ❶

---

❶ ○　印パ紛争の経緯として正しい内容である。

❷ ×　イギリスからの離脱を求めているのは、カトリック系住民である。

❸ ×　ロシアと中国はコソボの独立を承認していない。

❹ ×　「７つの国境、６つの共和国、５つの民族、４つの言語、３つの宗教、２つの文字、１つの国家」と呼ばれたのは、かつてのユーゴスラビアである。

❺ ×　ツチ族とフツ族の対立が激化したのはルワンダである。

第3章

経済

本章は大卒程度の教養試験(基礎能力試験)を念頭に、経済分野のポイントを限定して学習していきます。

理屈も多少ありますが、単純な暗記(知識)で解け、出題頻度が高いものを中心とします。

これらの学習では、よく出るキーワードを中心に選択肢の正誤を見抜く力を養うことを目的とします。

★★★

1 株式会社

初めに経済活動を概観した上で、株式会社の特徴について学びます。

1 経済の概観

経済活動を大雑把に捉えるとき、経済活動を行うグループを、家計、企業、政府に分けて考える。これらのグループを経済主体という。

家計は、労働や資金、土地などを企業や政府に提供し、その対価(見返り)として、賃金、利子・配当、地代などを受け取る。受け取った収入を家計の所得という。この所得から、所得税などの租税や社会保険料を納め、貯蓄するか、商品の購入に使う。

企業(会社)は、労働や生産設備などを使って商品を生産し、家計や他の企業、政府に販売する。企業もまた政府に法人税などの租税を納める。

政府は、家計や企業から租税を徴収し、社会資本(道路、橋、学校などのインフラストラクチャー)や行政サービスなどを家計や企業に提供している。

なお、単に政府という場合、中央政府(国)と地方政府(地方自治体、地方公共団体)の両方を含むのが一般的である。

経済主体の間で行われているこのような経済活動の流れを経済循環という。

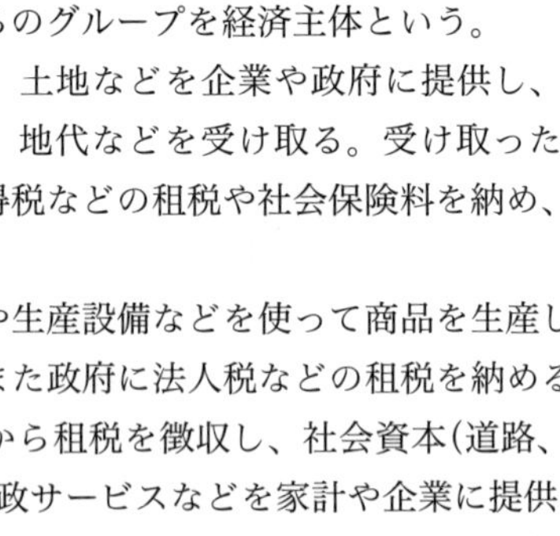

2 現代の企業

1 株式会社の特徴

現代の法人企業(≠個人事業主)の約92%が株式会社である(国税庁、令和2年度会社標本調査結果)。

株式会社は、事業を行うのに必要な資金(資本)を少額に分けて、**株式**という形で出資金を集める。株主は、株式を購入することで資金を提供した出資者であり、会社が利益を上げると、株主に利益を分配する(分配される利益を**配当**という)。

会社が倒産した場合、**株主は出資金を失うが、それ以上の負債を負うことはない。**これを**有限責任**という。

株式会社における最高意思決定機関は**株主総会**である(例えば、取締役の選任・解任など)。株主総会では、**所有する株式数が多い株主**(出資金が多い株主)**には、より多くの議決権が与えられる**(1人で大多数の株式を保有する大株主は大多数の議決権を有する)。

これに対し、株式会社の業務執行(経営)を決定するのは選任された取締役から成る取締役会である(代表取締役、専務取締役、常務取締役など)。

このように、現代の株式会社では、会社の所有者(出資者)である株主と会社の経営者は別になっており、これを**所有と経営の分離**という(または、資本と経営の分離という)。

2 企業統治の強化

株式会社に関しては、会社の所有者(株主)と実際の経営者が異なることから、株主の意思が必ずしも経営に反映されず、経営側による不正会計、偽装表示などの問題が生じ、過去には株主が取締役に損害賠償請求したこともある。

このような状況に対し、**企業統治(コーポレートガバナンス)**の強化が求められており、経営内容に関する**情報開示(ディスクロージャー)**や経営陣を監督する社外取締役の設置などが進められてきた。

3 企業の社会的責任

企業は商品を購入する消費者だけでなく、その活動が及ぼす社会的な影響に配慮する必要がある。法令遵守(コンプライアンス)の徹底や、株主、債権者、労働者、地域社会などの**ステークホルダー(利害関係者)**に対し、企業は**社会的責任CSR**を果たさなければならない。

企業の社会的責任の中には、地域社会における**ボランティア活動**などの**フィランソロピー**(**慈善事業**)や、**メセナ**と呼ばれる**芸術・文化に対する支援活動**がある。

このような取り組みにより、株式会社は不特定多数の出資者を募ることができ、大規模な会社の設立も可能にしてきた。

4 会社法

日本では会社に関する規定が商法など複数の法律にまたがっていたが、2005年に成立した**会社法**によって統合された(2006年施行)。

株式会社を設立する際の資本金の下限が廃止されたほか、**合同会社**の設立が可能になり、ベンチャー・ビジネスの起業が簡単にできるようになった。他方、**有限会社は新設できなくなった**(既存の有限会社は特例有限会社として存続可能)。

形態	出資者	資本金
株式会社(特例有限会社を含む)	**有限責任の株主**(1人以上)	最低資本金の規定なし
合資会社	無限責任社員と有限責任社員(各1人以上)	
合名会社	無限責任社員(1人以上)	
合同会社	有限責任社員(1人以上)	

5 自己資本と他人資本

株式会社の所有者は株主だから、株式の発行により調達した資金を**自己資本**という。

これに対して、銀行等からの借入れや社債の発行など株主以外から調達した資金を**他人資本**という。

重要事項 一問一答

01 企業が倒産したとき株主が出資金以上の負債を負わないことを何というか?

有限責任

02 株式会社の最高意思決定機関を何というか?

株主総会

03 企業の所有者と経営者が異なるという株式会社の特徴を何というか?

所有と経営の分離

04 ずさんな経営を防止するために何の強化が必要か?

企業統治(コーポレートガバナンス)、経営内容に関する情報開示(ディスクロージャー)

05 労働者や地域社会まで含む株式会社の利害関係者を何というか?

ステークホルダー

06 企業が行う慈善事業と芸術・文化に対する支援活動をそれぞれ何というか?

フィランソロピーとメセナ

07 現代企業が負うべき責任を総称して何というか?

社会的責任

08 会社に関する複数の法律をまとめ、2006年から施行された法律は何か?

会社法

09 株式の発行により調達した資金を何というか?

自己資本

10 銀行からの借入金や社債など株主以外から調達した資金を何というか?

他人資本

過去問 Exercise

問題1　株式会社の仕組みに関する記述として、妥当なのはどれか。

東京都Ⅰ類 2020［R2］

1　株式会社が倒産した際には株式の価値はなくなるが、株主は自身が出資した資金を失う以上の責任を負うことはないことを、無限責任制度という。

2　会社の最高意思決定機関である株主総会において、株主１人につき１票の議決権を持っている。

3　会社が大規模になり、会社の意思決定を左右できるほど株式を所有していないが、専門的知識を有する人が会社経営にあたることを、所有と経営の分離という。

4　ストックオプションとは、株主などが企業経営に関してチェック機能を果たすことをいう。

5　現代の日本における株主会社の経営は、株主の利益の最大化よりもステークホルダーの利益を優先するよう会社法で義務付けられている。

解説

正解 ❸

❶ ×　株主の責任は出資金に限定される（有限責任制度）。

❷ ×　保有する株式が多いほど、議決権も多い。

❸ ○

❹ ×　株主は株主総会に参加して、基本的な経営方針の決定や取締役などの選任・解任などを決定することができる（議決権を行使する）。

なお、ストックオプションは、役員や従業員などに与えられる株式で、業績がよく株価が上がれば自分たちが儲かる仕組みのことを指す。

❺ ×　会社法は、株主の利益の最大化よりもステークホルダーの利益を優先するように義務付けるものではない。また、そもそもステークホルダー（利害関係者）に株主も含まれる。

〈第3章「過去問 Exercise」解説について〉

選択肢のうち誤りを含むものは優先的に覚えるポイントのみを示す。繰り返し出題のない誤文については割愛する（よくあるひっかけに対応できればよい）。

★★★

2 市場メカニズムとその限界

企業や家計、企業と企業の間でさまざまな商品が取引されます。有形の商品を財、無形の商品をサービスといいますが、ひとまとめに財・サービス、または単に財と表すこともあります。

1 市場メカニズム

財・サービスの取引について、個々の財・サービスごとに**市場**を考えることができる。市場は**需要**と**供給**が一致するよう**価格**が調整される場である。

1 需要（需要量）

家計（消費者）は、価格が安いほどたくさん買いたがる。市場全体で、「価格が100円なら200個買いたい」「価格が40円なら500個買いたい」のように、価格の水準とそのときどれだけ購入されるかを需要（需要量）として表す。

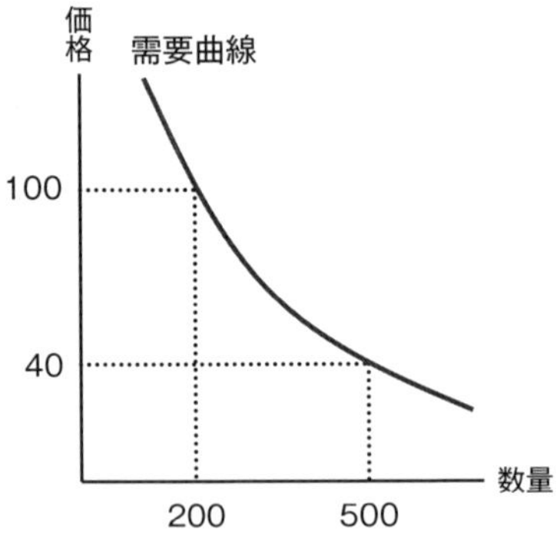

需要曲線は、価格と需要の関係を表す。価格が安いほどたくさん需要されるため、一般的な商品の**需要曲線は右下がり**である。

2 供給（供給量）

企業（生産者）は価格が高いほどたくさん販売したがる。市場全体で、「価格が40円なら300個販売したい」、「価格が80円なら500個販売したい」のように、価格の水準とそのときどれだけ生産・販売されるかを供給（供給量）として表す。

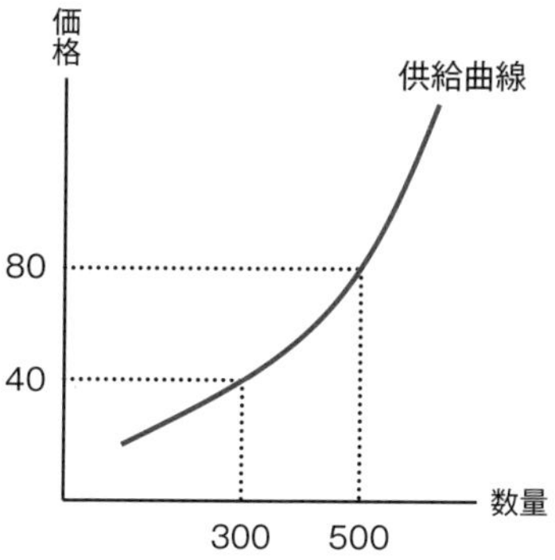

供給曲線は、価格と供給の関係を表す。価格が高ければ、生産コストをカバーしやすくなるため、供給が増加する。通常、**供給曲線は右上がり**である。

（注）企業は単に商品を販売しているだけではなく、販売によって得た収入で人件費、仕入れコストなどを賄っている。

3 価格による調整

市場メカニズム（市場機構）とは、需要と供給が一致しないとき、価格が上昇・下落して需要と供給が一致する仕組みである（**価格の自動調整作用**、価格メカニズム）。

（1）超過需要と価格の上昇

ある商品の価格が30円だとする。家計は510個購入したいのに対し、企業は200個しか販売しようとしない。この市場では商品が不足しており、需要が供給を超過している（**超過需要**の発生）。

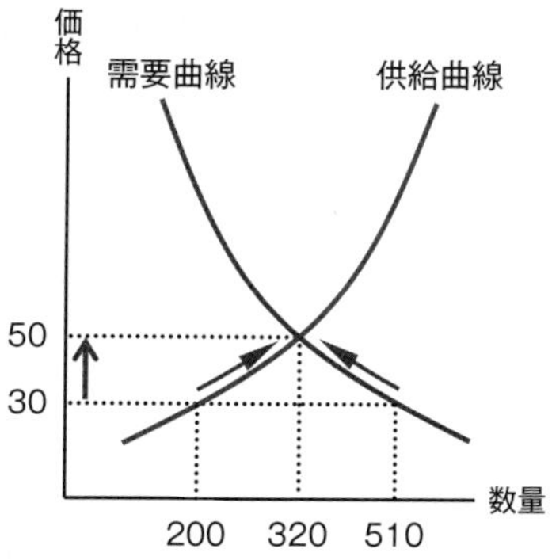

家計がもっと欲しがっていることを知った企業は、生産量を増やす。たくさん生産するほどコストがかかるので値上げして販売する。多少値上がりしても手に入れたい商品のため、家計はその商品を購入する。

値上がりしても売れることがわかると、家計が欲しがるうちは、企業は生産量を増やす。**価格の上昇**によって家計の欲しがる量（需要）はどんどん減っていくから、やがて**超過需要は解消**される。

価格が50円になると家計の需要と企業の供給は320個で一致する。これ以上の価格では家計はもう買おうとしないため、企業もまたこれ以上生産しようとしない。

このように、需要と供給を一致させる価格水準を**均衡価格**という。需要と供給が同じ量になって一致することを市場の均衡という（需要曲線と供給曲線の交点）。

（2）超過供給と価格の下落

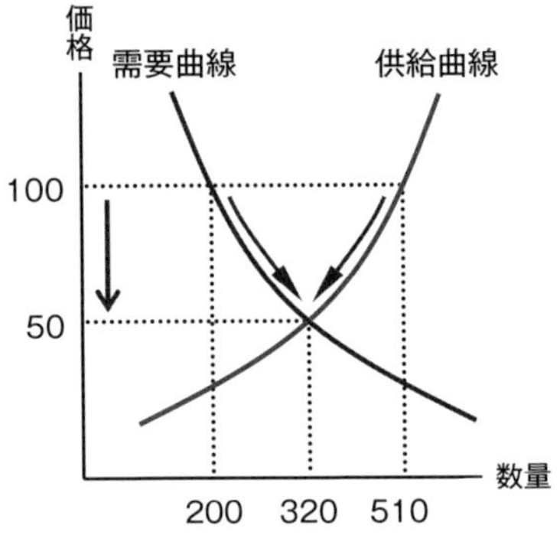

今度は、価格が均衡価格より高い場合を考える。価格が100円のとき、企業は510個供給し、家計は200個需要する。つまり、企業が販売したい量が、家計の購入したい量を超過する（**超過供給**の発生）。

この価格では商品が売れ残ってしまうため、企業は生産量を減らし、その分、生産コストも下がるため、もっと安く供給することができる。

価格の下落によって家計はもっと買おうとするため、企業は実際に生産量を減らし、**超過供給は解消**される。

価格が均衡価格50円まで下落すると、家計の需要と企業の供給が320個で一致するため、企業はそれ以上生産量を減らすことはない。

4　需要曲線のシフト

（1）所得の変化と需要曲線のシフト

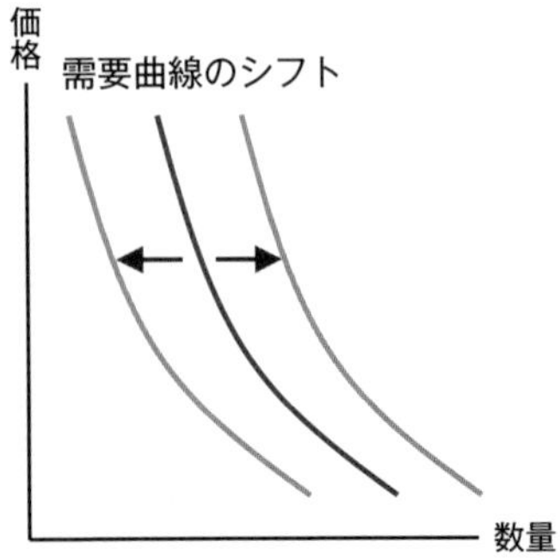

レストランでの食事のように、家計の所得の増加に伴って、消費量（需要）が増える商品の場合、需要曲線は右にシフトする。逆に言えば、家計の所得が減ると消費量が減って需要曲線は左にシフトする。このような商品を**上級財**または**正常財**という。

安価であまり美味しくないカップラーメンのように、家計の所得が増加すると、かえって消費量が減るものがある（所得が増えたのだからもっと美味しいものを食べる）。このとき、需要曲線は左にシフトする。逆に、家計の所得が減ると消費量が増え、需要曲線が右にシフトする。このような商品を**下級財**または**劣等財**という。

よって、所得の増加・減少と消費量の増加・減少が一致するのが上級財(正常財)であり、所得の増加・減少と消費量の増加・減少が反対になるのが下級財(劣等財)である。いずれの場合も、消費量が増加すると需要曲線は右にシフトし、消費量が減少すると需要曲線は左にシフトする。

(2) 異なる商品との関係による需要曲線のシフト

マーガリンはバターの代用品である。バターの値段が上がれば、バターの消費量が減って代わりにマーガリンの消費量が増えるため、マーガリンの需要曲線は右にシフトする。逆に、バターの値段が下がればバターの消費量が増えるため、マーガリンの消費量が減ってマーガリンの需要曲線は左にシフトする。このような商品を**代替的**な商品という。

商品のなかには、ジャムと食パンのように組み合わせて消費するものがある。これを**補完的**な商品という。食パンの値段が上がれば食パンの消費量が減るため、同時にジャムの消費量も減るから、ジャムの需要曲線は左にシフトする。逆に、食パンの値段が下がると、食パンと同時にジャムの消費量が増えて、ジャムの需要曲線は右にシフトする。

よって、代替的な財の価格上昇や補完的な財の価格下落により需要曲線は右にシフトし、代替的な財の価格下落や補完的な財の価格上昇により需要曲線は左にシフトする。

5 供給曲線のシフト

原材料費や人件費などのコストが上昇すると、これまでどおり生産してもコストを回収できないため、企業は生産量を減らす。つまり、供給曲線は左にシフトする。逆に、これらのコストが下がれば､供給曲線は右にシフトする。

技術革新が起こると生産性が上昇するため、生産量が増加して供給曲線は右にシフトする。

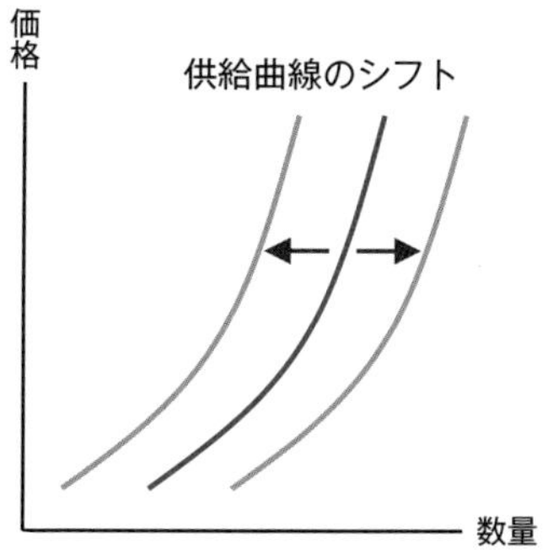

6 資源配分の効率性

限られた資源を使って、何をどれだけ生産するべきかを決めることは大変難しい。できるだけ資源の無駄使いを避けた方がよい。

市場取引では資源の利用の仕方が効率的になる。例えば、誰も欲しがらない商品を作って売ろうとしても、価格がゼロになって、企業は生産コストをカバーすることができないから、実際にそんなものを作る企業は現れず、資源も浪費されない。

逆に、多くの人が欲しがる商品であれば、価格が高くても売れるため、企業はコストをかけて生産することができる。人々が欲しがる商品を生産するためであれば、資源を使う価値がある。

このように、市場における自由な取引に任せておけば、価格の自動調整作用によって人々が欲しがる商品を生産するために資源が使われるようになる。また、市場で実現する均衡においては、価格を通じて、家計は欲しい量をちょうど買うことができ、また、企業も売りたい量をちょうど売ることができる。

この意味で、市場に任せておけば資源の利用の仕方が効率的になる(**効率的な資源配分**が実現するという)。あるいは、**財の最適な供給**(資源配分が効率的になる生産量)が実現するという。

アダム・スミスは、市場における価格の自動調整作用を「**見えざる手**」と呼んだ。

2 市場の失敗

市場は万能でいつも効率的な資源配分が実現するのだろうか。実際にはそうではない場合がある。市場メカニズムによって効率的な資源配分が達成されないことを**市場の失敗**という(市場メカニズムの限界)。

1 独占・寡占

市場において価格の自動調整作用がうまく機能するための条件の1つに、企業間の自由な競争がある。特定の企業が他より高い価格で商品を販売することができないのは、他の企業が均衡価格で同じ商品を販売しているからであり、家計がわざわざ高い方を買うことはない。

市場がたった1つの企業に独り占めされる(**独占**)と、企業間の競争がなくなり、その企業は価格支配力を持つようになる(高い価格を設定しても、家計はその企業から買わざるを得ない)。

企業が複数であっても少数の場合、**寡占**という状態になる。この場合もまた、競争があるときに比べ価格が高くなるし、価格が企業間の協調によって決定されることもある。

例えば、最有力の大企業が**プライスリーダー**(価格先導者)として高めの価格設定を行うと(**管理価格**という)、他の企業がそれに合わせて価格設定を行うため、価格は高い水準に決まる。

また、企業どうしで取り決めを行い、相互に結びつきを強める傾向が見られる。同一産業における複数企業が価格や生産量などの協定を結ぶことを**カルテル**(企業連合)、同一産業・業種における企業が合併することを**トラスト**(企業合同)、親会社のもと傘下の企業が子会社・孫会社として企業集団を形成することを**コンツェルン**(企業結合)という。いずれの場合も企業間の競争が弱められ(またはなくなって)、価格の自動調整作用はうまく機能しない。

高めに設定された価格はなかなか下がらないため(価格の下方硬直性)、価格の自動調整作用が機能せず、効率的な資源配分が阻害される。

なお、日本では、市場の独占や不公正な取引を制限・禁止し、自由な競争を維持・促進する目的で**独占禁止法**(私的独占の禁止及び公正取引の確保に関する法律)が1947年に制定され、**公正取引委員会**によって運用されている。

2 公共財

灯台、消防、治安などは、人々が安心・安全な生活を送るのに欠かせないサービスである。これらのサービスは、誰かが消費しても(安心・安全と感じても)他の人の消費量が減ることはなく(他の人も同じだけ安心・安全である)、多くの人が同時に同じだけ消費できるという性質(消費の**非競合性**)と、費用を負担せずに利用する人(**フリーライダー**)など特定の人を排除できないという性質(消費の**非排除性**)を持つ。このような財を**公共財**という(両方の性質を併せ持つことを強調する場合に純粋公共財ということがある)。

フリーライダーを排除できないため、公共財を供給するための費用を十分に回収することができない。このため、市場の自由な取引に委ねても、公共財が十分に供給されることはない(効率的な資源配分と比較して**過少供給**になる)。

3 外部効果

通常の市場取引に関わるのは、その商品の買い手と代金を受け取る売り手である。買い手は価格を支払っても満足できるものを購入し、これによって売り手は生産コストを賄うことができる。

これに対して、取引の当事者とは別に影響が及ぶことがある。生産活動は市場取引に応じて行われるが、生産活動の結果、公害や地球温暖化が起きると、取引自体には関係なく、損害を被る人が出てくる。

このように、市場取引以外(市場の外部)に影響が及ぶことを**外部効果(外部性)**の発生という。

外部効果のうち、公害のように悪い影響を及ぼすものを**外部不経済**(負の外部効果)という。生産活動に伴って外部不経済が発生するなら、そのような生産はあまり行われない方がよい。つまり、社会全体としては**過剰**な生産・消費が行われており、資源配分が効率的とは言えない。

外部効果には、良い影響を及ぼすものもあり、**外部経済**(正の外部効果)という。外部経済が発生すると、社会全体として**過少**となり、資源配分の効率性が損なわれる。

例えば、隣家のきれいな花壇を考える。Aさんは、コストに見合っただけ苗や球根を購入して花を育てて楽しむ。隣に住むBさんは、花屋で花を買ってこなくても、無料で隣家の花壇を見て楽しむことができる(花の鑑賞というサービスを需要する)。

Aさんの花壇によってBさんやその他の通行人も恩恵を受けるのだから、Aさんがもっと花を植えれば地域社会にもっと恩恵が及ぶだろう(近年では防犯に役立つという話もある)。

ただし、Aさんは自分以外の人のことまでは考慮せず、自分の好みとコストを考慮して花壇を整えるだけだから、Aさんの花の供給は社会的な最適な量より過少になる。

このように外部経済が発生する場合、対価を支払わない人(フリーライダー)にも恩恵が及び、フリーライダーであるBさんが消費したとしても(BさんがAさんの花を楽しんだとしても)、コストを負担したAさんの消費を減らすことはない(Aさんも同じように花を楽しむことができる)。つまり、外部経済は公共財にも当てはまり、過少供給に陥る。

外部効果が発生すると、良い影響(外部経済)と悪い影響(外部不経済)のどちらの場合であっても、効率的な資源配分をもたらすような市場均衡にはならない(過少あるいは過剰な取引が行われる)。

4 規模の経済

電力・ガス・鉄道などのように、非常に大きな設備を必要とする産業においては、生産すればするほど生産効率が良くなっていく。例えば、非常に大きなコストをかけて、駅舎や列車をつくりレールを敷設したとする。乗客が1人しかいなければ、鉄道会社は大赤字になってしまうが、多くの人を運ぶようになれば、乗客1人当たりにかかるコストは安くなり、料金も安くできる。

生産すればするほど単価が安くなることを**規模の経済性**という。鉄道の例では、乗客をたくさん運べば運ぶほど、乗客1人当たりにかかるコストが安くなる。

このような産業で企業に自由な競争を促したとしても、多くの企業が競合することは難しく、需要を多く獲得できなかった企業は撤退したり、会社を同業者に売り渡したりするだろう。逆に、いち早く需要を多く獲得した企業はコストを抑えることができるため、競争を有利に進めることができる(料金を安くしても赤字にならない)。競争の結果、市場に生き残る企業はこの一社のみになってしまうため、自然に独占になりやすく(自然独占)、実際に独占になれば競争が全くなくなって、価格は高めに設定され、資源の効率的な配分が阻害される。

なお、これらの産業を専門的な用語で平均費用逓減《ていげん》産業という。

5 その他

市場取引において、買い手と売り手の持つ情報の質や量が異なる場合、市場の失敗が起きる(**情報の非対称性**)。

重要事項 一問一答

01 縦軸が価格、横軸が数量の場合、需要曲線はどのように描けるか?

右下がり

02 縦軸が価格、横軸が数量の場合、供給曲線はどのように描けるか?

右上がり

03 市場が均衡するとき何が一致するか?

需要(量)と供給(量)

04 超過需要が発生すると価格はどうなるか?

上昇する

05 超過供給が発生すると価格はどうなるか?

下落する

06 商品が不足したり余ったりしたとき何が働くか?

価格の自動調整作用

07 所得が増加すると上級財の需要曲線はどうなるか?

右にシフトする

08 所得が増加すると下級財の需要曲線はどうなるか?

左にシフトする

09 代替的な財の価格が上昇すると需要曲線はどうなるか?

右にシフトする

10 補完的な財の価格が上昇すると需要曲線はどうなるか?

左にシフトする

11 原材料費や人件費などが高くなると供給曲線はどうなるか?

左にシフトする

12 技術革新によって生産性が上昇すると供給曲線はどうなるか?

右にシフトする

13 独占·寡占市場において効率的な資源配分は実現するか?

しない

14 寡占市場でプライスリーダーが設定する価格を何というか?

管理価格

15 独占禁止法を運用するのは誰か?

公正取引委員会

16 公共財が持つ2つの性質は何か?

消費の非競合性と非排除性

17 対価を支払わずに消費する者を何というか?

フリーライダー

18 外部不経済が発生すると最適な供給量と比較してどうなるか?

過剰になる

19 外部経済が発生すると最適な供給量を比較してどうなるか?

過少になる

20 規模の経済性や情報の非対称性がある場合、市場の失敗は生じるか?

生じる

過去問 Exercise

問題1 競争的な状態である市場に関する記述として、妥当なのはどれか。

東京都Ｉ類 2021［R3］

1 供給量が需要量を上回る超過供給の時には価格が上昇し、需要量が供給量を上回る超過需要の時には価格が下落する。

2 価格が上昇すると需要量が増え、価格が下落すると需要量が減るので、縦軸に価格、横軸に数量を表したグラフ上では、需要曲線は右上がりとなる。

3 縦軸に価格、横軸に数量を表したグラフ上では、需要曲線と供給曲線の交点で需要量と供給量が一致しており、この時の価格は均衡価格と呼ばれる。

4 需要量と供給量の間にギャップがあるときには、価格の変化を通じて品不足や品余りが自然に解消される仕組みを、プライマリー・バランスという。

5 技術革新でコストが下がり、全ての価格帯で供給力が高まると、縦軸に価格、横軸に数量を表したグラフ上では、供給曲線は左にシフトする。

解説

正解 ③

❶ ×　超過供給(売れ残り)があれば価格は下落し、超過需要(商品の不足)があれば価格は上昇する。

❷ ×　価格が安いほど(下落すると)需要量が増えるので、需要曲線は右下がりである。

❸ ○

❹ ×　この仕組みを価格の自動調整作用という。価格メカニズム・市場メカニズムということがある。

❺ ×　生産性が上がり供給力が高まればより多く生産できるから、右(数量が増える方向)にシフトする。

問題2

経済学における市場の失敗に関する記述として、妥当なのはどれか。

東京都Ⅰ類 2018［H30］

1 市場を通さずに他の経済主体に影響を与える外部性のうち、正の影響を与える外部経済の場合には、財の最適な供給が実現するが、負の影響を与える外部不経済の場合には、財の最適な供給が実現しない。

2 公共財とは、複数の人が不利益なしで同時に利用でき、料金を支払わない人の消費を防ぐことができない財のことをいい、利益が出にくいため、市場では供給されにくい。

3 情報の非対称性とは、市場において虚偽の情報が流通することによって、取引の当事者同士が、当該情報を正しいものとして認識し合っている状態のことをいう。

4 寡占・独占市場においては、企業が少数であることから、十分な競争が行われないため、消費者にとって不利益になるが、社会全体の資源配分に対する効率性は失われない。

5 寡占・独占企業が市場の支配力を用いて価格を釣り上げないように行われるのが独占禁止法であり、日本ではこれを実施する機関として消費者庁が設けられ、カルテルなどの行動に対して罰金支払命令等の措置をとることができる。

解説

正解 ❷

❶ × 外部経済の場合、財は最適な供給に比べて過少になる。

❷ ○

❸ × 情報の非対称性とは、取引の当事者間で持っている情報が異なることをいう。虚偽であっても当事者間で情報に差がなければ非対称性はない。

❹ × 寡占・独占市場では、十分な競争が行われないため、資源配分の効率性が失われる。

❺ × 独占禁止法を運用しているのは公正取引委員会である。

3 一国経済

家計や企業、政府の経済活動によって一国の経済が成り立っています。国全体の経済を表すためにいくつかの指標があります。

❶ 国富

一時点における蓄積を示す指標を**ストック**という。ストックのうち、一国経済が所有する非金融資産(工場や道路・土地等の実物資産など)と株式などの金融資産の合計を**国富**という(資産から負債を除いた正味資産)。

これに対して、一定期間に行われた経済活動の価値を表す指標を**フロー**という。

❷ 国内総生産と国民総生産

フローのうち、最も重要な経済指標として**国内総生産GDP**がある。国内総生産は、一定期間(1年など)に国内の生産活動によって新たに生み出された付加価値の合計である。付加価値とは、総生産額から生産過程で使われる中間生産物(部品や原材料、燃料など)の金額を差し引いたものである。

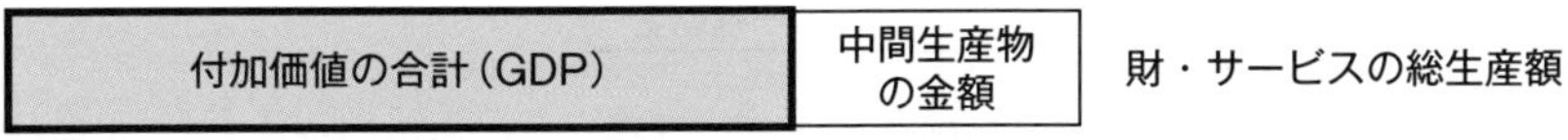

また、同じフローとして、**海外からの純所得**(海外からの純要素所得)を国内総生産に加えた**国民総生産GNP**がある。国民総生産は名称が変更になり、現在では**国民総所得GNI**という。

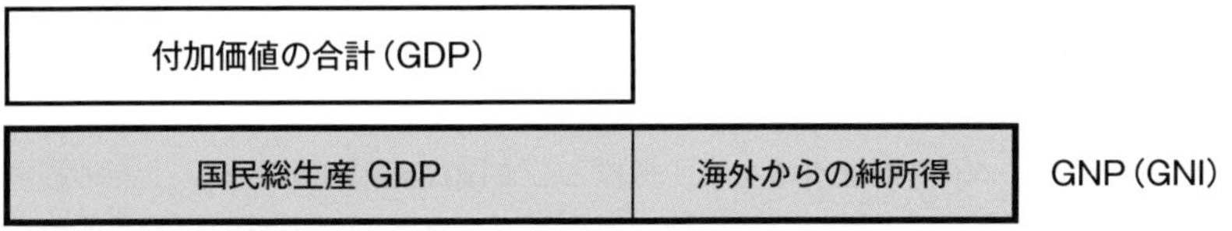

海外からの純所得とは、国民(自国の居住者)が海外で稼いだ所得(海外から受け取った所得)から、外国人(自国の非居住者)が国内で稼いだ所得(海外へ支払った所

得)を差し引いたものである。

❸ 三面等価の原則

国民総生産から固定資本減耗(減価償却費)と呼ばれる生産設備などの摩耗・破損の費用を引いたものを**国民純生産NNP(国民純所得NNI)**という。

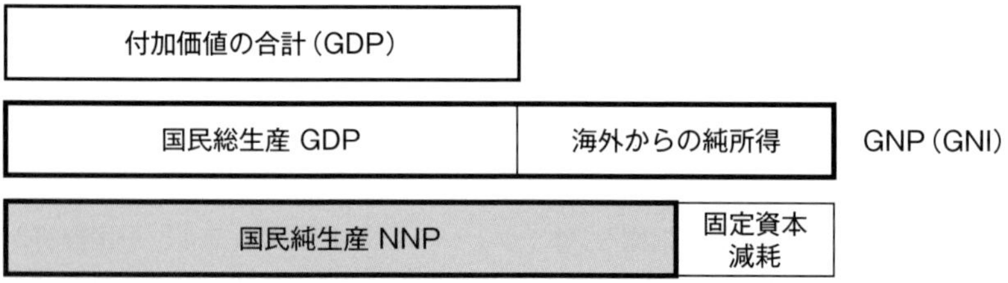

国民純生産から、さらに消費税などの間接税を引いた上で政府から企業への補助金を加えたものを**国民所得NI**という。

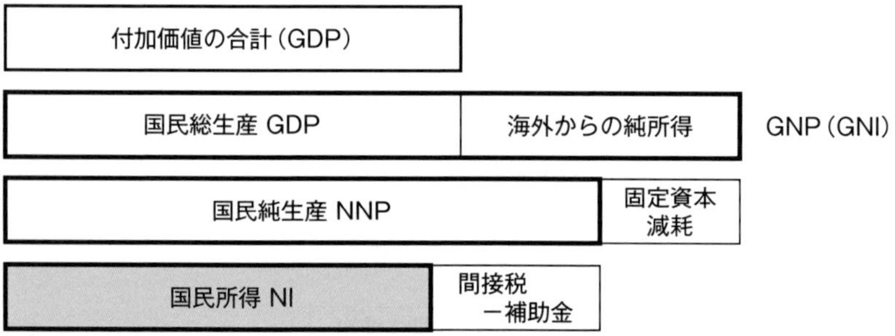

国民所得は上記の**生産面**(付加価値の発生)・**分配面**(所得の受け取り)・**支出面**(所得の使用)の三面から計測され、それぞれの大きさを**生産国民所得・分配国民所得・支出国民所得**という。どの面から計測したとしても、これらは同じ大きさになるため、これを**三面等価の原則**という。

国民総生産などは、原則として市場で取引される財やサービスのみを対象とするため、家族による育児などの家事労働(家庭内無償労働)やボランティアなどの活動は対象外とされている。

これに対して、一国の福祉水準を表す指標として国民純福祉がある。上記の経済指標で考慮されていない公害や自然環境の悪化などの経済的損失を国民総生産から差し引き、家事労働や余暇などを金額換算し国民総生産に加えたものである。

また、国内総生産から環境破壊による経済的損失を差し引いたグリーンGDPという指標も考えられている。

重要事項 一問一答

01 国富はフローとストックのうちどちらか?

ストック

02 一定期間に国内で新たに生み出された付加価値の合計は何か?

国内総生産GDP

03 国内総生産に海外からの純所得を加えた大きさを何というか?

国民総生産GNP（国民総所得GNI）

04 国民所得について三面等価の原則により一致するのは何か?

生産国民所得、分配国民所得、支出国民所得

05 家族による家事労働や環境破壊は国内総生産に考慮されているか?

されていない

過去問 Exercise

問題1 国民経済の指標に関する記述として、最も妥当なのはどれか。

警視庁Ⅰ類 2022［R4］

---

1 一国の経済力を表す指標の概念として、国内総生産に代表される一定期間の経済活動を示すフローと、国富に代表される一時点での蓄積された資産を示すストックとがある。

2 GNI(国民総所得)は、国内の外国人が生産した付加価値を含むが、国外にいる自国民の生産は含まない。

3 GDP(国内総生産)は、一国内で新たに生産された付加価値の総計を意味する指標であり、これから海外からの純要素所得を控除するとGNI(国民総所得)になる。

4 GDPは、余暇や家事労働、自然環境などの豊かさや幸福の概念をはかる指標としても機能している。

5 生産されたものが誰かに需要された結果、必ず何らかの形となって供給されることから、国民所得は生産面、需要面、供給面において等しくなる。

解説

正解 ❶

❶ ○

❷ × 国民総所得GNI(国民総生産GNP)は、国内総生産GDPに海外からの純所得を加えたものだから、国外にいる自国民(自国の居住者)が生産した付加価値を含み、国内の外国人(自国の非居住者)が生産した付加価値を含まない。

❸ × 国内総生産GDPに海外からの純要素所得(純所得)を加えるとGNI(GNP)になる。

❹ × GDPやGNI(GNP)は原則として市場取引される財・サービスを対象とするため、これらの価値を測っていない。

❺ × 三面等価の原則は、生産面、分配面、支出面の一致を指す。

★★★

4 景気と物価の変動

経済活動は、季節の変化や将来の不確実さなどによって、常に変化します。経済活動の水準を捉えるとき、国内総生産 GDP などの変化を見ます。

国内総生産は生産面から付加価値を捉えたものであり、付加価値は所得として分配され(分配面)、分配された所得は支出されます(これも三面等価の原則といいます)。

支出面から国内総生産を捉えたものを国内総支出といい、次のように計測されます。

国内総支出 = 家計などの消費 + 企業の投資(設備投資)など
+ 在庫の増減 + 政府による公共投資や消費
+ 海外への輸出 − 海外からの輸入

国内総支出は国内総生産に等しく、家計の消費や企業による設備投資などの変化によって、国内総生産が変動します。

---

1 景気循環

一般に、景気(経済活動の活発さ)は、好況・後退・不況・回復の4つの局面を周期的に繰り返す。

……→好況→後退→不況→回復→好況→後退→不況→回復→……

1 好況期(好景気)

財・サービスの売れ行きが良く(支出面)、企業の生産活動が増し(生産面)、所得が増加する(分配面)。

2 後退期

財・サービスの販売が伸び悩み、生産が過剰となる。このため、製品の在庫が積み上がる。企業の利潤が低下し、生産、投資が縮小する。

3 不況期（不景気）

経済活動が停滞し不活発になると、財・サービスが売れない。企業の倒産が増え、生産や投資が低下する。このため、失業が増え、所得が減少する。

4 回復期

過剰な生産設備が整理され、在庫も次第に減少して、生産、投資が活発化する。

（参考）景気判断

生産、雇用、在庫、消費などさまざまな経済活動を勘案した景気動向指数を使って、内閣府が景気動向を公表している（一定の基準より良くなったか悪くなったかを判断）。

景気には山と谷があり、２つの谷の間で生じた「回復→好況→後退→不況」を１つの景気循環とする（ただし、特に決まりはなく、山と山の間であっても構わないし、好況・後退・不況・回復を一循環としてもよい）。

【模式図】

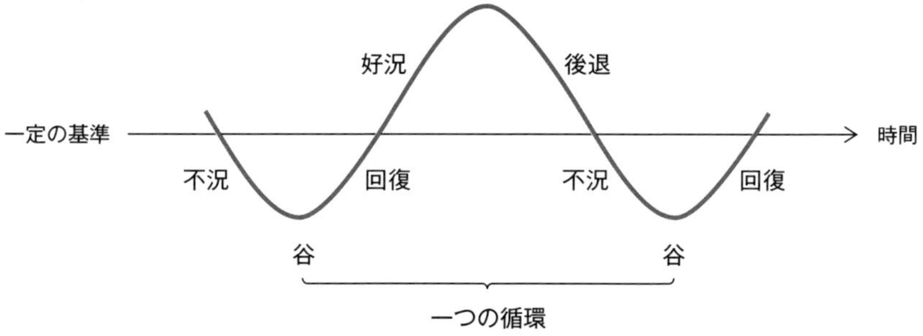

2 景気の波

現実の景気循環はさまざまな要因が一体となって発生するが、周期や主要因の違いにより4つの景気の波がある。

1 キチンの波

キチンは、主に**在庫の変動**により**約40か月（3～4年）**を周期として起きる短期変動を発見した（短期波動）。これを**キチンの波**という。

2 ジュグラーの波

ジュグラーは、主に**設備投資の変動**により**約7〜10年**を周期として起きる中期波動を発見した（**ジュグラーの波、主循環**）。

3 クズネッツの波

クズネッツは、住宅や商工業施設の建築需要（建て替え）によって**約20年**を周期とする景気循環があることを明らかにした（**クズネッツの波、建築循環、建設循環**）。

4 コンドラチェフの波

コンドラチェフは、画期的な**技術革新**や資源の大規模開発などにより、**約50年**を周期とする景気循環を発見した（**コンドラチェフの波**、長期波動）。

3 経済成長と物価の変動

1 実質経済成長率

景気循環を伴いながら、経済は拡大していく（経済成長）。経済活動の規模を表すとき、価格の影響を取り除いた**実質GDP**（実質国内総生産）と、価格の影響を取り除く前の**名目GDP**（名目国内総生産）を用いる。

【日本の名目GDPと実質GDPの推移】

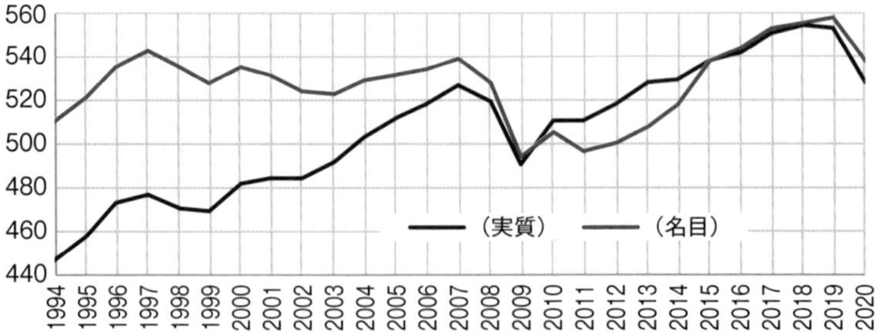

（縦軸：兆円、横軸：暦年）資料：内閣府

実質GDPはその名のとおり、実質的な経済活動の水準を表している(雇用などに関わる)。これに対して名目GDPは、財・サービスの価格変動の影響を伴うため実質的な経済活動と一致しないことが多い。

名目GDPを実質GDPで割ったものを**GDPデフレーター**といい、国内物価水準を表す。

また、実質GDPの変化率を**実質経済成長率**(実質成長率)、名目GDPの変化率を**名目経済成長率**(名目成長率)という。実質経済成長率は、名目経済成長率から**物価上昇率**(GDPデフレーターの変化率)を引いたものに一致する。

(注) 名目値と実質値の違いを次の例で見てみよう。給料（名目値）が月30万円から30万6千円に増えたとしても（2% 増加)、電気代や食品の価格などが全体で2%増加したとすれば、実質的に生活水準は全く変わらない。物価とは消費者であれば生活費を表し、企業であれば生産活動にかかる費用を表す。また、実質値は消費者であれば生活水準、生産者であれば生産活動の水準を表す。GDP デフレーターは、家計の消費や企業の設備投資、公共投資など国内の経済活動全般にかかわる物価水準を表す。

2 物価の変動

これまで見てきたとおり、景気変動を伴いながらも、経済は成長していく。このとき、物価もまた変動する。

(1) 需要要因とコスト要因による物価上昇

一般に、景気が良いとき、物価は持続的に上昇(**インフレーション、インフレ**)しやすく、逆に、景気が悪くなると、物価は持続的に下落(**デフレーション、デフレ**)しやすい。

景気が良く、家計の消費や企業の投資が活発な場合、需要(ディマンド)が供給を上回って財・サービスの値段が上がりやすい。このようなインフレーションを**ディマンド・プル・インフレ**と呼ぶ。

また、原材料費や賃金の上昇(コストの上昇)によって引き起こされるインフレーションを**コスト・プッシュ・インフレ**という。

(2) 石油危機とスタグフレーション

一般に、不況期に失業が増加すると物価は下落し、景気が良くなると失業は減少するものの物価が上昇する状況が起こりやすい。

1970年代には2度の**石油危機**が起こり(1973年と1979年)、日本でも第1次石油危機に際し、**1974年**には**狂乱物価**と呼ばれるほどの激しい**インフレーション**が生じた。この年の消費者物価は前年比で23.2％上昇し、国内企業物価は前年比で27.5％上昇した。これに対して、第２次石油危機発生後の1980年の場合には、消費者物価が前年比7.7％、国内企業物価は前年比14.9％の上昇と比較的軽微なものにとどまった。

1970年代には多くの先進国が、経済の**停滞**（スタグネーション、不況による失業の増加）と**インフレーション**が同時に生じる**スタグフレーション**を経験した。

（3）緩やかなデフレ

2001年、日本政府は、日本経済が**1990年代半ばから緩やかなデフレ**に陥っていることを認めた。

消費者物価は1999年から、GDPデフレーターは1990年代半ばから、前年比で下落が続いた。このような状態は日本経済にとって戦後初めてのことであり、戦後、他の先進国において例がない。

【消費者物価とGDPデフレーターの上昇率の推移】

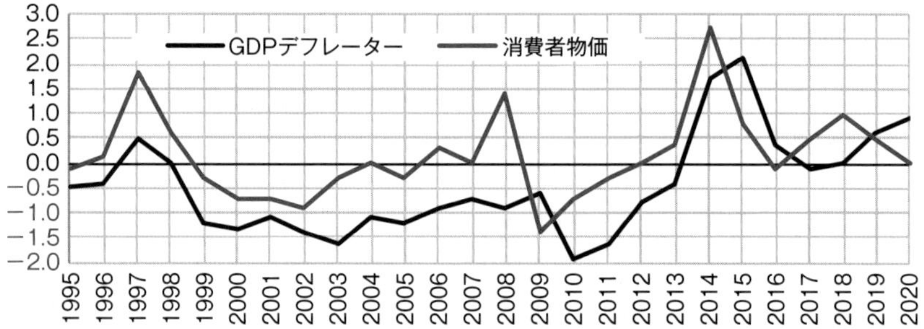

（縦軸：前年比％、横軸：暦年）資料：内閣府、総務省

これまでデフレを克服しようとさまざまな政策が行われてきたが、デフレ脱却が宣言されるには至っていない。

デフレから脱却できないなか、失業率は1990年代前半から2000年代に向け上昇し、2001～03年、2009～10年には完全失業率が５％（年平均）を超えた。

【完全失業率の推移】

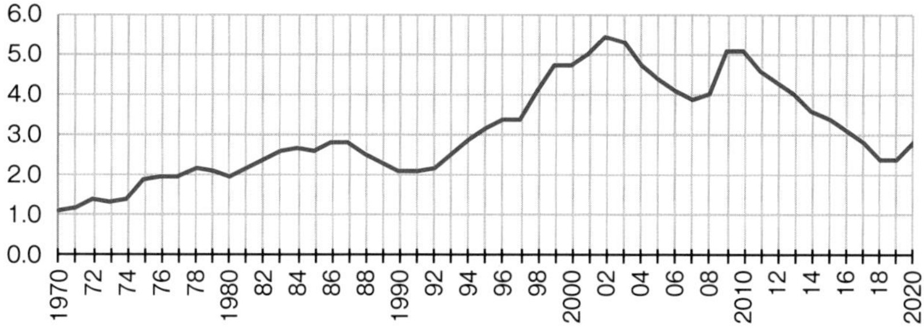

（縦軸：年平均%、横軸：暦年）資料：総務省、厚生労働省

（4）その他の用語

好況から一転して突然発生する急激な景気後退を恐慌という。経済に深刻な不況をもたらし、価格の暴落、倒産と失業の急増が起こり、社会は混乱する。

1929年、アメリカの株価暴落をきっかけに起きた世界大恐慌は、資本主義国を混乱に陥れた。

一方で、「デフレスパイラル」という言葉がある。物価下落(デフレ)によって企業の売上・収益が減少すると、企業は投資削減や雇用・賃金調整を行うため、家計の消費が減少する。需要(有効需要)の減少はさらに物価下落を起こしうる。物価下落が需要減少、生産減少、さらに物価下落をもたらす悪循環をデフレスパイラルという。生産活動の減少は企業の雇用を減らし、経済活動は縮小していく。

ただし、多くの学者が合意するようなデフレスパイラルは生じたことがない(デフレスパイラル論者が示すようなメカニズムをすべて満たしていないため)。世界大恐慌ですら、デフレスパイラルかどうかで意見が食い違っている。

また、インフレーションについても強烈な場合に特殊な名称があり、短期間に物価が数十倍に高騰することをハイパーインフレーションという。第２次世界大戦直後の日本でも見られた現象である。

重要事項 一問一答

01 景気循環の4つの局面は何か?

好況・後退・不況・回復

02 在庫変動を主要因とする周期が約40か月の波動は何か?

キチンの波(短期波動)

03 技術革新などを主要因とする周期が約50年の波動は何か?

コンドラチェフの波(長期波動)

04 名目経済成長率から物価上昇率を引いたものは何か?

実質経済成長率

05 需要が供給を上回るほど増加して生じるインフレを何というか?

ディマンド・プル・インフレ

06 原材料費などコストの上昇によって生じるインフレを何というか?

コスト・プッシュ・インフレ

07 1973年に起こった第1次石油危機に際して日本で生じたインフレを何というか?

狂乱物価

08 景気の停滞(不況)と物価上昇(インフレーション)が同時に起こる現象を何というか?

スタグフレーション

09 1990年代半ばから日本経済はどんな状態にあるか?

緩やかなデフレ

過去問 Exercise

問題1　国民所得や景気変動に関する記述として最も妥当なのはどれか。

国家一般職 2014［H26］

1　GNP（国民総生産）は、GDP（国内総生産）より海外からの純所得（海外から送金される所得－海外へ送金される所得）を控除することで得られる。GNPとGDPを比較すると、GNPはGDPより必ず小さくなる。

2　名目GDPの増加率である名目成長率から、物価上昇率を差し引くと、実質GDPの増加率である実質成長率が求められる。また、我が国の場合、第二次世界大戦後から2013年までに、消費者物価上昇率（前年比）が7.5%を上回ったことはない。

3　NI（国民所得）は、生産、支出、分配の三つの流れから捉えることが可能である。また、生産国民所得から支出国民所得を差し引いた大きさと分配国民所得が等しいという関係が成り立つ。

4　景気が好況時に継続的に物価が上昇することをスタグフレーションという。我が国の場合、デフレーションと不況が悪循環となるデフレスパイラルの現象が見られたことはあるが、スタグフレーションの現象が第二次世界大戦後から2013年まで見られたことはない。

5　景気の波のうち、在庫調整に伴って生じる周期３年から４年ほどの短期の波を、キチンの波という。一方で、大きな技術革新などによって生じる周期50年前後の長期の波を、コンドラチェフの波という。

解説

正解 5

1 ×　GDP (国内総生産) ＋海外からの純所得＝GNP (国民総生産) だから、海外からの純所得を控除ではなく、加える必要がある。また、海外からの純所得はゼロやマイナスになることもあるので、GNPとGDPの間に決まった大小関係はない。

2 ×　1973年に第1次石油危機が起こると、翌年の消費者物価は前年に比べ20%以上も上昇した。

3 ×　三面等価の原則により、生産国民所得＝支出国民所得＝分配国民所得が成り立つ。生産国民所得から支出国民所得を引くとゼロになり、分配国民所得には一致しない。

4 ×　スタグフレーションでは、景気の停滞(不況)と継続的な物価上昇が生じる。1970年代はスタグフレーションの時代であり、日本でも発生した。

なお、「デフレスパイラルが見られた」のような文言は通常無視して考えてよい。

5 ○

5 財政のしくみと機能

政府は租税などの財源を元手に経済活動を行います。この活動を財政と呼びますが、財政（政府の財政活動）は3つの機能があります。

❶ 資源配分機能

市場の失敗を補正する機能を持つ。市場メカニズムでは不足する公共財を供給し、外部不経済を減らすため課税や規制を行い、電気・ガス・鉄道などの公共料金を規制し、資源配分を効率的なものにする。

❷ 所得再分配機能

所得格差を是正するため、所得税などに**累進課税制度**を取り入れて税金を徴収し、社会保険や生活保護などの社会保障制度によって所得を再分配する。

累進課税制度では、所得が高額になるほど税率が高くなるため、高所得者ほど多く納税することになる。

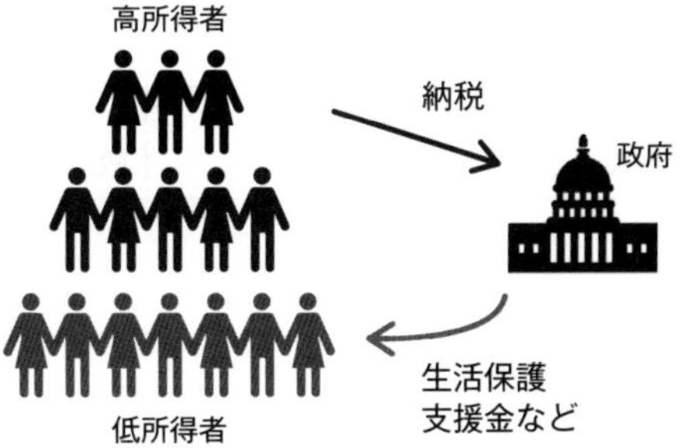

❸ 景気調整機能（景気の安定化）

財政には、累進課税制度や社会保障制度が組み込まれており、景気の変動を緩和する機能がある。制度として設定しておけば、自動的に景気を安定化させるため、

自動安定化装置（**ビルトイン・スタビライザー**）と呼ぶ。

好況時に人々の所得が増加すると、納税額（税負担）が大きくなり、景気の加熱を緩和することができ、不況時に人々の所得が減少すれば納税額が減り、また、社会保障制度によって失業手当や生活保護が支給される。

これとは別に、政府は**裁量的財政政策**（**フィスカル・ポリシー**）を行う。例えば、不況に陥ると、家計は消費を控え、企業は生産活動を拡大するための設備投資を減らすため、経済活動が停滞して、失業が増加する。

ケインズは景気を左右する家計の消費、企業の投資、政府の財政支出などを**有効需要**と呼んだ。

有効需要＝家計の消費＋企業の投資＋政府支出＋輸出－輸入

景気が悪くなると、家計の消費や企業の設備投資が減少するため、有効需要を増やすには政府の財政支出を増やす必要がある。ケインズは、不況期には公共事業（公共投資）を増やし、減税を行って有効需要を増やすことが景気を安定化させる（回復させる）とした。

なお、景気が良くなることは好ましいものの、景気が加熱する（需要が旺盛になり供給が追いつかない）とモノの値段がどんどん上がってしまう（ディマンド・プル・インフレ）ため、逆に、公共事業を減らし、増税して経済の熱を冷ますことも裁量的財政政策に含まれる。

【景気調整機能】

	景気の自動安定化装置	裁量的財政政策
不況期	累進税制による税負担減少 社会保障支出増加	減税 政府支出増加
好況期	累進税制による税負担増加 社会保障支出減少	増税 政府支出削減

4 金融政策との関係

政府が政策的に財政活動を行うことを**財政政策**という。財政政策は上記の３つの機能（財政の３機能）を持つ。

財政政策とは別に、政府から独立した機関である中央銀行が行う金融調節などを**金融政策**という。後述するように、中央銀行による金融政策の目的の１つに物価の安定が挙げられる。

政府の財政政策と、中央銀行が行う金融政策はどちらも景気に影響を与えることができるため、これらをうまく組み合わせて運用することが重要になる(**ポリシー・ミックス**[1])。

重要事項 一問一答

01 公共財の供給、外部不経済に対する課税、規模の経済が働く産業に対する価格規制などはどんな機能を果たしているか?

資源配分機能

02 所得格差(所得の不平等)を是正するための累進課税制度などはどんな機能を持つか?

所得再分配機能

03 累進課税制度や社会保障制度など財政に組み込まれた景気調整機能を何というか?

自動安定化装置(ビルトイン・スタビライザー)

04 例えば不況時に減税し、政府の財政支出を増やすことを何というか?

裁量的財政政策(フィスカル・ポリシー)

05 ケインズは、家計の消費、企業の設備投資などの需要を何と呼んだか?

有効需要

---

1 **ポリシー・ミックス**とは、目標を達成するために複数の政策手段を組み合わせることを指す。

過去問 Exercise

問題1 財政の役割に関する記述として最も妥当なものはどれか。

裁判所 2019［H31］

1 所得の再分配機能とは、財政支出を行って社会資本や公共サービスを提供することで、国民生活を援助し、その生活を安定させる役割のことである。

2 景気の調整機能とは、好況時に公共事業を増やし、歳出活動を行って好況の継続を支援する役割のことである。

3 景気の自動安定化装置とは、累進課税等の制度により、好況時には所得の増加に応じ、税が増えて景気の過熱を抑え、不況時には税が減るなど、財政に組み込まれた制度により自動的に景気を安定させるはたらきのことである。

4 資源配分の調整機能とは、社会保障に支出を行うことで、市場だけではまかなえない資本やサービスを国民に提供して、所得の不平等を是正するという役割のことである。

5 財政の役割は、できるだけ好景気を長続きさせることにあるので、物価の安定を図ることは、そのために欠かせない非常に重要な経済政策といえ、その他の役割に優先して政策が行われる。

解説

正解 ❸

❶ × 所得再分配機能とは、税制（累進課税制度など）や社会保障制度を通じて、所得格差（所得の不平等）を是正することをいう。

❷ × 景気の調整機能として政府が公共事業などの支出（歳出）を増やすのは、不況のときである。

❸ ○

❹ × 所得格差（所得の不平等）を是正するのは所得再分配機能である。

❺ × 財政の３機能に物価の安定は入らない。通常、物価の安定を図るのは中央銀行の役割である。

問題2

景気変動に関する記述として、妥当なのはどれか。

東京都Ⅰ類 2022［R4］

❶ 景気変動は、世界貿易機関(WTO)設立協定の前文で、好況、均衡、不況の3つの局面が、安定的に一定の周期で出現する現象と定義されている。

❷ 不況期のため生産物の売れ行きが鈍るにもかかわらず、物価が持続的に上昇する現象を、デフレスパイラルという。

❸ コンドラチェフは、企業の在庫投資による在庫調整の変動を原因とする、約1年の短期波動があることを明らかにした。

❹ フリードマンは、政府が公共投資などによって有効需要を創出し、景気を回復させるべきであると説いた。

❺ 財政には、累進課税制度等が組み込まれることにより景気変動を緩和させる仕組みが備わっており、これをビルトイン・スタビライザーという。

解説

正解 5

1 ✕　景気変動(景気循環)は、好況・後退・不況・回復の４つの局面を周期的に繰り返す(循環的に現れる)ことである。

2 ✕　不況(経済の停滞)と持続的な物価上昇(インフレ)の組合せをスタグフレーションという。

3 ✕　在庫変動を原因とした３～４年程度の短期波動を示したのはキチンである(キチンの波)。周期が短い順に、キチン・ジュグラー・クズネッツ・コンドラチェフになる(キチ・ジュ・ク・コの順)。

4 ✕　不況期に裁量的財政政策(フィスカルポリシー)によって有効需要を創出せよとしたのはケインズである。有効需要という言葉はケインズに付随するもの。

マネタリストと呼ばれるフリードマンはケインズとは相容れない主張(マネタリズム)をした学者で、ケインズ的な財政政策や金融政策の効果は一時的でしかないから、自由な市場に経済を委ねるべきだとした。

5 ○

★★★

6 金融のしくみと金融政策

政府とは別に、中央銀行もまた政策を行います。中央銀行を中心とした金融のしくみと金融政策について学習します。

1 通貨制度

現在、多くの国で現金の発行などを行うのは**中央銀行**と呼ばれる組織である。日本の中央銀行は、**日本銀行**であり、紙幣の正式名称は日本銀行券という。

1930年代まで、多くの国は**金本位制度**を採用していた。中央銀行は紙幣を発行するが、金との交換が義務付けられていた(**兌換《だかん》紙幣**という)。このため、国の通貨量(貨幣量)は中央銀行が持つ金の保有量によって制限されていた。

金本位制度の下では、通貨量の調節を用いた景気調整を行うのが難しいため、各国は**管理通貨体制**に移行し、中央銀行は金との交換義務に縛られることがなくなった(**不換紙幣**という)。

管理通貨制度では、通貨の発行量は中央銀行や政府の管理下に置かれ、金の保有量とは関係なく必要に応じて不換紙幣を発行することができるため、国内の通貨量を調整しながら金融政策を実施することが可能になる。

その代わり、通貨は政府によって強制通用力を与えられ(通貨が取引の支払いに使われたとき、売り手はそれを受け取らなければならない)、中央銀行はその利便性などを失わないよう金融政策を行っている。

2 マネーストック

一般企業や個人、地方公共団体などが保有する通貨の合計を**マネーストック**といい(以前、マネーサプライと呼ばれていたもの)、市中で流通している通貨の量を表す。

マネーストックとして数えられる通貨には、**現金通貨**と**預金通貨**がある。日本の現金通貨は、日本銀行が発行する紙幣と財務省が発行する硬貨(補助貨幣)であり、預金通貨は**普通預金**や**当座預金**(小切手による決済に利用される)などである。

総額を比べると、現金通貨よりも預金通貨の方がはるかに多い。

3 金融の役割

金融とは、資金を融通することであり、資金に余裕のある経済主体と資金が必要な経済主体との間で資金の融通が行われる。

企業が**株式や社債の発行**を通して(これらを販売して)、資金を調達することを**直接金融**といい、**銀行**など**金融機関を仲介**として資金を貸し借りすることを**間接金融**という。

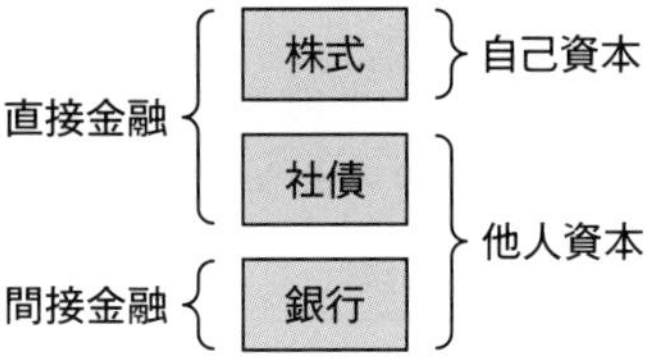

4 金融市場

金融市場では、資金の貸し手と借り手が取引を行う。借り手は貸し手に利子を支払う。

資金の貸し借りが1年未満である**短期金融市場**と、1年以上の**長期金融市場**がある。

短期金融市場の代表格は、金融機関どうしで資金を融通する**コール市場**である。この市場における金利(利子率)は**コールレート**と呼ばれ、代表的な**短期金利**とされている。

他方、長期金融市場には**株式市場**や**証券市場**(公社債市場)があり、**長期金利**として**国債の利回り**が挙げられる。

5 民間の銀行の役割

(1) 金融仲介機能

銀行は家計などから余った資金を集める一方で、資金が必要な企業や家計に貸し出している。銀行には資金の貸し手と借り手をつなぐ役割があり、これを**金融仲介機能**という。

(2) 支払決済機能

銀行は当座預金や普通預金を通じて、企業間取引や個人の公共料金支払いなどの決済を行っている(**支払決済機能**)。

(3) 信用創造機能

銀行は預金者から預金を受け入れる一方で、受け入れた預金を企業などに貸し出す。

借り手への貸し出しは、借り手の預金残高が増加することを意味する(借りた資金が振り込まれる)。銀行は、増加した預金もまた誰かに貸し出すことができるため、**銀行の貸し出しによる預金の増加は、初めの預金受け入れ額の何倍にも膨れ上がる**。これを銀行の**信用創造機能**という。

[例] 当初の預金が100億円、預金準備率が10%の場合

各銀行は預金の引き出し(支払い)の準備として預金残高の10%を貸し出さずに取っておくが(預金準備率10%)、残りの90%を企業や家計に貸し出す。

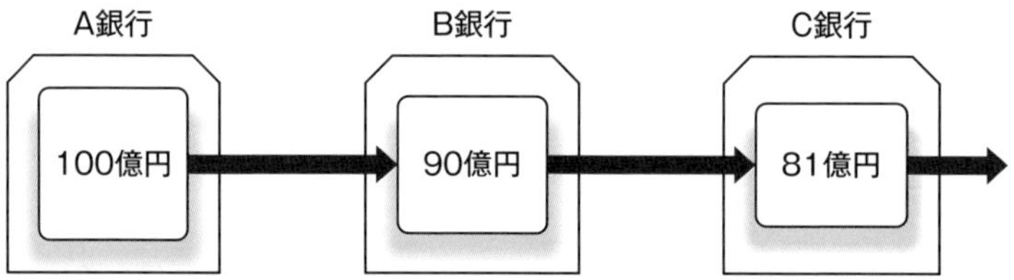

信用創造によって生み出された預金は、

90億円＋81億円＋72.9億円＋……＝900億円

となる。これは預金総額が当初の預金100億円の$\frac{1}{0.1}$倍(預金準備率の逆数倍)になるからであり、信用創造額はこのうち当初の預金を除いた金額である。

$$100億円\times\frac{1}{0.1}-100億円=900億円$$

したがって、預金準備率が小さいほど銀行が貸し出す預金の割合が増えるため、信用創造額が大きくなる。

6 中央銀行の役割

1 3つの役割

日本の中央銀行は、**日本銀行**(通称、日銀)であり、**政府から独立した機関**として存在している。

一般に、中央銀行には政府の口座があり(「**政府の銀行**」)、政府の要請に応じて、租税などを受け入れ、また、政府から民間への支払い(年金、補助金の支払いなど)を代行している。

また、金融機関は受け入れた預金の一部を日銀に預けることが義務付けられており(準備預金制度という)、預入先として日銀に各金融機関の口座が設けられている(日銀当座預金という)。この口座を通じて各金融機関どうしの決済が行われ(A銀行の預金口座からB銀行の預金口座に振り込みがあった場合など)、日銀が金融機関に資金を貸し出すときにも利用されている。このため、中央銀行は「**銀行の銀行**」と呼ばれている。

なお、金融機関が資金不足に陥り、それが金融システム全体を脅かす恐れがある場合、中央銀行が金融機関に一時的に必要な資金を供給することがある。これを中央銀行の最後の貸し手機能という。

最後に、日銀は日本銀行券(紙幣)を発行できる唯一の機関である(「**発券銀行**」)。

2 代表的な3つの政策

中央銀行が行う金融調節(主に通貨量や物価などに影響を与えること)は**金融政策**と呼ばれ、代表的な方法が3つある。

(1) 公開市場操作

中央銀行が金融市場において国債などの債券を売買することを**公開市場操作**という。

景気が悪い場合、企業の投資などが縮小してしまう。投資を増やすには、金利が下がって企業が資金を借りやすいようにしなければならない。このとき、中央銀行は**金融緩和**を行う。中央銀行が金融市場で金融機関が保有する国債などの債券を買取り代金を支払うと、通貨量(マネーストック)が増加して金利が下がる(通貨の供給が増加する)。これを中央銀行による**買いオペ**という(買いオペレーション、資金供給オペレーション)。

【景気が悪化したとき（金融緩和）】

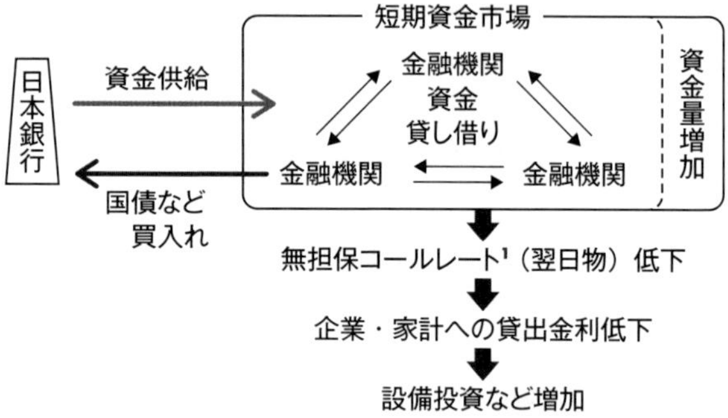

また、景気が加熱気味の場合（財・サービスの供給に比べて需要が旺盛な場合）、放置すると物価上昇（インフレ）が生じるかもしれない。この場合、中央銀行は保有する国債などの債券を金融市場で売り、代金を受け取って通貨量を減らす（売りオペ、売りオペレーション、資金吸収オペレーション）。通貨量が減ると（通貨の供給が減ると）金利が上がり、活発な経済活動（投資など）を鎮めることができる。これを金融引き締めという。

【景気が加熱したとき（金融引き締め）】

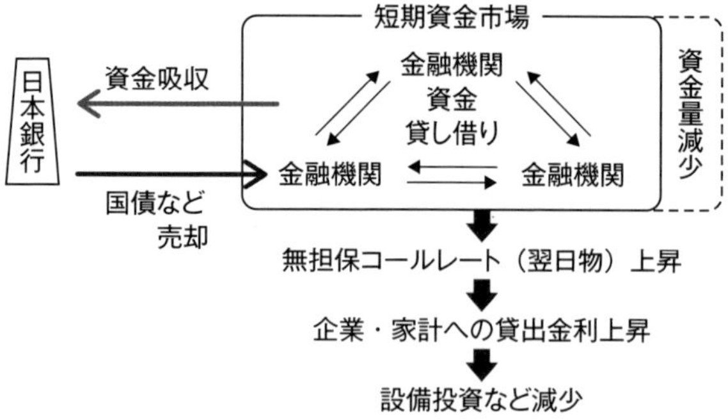

（2）公定歩合操作

中央銀行は「銀行の銀行」であり、民間銀行は中央銀行から資金を借りることがで

---

1 **無担保コールレート（翌日物）**：銀行等の金融機関どうしで短期資金の貸借が行われている（短期資金市場であり、コール市場、インターバンク市場という）。このうち、中心的な取引は無担保で借りて、翌日（オーバーナイト）には返済するのが無担保コール（翌日物）である。
無担保コールレート（翌日物）は、この貸借の短期金利を表す。

きる。資金を借りた民間銀行は、この資金を家計や企業に貸し出す。

その後民間銀行は、利子をつけて中央銀行に返済する。このときの利子率を**公定歩合**という(現在は、基準割引率および基準貸付利率という)。

公定歩合が引き下げられると、民間銀行は日銀から資金を借りやすくなり、借りた資金を企業などに貸し出すから、通貨量は増加する。つまり、金融緩和となる。

逆に金融引き締めを行う場合は、公定歩合を引き上げればよい。

なお、日本では、1980年代の金融自由化以前は公定歩合に合わせて民間銀行も利子率を上げ下げしなければならなかったが、金融自由化によりこの連動が断ち切られたため、公定歩合操作は金融政策の中心的手段から外れている。

(3) 預金準備率操作

民間銀行は、預金者から受け入れた預金の一部を貸し出すことができるが、預金の引き出し(支払い)に備えて貸し出さない部分が存在する。預金者への支払いに備える金額を預金準備金(支払準備金)といい、日銀は「最低これだけの割合を日銀当座預金に預け入れること」として**預金準備率**(支払準備率)を設定している。

預金準備率が引き下げられると、民間銀行が日銀当座預金に準備しなければならない金額が減るため、その分、企業や家計などへ貸し出しを増やすことができ通貨量が増大する(金融緩和)。

逆に、預金準備率が引き上げられると、民間銀行が企業などに貸し出せる預金が減るため、通貨量が減少する(金融引き締め)。

なお、預金準備率操作についても、現在は主要な金融政策としての役割はなく、1991年から預金準備率は変更されていない。

3 近年の日銀の金融政策

1995年以降、短期市場金利を誘導する**公開市場操作を通じて**金融市場調節を行うようになった。1998年以降は**無担保コールレート(翌日物)**と呼ばれる短期金利を「平均的に○○%で推移するように促す」として誘導目標を定めるようになった。

さらに、**1999～2000年**には**ゼロ金利政策**として、無担保コールレート(翌日物)をできるだけ低めに(事実上0%)推移するよう促すこととした。

2001年には**量的緩和政策**が始まり、金融市場調節の主たる操作目標が、無担保コールレート(翌日物)から日銀当座預金残高に変更され、「日銀当座預金残高が○○兆円となるよう金融市場調節を行う」としたが、2006年には解除され、操作目標は無担保コールレート(翌日物)に戻された。

2010年には「包括的な金融緩和政策」として、「無担保コールレート(翌日物)を0

～0.1％程度で推移するように促す」とし、金利操作目標とは別に、「資産買入等の基金」を通じて、資金の貸付けと資産の買入れを行った。

4 物価安定の目標

日本銀行は、「物価の安定を図ることを通じて国民経済の健全な発展に資すること」を理念として金融政策を運営している。

従来、「消費者物価の前年比上昇率で２％以下のプラスの領域、当面は１％を目途」としていたが、**2013年**に「**物価安定の目標**」を「**消費者物価の前年比上昇率で2%**」と明確にし、政府とともにデフレからの早期脱却に向けて取り組むことを表明した。

同年に「**量的・質的金融緩和**」が開始され、主たる操作目標を無担保コールレート(翌日物)から**マネタリーベース**に変更し、「マネタリーベースが年間約○○兆円に相当するペースで増加するよう金融市場調節を行う」「(長期国債について)保有残高が年間約○○兆円に相当するペースで増加するよう買入れを行う」などとした。

2016年１月には「**マイナス金利付き量的・質的金融緩和**」を、同年９月には「**長短金利操作付き量的・質的金融緩和**」を開始した。

重要事項 一問一答

01 紙幣の発行などを行う組織を何というか?

中央銀行

02 金との交換が義務付けられた紙幣を何というか?

兌換紙幣

03 金との交換が義務付けられない紙幣を発行する制度を何というか?

不換紙幣を発行する管理通貨制度

04 一般企業や個人、地方公共団体などが保有する通貨の総量を何というか?

マネーストック(マネーサプライ)

05 通貨にはどんな種類があるか?

現金通貨と預金通貨

06 預金通貨にはどんな種類があるか?

普通預金、当座預金など

07 株式や社債などを発行して資金を調達することを何というか?

直接金融

08 短期金融市場には何があるか?

コール市場

09 代表的な短期金利には何があるか?

コールレート

10 民間銀行が預金を貸し出すことによって預金を増やすことを何というか?

信用創造

11 中央銀行が民間銀行と債券を売買することを何というか?

公開市場操作

12 買いオペによって貸出金利はどうなるか?

低下する

13 金融緩和は経済がどんな状態のときに行われるか?

景気が悪いとき(不況)

14 民間銀行が中央銀行から資金を借りるときの利子率を何というか?

公定歩合

15 中央銀行が預金準備率を引き下げると通貨量はどうなるか?

信用創造により増加する(金融緩和)

16 日本銀行が1999~2000年に無担保コールレート(翌日物)を事実上0%で推移するように行った金融政策を何というか?

ゼロ金利政策

17 2001~06年に日本銀行が行った政策は何か?

量的緩和政策

18 日本銀行が2013年に設定したインフレ目標は何か?

消費者物価の前年比上昇率2%

過去問 Exercise

問題1　日本の金融のしくみと働きに関する記述として、妥当なのはどれか。

東京都Ⅰ類 2019［R1］

1　直接金融とは、余剰資金の所有者が銀行などの金融機関に預金をし、金融機関が預かった資金を家計や企業に貸し付ける方式をいう。

2　間接金融とは、余剰資金の所有者が株式市場や債券市場を通じて株式や社債を購入することによって、資金を企業に融通する方式をいう。

3　日本銀行は、短期金利に関する誘導目標値を設定し、公開市場操作を行うことにより、金融調節を実施する。

4　日本銀行が金融機関から国債を買い上げ、金融市場に資金を供給することにより金利を上げることができる。

5　日本銀行は、好況の時には金融緩和政策を行い、家計・企業向けの預金・貸出金利が引き下がる金融調節を行う。

解説

正解 3

❶ × これは間接金融である。

❷ × これは直接金融である。

❸ ○

❹ × 買いオペにより資金供給が行われると金利は下落する。

❺ × 好況時には総需要が旺盛になり物価上昇の可能性が高まるから、日銀は金融引き締めを行って金利を上昇させる。

問題2

金融に関する記述として、妥当なのはどれか。

東京都Ⅰ類 2011［H23］

1 信用創造とは、銀行が受け入れた預金の何倍もの預金を創出する仕組みのことであり、信用創造の大きさは利子率の高低によって決まる。

2 管理通貨制度とは、中央銀行の保有する金や銀の保有量に応じて、中央銀行が通貨発行量を管理する制度である。

3 金融とは、資金を融通することをいい、借り手が金融機関から資金を借り入れる方式のことを間接金融という。

4 長期金融市場とは、1年以上の長期資金が取引される金融市場であり、長期金融市場にはコール市場や手形売買市場がある。

5 公開市場操作とは、日本銀行が行う金融政策の一つであり、日本銀行が市中金融機関に対して資金を貸し出すときの金利を上下させることをいう。

解説

正解 ❸

❶ × 信用創造の大きさは預金準備率によって決まり、預金準備率が小さいほど信用創造額は大きくなる。

❷ × 管理通貨制度では不換紙幣が発行され、金や銀との交換義務はない。

❸ ○

❹ × コール市場は短期金融市場である。

❺ × 公開市場操作では、日銀と金融機関の間で国債などの債券が売買される。日銀の金融機関に対する貸出金利の変更は公定歩合操作である。

★★★

7 戦後の日本経済

終戦後の日本経済史について学習します。

1 戦後復興期

1 経済民主化

連合国軍最高司令官総司令部GHQの指令によって、経済民主化政策が進められた。

(1) 財閥解体

戦前、金融や工業などの主要産業は財閥によって支配されていたが、持ち株会社整理委員会の発足や過度経済力集中排除法によって財閥が解体された。

(2) 農地改革

自作農創設特別措置法などにより、封建的な地主・小作関係に基づく寄生地主制が崩壊した。

(3) 労働運動の公認

労働三法(**労働基準法、労働組合法、労働関係調整法**)が制定され、労働民主化政策が進められた。

2 傾斜生産とインフレ

1946年、政府は限られた資源を石炭・鉄鋼などの基幹産業に重点的に投入する**傾斜生産方式**を採用し、資金を供給するため復興金融金庫を設立した。

資金調達は日本銀行引き受けの債券発行(復金債)で行われたため、通貨量が増加して**激しいインフレ**(物価上昇)が生じた(**復金インフレ**)。

1948年、GHQはインフレを抑制し経済を安定化させるため、均衡予算など経済安定9原則を指令し、1949年には**ドッジ・ライン**(復金債発行禁止、**1ドル=360円の**

単一為替レートの確立など)を実施した。財政面では、**シャウプ勧告**に基づく税制改革を行った(**直接税**を中心に据えた)。

ドッジ・ラインの安定化政策によりインフレは収束したものの、日本経済は深刻な不況に陥った(安定不況)。

1950年に勃発した**朝鮮戦争**では、アメリカ軍からの物資に対する需要が高まり(朝鮮特需)、日本経済は不況から脱した(**特需景気**)。２年後には日本はIMFに加盟した。

2 高度経済成長期

1 高度経済成長

1955年頃から1973年頃までを**高度経済成長期**という。1956年の経済白書では「**もはや戦後ではない**」と宣言された。

1960年には池田勇人首相が**国民所得倍増計画**(所得倍増計画)を発表し、年平均10%の実質経済成長率を実現した。この計画は、10年間で実質国民総生産を２倍にするというものであったが、目標を達成するのに10年かからなかった(1967年に達成)。

- 神武景気(1954年～ 57年、31カ月)
- 岩戸景気(1958年～ 61年、42カ月)
- オリンピック景気(1962年～ 64年、24カ月)
- **いざなぎ景気**(1965年～ 70年、57カ月)

2 国際収支の天井

神武景気以降は、好況が続くと原材料の輸入が急増して貿易収支が赤字となり、外貨準備高が減少するため、金融引き締めが行われて景気が後退するというパターンを繰り返した。これを**国際収支の天井**という。1960年代後半以降は輸出が増加したため、外貨不足に陥る心配がなくなり、こうしたパターンから脱することができた。

1960年代には貿易・為替の自由化を求める声が強まり、1963年にはOECDに加盟し、1967年からは国際的な資本取引の自由化に取り組み始めた。

3 安定成長期

高度経済成長期は第１次石油危機とともに終わりを告げた。

1 第１次石油危機と戦後初マイナス成長

1973年に第1次石油危機が起きると日本も激しいインフレーションに見舞われ(**狂乱物価**)、同時に景気停滞・不況(スタグネーション)が発生し、先進各国が**スタグフレーション**を経験することとなった。

インフレに対処するため、政府は総需要抑制策をとった。これにより**1974年には実質経済成長率が戦後初めてマイナスを記録**し、日本の高度経済成長は終わった。

2 安定成長期

翌1975年からバブル経済が崩壊する1991年まで、日本経済は年率約４％の安定成長に入った。**省エネルギー**、省資源により産業構造を高度化させ再び成長軌道に乗った。

1979年には第２次石油危機が発生したが、第１次石油危機の経験を生かし、省エネの進展、政府・日本銀行による早めの緊縮的な政策、賃金上昇の抑制などにより物価の上昇を抑えたため、日本経済はプラス成長を続けた。

3 貿易摩擦

1970年代以降、国際競争力をつけてきた電気・機械・自動車などの産業が輸出を伸ばしたため、日本の貿易黒字は大きく膨らみ、アメリカをはじめとする各国との間で**貿易摩擦**が深刻化した。

1971年にアメリカのニクソン大統領が金とドルの交換停止を宣言すると(**ニクソンショック、ドルショック**)、ドルは切り下げられ、**円高**ドル安が進んでいった。

4 プラザ合意と円高不況

アメリカは輸入超過による貿易赤字と軍事費増大による財政赤字を抱えていた(双子の赤字という)。

1985年、アメリカの貿易収支改善のため、先進５か国財務相・中央銀行総裁会議(G5)は**協調介入**により、**ドル高を是正**することを決定した(**プラザ合意**)。輸出に依存していた日本経済は急激な円高・ドル安による**円高不況**に陥った。

5 バブル経済とバブル崩壊

1980年代後半、円高不況を脱するため、公定歩合の引き下げなど大幅な金融緩和が行われた(低金利政策)。その結果、低金利による資金調達が可能になり、その一部は株式や土地の購入に使われたため、**株価や不動産価格など資産価格が高騰**、資産効果によって消費も拡大し、**バブル経済**が生み出された。**1980年代後半**の日本経済は**バブル景気**と呼ばれている。

1989年(平成元年)、日本銀行が金融引き締めに転じ、公定歩合を段階的に引き上げた。その後、不動産向け融資への総量規制も行われ**株価と地価は暴落**し、バブル経済は崩壊した。

4 平成不況とその後

土地や株価などの資産価格の下落は、逆資産効果をもたらし、土地を担保に融資を行っていた銀行は大量の**不良債権**を抱えることになった。この結果、バブル崩壊後の1991年～93年、日本経済は**平成不況**に陥った。

1997年に金融機関などの大型倒産が起こると、長引く景気の停滞とデフレに対して、政府は巨額の公債発行による積極財政で臨んだほか、日銀は**1999年**に**ゼロ金利政策**を実施し、さらに**2001年**からは**量的緩和政策**を実施して**異例の金融緩和**を行った。なお、日本経済が緩やかなデフレにあることを日本政府が公表したのは2001年のことである。

その後、**2008年**のアメリカ発の**リーマン・ショック**が世界金融危機へと発展し、日本経済も影響を受け景気は再び低迷した。

重要事項 一問一答

01 1946年に採用され、限られた資源を石炭・鉄鋼など基幹産業に投じる政策を何というか?

傾斜生産方式

02 戦後の日本経済は債券発行により何が起きたか?

激しいインフレ(復金インフレ)

03 1949年の GHQ による経済安定化を何というか?

ドッジ・ライン

04 ドッジ・ラインによって為替レートはどのように設定されたか?

1ドル＝360円の単一為替レート

05 安定不況の後、日本経済が不況から脱した出来事は何か?

1950年の朝鮮戦争による特需景気

06 1955年頃から1973年頃までの日本経済を何というか?

高度経済成長期

07 1960年に池田内閣が発表した計画は何か?

国民所得倍増計画

08 好況が続いた後、貿易収支が赤字になり、金融引き締めによって景気後退が生じることを何というか?

国際収支の天井

09 日本経済が戦後初のマイナス成長を記録したのはいつか?

第1次石油危機後の1974年

10 第2次石油危機により日本経済はマイナス成長に陥ったか?

陥らなかった

11 1970年代以降にアメリカとの間で深刻化したのは何か?

貿易摩擦

12 1971年のニクソンショックにより日本の通貨はどうなったか?

円高ドル安

13 1985年のプラザ合意により日本の通貨はどうなったか?

円高ドル安

14 1980年代後半の日本経済は何と呼ばれているか?

バブル経済(注：平成景気ということがある)

15 2008年に発生し、世界金融危機のきっかけとなった出来事は何か?

リーマン・ショック

過去問 Exercise

問題1 第二次世界大戦後の我が国の経済に関する記述として、妥当なのはどれか。

特別区Ⅰ類 2008［H20］

1 1940年代後半には、石炭・鉄鋼などの基幹産業の生産増強を図るため傾斜生産方式を採用したことにより、深刻なデフレーションが発生したが、拡張財政政策であるドッジ＝ラインの実施によって、不況から脱した。

2 1960年代初頭に池田内閣は実質国民総生産を10年間で２倍にする国民所得倍増計画を発表したが、実際にはこの計画は達成できなかった。

3 1970年代末に発生した第二次石油危機は、狂乱物価といわれるほどの物価上昇を引き起こし、実質経済成長率は、戦後初めてマイナスを記録した。

4 1980年代半ばのプラザ合意がもたらした急激な円安は、日本経済をスタグフレーションに直面させたが、政府の金融引き締め政策や技術革新などによって内需主導型経済への構造転換が進んだ。

5 地価や株価が本来の価値を超えて高騰したバブル経済は、1990年代初頭に崩壊し、多額の不良債権が発生した結果、破綻したり経営危機に陥る金融機関も現れ、金融システムに対する不安が生じた。

解説

正解 5

1 × 傾斜生産方式は、日銀引き受けの復金債発行を財源としたため、通貨量が増大して激しいインフレを引き起こした。

ドッジ＝ラインは、拡張的な財政政策ではなく、均衡予算など(緊縮財政)により経済を安定化させようとするものであったため、日本は不況に陥った。日本が息を吹き返すのは1950年の特需景気である。

2 × 計画は10年かからずに実現した。

3 × これらが起こったのは、1973年の第一次石油危機後の1974年である。

4 × 1985年のプラザ合意はドル高を是正することを目的としているから、円高ドル安となり、日本は円高不況に陥った。また、日本をはじめ先進諸国でスタグフレーションが発生したのは1970年代である。

5 ○

★★★

8 第二次世界大戦後の国際経済

国際経済に関して特に出題が集中している論点を扱います。

1 IMF・GATT体制

1944年の**ブレトンウッズ協定**により、国際通貨の安定を目指す**IMF（国際通貨基金）**と、戦後復興と開発のための資金供給を行う**IBRD（国際復興開発銀行、世界銀行）**が設立された。

また、**1947年**には、貿易の自由化を推進する**GATT（関税と貿易に関する一般協定）**が締結された。

IMF協定では、加盟国の通貨は、金１オンス＝35ドルで交換可能なドルとの交換比率（平価）を決め、市場介入によって為替の変動幅を平価の上下１％以内におさめる**固定為替相場制**が採用された（１ドル＝360円）。

こうして、ドルは基軸通貨として外貨準備や国際取引に使用されるようになった。

なお、自由な貿易を行うことの利点を挙げたものとして、リカードによる**比較生産費説**がある。各国は、相対的に安く生産できる財を他国に輸出し、相手国から他の財を輸入することで互いに利益を得ることができる。

2 固定相場制から変動相場制へ

経済復興を果たした日本やヨーロッパからの輸出により、1965年以降、アメリカの貿易黒字は減少し続け、外国の中央銀行が保有するドル総額がアメリカの金準備の総額を上回るようになった。

ドル切り下げを見越した金交換要請で金保有量が激減すると、ニクソン大統領は、**1971年に金・ドル交換を停止した（ニクソンショック）**。同年、**スミソニアン協定**により各国通貨の平価調整が行われ、ドルは切り下げられ（金１オンス＝38ドル、１ドル＝308円）、新レートでの固定相場制再建を目指した。

しかし、ドルの価値下落は止まらず、主要各国は、**1973年に変動為替相場制に移行した**。

その後、1976年のキングストン合意により変動相場制が正式に承認された(ドルと金の結びつきを廃止)。

変動為替相場制により、為替レートや国際収支の均衡が自動的に達成されると思われたが、為替介入の必要性が高まり、アメリカの貿易赤字を縮小させるため、**1985年**、G5によって**ドル高是正のため各国が協調介入**する**プラザ合意**が成立した。

3 GATTからWTOへ

GATTは貿易における自由・無差別の原則を掲げ、関税引き下げや輸入制限撤廃を各国間で協議する多角的貿易交渉(ラウンド)によって貿易自由化を推進した。

1986年から始まったウルグアイラウンドでは、サービス、知的財産権、農産物といった新たな貿易分野の自由化と国際ルール作りが課題となった。

1995年、GATTに代わってWTO(世界貿易機関)が発足した。WTOはGATTと異なり、貿易紛争処理のルールと決定機構を持つ。

2001年からのドーハラウンドでは、農産物や鉱工業製品の貿易自由化などをめぐり、先進国と新興国(中国・インドなど)との対立が深刻化した。

4 地域的経済統合の動き

ヨーロッパでは、1960年代に関税同盟を完成させたEC(欧州共同体)が、1992年末までに、域内の非関税障壁を撤廃し、ヒト・モノ・カネ・サービスの自由な移動を実現する市場統合を達成した。**1993年**発効の**マーストリヒト条約**によりECは**EU(欧州連合)**に発展した。

北米では**1994年**に**アメリカ・カナダ・メキシコ**の3か国による**NAFTA(北米自由貿易協定)**が誕生した(2020年7月からNAFTAに代わりUSMCAが発効した)。

環太平洋地域では、1989年から**APEC(アジア太平洋経済協力)**首脳・閣僚会議がほぼ毎年開催されている。

5 FTAとEPAの拡大、TPP

WTOの交渉が難航するなか、各国は地域や2国間で**FTA(自由貿易協定)**を積極的に結んでいる。

FTAでは、物品の関税やサービス貿易の障壁などを削減・撤廃することを目的としており、EFTA(欧州自由貿易協定)、AFTA(ASEAN自由貿易地域)などがある。

さらに、域内の貿易自由化に加えて、市場におけるルールづくりを促進するため、労働の移動、知的財産権、投資など、FTAよりも幅広い経済関係の強化を目的とする**EPA（経済連携協定）**も結ばれている。

近年注目されたTPP（環太平洋パートナーシップ）協定は、アジア太平洋地域における高い水準の自由化を目標とする多国間のEPAを目指したものである。2018年にアメリカを除く11か国の間でTPP11協定が発効している。

重要事項 一問一答

01 IMFとIBRDの設立が合意された1944年の協定は何か?

ブレトンウッズ協定

02 貿易の自由化を促進するため1947年に締結されたのは何か?

GATT

03 IMF協定により採用された外国為替相場の制度を何というか?

固定為替相場制

04 自由貿易による利益を説いた比較生産費説は誰によるものか?

リカード

05 1971年にニクソン大統領は何を停止したか?

金とドルの交換

06 主要各国が変動為替相場制に移行したのはいつか?

1973年

07 1985年のプラザ合意は何を是正するものだったか?

ドル高

08 1995年にGATTに代わって発足したのは何か?

WTO（世界貿易機関）

09 EUを発足させた条約は何か?

マーストリヒト条約

10 物品の関税やサービス貿易の障壁などの削減・撤廃を目的とする協定を何というか?

FTA

11 域内の貿易自由化に加え、労働の移動など幅広い経済関係の強化を目的とする協定を何というか?

EPA

過去問 Exercise

問題1

国際経済に関する記述として、妥当なのはどれか。

特別区Ⅰ類 2012［H24］

1 欧州共同体(EC)は、域内の非関税障壁を撤廃し、ヒト、モノ、サービス、カネの自由な移動を実現する市場統合を達成し、さらにマーストリヒト条約をうけ、市場統合化を強化し、政治的統合をも含む欧州連合(EU)へ発展した。

2 国際復興開発銀行(IBRD)は、アムステルダム条約に基づき、第二次世界大戦後の経済復興と開発のための資金供与を目的に設立され、復興完了後は発展途上国の経済成長のため融資機関となった。

3 レーガン政権下で拡大したアメリカの貿易赤字に対応するため、先進5か国蔵相中央銀行総裁会議(G5)が開かれ、ドル高を是正することで一致したルーブル合意が成立し、この合意に基づき各国が為替市場に協調介入を行った。

4 アメリカのニクソン大統領が、金とドルとの交換停止を発表したことにより世界経済が大混乱に陥ったニクソン＝ショックを経て、先進国は、スミソニアン協定により、固定為替相場制から変動為替相場制に移行した。

5 ウルグアイ＝ラウンドでは、知的所有権の保護や農産物の自由化等について議論され、関税と貿易に関する一般協定(GATT)を発展的に解消し、新たな国際機関としての国連貿易開発会議(UNCTAD)の設立が合意された。

解説

正解 ❶

❶ ○

❷ × 国際復興開発銀行IBRDは、ブレトンウッズ協定でIMFとともに設立された。

❸ × 1980年代のレーガン政権下で合意されたのはプラザ合意である。

❹ × スミソニアン協定は固定相場制の再建を目指したものである。

❺ × GATTを解消して設立されたのは世界貿易機関WTOである。

第4章

社会

本章では，社会分野の議論を扱います。第1節は少子高齢化の現状，第2節は社会政策，第3節は現代社会の諸問題がテーマです。

本章で扱うテーマは時事問題として出題されることが多いので，現在進行中の話題と関連づけて理解するようにしましょう。

1 少子高齢化の現状

本節では、日本の人口動態、少子化の現状と対策、高齢化の現状を扱います。社会科学の枠での出題は少なめですが、時事や論文試験と関わる内容ですので、概要は把握しておきましょう。

1 日本の人口動態

1 人口構成の変化 ★★★

(1) 総人口の動向

2020年国勢調査による10月1日現在の**日本の総人口の確定値**は**1億2615万人**で、2015年(1億2710万人)に比べ0.7% (95万人)の**減少**となり、総人口の約98%を占める**日本人人口**は**微減**、**外国人人口**は**増加**となっている。

また、総人口を男女別にみると、男性が6135万人、女性は6480万人で**男性が**345万人**少なく**、**人口性比**(女性100人に対する男性の数)**は94.7**となった。

(2) 出生数と死亡数の動向

厚生労働省「人口動態統計」により、日本における日本人について2021年の人口動態を見ると、**出生数は81.2万人**(人口動態統計を開始した1899年以降**過去最少**)、**死亡数は144.0万人**(**戦後最多**)で、差し引き約62.8万人の**自然減**(**戦後最多**)となった。

自然増減の年次推移を見ると、**2005年に統計上初めてマイナス**となり、2006年はプラスに転じたものの、2007年に再びマイナスに転じ、さらに2007年から2021年まで**マイナス幅は拡大傾向にある**。

【人口動態統計に関する用語】

自然増加／減少	出生者数から死亡者数を差し引いた数
社会増加／減少	入国者数から死亡者数を差し引いた数
高齢化率	総人口に占める65歳以上人口の割合

高齢化社会	高齢化率7%以上14%未満の社会
高齢社会	高齢化率14%以上の社会（日本は2021年現在28.9%）
合計特殊出生率	1人の女性が一生の間に産む子どもの数（15～49歳までの女性の年齢別出生率を合計した値）で、2021年は1.30
人口置換水準	その社会の人口を長期的に維持するのに必要な合計特殊出生率で、現在の日本では2.07ほど
第1次ベビーブーム世代（団塊の世代）	1947～49年生まれの世代。この3年間は毎年の出生数が約270万人、合計特殊出生率4以上を記録（翌年からは4未満）
第2次ベビーブーム世代（団塊ジュニア世代）	1971～74年生まれの世代。この4年間は毎年の出生数が200万人以上。また合計特殊出生率は1974年に2.05を記録したが、1975年以降は現在に至るまで2を下回り続けている

【日本の人口ピラミッド（2021年10月1日現在）】

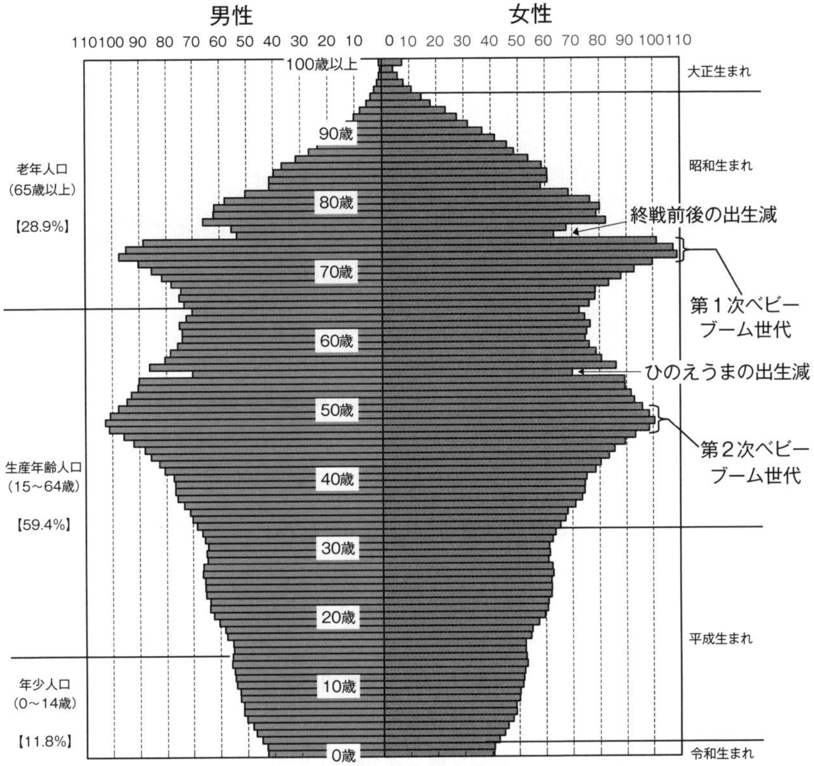

出典：総務省統計局「人口推計（令和3年10月1日現在）」

(3) 合計特殊出生率の動向

日本の合計特殊出生率は、第2次ベビーブーム期の1971年の2.16から2005年の1.26(戦後最低)まで低下傾向で推移したが、2006年から2015年にかけては1.32から1.45まで上昇した。しかし、2016年からは再び低下が続き、2021年は1.30となった。

また、2006年から2015年にかけて合計特殊出生率が上昇していた時期も出生数はほとんど増加せず、2011年以降はむしろ減少している(15〜49歳女性の減少による)。

【出生数及び合計特殊出生率の年次推移】

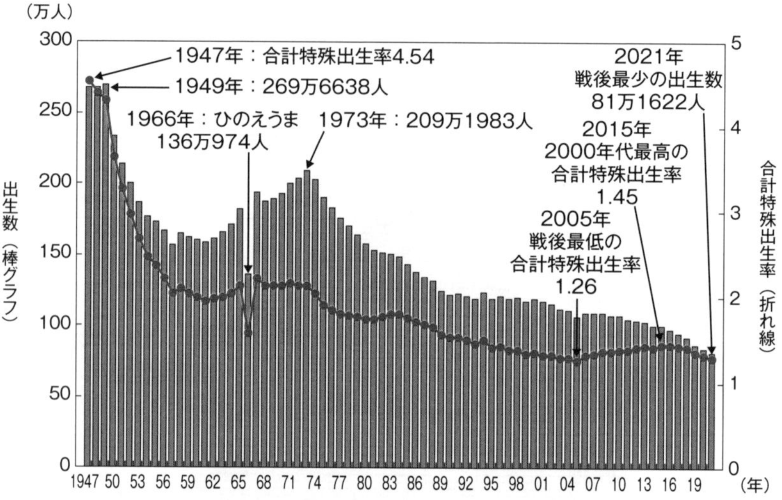

出典：厚生労働省「人口動態統計(確定値)」

① 世帯構成の変化

国勢調査によると、**平均世帯人数**は**減少**傾向で推移し、**2020年**には**2.21人**となる一方で、**世帯数**は**増加**で推移して5570.5万世帯となっている。これを都道府県別に見ると、一般世帯の1世帯当たり人員が最も少ないのは東京都(1.92人)で、次いで北海道(2.04人)、大阪府(2.10人)などとなっている。

また、世帯類型別に見ると、「**単独世帯**」は**増加**しているが、「**核家族世帯**」(=夫婦のみ+夫婦と子+ひとり親と子)は**ほぼ横ばい**となっている。さらに核家族世帯内では、「**夫婦のみの世帯**」と「**ひとり親と未婚の子のみの世帯**」は**増加**し、「**夫婦と未婚の子のみの世帯**」は**減少**している。そのため、2010年以降、「**単独世帯**」が「**夫**

婦と子から成る世帯」を上回り、**最も多い世帯類型**となった。

【世帯類型別一般世帯の割合の推移】

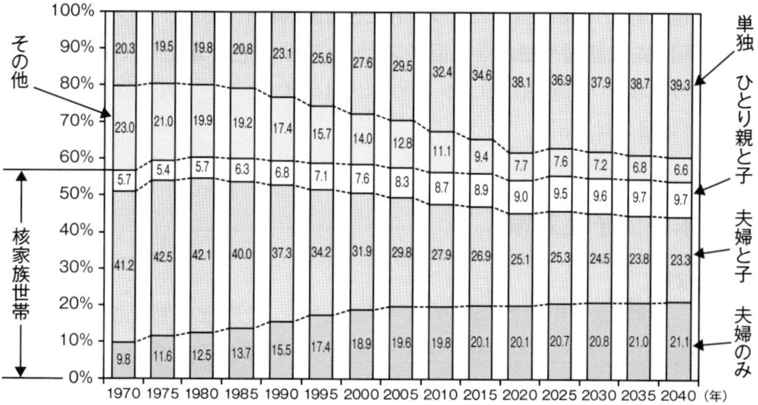

注）2025年以降の数値は，国立社会保障・人口問題研究所『日本の世帯数の将来推計（全国推計）』（2018年1月推計）による推計

出典：総務省統計局「国勢調査」（1970～2020年）、国立社会保障・人口問題研究所『日本の世帯数の将来推計（全国推計、2018年1月推計）』（2020～2040年）

2 少子化の現状と対策

1 諸外国の動向 ★★★

(1) 欧米諸国の動向

欧米主要国（米国、フランス、スウェーデン、英国、イタリア、ドイツ）の合計特殊出生率の推移を見ると、**1960年代まではすべての国で2.0以上の水準**であった。その後**1970年代から1980年代半ばにかけて、全体として低下傾向**となった。

けれども、1990年代以降、合計特殊出生率の動きは国によって特有の動きをみせるようになってきている。**フランス・スウェーデン・英国**では、出生率が1.6台まで低下した後に**2010年頃まで回復傾向**だった。しかし**直近では低下**しており、フランスが1.82、スウェーデンが1.66、英国が1.58（いずれも2020年）となった。

一方で、**米国は1990～2000年代にかけておおむね2.0以上を維持**していたが、**その後は低下**して2010年には1.93と13年ぶりに2.0を下回り、2020年は1.64と先進国の中では依然として高水準なものの、1980年代の水準まで低下している。特に、これまで合計特殊出生率が高かったヒスパニック系で低下が著しい。

そして**ドイツ・イタリア**は、**2000～2010年にかけてはいずれも日本と同水準**の1.3台で低迷していたが、近年**ドイツは上昇**して2020年は1.53となっているのに対して、**イタリアは**2020年で1.24と**日本よりも低い水準**である。

(2) アジアNIES諸国の動向

近年、急速に経済成長を遂げた**アジアNIES諸国**(韓国、台湾、シンガポール、香港)では、**西欧先進諸国や日本を上回るスピードで少子化が進行**しており、韓国が0.84、香港が0.88、台湾が0.99、シンガポールが1.10（いずれも2020年）となっている(同年の日本は1.33)。

2 日本の少子化対策 ★★☆

(1) 政府の対応

日本では、**1990年**の「**1.57ショック**」をきっかけに、政府は出生率の低下と子どもの数が減少傾向にあることを「問題」として認識し、**仕事と子育ての両立支援**など**子どもを産み育てやすい環境づくり**に向けた対策の検討を始めた。そして1994年には「エンゼルプラン」、1999年には「新エンゼルプラン」、2004年には「子ども・子育てプラン」が相次いで策定され、さまざまな取組みが進められていたが、2005年まで出生率・出生数の低下にはほとんど歯止めがかからなかった。

こうした予想以上の少子化の進行に対処し、少子化対策の抜本的な拡充・強化・転換を図るため、2006年には「新しい少子化対策について」、2007年には「『子どもと家族を応援する日本』重点戦略」、2010年には「子ども・子育てビジョン」(大綱の一種)が策定され、2012年には「子ども・子育て関連３法」が制定されている。

(2) 保育所

保育所利用児童数は1995年以降、**都市部を中心に増加**しており、保育所に入所できない**待機児童数は2万人を超える水準で高止まり**だった。ただし、**コロナ禍で待機児童数は急減**し、2022年４月１日現在2944人となった。**待機児童**の大部分は**都市部に集中**しており、**低年齢児**(０～２歳)が待機児童全体の**9割弱を占める**(特に１～２歳児)。

(3) 認定こども園

待機児童を減少させるための取組みとして、文部科学省所管の幼稚園と厚生労働省所管の保育所の機能を一元化していくため、認定こども園法(「就学前の子どもに関する教育・保育等の総合的な推進に関する法律」)が2006年に制定され、幼稚園と保育所とが一体的に設置される施設として必要な機能を満たしている施設を都道府県知事が「**認定こども園**」として認定するとともに各般の特例措置を講ずることとなった。

また、2012年には**社会保障·税一体改革関連法**として、**子ども·子育て支援法**、**改正こども園法**等の「子ども・子育て関連３法」が制定(2015年施行)され、**2015年から子ども·子育て支援新制度が実施**されている。その内容は、消費税率の引上げによる恒久財源の確保を前提として、１)**認定こども園制度の改善**(幼保連携型認定こども園の改善等)、２)認定こども園・幼稚園・保育所を通じた共通の給付(「施設型給付」)と小規模保育等への給付(「地域型保育給付」)の創設、３)地域の子ども・子育て支援の充実(利用者支援・地域子育て支援拠点等)を図る、となっている。

(4) 児童手当

児童手当制度は、児童を養育している家庭における生活安定に寄与し、次代を担う児童の健全育成と資質の向上に資することを目的としている。日本の社会保障制度の体系的な整備の一環として、1971年に「児童手当法」が成立し、1972年から支給が開始された。

児童手当は、制度発足時には第３子以降を支給対象としていたが、その後、累次の改正が行われ、1986年からは第２子以降が、1991年からは第１子以降が支給対象となった。

児童手当は、**中学校修了まで児童1人当たり月1万～1万5000円が支給**されるが、一定以上の所得がある世帯は「特例給付」として児童１人当たり一律月5000円に減額されており、さらに所得が高い世帯は「特例給付」も支給されない。

3 高齢化の現状

1 高齢化の進行 ★★★

日本の高齢化は、**他の先進諸国に例を見ないスピードで進行**している。**高齢化社会**(高齢化率７％以上)**から高齢社会**(高齢化率14％以上)まで、**わずか24年で進行**している。

2021年10月１日現在の**年少人口**(０～14歳)の割合は11.8％(**過去最低**)、**生産年齢人口**(15～64歳)の割合は59.4％(**過去最低**)、**老年人口**(65歳以上)の割合(＝**高齢化率**)は28.9％(**過去最高**)である(**後期高齢者人口**(75歳以上)の割合は14.9％。年少人口の割合を上回る)。このうち、**年少人口の割合は世界の主要国中で最も小さく、老年人口の割合は最も大きい**。人口推計によれば、今後も高齢化率は上昇を続け、2065年には38％を超えると推計されている。

【日本の年齢3区分別人口の推移及び将来推計】

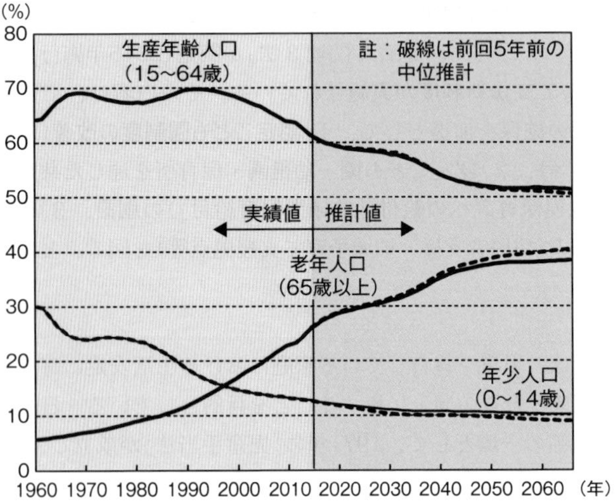

出典：国立社会保障・人口問題研究所「日本の将来推計人口（平成29年4月推計）」
総務省統計局「国勢調査」

2 平均寿命の延び ★★★

ここまでは少子化対策について採り上げてきたが、それだけでは高齢化率の上昇には直結しない。出生数の減少とともに平均寿命の大きな延びがあったからこそ、他の先進諸国で例を見ないほど急速に高齢化率が上昇したのである。

2021年の**日本の平均寿命**は、**男性**が**約81**(81.47)**歳**、**女性**が**約88**(87.57)**歳**である。**男女ともに世界最高水準の平均寿命**だが、なぜこれだけ長生きするようになったのだろうか。

人口学の知見により平均寿命の延びの要因を見ると、**1960年頃までは感染症を中心とした乳幼児・青年期の死亡率低下の影響が大きかった**が、それ以降は**慢性疾患による中高年死亡率の低下の影響の方が大きくなった**(乳幼児・青年期の死亡率はほぼ最低レベルにまで下がったため)。

3 死亡原因の変遷 ★★★

関連して、死亡原因の推移を見てみよう。**かつては感染症**(感染症+肺結核)**による死亡が多かった**が、近年は**慢性疾患・生活習慣病**(脳卒中・心臓病・悪性新生物(ガン))**による死亡が増えている**。全年齢総数で見ると、いわゆる「三大成人病」(悪性新生物(ガン)・心疾患・脳血管疾患)が死亡原因の上位を占める(2021年は悪性新生物、心疾患、老衰、脳血管疾患、肺炎の順番)。

重要事項 一問一答

01 1人の女性が一生の間に産む子どもの数とされるのは?

合計特殊出生率

02 1971~74年生まれの世代のことを何と呼ぶか?

第2次ベビーブーム世代(団塊ジュニア世代)

03 幼稚園と保育所が一体的に設置される施設の名称は?

認定こども園

04 日本の高齢化率はどのぐらいか?

約3割

05 日本の平均寿命は、男女どちらの方が長いか?

女性

過去問チェック

01 厚生労働省が公表した「平成30年我が国の人口動態(平成28年までの動向)」で自然増減数(出生数から死亡数を減じたもの)の年次推移をみると、2006年から2016年までの間は連続してプラスとなっている。**警視庁Ⅰ類2017年改題**

× 自然増減数の年次推移をみると、2005年に統計上初めてマイナスとなり、2006年はプラスに転じたものの、2007年に再びマイナスに転じ、2007年から2016年までの間は連続してマイナスとなっている。

02 2016年における出生数は、2015年に本格施行された「子ども・子育て支援新制度」などの子育て支援策の効果もあり、再び100万人を上回った。一方、出生数から死亡数を引いた自然増減数は、10年前に急速にマイナスに転じたが、高齢者の長寿化が要因となり、近年ではマイナス10万人前後で推移している。**国家専門職2018**

× 2016年における出生数は、1899年の人口動態統計開始以来初めて100万人を下回った。また、自然増減数は2005年に初めてマイナスに転じ、2006年はプラスになったものの2007年以降は再びマイナスになり、さらに減少幅も拡大していったことから、2016年は約33万人の自然減となった。

03 幼稚園は、満3歳から小学校就学前までの幼児が入園することのできる福祉施設であるが、近年、3歳児就園率の低下により定員割れの施設が多くなったことから、平成19年４月、構造改革特別区域法に基づき、特区の事業として幼稚園の入園年齢緩和が図られることとなった。国家専門職2009

× 幼稚園は、福祉施設ではなく教育施設である。

04 就学前の子どもに対し、質の高い教育・保育を提供するために、「就学前の子どもに関する教育・保育施設の総合的な提供の推進に関する法律」が施行された。同法律では、幼稚園、保育所等のうち、教育及び保育を一体的に提供するものに「児童館」という正式名称の使用を認めており、その入所対象者を共働き家庭の児童であることを条件にしている。国家専門職2007

× これは「児童館」ではなく「認定こども園」に関する記述である。

05 平成27年度の国勢調査では、全国においてオンライン回答方式が本格導入されたが、平成27年国勢調査人口等基本集計結果によると、我が国の総人口に占める65歳以上人口の割合はドイツ、イタリアよりも高い一方、総人口に占める15歳未満人口の割合はこれらの国よりも低く、12.6％となった。また、世帯人員が１人の世帯が一般世帯の３分の１を超えた。国家専門職2017

〇

06 2015年の人口は約１億2,709万人であったが、65歳以上の高齢者が人口に占める割合を示す高齢化率は40％を超えており、超高齢社会に突入している。東京消防庁2019

× 2015年の高齢化率は26.6％である。また、国立社会保障・人口問題研究所「日本の将来推計人口（平成29年４月推計）」によれば、2065年でも高齢化率38.4％と推計しており、40％を超えない。

07 医療技術の進歩、社会状況の変化により、死因も変化している。人口動態統計によれば、昭和20年代半ばまでは結核が死因の第１位であったが、公衆衛生の向上により、結核による死亡は減少した。最近では生活習慣病による死亡が増え、2021年の死因順位は脳血管疾患が第１位、経済不況を反映して、第２位が自殺による死亡となっている。国家専門職2003改題

× 2021年の死因順位は、第１位が悪性新生物（ガン）、次いで心疾患、老衰で、脳血管疾患は第４位、自殺による死亡は10位以下である。

過去問 Exercise

問題1 我が国の少子高齢社会に関するA～Dの記述のうち、妥当なものを選んだ組合せはどれか。

特別区Ⅰ類 2010［H22］

A 少子高齢社会は、先進国に見られる特徴であるが、我が国の場合、その進展が極めて速い点が特徴である。

B 我が国の合計特殊出生率は、人口が減少に向かうといわれている数値をわずかに超えている。

C 少子高齢化の原因としては、非婚化、晩婚化、出産に対する価値観の変化や高齢者医療の進歩により平均寿命が著しく伸びたことなどが挙げられる。

D 高齢化率とは、総人口に占める65歳以上の人口の割合であり、7％を超えた社会を高齢社会といい、14％を超えた社会を高齢化社会という。

1. A、B
2. A、C
3. A、D
4. B、C
5. B、D

解説

正解 ❷

A ○　特に高齢化の進展が速い。総人口に占める65歳以上人口の割合を「高齢化率」といい、高齢化率が７％以上14％未満の社会を「高齢化社会」、14％以上の社会を「高齢社会」という。高齢化社会から高齢社会になるまでに要した年数を主要先進国で比較すると、フランスが115年、米国が72年、英国が46年、ドイツでも40年かかったのに対して、日本は24年で到達している。

B ×　我が国における人口置換水準(その社会の人口を維持するのに必要な合計特殊出生率)は2.07～2.08だが、1974年からその水準を下回っており、以降は減少傾向で推移したため、2021年には1.30となっている。

C ○

D ×　「高齢社会」と「高齢化社会」が逆である。

以上より、正解は❷である。

国家一般職★★☆／国家専門職★★☆／裁判所★★☆／東京都Ⅰ類★★☆／地方上級★★★／特別区Ⅰ類★★☆

2 社会政策

本節では、社会政策の概要、労働の動向、社会保障を扱います。さまざまな試験種で出題されますし、時事や論文試験と関わる内容ですので、概要は把握しておきましょう。

1 社会政策の概要

1 社会政策の概念 ★☆☆

(1) 社会政策の考え方

社会政策は、**労働政策**(「労働者」としての生活を保障)と、**社会保障政策**(「消費者」としての生活を保障)の２つを組み合わせたものである。

私的な努力・対応を大前提とした上で、足りない部分を以下の方法でサポートする。

- **働ける人** ← **労働法**等でサポート
- **働けない人または働けるけれどもそれだけでは所得が不十分な人**
  - 一時的
    - 失業が理由←**雇用保険**で対応
    - 労災が理由←**労災保険**で対応
  - 長期的
    - 老齢・障害・遺族が理由←**年金保険**で対応
    - 労災が理由←**労災保険**で対応
  - （以上、所得保障）

→ 誰もが直面する可能性がある医療・介護リスクには、**医療・介護保険**で**サービス保障**。それでも必要が満たされない場合は、**公的扶助・社会福祉**で**所得保障・サービス保障**。

(2) 現金給付とサービス給付

現金給付(現金が給付されるもの)
→ **所得保障**：年金・雇用・労災・生活保護・児童手当等

現物給付・サービス給付(モノやサービスが給付されるもの)
→ **社会サービス保障**：医療・介護等(医療保険に含まれる傷病手当金、出産育児一時金等は現金給付)

2 社会政策を規定する経済社会的背景 ★☆☆

社会で中心的な役割を果たす産業は、**第一次産業**（農業など）から**第二次産業**（工業など）、さらに**第三次産業**（サービス業など）**へと移行**している。日本における各産業の構成比は、1950年に48.6%・21.8%・29.7%だったのが、1975年に13.9%・34.2%・52.0%、2020年には3.2%・23.4%・73.4%となり、特に第一次産業の割合は70年の間に1/15にまで減少している。

また就業者数全体に占める雇用者数の割合は、1953年に42.4%だったのが1959年に50%を超え、1970年に64.9%、1985年に74.3%、2000年に83.1%、2021年には89.6%となっている。つまり**雇用者が急増する一方、自営業主および家族従業者は大幅に減少**している[1]。

2 労働の動向

1 労働統計の分類 ★★☆

- 15歳以上人口
  - 非労働力人口
  - 労働力人口
    - 完全失業者
    - 就業者（従業者・休業者）
      - 自営業主・家族従業者
      - 雇用者
        - 正社員
        - 契約・パート・アルバイトなど

労働力人口比率 ＝ 労働力人口 ／ 15歳以上人口
→15歳以上64歳以下の「生産年齢人口」ではないので注意。
完全失業率 ＝ 完全失業者数 ／ 労働力人口

● **完全失業者**：仕事がなくて（休業ではなく）調査期間中に少しも仕事をしなかった（調査対象月の最後の一週間に一時間も賃金労働をしなかった）者のうち、**就業**が**可能**で**これを希望**し、**かつ仕事**を**探**し**ていた者**及**び過去**の**求職活動**の**結果**を**待っていた者**。

1 「雇用者」(employee) とは、会社などに雇われて用いられる（働く）者（勤め人）のことであり、雇い主（事業者・雇用主、employer）ではない。なお、社会保障用語としては、これを「被用者」と呼称する。

2 日本型雇用慣行 ★☆☆

（1）概要

終身雇用・年功賃金・企業別組合は、「**日本的経営の三種の神器**」であるといわれてきたが、これらは**主に大企業の男性正規労働者に適用**されてきたことに留意する必要がある。

このうち、終身雇用とは、新規学卒者が定年まで同一企業(グループ)に勤務することを指し、日本の大企業や官公庁を中心として広く見られる雇用慣行であり、長期雇用慣行と呼ばれることもある。そのため、離職率を諸外国と比較すると日本は常に低位である。

近年、社会経済の環境の変化に伴って、終身雇用の維持が困難となってきている企業が増加しつつある。これらの変化の背景として、中高年人口の増加、経済状況の悪化などが挙げられる。そのため、中途採用や早期退職に伴う転職が増加しつつある。

（2）日本型雇用のメリットとデメリット

日本型雇用慣行の**メリット**として、**企業側**には**労働者**の**長期的能力開発・評価**が**可能**になることと労働者の**モラル**の**向上**、**労働者側**には**長期的生活設計**が**可能**になること等がある。他方、**デメリット**として、**企業側**には**組織**の**硬直化**と**人件費**の**増大**、**労働者側**は**働き方**が**硬直化**して正規／非正規雇用の格差を温存すること等がある。

3 就労形態の多様化 ★★☆

（1）非正規雇用の拡大

バブル経済が崩壊した**1990年代以降**、**日本型雇用慣行**の**デメリット**が意識されるようになる中、これを緩和することなどを目的に、**就労形態**の**多様化**が進展するようになった。

近年まで**雇用者**(役員を除く)**に占める非正規雇用労働者の割合はほぼ一貫して上昇**しており、1994年の20.3%から2019年の**38.3%**まで上昇していた。ただし、コロナショックにより2020年には37.2%に低下し、2021年も36.7%に低下している。

2021年の**非正規雇用の内訳**は、**パート**49.3%、**アルバイト**21.2%、**契約・嘱託**18.8%、**派遣労働者**6.8%であり、男女別では、**女性が非正規の約7割**を占めている。

【就労形態の分類】

		雇用期間の定め	労働時間	その企業との雇用関係
正規		なし	フルタイム	あり
非正規	契約	あり	フルタイム	あり
	嘱託	あり	主にフルタイム	あり
	出向	ケースによる	フルタイム	ケースによる
	派遣	——	主にフルタイム	なし（派遣元の会社に雇用）
	臨時	あり	両方	あり
	パート	ケースによる	パートタイム	あり

(2) 就労形態の多様化のメリットとデメリット

就労形態の多様化のメリットとして、企業側には組織の柔軟化と人件費の節約、労働者側は多様な労働参加が可能になること等がある。デメリットとして、企業側には労働者の長期的能力開発・評価ができなくなることと労働者のモラルの低下、労働者側には長期的生活設計ができなくなること等がある。

4 女性の雇用 ★★☆

(1) 女性の就業状況の変化

近年、女性の高学歴化や産業構造の変化、晩婚化などに伴う就労期間の長期化などにより、女性の雇用者数は増加し、管理職に占める女性割合も上昇傾向にあるなど、労働力としての重要性は増している。けれども、依然として出産後の継続就業率が低く、管理職に占める女性割合も国際的に見て低い水準にあるなど課題も多い。

日本の女性の年齢階級別労働力率はいわゆる「M字型カーブ」となることが知られている。結婚・育児期の女性が労働力人口から一時的に退出することを示す「M字の底」は、1975年時点での25～29歳層（労働力率42.6％）から、1979年には30～34歳層（同47.5％）に、2008年には35～39歳層（同64.9％）に移動し、2021年には同77.7％と浅くなるなど、「高原型カーブ」に近づきつつある。これは、晩婚化・晩産化の進展と、結婚・育児期にも労働力人口であり続ける女性が増加していることを表している。

また、主要国と比較すると、欧米諸国の女性ではM字カーブはほとんど見られず、男性と同じような「高原型」になっていることから、日本において女性の就労を促進する余地は大きいものと考えられる。

【性・年齢別労働力人口比率の推移】

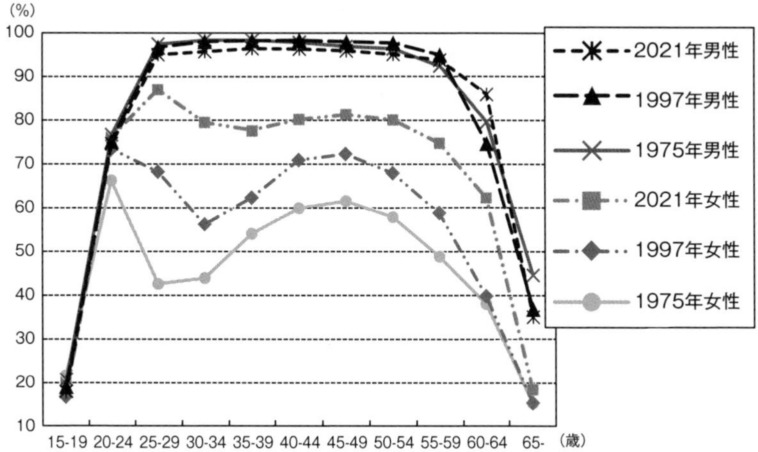

出典：総務省統計局「労働力調査」

(2) 男女雇用機会均等法

① 1985年制定法（1986年施行）

教育訓練・福利厚生、定年・退職・解雇での差別的な取扱いは禁止されたものの、**募集・採用、配置・昇進**などについては**努力義務**だった。そこで企業は、採用時点で差をつけるため、**総合職／一般職のコース別雇用管理を導入**した

② 1997年改正法（1999年施行）

1）**雇用の各場面**(募集・採用、配置・昇進・教育訓練、福利厚生、定年・退職・解雇)**における男女の均等な機会・待遇の確保**
2）紛争の当事者の一方からの申請により調停を開始できる。女性労働者が調停の申請をしたことを理由とする当該女性労働者への不利益な取扱いの禁止
3）女性に対する**セクシュアル・ハラスメントの禁止**
4）企業の自主的な改善(ポジティブ・アクション)への援助
5）違反企業の公表制度(ただし、罰金・処分といった**罰則規定はなかった**)

③ 改正労働基準法（1997年制定、1999年施行）

男女の均等取扱いと女性の職域の拡大を図る観点から、男女雇用機会均等法の改正と併せて改正され、**女性労働者に対する時間外・休日労働及び深夜業の規制が撤廃**された。

④ 2006年改正法（2007年施行）

1）性差別・セクハラ禁止の規定を女性だけでなく男性にも適用

2）間接差別の禁止規定の強化

3）妊娠・出産等を理由とする不利益取扱いの禁止

4）女性の坑内労働規制の緩和

5）過料の創設（以前は違反しても企業名が公表されるだけだった）

⑤ 2016年改正法（2017年施行）

従来から禁止されていた「妊娠・出産等を理由とする不利益取扱いの禁止」と区別して、新たに「マタニティ・ハラスメント」（上司・同僚からの妊娠・出産等に関する言動により妊娠・出産等をした女性労働者の就業環境を害すること）を定義し、それを防止するための雇用管理上必要な措置を事業主に義務付けた。

5 若年者の雇用 ★★★

（1）フリーター

フリーターは、「15～34歳で、男性は卒業者、女性は卒業者で未婚の者のうち、1）雇用者のうち「パート・アルバイト」の者、2）完全失業者のうち探している仕事の形態が「パート・アルバイト」の者、3）非労働力人口のうち希望する仕事の形態が「パート・アルバイト」で家事も通学も就業内定もしていない者」、という定義で集計するのが一般的である。この定義による集計では、フリーター数は近年減少傾向にあり、2021年は137万人となった。また、男女別では女性が男性を上回る。

（2）ニート

「学校に通っておらず、働いてもおらず、職業訓練を行っていない」若者、NEET（ニート）が注目されている（「Not in Education、Employment、or Training」の頭文字をとった造語）。ニートの推計方法にはさまざまなものがあるが、これに近い概念として若年無業者（15～34歳の非労働力人口のうち家事も通学もしていない者）が集計されており、10年前から約60万人でおおむね横ばいとなっている（2021年は57万人）。

なお、ニートは求職活動をしていないため、労働力人口に入らない（失業者でもない）。

6 高齢者の雇用 ★★★

(1) 高齢者の就業形態の特徴

自営業者は年齢が上がっても続けやすいが、雇用者は高齢層になると減少する傾向がある。しかし、就業者全体に占める自営業の割合が大きく減少する中、意欲と能力のある高年齢者が働き続けることができる環境の整備に向けて、当面は少なくとも年金支給開始年齢までの雇用機会の確保を図る必要があった。

(2) 高年齢者雇用安定法

① 2004年改正法

2004年に高年齢者雇用安定法が改正され、2013年までに厚生年金の定額部分(基礎年金)の支給開始年齢が段階的に65歳まで引き上げられるのに合わせて、2006年4月から、1)定年の引上げ、2)継続雇用制度の導入(労使協定により基準を定めた場合は、希望者全員を対象としない制度も可)、3)定年の定めの廃止、のうちいずれかの措置(高年齢者雇用確保措置)を講じることが事業主に義務づけられた。

② 2012年改正法

継続雇用制度の対象となる高年齢者につき、事業主が労使協定により定める基準により限定できる仕組みが廃止され、労働者が希望すれば(正社員とは限らないが)原則として65歳まで働き続けられる仕組みが整備された(2025年までの経過措置あり)[2]。2021年6月1日現在では、31人以上規模企業のうち、99.7%が何らかの高年齢者雇用確保措置を導入済みとなっている。

③ 2020年改正法

65歳までの雇用確保(義務)に加え、65歳から70歳までの就業機会を確保するため、高年齢者就業確保措置として、以下のいずれかの措置を講ずる努力義務が新設された。

1)70歳までの定年引き上げ、2)定年制の廃止、3)70歳までの継続雇用制度(再雇用制度・勤務延長制度)の導入、4)70歳まで継続的に業務委託契約を締結する制度の導入、5)70歳まで継続的に社会貢献事業に従事できる制度の導入。

---

2 定年については、従来どおり「60歳を下回ることができない」(第8条) のままで変わっていない。

7 労働法 ★★★

（1）労働法成立の背景

私人間の契約関係は、民法（一般法）で規定される。だが、民法は対等な個人同士の関係を前提としているが、現実の雇用主と労働者の力関係は非対称であることから、資本主義の進展に伴って格差が拡大した。

そこで労働者保護を目的として、私人間の契約関係の特別法として労働法が成立した。

（2）労働法関連の用語

① 労働三権

労働三権とは、**日本国憲法第28条で規定**されている**団結権、団体交渉権、団体行動権（争議権）**を指す。ただし、**公務員の労働基本権は制限されている**[3]。

② 労働三法

（ア）労働基準法

労働基準法は、労働者が不利な労働条件を強要されないように、**労働条件の最低限の基準を定める法律**である。同法で定められた監督機関の職員として、**労働基準監督官**が置かれている。

（イ）労働組合法

労働組合法は、**労働三権の具体的内容を規定**し、**労働者と使用者の対等な交渉を可能にする**ための法律である。同法により、労働者が団結することを擁護し、労働関係の公正な調整を図ることを任務とする組織として、**労働委員会**が置かれている。

（ウ）労働関係調整法

労働関係調整法は、労使間の公正な調整を図り、争議行為の予防・解決を促進するための法律である。同法では、労働争議の調停・仲裁に関する**労働委員会の役割が規定**されている。

（3）法定労働時間

① 法定労働時間と時間外労働

労働時間とは、休憩時間を除く実労働時間のことである。労働基準法第32条に定められた**法定労働時間**は、1987年より「**1日8時間、週40時間**」（それまでは「1日

3　詳細は、第２章 4 1 2 「公務員の労働基本権」を参照のこと。

８時間、週48時間」)が段階的に実施され、1997年から週40時間労働制が、原則として全面適用された。

また、時間外労働(残業や休日出勤など)については、労働基準法第36条に定められた労使協定(いわゆる三六協定)を締結することにより、通常の場合、週15時間、月45時間、年間360時間を限度に、使用者は労働者に時間外労働をさせることができる。

② 変形労働時間制

変形労働時間制とは、企業経営の繁閑の実情に見合った勤務時間編成をすることができる制度(**法定労働時間に関する特則**)のことである。

現在、狭義の変形労働時間制として、**1カ月単位の変形労働時間制**、**1年単位の変形労働時間制**等が認められており、使用者は、労働者の所定内労働時間が平均して週40時間以内であれば、特定された週もしくは日において、１週40時間もしくは１日８時間を超えて労働者に労働させることができる。

また、**フレックスタイム制**とは、**出退社時刻の管理を労働者に任せる制度**のことである。労働者は最長３カ月を清算期間として、労働の開始・終了時間を自主的に決定できる。フレックスタイム制は、広義の変形労働時間制の一種である。なお、使用者は労働者が職場に必ずいなければならない時間帯(**コアタイム**)を設定することができる。

③ みなし労働時間制

みなし労働時間制とは、労働者の労働時間を正確に算定しがたい場合に限って、所定労働時間または協定等で定められた労働時間を働いたものとみなす制度(**労働時間算定に関する特則**)のことである。現在、狭義のみなし労働時間制として、**事業場外労働のみなし労働時間制**が認められており、労働者が事業場外で業務に従事し、使用者の具体的な指揮監督が及ばず、労働時間を算定しにくい場合に、所定労働時間労働したものと見なす制度のことである。

また、**裁量労働制**とは、業務の性質上その遂行の方法を大幅に当該業務に従事する労働者の裁量に委ねる必要があるため、当該業務の遂行の手段及び時間配分の決定等に関し使用者が具体的な指示をすることが困難なものについて労働者に任せる制度のことである。

裁量労働制には、**専門業務型**と**企画業務型**の２種類があり、前者は研究開発業務を、後者は企画・立案・調査・分析業務を対象とする。

8 労働組合

★★★

日本の労働組合の組織率は、戦後直後は50%台だったが低下して、1960～75年頃(高度成長期)は35%で横ばい、以降は低下傾向が続き、**現在は20%を下回っている**。

組織率が低下している背景には、「サービス業」「卸売・小売業」「飲食業、宿泊サービス業」での雇用や、パートタイム労働者など、従来、労働組合が積極的な組織化の対象にしてこなかった層の労働者の雇用全体に占める割合が拡大したことと、就業形態が多様化(特に非正社員が増加)したことが影響している。労働組合員の絶対数そのものは近年徐々に減少してきているものの、1990年代でも1200万人前後であり、組織率ほどに急減していない。

【雇用者数、労働組合数及び推定組織率の推移（単一労働組合）】

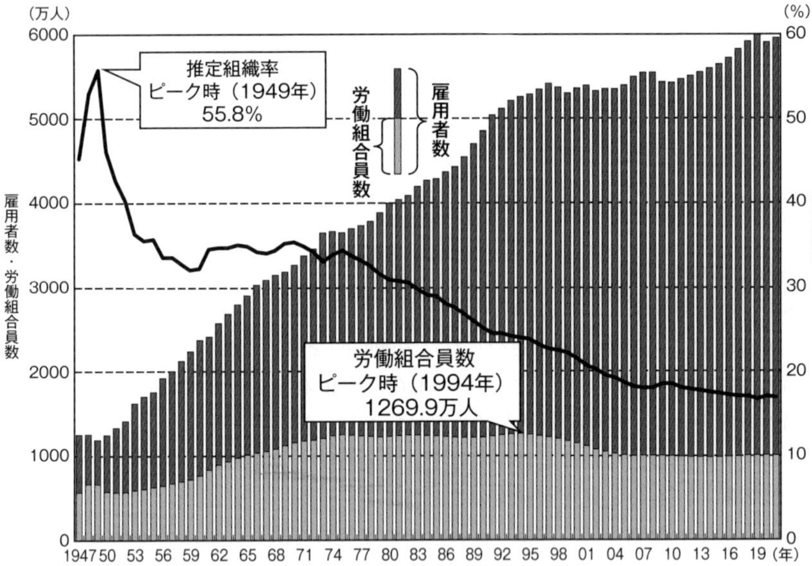

出典：厚生労働省「労働組合基礎調査」、総務省統計局「労働力調査」

3 社会保障

1 社会保障の概念 ★★☆

(1) 概要

社会保障制度とは、疾病、負傷、分娩、廃疾、死亡、老齢、失業、多子その他困窮の原因に対し、保険的方法または直接、公の負担において経済的保障の途を講じ、生活困窮に陥った者に対しては国家扶助によって最低限度の生活を保障するとともに、公衆衛生及び社会福祉の向上を図り、もってすべての国民が文化的社会の成員たるに値する生活を営むことができるようにすることをいう。

(2) 社会保障の４つの柱

社会保険・社会福祉・公的扶助・公衆衛生が、**社会保障の4つの柱**とされる[4]。

社会保険	本人・事業主・政府などが保険料を拠出し、保険事故が生じた際に給付を受ける制度
社会福祉	高齢者や障害者などに生活の保障をする制度
公的扶助	生活困窮者に最低限度の生活を保障する制度（生活保護制度）
公衆衛生	環境整備、予防衛生などによって国民の健康増進を図る制度

(3) 選別主義と普遍主義

社会保障における**選別主義**では社会保障はあくまで**補填**(基準を満たしていない人に補填する)と捉えるのに対して、**普遍主義**では誰もが受けられる**権利**と捉える。

選別主義	社会保障の提供の範囲を資力調査と結びつける救貧法以来の援助資源配分の方式
普遍主義	社会保障サービスを所得の多寡とは分離し、必要（need）のみを資格要件とする援助資源の配分方式

4　日本国憲法第25条2の「国は、すべての生活部面について、**社会福祉**、**社会保障**及び**公衆衛生**の向上及び増進に努めなければならない。」のうちの「社会保障」は「社会保険」と「公的扶助」と併せたものと解される。

2 社会保障の歴史 ★★★

(1) 公的扶助と社会保険

社会保障は**公的扶助と社会保険の統合**によって生まれた概念である。大まかには、**公的扶助は「救貧」**の思想であり、**社会保険は「防貧」**の思想といえる。

公的扶助は英国、社会保険はドイツから始まり、1930年代に**米国で統合**される。

(2) 英国における社会保障の歴史

1601年	**エリザベス救貧法**	第1次囲い込みで急増した都市の浮浪者に就労を強制した（残虐立法）
1795年	スピーナムランド制度	貧民の最低生活を保障する制度で、労働による賃金が基準に達しない場合は差額が支給される。しかし、結果的には支出が急増して制度は破綻した
1834年	新救貧法	スピーナムランド制度などによる支出拡大への危機感から、対象を限定
19C後半	都市貧困層の調査	ブース、ロウントリー（生活周期・貧困線）の調査などで問題意識が高まる
1911年	国民保険法	健康保険と、世界初の失業保険が組み合わされたもの
1942年	**ベヴァリッジ報告**	**ナショナルミニマム**（国家による最低生活保障）の概念を軸とする報告を、経済学者**W.ベヴァリッジ**が当時の**チャーチル内閣**に提出（**実現**は**戦後の労働党内閣**）

(3) 社会保険制度の誕生（ドイツ）

1880年代に、宰相**ビスマルク**は、**疾病保険・労災保険**・老齢廃疾保険（**年金保険**）の三保険を整備した。これは、社会主義者の弾圧とセットに整備されたので、「アメとムチの政策」といわれた（失業保険はない）。

(4) ニューディール政策による社会保障の体系化（米国）

1933年	第1次政策	全国産業復興法（NIRA）・テネシー川流域開発公社（TVA）・農業調整法（AAA）
1935年	第2次政策	・**ワグナー法**：NIRAのうち労働者の団結権・団体交渉権の部分のみ独立 ・**社会保障法**：**社会保険**（老齢年金・失業保険）・**公的扶助**・**社会福祉**の組合せ。「**社会保障**（Social Security）」という用語の公的使用はこの法律が最初

(5) 福祉国家の進展

① 福祉国家の２つの要素

福祉国家は経済学者**J.M.ケインズ**の思想を背景とした**混合経済**（国家による市場の制御）と、**ベヴァリッジ報告**の理念を背景とした**社会保障**（非市場的所得移転＝行政による所得再分配）を２つの要素とすることから、「**ケインズ・ベヴァリッジ体制**」と称されることがある。

② 福祉国家の危機

福祉国家化は、行政の肥大化、財政規模の拡大につながる。1970年代に生じたオイルショックによる景気後退等により福祉国家が批判され、1980年代の**新保守主義**（サッチャー政権の「小さな政府」論等）の流行を招いた。

③ 社会保障制度の類型

社会保障制度は、**税金**による社会保障を主として行う**英国・北欧型**、**保険料**を徴収して**社会保険**を軸として行う**ヨーロッパ大陸型**、これらを併せて展開する日本などの**中間型**に分類される。

3 公的扶助 ★★★

(1) ４つの基本原理と４つの実施上の原則

４つの基本原理（理念）とは、１）**国家責任による最低生活保障の原理**（憲法第25条に規定する国民の生存権保障の理念）、２）**無差別平等の原理**（欠格条項の廃止。労働能力の有無、人格・素行等を問わない）、３）**最低生活保障の原理**（健康で文化的な生活水準を維持可能な最低限度の生活を保障）、４）**補足性の原理**（最低生活保障実現のため、自助努力に対して国家が補足・補完すること）、４つの実施上の原則とは、１）**申請保護**の原則、２）**基準及び程度**の原則、３）**必要即応**の原則、４）**世帯**

単位[5]の**原則**である。

（2）対象者

生活保護制度は、**無差別平等を原則**としている。したがって**生活困窮者が困窮するに至った原因のいかんを問わない**。旧生活保護法のような欠格条項がない一方で、一面において自己責任の原則を尊重し、本人の資産・能力を活用してなお足りない場合にはじめて保護を行うことになっており、親族による扶養もこの制度による保護に優先し、保護は親族扶養の足りない面を補充するという建前をとっている。

さらに、生活保護制度は国民の最低生活保障の最後の手段であって、他の公的扶助で、この制度による保護と内容が同じものは、すべてこの制度に優先して行われるべきもの（**他法優先の原則**）と定められている。

（3）生活保護の内容

生活保護の扶助の種類は、**生活・教育・住宅・医療・介護・出産・生業・葬祭**の**8種類**であり、要保護者の必要に応じ、単給または併給として行われる。このうち、**医療**と**介護**は**現物給付**であり、**その他**は**現金給付**である。生活保護の受給に当たっては、**資力調査**（**ミーンズ・テスト**）が行われるが、これが**恥辱**（**スティグマ＝烙印**）感をもたらすと指摘される。

（4）生活保護の現状と対策

2020年度の１カ月平均の**被保護世帯数**は**163.7万世帯**で、前年度から0.1％**増加**した（**過去最多**は2017年度の164.1万世帯）。**世帯類型別**に見ると、**増加**したのは「**高齢者世帯**」（0.8％**増**）と「**その他の世帯**」（0.9％**増**）である。また、**被保護実人員**は**過去最多**の2014年度（216.6万人）をピークに**減少**が続いており、**2020年度**は前年度比1.0％減の**205.2万人**、**保護率**は**1.63％**と**低下**した（保護率の過去最多は1951年度の2.42％、直近のピークは2013～15年度の1.70％）。

ただし、欧米諸国と比べると、日本の**保護率**は大幅に低い（ドイツが約５％、米国は約10％）。

---

5 「世帯」とは、同一の住居に居住し生計を同じくしているものの集まりであり、血縁関係があるかどうかは不問。入院や出稼ぎなどで別居の場合でも、それが一時的で生計が一体の場合は同一世帯とされる。

4 年金保険制度 ★★★

(1) 社会保険の種類

社会保険制度は、被保険者となるべき者の態様または給付の対象となる保険事故などによって、**年金保険**・**医療保険**・**介護保険**・**労働保険**(**雇用保険**・**労災保険**(労働者災害補償保険))に分けられる。

また、加入対象別に、**被用者**(**職域**)**保険**と**一般地域住民**(**地域**)**保険**に分けられる。被用者保険の対象は、一般職域のほかに、公務員や私立学校教職員等を対象とした特殊職域が存在する。

なお、1981年に日本が**難民条約に加入**したことに伴い、**社会保障関係法令**(国民年金法、児童扶養手当法等)**から国籍要件が撤廃**された。そのため、「国民」年金や「国民」健康保険等も、**国籍を問わず、日本に常住する者はみな加入対象**になっている。

【社会保険の適用種類】

<table>
<tr><th></th><th>雇用保険</th><th>労災保険</th><th>医療保険</th><th>年金保険</th><th>介護保険</th></tr>
<tr><td>被用者(職域保険)</td><td>○</td><td>○</td><td>○</td><td>○</td><td rowspan="2">○</td></tr>
<tr><td>一般地域住民(地域保険)</td><td>×</td><td>×</td><td>○</td><td>○</td></tr>
</table>

(2) 国民年金の被保険者の分類

どこで働いているかによって、適用される制度が異なる(制度が整備されてきた経緯を反映)。

【公的年金の被保険者の分類】

種類	要件	例	将来給付される年金
第1号	第2号・第3号以外の者	無職・自営業者・学生・パート	(原則として)国民年金のみ(国民年金基金等の上乗せ可)
第2号	雇用労働が所定の3/4以上の者(一部の短時間労働者も可)	会社員・公務員(共済年金は厚生年金に統合)	国民年金+厚生年金 厚生年金基金等の上乗せ可
第3号	第2号の被扶養配偶者(原則として年収130万円未満)	主婦・主夫	国民年金のみ(保険料不要) 確定拠出年金の上乗せ可

(3) 年金制度の重層的な構成

一階　国民年金……**定額**(20 ～ 59歳の40年間で満額)
二階　厚生年金……**報酬比例**(厚生年金は総収入の18.3%を**労使折半**)
三階　企業年金・厚生年金基金等

(4) 財源

国民・厚生年金=「修正積立方式」(**賦課**と**積立**と**国庫負担**の組合せ)
厚生年金基金=「積立方式」

【年金制度の体系（2021年3月末）】

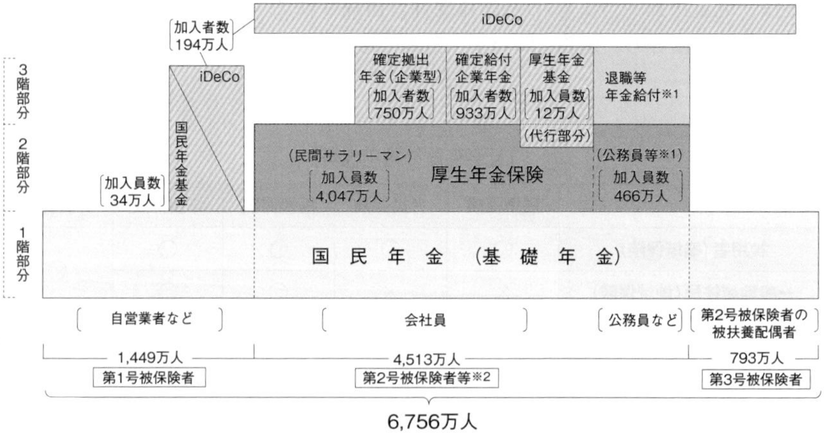

出典：『厚生労働白書（令和4年版）資料編』 p.240

5 労働保険制度 ★☆☆

(1) 雇用保険

① 概要

雇用保険は、政府が**管掌**する**労働保険**の**一種**であり、1)労働者が失業してその所得の源泉を喪失した場合、労働者について雇用の継続が困難となる事由が生じた場合、及び労働者が自ら職業に関する教育訓練を受けた場合に、生活及び雇用の安定と就職の促進のために**失業等給付**を**支給**するとともに、2)失業の予防、雇用状態の是正及び雇用機会の増大、労働者の能力の開発及び向上その他労働者の福祉の増進を図るための**二事業**を行う、雇用に関する総合的機能を有する制度となっている。

② 保険者と被保険者

雇用保険の保険者は、国である(政府管掌)。被保険者は、原則として、雇用保険の適用事業に雇用されるすべての被用者である。ただし、短時間労働者[6]、公務員(一部例外あり)、自営業主等は対象外となる。

③ 雇用保険の種類

失業等給付	**求職者給付**	いわゆる**失業手当**
	就職促進給付	求職者給付の受給者が早期に安定した職業に就いた場合に、再就職手当を支給
	教育訓練給付	能力開発支援のために、訓練費の一部を支給
	雇用継続給付	雇用の継続を促進する(高年齢雇用継続給付と**介護休業給付**)
育児休業給付		産後休暇を除き、原則的に子が1歳に達するまで(最大2歳まで)給付

④ 育児休業給付制度の概要

趣旨	育児のために休職する場合に、休職中の賃金が休職前と比べて80%未満に低下しているなど、一定の要件を満たす場合に給付することで、**退職**を**せず**に**休職期間**が**終了後**に**職場復帰**できるように**促すこと**
支給要件	**休業取得者**は**男女**を**問わない**。また**子**が**実子**であるか**養子**であるかも**問わない**
支給金額	休業開始後**6カ月**は休業開始時賃金月額の**67%**相当額、以降は**50%**相当額を支給
受給期間	基本給付金は、支給単位期間ごとに、子が**1歳**または**1歳2カ月**に達する日(一定の要件を満たす場合は**1歳6カ月**または**2歳**に達する日)の前日まで支給される。なお、育児休業期間内には、産後休業期間(出産日の翌日から起算して8週間)は含まれない[7]

---

6 短時間労働者でも、1週間の所定労働時間が20時間以上かつ雇用期間が31日以上の者は加入対象である。

7 **産前産後休業**(**産休**)は、妊産婦が母体保護のため出産前及び出産後において取得する休業期間である。使用者は、6週間(多胎妊娠の場合にあっては14週間)以内に出産する予定の女性が休業を請求した場合においては、その者を就業させてはならない(**産前休業**)。また、産後8週間を経過しない女性を、就業させてはならない(**産後休業**)。健康保険制度に加入する労働者であり、賃金の支払を受けられない者に対しては、標準報酬日額の**3分の2相当額**の**出産手当金**が、**健康保険から支給**される。

⑤ 介護休業給付制度の概要

趣旨	家族を介護するために休職する場合に、休職中の賃金が休職前とくらべて80%未満に低下しているなど、一定の要件を満たす場合に給付することで、**退職**をせずに**休職期間**の**終了後**に**職場復帰**できるように**促す**ため
支給対象	・負傷・疾病、身体上・精神上の障害により2週間以上常時介護を必要とする家族の介護 ・**被保険者の配偶者**(事実婚も含む)・**父母**(養父母も含む)・**子**(養子も含む)・配偶者の父母・祖父母・兄弟姉妹・孫の介護が対象 ・要介護状態にある**対象家族**が**常時介護**を**必要**とする**状態ごと**に**1回**の休業が可能。**通算93日以内**であれば、**複数回取得**しても**かまわない**(1人あたり最大93日分まで受給できる)
支給金額	支給単位期間ごとに、原則として、休業開始時賃金月額の**67%**相当額を一括して支給

(2) 労災保険

労災保険の正式名称は「労働者災害補償保険」であり、被用者が**業務上**または**通勤途上**で負傷・罹病し、治療・休業・障害・死亡に至った場合に必要な保険給付を行う**政府**が**管掌**する**労働保険**の**一種**である。

労働者(アルバイト・パートタイマーなども含む)を**雇用する事業所**は、原則として**強制適用**となっている。また、**保険料**は**事業主のみ**が**全額負担**し、保険料率も業種ごとに異なる。

【被用者の社会保険の資格要件と保険料負担】

	資格要件	保険料負担
年金保険・医療保険・介護保険	所定の3/4 (週30時間)以上の雇用労働かつ2カ月以上適用事業所に雇用される者(短時間労働者の一部も適用対象)	原則的に労使折半
雇用保険	所定の1/2 (週20時間)以上の雇用労働かつ31日以上の継続雇用が見込まれる者	労使折半(事業者向けの二事業分以外)
労災保険	原則的には雇用される者すべて(例外あり)	**事業主のみ**

6　医療保険制度　★★★

（1）医療保険制度の体系

公的医療保険は、**職域・地域別の制度ごとに分立**しており、**世帯主もその家族も一様に被保険者となる**点で、個人単位で加入し、１階部分は国民年金、２階部分は厚生年金として一元化されている年金保険とは異なる。

また、公的医療保険は**業務外の疾病・傷病が対象**であり、業務中（通常のルートであれば通勤途上も含む）の疾病・傷病については、労災保険がその対象となる（ただし、公務員と船員は対象外のため、別の制度がある）。

さらに、被用者保険（健康保険・船員保険・共済保険）の被保険者が企業を定年退職した場合、74歳までは原則として国民健康保険（前期高齢者医療制度）に加入し、**75歳以降は後期高齢者医療制度に加入**する。

（2）公的医療保険の種類、保険者と被保険者

- 75歳未満
  - 被用者健康保険（＝職域保険）
    - ・大企業：組合管掌健康保険（一企業・グループ・業界で組合が結成）
    - ・中小企業（５人以上）：全国健康保険協会管掌健康保険（協会けんぽ）
    - ・国家公務員/地方公務員等/私学教職員：共済組合
      → 保険料：事業主＋被保険者（被用者）が折半＋公費
  - 国民健康保険（＝地域保険）
    - ・被用者健康保険・後期高齢者医療制度の加入者以外が強制加入
    - ・保険者は、市町村（特別区を含む）＋都道府県
- 75歳以上：後期高齢者医療制度
  75歳（一定の障害がある場合は65歳）時に、**それまで**の**公的医療保険から脱退**して、**後期高齢者医療制度**に**加入**する。市町村が保険料を徴収。**都道府県単位**で全市町村が加入する**広域連合**が**財政運営**

【自己負担（被用者保険・地域保険とも同様）】

年齢	自己負担（上限あり：高額療養費制度）
75歳以上	1割（一定以上の所得者は2 or 3割）
70～74歳	2割（現役並み所得者3割）
小学校入学～69歳	3割
小学校入学以前	2割

7 介護保険制度

★★★

(1) 概要

社会全体で高齢者介護を支える仕組みとして、**2000年度**に**介護保険制度**が**創設**された。その後、介護サービスの利用者は在宅サービスを中心に着実に増加しており、介護保険制度は高齢期の暮らしを支える社会保障制度の中核として、少子高齢社会の日本において必要不可欠な制度となっているといえる。

(2) 日本の介護保険制度

目的	介護サービスの給付家族的負担の軽減(保険方式は世界に先駆けて1995年に**ドイツ**で創設)
方式	**措置**から**契約**へ
保険者	**市町村**(特別区を含む)
被保険者	・日本に住む**40歳以上**の者(国籍を問わず、常住する者すべて) ・第1号被保険者:**65歳以上**。保険料は年金(月額1万5000円以上の場合)からの天引きまたは個別徴収 ・第2号被保険者:**40～64歳**。健康保険・共済組合・国民健康保険の保険料に**上乗せ一括徴収**。健保・共済組合の被保険者の場合は**事業主等**が**半額負担**
財源	**保険料**+**公費**(50%ずつ) 自己負担は原則**1割**(所得が比較的多い者は**2割** or **3割**)
給付	**居宅**と**施設**での介護サービス(施設に閉じこめるのではなく地域・家庭での介護へ)ただし、要介護度・要支援度に応じた給付の上限額が設定されている 第2号被保険者も、初老期認知症やパーキンソン病など、**老化**に伴う16の特定疾病にかかっている場合は介護サービスを受けることができる
給付の手順	①申請、②調査、③各市町村の**介護認定審査会**による段階の認定 ④介護支援専門員が介護サービス計画(**ケアプラン**)を作成し、介護サービス提供事業者との連絡調整を行う ⑤ケアプランに基づいて、居宅サービスや施設サービスを受ける

【介護保険制度の概要】

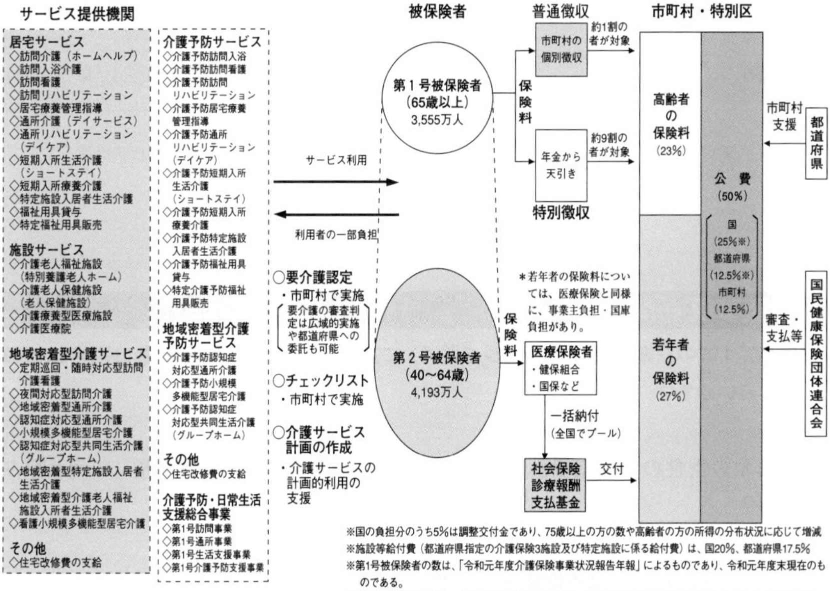

※国の負担分のうち5%は調整交付金であり、75歳以上の方の数や高齢者の方の所得の分布状況に応じて増減
※施設等給付費（都道府県指定の介護保険3施設及び特定施設に係る給付費）は、国20%、都道府県17.5%
※第1号被保険者の数は、「令和元年度介護保険事業状況報告年報」によるものであり、令和元年度末現在のものである。
※第2号被保険者の数は、社会保険診療報酬支払基金が介護給付費納付金額を確定するための医療保険者からの報告によるものであり、令和元年度内の月平均値である。

出典：『厚生労働白書（令和4年版）資料編』 p.232等を基に作成

【居宅サービスの支給限度額】

要介護度	状態	支給限度額
要支援1	日常生活上の基本動作については、ほぼ自分で行うことが可能であるが、日常生活動作の介助や現在の状態の防止により要介護状態となることの予防に資するよう手段的日常生活動作について何らかの支援を要する状態	5032単位／月
要支援2	要支援の状態から、手段的日常生活動作をおこなう能力がわずかに低下し、何らかの支援が必要な状態	10531単位／月
要介護1	要支援の状態から、手段的日常生活動作をおこなう能力が一部低下し、部分的な介護が必要となる状態	16765単位／月
要介護2	要介護1の状態に加え、日常生活動作についても部分的な介護が必要となる状態	19705単位／月
要介護3	要介護2の状態と比較して、日常生活動作及び手段的日常生活動作の両方の観点からも著しく低下し、ほぼ全面的な介護が必要となる状態	27048単位／月

要介護4	要介護3の状態に加え、さらに動作能力が低下し、介護なしには日常生活を営むことが困難となる状態	30938単位／月
要介護5	要介護4の状態よりさらに動作能力が低下しており、介護なしには日常生活を営むことがほぼ不可能な状態	36217単位／月

※　1単位：10～11.40円（地域やサービスにより異なる）
本人の需要に適応したサービスを総合的・計画的に提供する観点から、介護サービス計画（ケアプラン）の作成が基本。

重要事項 一問一答

01 2021年の日本の雇用者（役員を除く）に占める非正規雇用労働者の割合はどのぐらいか?

約４割

02 日本の女性の年齢階級別労働力率をグラフ化したときの形状を指して何と呼ぶか?

M字型カーブ

03 2022年現在、日本で継続雇用制度が義務付けられているのは何歳までか?

65歳まで（70歳までは努力義務）

04 日本の労働組合の組織率は、2021年現在でどのぐらいか?

２割弱

05 社会保障の4つの柱とされるのは?

社会保険、公的扶助、社会福祉、公衆衛生

06 フルタイムで働いている会社員・公務員は、日本の公的年金制度では第何号被保険者か?

第２号被保険者

07 介護保険の被保険者となるのは何歳からか?

40歳から

過去問チェック

01　我が国の労働市場における雇用者は、2021年平均で約６,000万人であり、そのうちの約６分の１が非正規雇用者となっている。また、2021年における非正規雇用者の大半は男性となっている。国家専門職2010年改題

×　2021年の非正規雇用者比率は４割弱で、３分の１を超えている。また、非正規雇用者の７割は女性である。

02 募集・採用、昇進、定年については、男女雇用機会均等法で、女性労働者と男性労働者との差別的取扱いが禁止されているが、違反行為に対する罰則は設けられていない。**東京都Ⅰ類2002**

╳ 罰則規定はある。男女雇用機会均等法は、最初の法(1986年施行)では差別解消を企業の努力義務としており、改正法(1999年施行)でも違反企業名を公表する制度にとどまっていたが、現在の改正法(2007年施行)では、20万円以下の過料という罰則規定を設けている。

03 雇用の分野における男女の均等な機会及び待遇の確保等に関する法律(男女雇用機会均等法)は、事業主に対し募集、採用、配置、昇進について、女性と男性を平等に扱うように努力を求めた法律であり、この法律の制定に伴って、労働基準法における女性の時間外、休日労働及び深夜業の規制が強化された。**特別区Ⅰ類2015**

╳ 労働基準法における女性の時間外、休日労働及び深夜業の規制は、1999年に原則撤廃されている。

04 1990年代半ば以降、有効求人倍率が一貫して減少するなど雇用環境の深刻さは増している。これらを背景に若者の就業意識が変化し、ニートと呼ばれる、学校を卒業後、定職に就かずアルバイトなどで収入を得ている者が増加し続けてきており、我が国の将来の経済成長を阻む要因の一つになると考えられている。**国家一般職2005**

╳ これは、「ニート」ではなく「フリーター」に関する記述である。

05 高年齢者が少なくとも年金受給開始年齢まで働き続けられる環境を整備するため、平成24年にいわゆる高年齢者雇用安定法が改正され、年金支給開始年齢の引上げに併せて定年を65歳に引き上げることが事業主に義務付けられた。**国家一般職2013**

╳ 定年の引上げ、継続雇用の導入、定年の定めの廃止の「いずれか」を実施することが義務であり、定年の引上げは義務付けられていない。

06 労働基本権とは、団結権、団体交渉権、団体行動権(争議権)の三つをいい、労働基準法において定められている。**東京都Ⅰ類2020年**

╳ 労働基本権は、労働基準法ではなく「憲法28条」で定められている基本的人権の1つであり、労働組合法や労働関係調整法によって労働基本権の保障が具体化されている。

07 労働基準法は、労働時間、休日、賃金などの労働条件の最低基準を決めて労働者を保護することを規定した法律であり、この法律に定められた監督行政機関と

して労働委員会が設置されている。特別区Ⅰ類2015

╳ 労働委員会は、労働組合法で設置された組織である。労働基準法では監督行政機関として、労働基準主管局、都道府県労働局、労働基準監督署が定められている。

08 労働組合を結成し、これに加入する権利は、労働組合法上、すべての労働者に認められている権利である。我が国の雇用者全体に占める労働組合員数(組合組織率)は、戦後を通して常に50%を超えているが、同一業種で比較した場合、給与水準が高い大企業ほど組合組織率が低くなる傾向にある。国家一般職2005

╳ まず、「すべての労働者に認められている権利」が誤り。警察官や消防官等の公務員に団結権は認められていない。また、「戦後を通して常に50%を超えている」も誤り。現在は20%を下回っている。そして、同一業種で比較した場合、給与水準が高い大企業ほど組合組織率が「高く」なる傾向にある。

09 社会保障政策を大きく普遍主義と選別主義に区分したとき、国民全員がそれを受ける可能性があるという意味で、生活保護は普遍主義的政策に位置づけられる。裁判所2015

╳ 生活保護は、資力調査を実施した上で基準に満たない者のみに補塡する方式であるため、選別主義的政策に位置づけられる。

10 社会保障制度は、財源の調達方法によって、税金による公的扶助を主として行うヨーロッパ大陸型、保険料を徴収して社会保険を軸として行うイギリス・北欧型、これらを合わせて展開する中間型に分類される。特別区Ⅰ類2016

╳ 社会保障制度は、税金による社会保障を主として行うイギリス・北欧型、保険料を徴収して社会保険を軸として行うヨーロッパ大陸型、これらを併せて展開する日本などの中間型に分類される。

11 日本の社会保険は、国民が疾病、老齢、失業、労働災害にあった場合、一定の基準で現金や医療サービスなどを給付する、強制加入の公的保険であり、その費用は全額が公費負担で賄われている。特別区Ⅰ類2016

╳ 社会保険の費用の一部は公費で賄われているものの、中心となるのは被保険者や事業主などが拠出する社会保険料である。また、日本の社会保険では、介護保険により介護リスクにも対応している。

12 国民年金法は、老齢、障害又は死病によって生ずる所得の中断や減少に対して所得保障を行うことを目的としている。民間の給与所得者や公務員については、

厚生年金に加入しているため、対象から除外されている。国家専門職2008改題

╳ 基礎年金は全員加入することが義務付けられており、民間の給与所得者や公務員はそれに加えて厚生年金にも加入している。したがって、国民年金の対象から除外されていない。

(13) 男女ともに仕事と家庭の両立ができる雇用環境を整備するため、平成21年にいわゆる育児・介護休業法が改正され、事業主は、育児休業を有給化することや通算1年の介護休業制度を整備することが義務付けられた。国家一般職2013

╳ 事業主の育児休業の有給化は義務化されていない。「育児休業給付金」として雇用保険制度に基づき、事業主及び被保険者の負担する保険料と国庫負担とにより賄われている。また、介護休業制度については、通算1年ではなく、通算93日である。

(14) 日本の高齢者の医療制度については、老人医療費の増大に対処するため、70歳以上の高齢者を対象に老人保健制度が導入されたが、この制度は介護保険制度に改められ、75歳以上の高齢者を被保険者とする独立した制度に移行した。特別区Ⅰ類2016

╳ 老人保健制度に代わって導入されたのは、後期高齢者医療制度である。医療リスクと介護リスクは区別されているため、医療保険と介護保険という別種の保険で対応している。

過去問 Exercise

問題1　社会保障制度に関する記述として、妥当なのはどれか。

特別区Ⅰ類 2009［H21］

1 イギリスでは、1942年に発表されたベバリッジ報告に基づき、第二次世界大戦後に「ゆりかごから墓場まで」といわれる総合的な社会保障制度が実現された。

2 アメリカでは、1944年のフィラデルフィア宣言に基づき、医療保険と失業保険を中心とする社会保障法が世界で初めて制定された。

3 日本の年金保険では、高齢社会の到来に備えるため、1985年に年金制度が改正され、すべての国民が共通の「基礎年金」の給付が受けられる基礎年金制度が導入されるとともに、報酬比例年金が廃止された。

4 日本の年金制度では、負担が世代間で異ならないように、被保険者が在職中に積み立てた保険料だけですべての年金を賄う賦課方式が採用されている。

5 日本の介護保険制度は、高齢者へ公的な介護サービスを提供する社会保険で、費用は65歳以上の全国民から徴収される保険料と利用者の負担金とで折半して賄われている。

解説

正解 1

1 ○　ベバリッジ(ベヴァリッジ)報告が提出されたのは大戦中だが、それが大戦後の労働党内閣の下で実現に移されていった。

2 ×　アメリカではニューディール政策の一環として、1935年に社会保障法が世界で初めて制定された。またこの法律は、老齢年金・失業保険・公的扶助・社会福祉などを内容とするものであり、医療保険は含まれていない(現在でも、アメリカには全国民を対象にした公的医療保険は存在しない)。なお、フィラデルフィア宣言は、1944年にILO大会で採択された「国際労働機関(ILO)の目的に関する宣言」である。

3 ×　1985年に基礎年金制度が導入された後も、厚生年金や共済年金などでは二階部分として報酬比例年金が上乗せされている。

4 ×　被保険者が在職中に積み立てた保険料だけですべての年金を賄う方式は「積立方式」と呼ばれる。一方、「賦課方式」とは、現役世代が拠出した保険料をそのまま老齢世代の年金の財源にあてる方式である。なお、日本の年金制度では、完全な賦課方式よりも高額の保険料を徴収して余剰分を将来の高齢化に備えて積み立てる「修正積立方式」が採用されているが、現在では事実上の賦課方式となりつつある。

5 ×　日本の介護保険制度の給付費は、40歳以上の全国民から徴収される保険料と公費(国・都道府県・市町村による拠出)とで折半して賄われている。また、利用者は、介護サービス費用の1～3割を利用時に負担する。

3 現代社会の諸問題

本節では、現代社会の諸問題、環境・ゴミ問題、農業問題、消費者問題、エネルギー問題を扱います。時事や論文試験と関わる内容ですので、概要は把握しておきましょう。

1 現代社会の諸問題

1 外国人関連 ★★★

(1) 出入国管理

日本の総人口に占める在留外国人数の割合は、**2013～19年まで増加**を続け、**2020～21年はいったん減少**したものの、**2022年に入り再び増加傾向**にあり、2022年6月末現在では**過去最多の296.2万人**(日本の総人口に占める割合は2.4%)となっている。

2022年6月末現在における在留外国人数について国籍・地域別にみると、**中国**(全体の25.1%)**が最も多く**、**次いでベトナム**(同16.1%)、**韓国**(同13.9%)、**フィリピン**(同9.8%)、**ブラジル**(同7.0%)の順となっている。

(2) 日本の外国人施策等

① 外国人受入に対する方針

日本に在留する際には、旅行等の**短期滞在**や、「**技能実習**」「**留学**」、身分または地位に基づく「**日本人の配偶者等**」「**永住者の配偶者等**」「**定住者**」を除くと、原則として**専門的・技術的分野での就労**を目的とする**在留資格が必要**である。しかし近年は在留資格を増加させており、2015年から「高度専門職」が新設されている。

② 外国人研修制度と技能実習制度

外国人研修制度とは、諸外国の青壮年労働者を日本に受け入れ、1年以内の期間に、**日本の産業・職業上の技術・技能・知識の修得を支援する制度**である。入管法上の**在留資格**は「**研修**」であり、**法的には労働者として扱われない**ことから実施できる活動は限定されている。

また**技能実習制度**とは、上記研修期間と併せて最長3年の期間において、研修生が研修により修得した技術・技能・知識が、**雇用関係の下、より実践的かつ実務的に習熟することを内容とする**ものである。入管法上の**在留資格**は「**技能実習**」であり、**法的に労働者として扱われる**。

2016年には技能実習法が制定され、技能実習制度を適正化するため、**監理団体を許可制**とし、**技能実習生への人権侵害行為に対する罰則を定め**、外国人技能実習機構を認可法人として新設。また優良な実習実施者・監理団体に限定して、第３号技能実習生の受入れ（４～５年目の技能実習の実施）を可能とすることとなった。

③ 出入国管理及び難民認定法の改正

2018年に、出入国管理及び難民認定法と併せて法務省設置法の一部も改正された（2019年施行）。前者により、「専門的・技術的分野の資格」とは別に**新たな在留資格**である「**特定技能1号・2号**」を**創設**するとともに、後者により、法務省の任務のうち、出入国管理に関する部分を「出入国の公正な管理」から「出入国及び在留の公正な管理」に変更し、**法務省の外局**として**出入国在留管理庁を設置**し、この業務を担うこととなった。

専門職の在留資格である「**専門的・技術的分野の資格**」では原則として一定レベル以上の**学歴・実務経験が要件**となっていたが、「**特定技能**」には**学歴・実務経験の要件はなく**、**試験さえ合格すれば滞在可能**になる。また、**特定技能1号の者は**、実際は**単純労働も可能**となっている。すでに「研修生」「技能実習生」という資格で事実上の単純労働者の受入れは行われていたが、それがさらに拡大することとなった。

④ 国籍に関する考え方

国籍に関する「**出生地主義**（生地主義）」とは、**生まれた国に基づいて国籍を付与**する立場である（**米国**等で採用されている）。一方、「**血統主義**」とは**親の国籍に基づいて子に国籍を付与**する立場のことである（**日本**等で採用されている）。血統主義はさらに、その国の国籍を有する父の子として生まれた子に、その国の国籍を与える「父系血統主義」と、その国の国籍を有する父または母の子として生まれた子に、その国の国籍を与える「父母両系血統主義」に分かれる。当初、日本の国籍法は父系血統主義に基づいていたが、1984年の改正（1985年施行）により、父母両系血統主義に移行している。

また、国籍の選択について、米国では国籍の選択に関する特別な決まりは設けられていない（二重国籍を許容）。しかし日本では、国籍法により、日本の国籍と外国の国籍を有する者は、一定の期限までにいずれかの国籍を選択しなければならない（二重国籍は認められない）。そのため、日本国籍の者が新たに米国国籍を取得した場合、日本国籍から離脱しなければならない。

⑤ ヘイトスピーチの問題

近年、特定の民族や国籍の人々を排斥する差別的言動がいわゆるヘイトスピーチであるとして社会的関心を集めている。こうした言動は、人々に不安感や嫌悪感を与えるだけでなく、人としての尊厳を傷つけたり、差別意識を生じさせたりすることになりかねない。

この状況を踏まえて、ヘイトスピーチの解消に向けた理念法である**ヘイトスピーチ解消法**(「本邦外出身者に対する不当な差別的言動の解消に向けた取組の推進に関する法律」)が2016年に成立している。ただし同法では、本邦外出身者に対する不当な差別的言動は許されないものであるとしているものの、**理念法であるため罰則規定や義務付けは設けられていない**。

⑥ 日本語教育の拡大に向けた取組み

多様な文化を尊重した活力ある共生社会の実現・諸外国との交流の促進並びに友好関係の維持発展に寄与することを目的として、2019年に**日本語教育推進法**が成立した。同法では、外国人等に対し、その希望、置かれている状況及び能力に応じた日本語教育を受ける機会の最大限の確保、日本語教育の水準の維持向上などを規定している。

2022年現在、日本語教育に関する国家資格はないが、文部科学省は2026年までに日本語教師の資格制度を整備することを目指している。

2 教育政策 ★☆☆

日本国憲法は**第26条**で、「すべての国民が能力に応じて等しく教育を受ける権利」と「その保護する子女に教育を受けさせる義務」とが規定しており、この規定には、国民が自己の人格を完成・実現するために必要な学習をする権利が含まれると解されている。

1947年に制定された**学校基本法**では、第一条で**幼稚園・小学校・中学校・高等学校・特別支援学校・大学**[1]が規定され、1962年に**高等専門学校**、1998年に**中等教育学校**(中高一貫校)、2015年には**義務教育学校**(小中一貫校)が追加されている[2]。

1947年に制定された**教育基本法**では、**義務教育**について「**九年**の普通教育を受けさせる義務」としていたが、2006年の大幅改正では「**別に法律に定める**ところにより」と変更されている。

---

1 大学院は大学に設置されるもの、短期大学は大学の一種で、いずれも「大学」の下位類型である。

2 その他、同法には専修学校(高等専修学校・専門学校)と各種学校の規定もある。

進学率の推移を見ると、**高校進学率**は1950年には42.5％だったが1974年には90％を超え、2021年には**95.0％**（通信制を含めると**98.9％**）となっている。

また、**大学等**（大学（学部）＋短大（本科））**進学率**は、1954年には10.1％だったが2005年には50％を超え、2021年には**58.9％**となっている（このうち、**4年制大学（学部）への進学率**は、1954年の7.9％から1972年には20％超、1994年には30％超、2021年には**54.9％**となっている）。ただし、**先進国の中で**日本の大学進学率は**中位レベル**である。

3 生命倫理 ★☆☆

（1）クローン技術

クローンとは、「**遺伝的に同一である個体や細胞**（の集合）」のことであり、クローン羊、クローン牛、クローンマウスなど、**哺乳類のクローンはすでに実現**されている。日本では、世界に先駆けて、2000年にクローン技術規制法が制定され、**クローン人間を生み出すことは禁止**されている。

（2）ヒト ES 細胞

ヒトES細胞（胚性幹細胞）とは、初期の胚の細胞を培養して得られる細胞であり、血液・神経・肝臓・すい臓といったさまざまな細胞を作り出すことができ、将来の医療などに応用が期待されていた。しかし、人の生命の萌芽である胚を使用するために**倫理的な問題がある**ことから、日本では、国の指針による**規制の下で**、余剰胚に限り樹立・使用が**認められている**。

（3）iPS 細胞

iPS細胞（人工多能性幹細胞）とは、体細胞へ数種類の遺伝子を導入することにより、神経・骨・内臓など、生体内に存在する細胞・組織に分化する能力を人工的に持たせた細胞のことである。マウスのみならず、**ヒトにおけるiPS細胞作製もすでに成功**している。

私たちの体は、１個の受精卵が神経・心筋・軟骨等のさまざまな組織の細胞に分化してできている。ある１つの細胞が人体を構成するさまざまな細胞へと分化できる能力を多能性と呼ぶが、一度、皮膚などの組織に分化した体細胞は、通常は多能性を失い、その組織以外の細胞にはなれない。しかし、京都大学の山中伸弥氏が**ヒトiPS細胞生成に2007年に成功**し、2012年に**ノーベル生理学・医学賞を受賞**した。

ES細胞とは異なり、iPS細胞はすでに分化した体細胞から作製されるため、**生命倫理上の問題が小さい**。2013年に再生医療推進法（「再生医療等の安全性の確保等に関する法律」)が制定(2014年施行)され、iPS細胞などを使った再生医療の実用化に向けた臨床研究が推進されている。

(4) ゲノム編集

ゲノム編集とは、遺伝子を含んだDNAをある特定の酵素を使って切断することで**遺伝子改変などを行う技術**である。近年になってクリスパー・キャス9(CRISPR/Cas9)という手法が実用化され、従来型の遺伝子組み換えよりも簡便で確実性が高いことから、広く利用されるようになった。クリスパー・キャス9の開発に関わった学者は、2020年にノーベル化学賞を受賞している。

中国の研究者が、ゲノム編集によってヒトの受精卵の遺伝子改変を行って、特定の病気に感染しにくくした双子を誕生させたことが2018年に発表されて、その是非を巡って論争になった。ヒトの遺伝子改変のゲノム編集には倫理上の問題点が指摘されている。しかし、**日本では研究指針**による規制はあるが、**ゲノム編集によるヒトの遺伝子改変を禁止する法律はない**(2022年現在)。

(5) 代理出産

代理出産とは、人工授精や体外受精などの方法により**第三者の女性が妊娠・出産することで**ある。**日本では、代理出産を禁止する法律はない**が、日本産科婦人科学会は、代理出産の実施は認められないという見解を示しており、**自主規制が行われている**。

1986年に米国で起きた「ベビーM事件」では、代理出産契約で産まれた子どもの親権が問題となった。この事件では、依頼した夫妻のうち妻に健康上の不安があることから、報酬を払って代理母に出産を委託し、生まれた子どもは依頼した夫妻に引き渡すという契約を結び、複数回の人工授精を経て妊娠し、女児を出産した(精子は夫のもの、卵子と子宮は代理母のもの)。しかし、代理母が生まれた子どもを依頼人に引き渡すことを拒否したため、代理出産を依頼した夫妻が訴えて裁判になった。その結果、州最高裁判所の判決で、代理母にもその子どもを訪問する権利は認めたものの、親権は父側に認められた。

(6) 臓器移植法

1997年に**臓器移植法**(「臓器の移植に関する法律」)が施行されたことにより、**脳死した者の身体から**の眼球(角膜)、心臓、肺、肝臓及び腎臓等の**移植を行える**ようになった。それまでは、心臓死後に行う死体移植、生存中の人から臓器を移植する生体移植が行われていたが、同法の成立により、**脳死を死と認め**(臓器提供意思のある場合)、脳死移植が行えるようになった。

しかし、日本で臓器の提供を待っている者は１万人以上いるにもかかわらず、1997年から2010年７月までの期間で、日本国内における脳死での臓器提供件数は、年平均７件弱にとどまっていた。他国に比べて脳死下での臓器提供に関する制約が厳しく、**脳死での臓器提供**には、**本人の書面による生前の意思表示**と**家族の承諾が必要**であり、この意思表示は15歳以上に限定されていたためである。

そこで2009年に改正臓器移植法が成立した(2010年施行)。同法は、**本人の意思が不明な場合でも、家族の書面による承諾により脳死判定・臓器摘出を可能**とし、15歳未満の者からの臓器提供を可能にすること、親族に対し臓器を優先的に提供する意思を表示できること等を内容としている。

また、改正前は、人の「死」の定義は心臓死が基本であり、「脳死」が人の「死」と認められるのは、その身体から移植術に使用されるための臓器が摘出される場合のみだった。しかし、改正後は、**臓器移植法上、臓器提供がない場合でも、脳死は人の「死」となった。**

2 環境・ごみ問題

1 環境問題 ★★☆

(1) 四大公害病

水俣病・新潟水俣病・イタイイタイ病・四日市ぜんそくを「4大公害病」という。このうち、日本の公害問題の原点といわれる**水俣病**は、**熊本県水俣市の不知火海**に面した漁村で発生した。1956年、水俣保健所に脳症状を主とする原因不明の患者の入院が報告され、この時点が水俣病の公式発見と呼ばれている。水俣病は、工場排水によって汚染された海域に生息する魚介類を食用に供することによって魚介類に蓄積された**有機水銀**が人体に取り込まれ、その結果起こる中枢神経系の疾患であった。

一方、**富山県神通川流域**では、大正時代から**カドミウム**、鉛、亜鉛等の金属類が神通川の水とともに水田に流れ込み、農業被害が発生していた。身体各部に耐え難い痛みが起こり、正常な歩行が妨げられ、病勢が進むとつまずいただけでも骨折を引き起こす**イタイイタイ病**は、同川流域の富山県婦負(ねい)郡婦中町及びその周辺に発生していたものの、学会に報告されたのは1955年が初めてである。

また、高度成長期に日本最初の石油コンビナート型開発が進められた**三重県四日市市**では、1960年頃に煙突から排出される**硫黄酸化物**による被害が続出したほか、いわゆる**四日市ぜんそく**が社会問題化した。そして、1965年頃には、工場排水に含まれる**有機水銀**を原因として、**新潟県阿賀野川流域**で**新潟水俣病**が発生した。

(2) 公害対策基本法

公害対策の法制度の整備の動きは1950年代からあったが、1965年から国会で初めて本格的に公害問題が議論され、**1967年**に**公害対策基本法**が制定された。しかしこれは、生活環境の保全に限って「経済の健全な発展との調和を図る」(「**調和条項**」)との考え方に基づいており、以降も公害問題は深刻化した。

1970年の臨時国会は、召集の主目的を公害関係法制の抜本的整備を図ることに置き、公害問題に関する集中的な討議を行ったことから「**公害国会**」と呼ばれた。公害国会では、同国会においては政府提出の公害関係14法案がすべて可決・成立し、**公害対策基本法から「調和条項」が削除**された。

(3) 1970年代以降の動き

1971年に環境庁が発足した。また、**1993年**には**公害対策基本法**と**自然環境保全法を統合**し、**環境基本法**が成立している。

さらに1970年以降、公害問題が現実に深刻化しつつある中で、工業立地に際して**公害防止**のための**事前調査**等の重要性が認識されるようになったものの、環境影響評価(環境アセスメント)に関する法整備はなかなか進展せず、先進国としては最後となる1997年に**環境影響評価法**が制定(1999年施行)された。

また、**2001年**の中央省庁再編を機に、**環境庁は環境省に組織改編**された。

(4) 水俣条約

国連環境計画(UNEP)は、2002年に水銀による人への影響や汚染実態をまとめた報告書(「世界水銀アセスメント」)を公表した。これを受けて、水銀及び水銀化合物の人為的な排出から人の健康及び環境を保護することを目的に、水銀の一次採掘の禁止から貿易、水銀添加製品や製造工程、大気への排出、水銀廃棄物に係る規制に至るまで、水銀が人の健康や環境に与えるリスクを低減するための包括的な規制を定めた「**水俣条約**」(「水銀に関する水俣条約」)が**2013年に採択**された。

2 循環型社会の形成 ★☆☆

(1) 循環型社会形成推進基本法

温室効果ガスの排出量を抑えた「**低炭素社会**」**を実現**するために、廃棄物の発生量を減らす「**Reduce**(発生抑制)」、まだ使える廃棄物をそのまま再利用する「**Reuse**(再使用)」、そのままでは使えない廃棄物を分解・融解して別の形態で再利用する「**Recycle**(再生利用)」の順に廃棄物の循環的な利用を目指す「**3R**」の推進が図られている。

「資源の有効な利用の促進に関する法律」(資源有効利用促進法＝リサイクル法)では、国が指定する業種や製品について、それらの関連する事業者に対してリサイクルなどを推進するために一定の義務付けを行っている(容器包装／家電／食品／建設／自動車リサイクル法)。

自動車リサイクル法・家電リサイクル法ではリサイクル費用を負担するのは消費者だが、家庭用パソコンのリサイクル(資源有効利用促進法)はメーカー側に費用負担が課される。

(2) 小型家電リサイクル法(2012年)

資源価格の高騰やゴミ最終処分場の逼迫が問題となる中、使用済小型電子機器等(携帯電話、デジタルカメラ、ゲーム機等)に含まれる**アルミ・貴金属・レアメタル**[3]などが**リサイクルされずに埋め立てられている**(「**都市鉱山**」となっている)ことへの対応が急務となっていた。そこで、使用済小型電子機器等の再資源化を促進するための措置を講ずることにより廃棄物の適正な処理及び資源の有効な利用の確保を図ることを目的として、2012年の国会で**小型家電リサイクル法**が成立した(2013年施行)。同法は、市町村等が回収した使用済小型電子機器等について、これを引き取り確実に適正なリサイクルを行うことを約束した者を国が認定し、廃棄物処理法の特例措置を講じる制度を規定するものだが、他のリサイクル法のように**誰かに義務付けを行うものではない**。

3 農業問題

1 農業問題の歴史 ★★★

第二次世界大戦後の日本の農業は、**コメ優遇・自作農優遇**で特徴づけられる。

第二次世界大戦中の食糧難に対応するため、主食であるコメを政府が責任持って管理することで安定供給を目指す**食糧管理法**が**1942年に成立**し、コメの生産から流通まですべてを政府が統制するシステム(**食糧管理制度**)が誕生した。

また戦後、農地改革(「自作農創設特別措置法」(1946年)、「農地法」(1952年)、「農業協同組合法」(1947年))等、一連の**農村民主化の施策の実施**により、**戦前の寄生地主制は解体**され、農業は**自作農中心**となった。この「農地法」により**農地の所有・賃貸・売買に厳しい制限が設けられた**ため、**農業の大規模化・法人化が進まず**、

---

3 レアメタルとは、ニッケルやタングステン等、1) 地球上に存在している量(埋蔵量)が非常に少ない金属、2) 存在している地域が大きく偏っている金属、3) 鉱石からの抽出が経済的・物理的に困難な金属群の総称。

小規模経営の自作農が維持された。

その後、日本経済が戦後復興を遂げるなかで、農業生産は、1950年代前半には戦前の水準まで回復した。1961年に農業の生産性の向上、農業従事者と他産業従事者との生活水準の均衡を目標とする農業基本法が制定された。高度経済成長のもとで農業部門と第２次・第３次産業との所得格差は開いていったことから、政府は食糧管理法によってコメの価格維持政策をとり、農工間の所得格差解消を図った。

しかし、食生活の欧米化により**コメの需要は1962年をピークに減少**したにもかかわらず、**価格維持政策によりコメの供給は増加**し続け、やがて**コメの供給過剰**(「**コメ余り**」)が社会問題となった。1969年には、コメの流通について、食糧管理制度の下、国の直接管理下にある政府米とは別に、価格決定に政府が直接関与せず、自主流通米価格形成センターでの入札取引により決定し、生産者から主に農協を通じて、卸売業者、小売業者へと流通することを認める**自主流通米制度が発足**した。他方、1971年から、政府が強制的に稲の作付け面積を減らす「**減反政策**」が**導入**された。

また、1981年に**食糧管理法が改正**(1982年施行)され、**戦時中からの配給制度が停止**された。加えて、**1987年**に**米国**がGATTに提訴した**農産物の輸入自由化**について、1988年に日米農産物交渉が決着し、**牛肉、かんきつ(オレンジ)**の他、いわゆる12品目の輸入自由化等が決定された。

1993年、冷害による戦後最悪のコメ不作の中、日本はGATTウルグアイラウンドで、**コメの一部自由化を認め**、1995年から国内消費量の４％を**最低限輸入**することを約束した(ミニマム・アクセス)。

そして、**1994年**には**食糧管理法が廃止**、新たに食糧法が制定(同年施行)され、**自主流通米をコメ流通の主体として位置付ける**とともに、**コメの政府への売り渡し義務が廃止**され、従来、違法であった自由米(不正規流通米、ヤミ米)は、計画外流通米として合法化された。また、減反(生産調整)について、食糧管理法の下では法的根拠を持たず、行政指導として行われていたが、食糧法により法制化された。

1998年には、農業基本法に基づく戦後の農政を抜本的に改革し、新たな食料・農業・農村政策として再構築していくため、農政改革大綱をとりまとめ、これに基づき、**1999年に農業基本法を廃止**し、新たに**食料・農業・農村基本法が制定**(同年施行)された。

また、2002年に制定(一部を除き2003年施行)された「構造改革特別区域法」により、農地リース方式による**一般法人の農業参入が可能**となり、2005年、「農業経営基盤強化促進法」の改正により、農地リース方式による農業参入が全国展開できるようになった。

2018年には、国がコメの生産数量目標を都道府県に割り当てるのをやめて、各地域の生産者や農業団体などが需給状況などを見ながらコメの作付面積を自主的に決定する方法が導入された。これによって、1970年から行われてきた**減反政策が事実上廃止**された。

2 食料自給率に向けた取組み ★★★

食料自給率とは、国内の食糧消費が国内生産でどの程度まかなえているかを示す指標で、単純に重量で計算することができる品目別自給率と、食料全体について共通の「ものさし」で単位を揃えることにより計算する総合食料自給率の２種類がある。このうち総合食料自給率は、熱量で換算する**カロリーベース**(**供給熱量ベース**)と金額で換算する**生産額ベース**があり、２つの指標とも長期的に低下傾向で推移している。**カロリーベース**では、1965年度の73%から33年後の1998年度には**40%へと低下**し、**以後ほぼ横ばい**で推移している(主要先進国と比べて最低の水準)。

【総合食料自給率の国際比較】

	日　本	米　国	ドイツ	フランス	英　国
カロリーベース(2019年)	38%	121%	84%	131%	70%
生産額ベース(2019年)	66%	90%	64%	82%	61%

出典：農林水産省HP「食料自給率基礎資料」

3 農業に関わる近年の動向 ★★★

(1) 基幹的農業従事者の年齢階層別の動向

基幹的農業従事者の年齢構成を見ると、1960年は20～30代(昭和一桁世代)が最多階層だったが、その後は最多階層が40代→50代→60代とシフトし、2020年は**70代以上が最多階層**である。2020年の基幹的農業従事者数136.1万人のうち、65歳以上は94.9万人、平均年齢は67.8歳となっている。

なお、林業・水産業と比較すると、**林業従事者**は、近年若年者率(35歳未満の若年者の割合)が上昇傾向にあることから**高齢化率は25%**(2015年)にとどまるが、**水産業は35%**(2014年)、**農業**に至っては**70%**(2020年)となっている。

(2) 新規就農者の状況

近年の新規就農者の動向を見ると、2006年の8.1万人から2012年の5.1万人に減少していたが、2018年も5.6万人と**ほぼ横ばい**である。2018年の新規就農者5.6万人のうち、**農家の子弟が76.6%**、雇用就農が17.6%、土地や資金を独自に調達して新たに農業経営を始めた新規参入者は5.8%にとどまる。また、年齢別には39歳以下が23.0%、40～59歳が24.9%、**60歳以上が52.2%**を占める。つまり、定年後のサラリーマンが実家の農業を継ぐというケースが最も多い。

39歳以下の就農者は、近年、1.3万人から1.6万人程度で推移しているが、新規就農者の約3割は生計が安定しないことから5年以内に離農しており、定着するのは1万人程度である。

(3) 農地の流動化の促進

農業の持続的な発展を図るためには、地域の実情に応じて意欲ある担い手に農地を集積することにより農地の有効利用を促進することが重要である。このため、1975年の農用地利用増進事業の創設以降、**利用権(賃借権等)設定による農地流動化**が推進されてきた。しかし、2010年には土地持ち非農家が所有している耕地のうち73%は他の農業者に貸し出されているが、24%は耕作が放棄されている。耕作放棄地面積は、平成に入ってから高齢者のリタイア等に伴い急激に拡大しており、特に**土地持ち非農家の耕作放棄地面積が急増**し、2010年では耕作放棄地面積全体の半分を占めている。

土地持ち非農家の耕作放棄地面積が増加した要因は、高齢農業者のリタイアの増加に加え、複数の相続人により農地の所有権が細分化されてしまうなど、農地の権利調整を円滑に行うことが難しくなったこと等が考えられる。また、この他に不在村者所有の耕作放棄地もあると見られる。耕作放棄地の発生抑制と貸借による農地集積を図る観点から、リタイアする農家から円滑に農地を継承するための取組を強化することが必要とされている。

(4) 株式会社・NPO等の農業参入

株式会社や特定非営利活動法人(NPO)等が農業に参入する場合、自ら農業を行うため農地を利用する形態や、農地は利用せずに野菜工場や畜産に参入する形態の他、自ら農業は行わずに農家等への生産委託や農業生産法人へ出資するなどの形態がある。このうち、農地を利用する形態では、以前は農業生産法人を設立することが求められていた。しかし、2009年施行の改正農地法により、農業生産法人以外の法人等でも、一定の条件を満たせば農地の貸借により農業が可能になった。

4 消費者問題

1 消費者問題の歴史 ★★★

日本では高度成長期を迎え、大量生産・大量販売の仕組みを背景に欠陥商品による消費者被害発生や不当表示事件などの消費者の生命・身体を脅かす事件が多発した。こうした問題に対応するため、政府においても消費者問題への取組が本格化した。

1962年に米国大統領**ケネディ**が、「消費者の利益の保護に関する連邦会議の特別教書」で、**「消費者の権利」**として、1)**安全への権利**、2)**情報を与えられる権利**、3)**選択をする権利**、4)**意見を聴かれる権利**、**の4つを提示**して、諸外国の消費者保護に大きな影響を与えた。

日本でも**1968年**には、消費者の利益の擁護及び増進に関する対策の総合的推進を図り、もって国民の消費生活の安定及び向上を確保することを目的に、**消費者保護基本法**が制定され、消費者政策の基本的な枠組みが定められた。また、**1970年**には、消費者問題の情報提供や苦情相談、商品テスト、教育研修などを担う**国民生活センター**(特殊法人として設立、2003年に独立行政法人化)が設置された。他方、地方公共団体においても、消費者政策専管部局や**消費生活センター**が設置され、そして1970年代に消費者保護条例の制定が進められた。

1994年には、製品事故被害者の円滑かつ適切な救済といった観点から、**製造業者等の過失を立証しなくても、製品の欠陥を立証すれば賠償責任を負わせること**(**無過失責任の原則**)で、被害者の立証負担を軽減することを目的とする**PL法**(**製造物責任法**)が制定(1995年施行)された。

2000年代に入り、消費者契約締結の勧誘に際し、事業者の一定の行為により消費者が誤認し、または困惑した場合、消費者は契約の申込みまたは承諾の意思表示を取り消すことができる**消費者契約法**が、2000年に制定(2001年施行)された。他方、2001年のBSE(牛海綿状脳症)問題発生など食の安全に対する国民の信頼感を揺るがす事件に対応するため、**食品安全基本法**が2003年に制定(同年施行)され、**食品安全委員会**が**内閣府に設置**された。

さらに、**「自立した消費者」像を基本**とし、事業者に対する事前規制を中心とした政策手法から、行為規制を定めてそのルールに基づいて遵守状況を監視する手法へと重点をシフトする観点から、**2004年**には36年ぶりに**消費者保護基本法**(1968年制定)**を改正して消費者基本法が制定**(同年施行)された。さらに、2006年には消費者契約法の改正により、適格消費者団体が差止請求を行うことができる**団体訴訟制度**が**2007年から導入**され、消費者個人に代わる新たな紛争解決手段が整備された。

2 消費者庁の創設と役割 ★★★

2009年、消費者行政の一元化を図る**消費者庁が設置**された。消費者庁は、**内閣府の外局**として置かれ、所管しない法律についても所管官庁に対する司令塔の役割を果たす。長は消費者庁長官であり、主任の大臣となる内閣総理大臣の他、**消費者政策担当の内閣特命大臣が常設**されている。

3 消費者保護に関わる法律 ★★★

(1) 特定商取引法

特定商取引法は、1976年に制定された訪問販売法が2000年に改称されたもので、訪問販売など消費者トラブルを生じやすい特定の取引類型を対象に、トラブル防止のルールを定め、事業者による不公正な勧誘行為等を取り締まるための法律である。同法の対象となっている取引類型は、訪問販売・電話勧誘販売・通信販売・特定継続的役務提供・連鎖販売取引・業務提供誘引販売取引・訪問購入の７つである。

同法によって、訪問販売などの場合には、**一定期間であれば、無条件で、消費者が一方的に契約を解除できるクーリング·オフ制度が認められている**。ただし、**通信販売**は、同法が規定する**クーリング·オフ制度の対象外**である。

(2) 消費者契約法

2000年に制定(2001年施行)された**消費者契約法**は、あらゆる取引分野の消費者契約に幅広く適用され、**不当な勧誘行為**があれば、**その契約を取り消すことができる**こととするとともに、**不当な契約条項**については、**無効**とすることを規定している。

近年の改正では、高齢者に対する不当な取引について、取消し・無効とできる範囲が拡大している。

5 エネルギー問題

1 エネルギー関連の用語 ★★★

(1) 枯渇性エネルギーと再生可能エネルギー

枯渇性エネルギー	**化石燃料**(石炭・石油・天然ガス・LPガスなど、古代地質時代の動植物の死骸が化石化し、燃料となったもの)と**原子力資源**(ウランなどの核分裂によるエネルギーを利用したもの)に大別される。化石燃料には炭素が含まれているため、**燃焼すると二酸化炭素が発生**する
再生可能エネルギー	太陽光・風力・水力・地熱・大気中の熱・バイオマスなど、利用してもすぐに補充されるエネルギー全般のこと

(2) バイオマス

バイオマスとは、**生物由来の再生可能な有機性資源**で、**化石資源を除いたもの**を指す。具体的には、廃棄物系のもの(廃棄される紙・食品廃棄物・建設発生木材など)、未利用のもの(稲わら・麦わら・もみ殻など)、エネルギー作物(アルコールの製造を目的として栽培されるサトウキビやトウモロコシなど)がある。

バイオマスの利用が注目されているのは、**燃焼させてもCO_2の排出量はゼロと見なせる**という考え方(**カーボン・ニュートラル**)があるためである。石油などの化石資源を地下から掘り出して燃やせば、その分だけ大気中のCO_2の濃度が上昇する。一方、**バイオ燃料も燃焼時にCO_2は排出される**が、植物は成長過程で空気中のCO_2などを吸収しているため、バイオ燃料が生成・燃焼される前後を比べても大気中のCO_2の濃度は変化していないと見なすことによる。

【主要国の発電電力量と各電源の割合（2018年）】

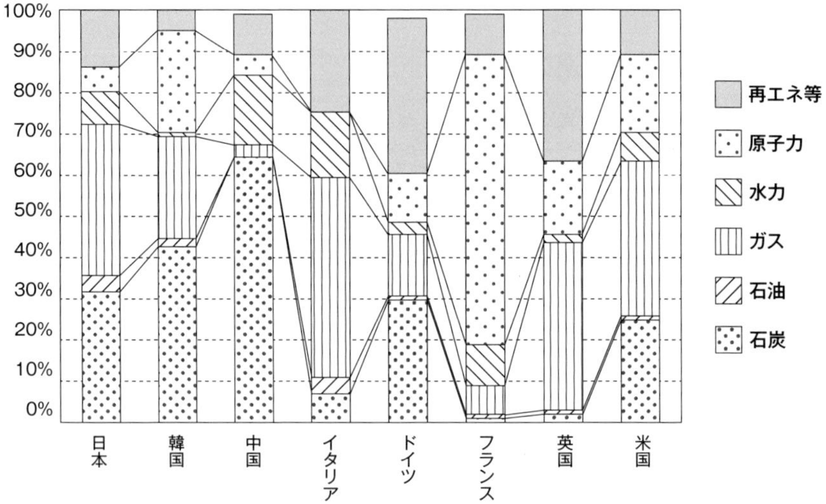

資源エネルギー庁『エネルギー白書2022』p.144を参考に作成

2 新たなエネルギー ★★★

(1) 海外に頼る日本のエネルギー

日本はエネルギー資源に乏しく、そのほとんどを海外からの輸入に頼っている。用途の広い石油・LPガスは中東地域を中心に、天然ガスは東南アジア・オーストラリア・中東等から、石炭はオーストラリア等からほぼ全量を輸入している。

(2) 再生可能エネルギーの一般的特徴

第一に、**発電資源**(「**燃料**」)が**遍在**しており「**地産地消**」が**可能**という特徴を持つ。石油や石炭などのように発電施設から遠く離れた「産地」に依存せず、**輸送の問題が生じない**。この点では独立性が高く「**国産エネルギー**」といわれる。

第二に、従来の発電手段(大規模水力・火力・原子力)と比較すると、小規模であるという特徴を持つ。費用の側面からみれば、地方自治体レベル、市民レベルでも建設可能である。特に太陽光は、各家庭・個人レベルでも導入可能である(**分散型発電**)。ただし、火力・原子力発電施設(一極集中分配型)よりも出力が小さいことから発電事業の主力になりにくいという意見もある。

【代表的な再生可能エネルギーの特徴】

太陽光	長所：大幅な発電コスト低下が期待。住宅・非住宅とも潜在的な導入量大。産業の裾野が広い 短所：発電原価が他の発電方式に比べ高い
風力	長所：相対的に発電コストが低く、事業採算性が高い。洋上風力などの新技術も登場 短所：立地制約（風況・自然公園・景観・バードストライク・騒音問題等）、発電コストの逓増
地熱	長所：安定的な発電が可能であり、技術的にも成熟。国内に豊富に存在 短所：立地制約（自然公園、温泉地域等）が大きく、今後発電コストが逓増する可能性が高い
水力	長所：安定的な発電が可能であり、技術的にも成熟。中小水力発電への関心の高まり 短所：立地制約が大きく、今後発電コストが逓増する可能性が高い
バイオマス	種類・利用方法によりコストが大きく異なる。今後の支援制度如何によって、輸入原料の導入が増え、国内のバイオマス産業に影響を及ぼす。発電・熱利用・マテリアル利用などと競合する可能性あり。バイオ燃料については、十分な温室効果ガス排出削減効果、エネルギーセキュリティ、コスト低減を確保しつつ、持続可能な形での導入が必要

出典：資源エネルギー庁『エネルギー白書2010（概要）』p.9

（3）日本の再生可能エネルギーの現状

日本の太陽光発電の導入量は、2003年末までは世界第１位だったが、やがて中国や米国に追い抜かれ、2020年には**世界第3位**となった。

一方、日本の**風力発電の発電導入量**を見ると、2020年は**世界第21位**となっている。なお、第１位は中国、次いで米国、ドイツ、インド、スペインの順で多い。太陽光発電と比べて風力発電の順位が低いのは、日本は諸外国に比べて平地が少なく地形も複雑なこと、電力会社の系統に余力がない場合があること等の理由から、風力発電の設置が進みにくいといった事情がある。特に、海上に風力発電のための設備を設置する洋上風力発電は、日本では普及が進んでいない。そのため、近年は利用を促進するための法整備が進められている。

また、**地熱発電**については、日本は**世界第3位の資源量**を有するが、**発電導入量は**、2020年では**世界第10位**となっている。なお、第１位は米国、次いでインドネシア、フィリピン、トルコ、ニュージーランドの順である。地熱発電は、地下から熱水や蒸気を取り出すためのリスクやコストが高い。それに加えて、日本では温泉事業者や地域住民などの理解を得る必要があることが課題であり、資源量に比べて導入量が少ない。

(4) 燃料電池

燃料電池とは、**水素と酸素を化学反応させて発電**し、**水だけを排出**するものである。石油を原料としていないことや、発電時にCO_2を排出しないことが利点として挙げられる。これは、宇宙開発のために生まれた技術であり、発電時に熱を発する特性を利用して発電と給湯を同時に行うコジェネレーション・システムのために活用されている。

さらに近年では、小型家電や自動車への応用を目指して研究開発が行われている。燃料電池自動車は2014年から販売が開始されるなどすでに実用化されているが、生産量が少ないことなどから通常の自動車に比べて価格が高く、燃料電池車に水素を補給するための施設である水素ステーションが少ないこともあり、普及していない。

(5) シェールガス・シェールオイル

シェールと呼ばれる頁岩《けつがん》層から天然ガス(**シェールガス**)や原油(**シェールオイル**)などを採掘する技術が進歩したことで、これまで採算がとれなかった非在来型資源の採掘が本格化している。

天然ガスについては、在来型ガスの生産が減少する一方、非在来型であるシェールガス等の増産により、2006年以降、生産が拡大傾向で推移している。また、生産が減少傾向にあった原油についても、シェールオイル等の増産により、2009年以降、生産が拡大傾向で推移している。

シェールガス・オイルの商業生産は、**米国とカナダ**で行われている。特に米国では、シェールガス・オイルの採掘技術の進歩により生産コストが低下し、これまで採算上困難であったシェールガス・オイルの生産が商業ベースで可能となり、2000年代半ば以降開発が加速した。

(6) メタンハイドレート

メタンハイドレートは、天然ガスの原料となるメタン分子の周りを水の分子が取り囲んだ氷状の固体結晶である。メタンハイドレートは、海底下の地層の中に低温高圧の状態で存在し、火をつけると燃えることから、「燃える氷」とも呼ばれている。

エネルギー資源に乏しい日本であるが、メタンハイドレートは日本近海の海底に埋蔵されていることが確認されている。ただし、それを採掘して利用するには課題が多く、現在も商業利用のための研究が続けられている。

重要事項 一問一答

01 出入国在留管理庁はどの省の外局か?

法務省

02 現在の日本の臓器移植法において、本人の意思が不明な場合、脳死判定·臓器移植は可能か不可能か?

本人の意思が不明な場合でも、家族の書面による承諾があれば可能

03 水俣病の原因物質とされるのは?

有機水銀

04 食糧管理制度で政府が責任を持って管理していたものは?

米・麦などの主食物

05 製造物責任法で、製造した企業に賠償責任を負わせるために証明しなければならないものは?

製品の欠陥

06 バイオマスの燃焼過程で二酸化炭素は発生するかしないか?

発生する

07 日本では太陽光発電と風力発電のどちらが普及しているか?

太陽光発電

過去問チェック

01 日本人と外国人との間に生まれた子の国籍については、従来、原則として父親の国籍を受け継ぐ血統主義がとられていたが、近年、国内における日本人女性と外国人男性との婚姻数が著しく増加していることなどから、2008年に国籍法が改正され、原則出生地主義に基づいて子に日本国籍を付与することとなった。国家一般職2009年

× 日本の国籍法は、子が生まれた場所を基準にして国籍を定める「出生地主義」ではなく、父親か母親の国籍を子が受け継ぐ「(父母両系)血統主義」に基づいており、それは2008年の同法改正後も変わっていない。また、日本人男性と外国人女性の婚姻数の方が著しく増加している。1965年の段階では日本人男性と外国人女性の婚姻数(1,067組)よりも日本人女性と外国人男性の婚姻数(3,089組)の方が多かったが、2015年には前者が1万4,809組なのに対して後者は6,167組となっており、前者の方が大幅に増加している。

02 平成27年の学校教育法改正において、保育園と幼稚園の統合的性格をもつ特別支援学校が新たに定められ、学校の種類としては、小学校、中学校、義務教育学校、高等学校、中等教育学校、大学、高等専門学校、特別支援学校、保育園及び幼稚園の十種が規定されることとなった。国家専門職2008改題

× 学校教育法の改正で最も新しく学校とされたものは、平成27年改正で学校とされた義務教育学校で、これは小中一貫教育を行う学校として加えられたものである。特別支援学校とは、視覚障害者などの障害を持つ子どもに対し、幼稚園から高等学校までに準ずる教育を施す学校である。また、保育園は学校教育法ではなく、児童福祉法の管轄下にある。

03 (臓器移植法では)脳死を一律に人の死とする社会的合意は形成されていないという理由から、原則として脳死を人の死とみなすことはせず、臓器提供を行う場合に限り脳死を人の死であるとしている。東京都Ⅰ類2010

× 臓器移植法上、臓器提供がない場合でも、脳死は人の「死」としている。

04 高度経済成長の頃に深刻化した公害批判の世論の高まりを背景に、政府は1976年に環境基本法を制定すると同時に環境省を設置した。警視庁Ⅰ類2017

× 1976年に制定されたのは公害対策基本法であり、それが1993年に自然環境保全法と統合されて環境基本法となった。また、環境庁が環境省に移行したのは2001年である。

05 環境影響評価とは、環境に大きな影響を及ぼすおそれにある事業について、事業実施後に環境への影響を調査、評価することで、その事業について適正な環境配慮を求めることをいう。警視庁Ⅰ類2010

× 環境影響評価は、事業実施「前」に環境への影響を調査、評価する仕組みである。

06 3Rとは、循環型環境を目指すための、リデュース(縮小)、リユース(再利用)、リニューアル(再生)といった、3つの環境政策手法の総称のことである。東京消防庁Ⅰ類2017

× 「リニューアル(再生)」ではなく「リサイクル(再生利用)」である。

07 第二次世界大戦後、農地改革によって多くの自作農が創設されたが、戦前の寄生地主制を復活させないように1952年に農業基本法が制定され、農地の所有、賃貸、売買に厳しい制限が設けられた。特別区Ⅰ類2017

× これは「農地法」に関する記述である。同法により、農地の所有・賃貸・売買に厳しい制限が設けられたため、農業の大規模化が進まず、小規模経営の自作農が維持されることとなった。

08 我が国は、GATT(関税及び貿易に関する一般協定)のウルグアイ・ラウンドにおいて、コメの完全輸入自由化を受け入れ、翌年から実施した。特別区Ⅰ類2008

× 1993年のウルグアイ・ラウンド農業合意において、1年間に輸入しなければならない農産物の最低限度量である「ミニマム・アクセス」が定められた。よって、コメの完全輸入自由化がなされた事実はない。

(09) 製造物責任法(PL法)では、消費者が欠陥製品による被害を受けた場合、製造した企業の過失を立証すれば、製品の欠陥を証明しなくても損害賠償を受けられる。特別区Ⅰ類2019

╳ 製造物責任法は、製造した企業に「過失」がなくても製品の「欠陥」を証明すれば賠償責任を負わせる「無過失責任の原則」に基づいている。

(10) 消費者庁は、2009年に経済産業省の外局として設立され、消費者の安全を確保する諸法律の施行を担当している。消費者は、消費者庁所管の消費生活センターで、消費生活に影響する商品事故の情報を入手し、裁判外紛争解決の手段などを相談することができる。国家一般職2010

╳ 2009年に設立された消費者庁は、内閣府の外局である。また、後段は「国民生活センター」に関する記述である。消費生活センターは、地方自治体が設立している行政機関であり、消費者への情報提供や消費者相談などを行っている。

(11) クーリング・オフは、特定商取引法を改称した訪問販売法により設けられた制度で、訪問販売等で商品を購入した場合、消費者は期間にかかわらず無条件で契約を解除できる。特別区Ⅰ類2016

╳ 1976年に制定された訪問販売法でクーリング・オフ制度が設けられ、同法は2000年に特定商取引法に改称された。また、クーリング・オフには期限があり、取引形態により８日または20日以内となっている。

(12) バイオマスを原料にして製造されたバイオ燃料のうち、バイオエタノールは、エネルギー利用によって排出されるのは水蒸気のみという極めてクリーンなエネルギーである。また、開発・維持にかかる費用が化石燃料に比べて低いため、世界各国で普及しつつある。国家一般職2018

╳ バイオエタノールの原料となる植物には炭素が含まれているため、燃焼時に二酸化炭素が排出される。また、開発・維持にかかる費用が化石燃料と比べて高いため、国産のバイオエタノールはほとんど普及していない。

(13) 風力発電は、風の力で風車を回し、その回転運動を発電機に伝えて発電する方式である。発電コストが高く、エネルギー変換効率が低いという欠点はあるが、クリーンエネルギーとして注目されており、現在、我が国の再生可能エネルギーの中では、水力発電を上回って最も発電電力量が多い。国家専門職2013

× 風力発電は、再生可能エネルギーの中では発電コストが低く、エネルギー変換効率が高いという長所はあるが、出力が不安定という欠点がある。近年、着実に導入が進み、2017年度末時点での導入量は約340万kWとなったが、2017年度末の一般水力及び揚水を含む全水力発電の設備容量は5,001万kWであり、風力発電は水力発電の7%程度にすぎない。

過去問 Exercise

問題1　我が国の消費者問題に関する記述として、妥当なのはどれか。

特別区Ⅰ類 2021［R3］

❶　1960年代に、アメリカのケネディ大統領が、消費者の４つの権利として、安全を求める権利、知らされる権利、選ぶ権利、意見が反映される権利を示し、日本でも、消費者運動が活発になった。

❷　1968年に制定された消費者保護基本法では、国と地方公共団体が消費者保護の責務を負うこととされ、この法律に基づき、国によって、消費者の相談窓口である消費生活センターが設置された。

❸　製造物責任法(PL法)では、消費者が欠陥製品による被害を受けた場合、製品の欠陥を立証しなくても、説明書どおりに使用して事故にあったときは、製品に欠陥があったと推定され、損害賠償を求めることができるようになった。

❹　クーリング・オフ制度とは、消費者が、訪問販売や電話勧誘販売等で契約した場合に、一定期間内であれば無条件で契約を解除できるものであるが、本制度は宅地建物取引には一切適用されない。

❺　2000年に制定された特定商取引法により、事業者の不適切な行為で消費者が誤認又は困惑して契約をした場合はその契約を取り消すことができることとなり、2006年の同法改正では、消費者団体訴訟制度が導入された。

解説

正解 ❶

---

❶ ○　現在では、国際消費者機構は、問題文中の４つの権利に「生活の基本的ニーズが満たされる権利」「救済を受ける権利」「消費者教育を受ける権利」「健全な環境の中で働き生活する権利」の４つを加えて、「消費者の８つの権利」としている。

❷ ×　後段は、「消費生活センター」ではなく「国民生活センター」に関する記述である。消費生活センターは、「国」ではなく「地方公共団体」が設置する。

❸ ×　製造物責任法(PL法)は、消費者が欠陥製品による被害を受けた場合、製造業者等の「過失」を立証しなくても、製品の「欠陥」を立証すれば賠償責任を負わせること(無過失責任)を定めた法律である。

❹ ×　宅地建物取引であっても、不動産を扱う業者の事務所等以外の場所で申込みや契約がなされた場合など、一定の要件を満たせばクーリング・オフ制度は適用される。

❺ ×　これは、「特定商取引法」ではなく「消費者契約法」に関する記述である。特定商取引法では、訪問販売や通信販売等の消費者トラブルを生じやすい取引類型を対象に、事業者が守るべきルールと、クーリング・オフ等の消費者を守るルール等を定めている。

索引

【執　筆】
TAC公務員講座講師室
第１章：北條 薫（TAC公務員講座）
　　　　平川 哲也（TAC公務員講座）
　　　　谷岡 篤（TAC公務員講座）
第２章１～４節/第４章
　　　：瀬田宏治郎（TAC公務員講座）
第２章５節
　　　：高田明宜（TAC公務員講座）
第３章：栗原尚史（TAC公務員講座）

◎本文デザイン／黒瀬 章夫（ナカグログラフ）
◎カバーデザイン／河野 清（有限会社ハードエッジ）

本書の内容は、小社より2023年３月に刊行された「公務員試験 過去問攻略Ｖテキスト 19 社会科学 第３版（ISBN：978-4-300-10556-6）」と同一です。

公《こう》務《む》員《いん》試《し》験《けん》　過《か》去《こ》問《もん》攻《こう》略《りゃく》Ｖ《ぶい》テキスト　19　社《しゃ》会《かい》科《か》学《がく》　新《しん》装《そう》版《ばん》

2019年６月15日　初　版　第１刷発行
2024年４月１日　新装版　第１刷発行

編 著 者　ＴＡＣ株式会社（公務員講座）
発 行 者　多田敏男
発 行 所　ＴＡＣ株式会社　出版事業部（TAC出版）

〒101-8383
東京都千代田区神田三崎町3-2-18
電話　03(5276)9492(営業)
FAX　03(5276)9674
https://shuppan.tac-school.co.jp

組　　版　トラストビジネス株式会社
印　　刷　日新印刷株式会社
製　　本　東京美術紙工協業組合

ISBN 978-4-300-11160-4
N.D.C. 317

(2021年7月現在)

書籍のご購入は

1 全国の書店、大学生協、ネット書店で

2 TAC各校の書籍コーナーで

資格の学校TACの校舎は全国に展開!
校舎のご確認はホームページにて

資格の学校TAC ホームページ
https://www.tac-school.co.jp

3 TAC出版書籍販売サイトで

CYBER BOOK STORE TAC出版書籍販売サイト

TAC 出版 で 検索

https://bookstore.tac-school.co.jp/

新刊情報を
いち早くチェック!

たっぷり読める
立ち読み機能

学習お役立ちの
特設ページも充実!

TAC出版書籍販売サイト「サイバーブックストア」では、TAC出版および早稲田経営出版から刊行されている、すべての最新書籍をお取り扱いしています。
また、無料の会員登録をしていただくことで、会員様限定キャンペーンのほか、送料無料サービス、メールマガジン配信サービス、マイページのご利用など、うれしい特典がたくさん受けられます。

サイバーブックストア会員は、特典がいっぱい!(一部抜粋)

通常、1万円(税込)未満のご注文につきましては、送料・手数料として500円(全国一律・税込)頂戴しておりますが、1冊から無料となります。

専用の「マイページ」は、「購入履歴・配送状況の確認」のほか、「ほしいものリスト」や「マイフォルダ」など、便利な機能が満載です。

メールマガジンでは、キャンペーンやおすすめ書籍、新刊情報のほか、「電子ブック版TACNEWS(ダイジェスト版)」をお届けします。

書籍の発売を、販売開始当日にメールにてお知らせします。これなら買い忘れの心配もありません。

書籍の正誤に関するご確認とお問合せについて

書籍の記載内容に誤りではないかと思われる箇所がございましたら、以下の手順にてご確認とお問合せをしてくださいますよう、お願い申し上げます。
なお、正誤のお問合せ以外の**書籍内容に関する解説および受験指導などは、一切行っておりません。**
そのようなお問合せにつきましては、お答えいたしかねますので、あらかじめご了承ください。

1 「Cyber Book Store」にて正誤表を確認する

TAC出版書籍販売サイト「Cyber Book Store」の
トップページ内「正誤表」コーナーにて、正誤表をご確認ください。

CYBER BOOK STORE TAC出版書籍販売サイト

URL:https://bookstore.tac-school.co.jp/

2 1の正誤表がない、あるいは正誤表に該当箇所の記載がない ⇒ 下記①、②のどちらかの方法で文書にて問合せをする

★ご注意ください★

お電話でのお問合せは、お受けいたしません。
①、②のどちらの方法でも、お問合せの際には、「お名前」とともに、
「対象の書籍名(○級・第○回対策も含む)およびその版数(第○版・○○年度版など)」
「お問合せ該当箇所の頁数と行数」
「誤りと思われる記載」
「正しいとお考えになる記載とその根拠」
を明記してください。
なお、回答までに1週間前後を要する場合もございます。あらかじめご了承ください。

① ウェブページ「Cyber Book Store」内の「お問合せフォーム」より問合せをする

【お問合せフォームアドレス】

https://bookstore.tac-school.co.jp/inquiry/

② メールにより問合せをする

【メール宛先 TAC出版】

syuppan-h@tac-school.co.jp

※土日祝日はお問合せ対応をおこなっておりません。
※正誤のお問合せ対応は、該当書籍の改訂版刊行月末日までといたします。

乱丁・落丁による交換は、該当書籍の改訂版刊行月末日までといたします。なお、書籍の在庫状況等により、お受けできない場合もございます。
また、各種本試験の実施の延期、中止を理由とした本書の返品はお受けいたしません。返金もいたしかねますので、あらかじめご了承くださいますようお願い申し上げます。

TACにおける個人情報の取り扱いについて
■お預かりした個人情報は、TAC(株)で管理させていただき、お問合せへの対応、当社の記録保管にのみ利用いたします。お客様の同意なしに業務委託先以外の第三者に開示、提供することはございません(法令等により開示を求められた場合を除く)。その他、個人情報保護管理者、お預かりした個人情報の開示等及びTAC(株)への個人情報の提供の任意性については、当社ホームページ(https://www.tac-school.co.jp)をご覧いただくか、個人情報に関するお問い合わせ窓口(E-mail:privacy@tac-school.co.jp)までお問合せください。

(2022年7月現在)